観光のラビリンス

マルク・ボワイエ【著】

成沢 広幸【訳】

LE TOURISME
DE L'AN 2000

法政大学出版局

Marc Boyer
LE TOURISME DE L'AN 2000

©1999 PRESSES UNIVERSITAIRES DE LYON

This book is published in Japan by arrangement with
PRESSES UNIVERSITAIRES DE LYON
through le Bureau des Copyrights Français, Tokyo.

序　文

　読者よ，この本を一読しただけで序文を寄せる厚かましさを許してほしい。
　しかし私はマルク・ボワイエを知っている。彼の仕事の厳密さ，彼の教育の美点，希望と交流の媒介である観光に注ぐ彼の情熱を。
　2000年を迎えて観光活動は希望の歌をもたらすとともに，新たな試みの場となった。観光活動はわれわれの生活の本質的な一部になろうとしている。
　われわれが書物の中で経験した驚くべき数々の旅行や，挑発的で魅惑的なインターネットのヴァーチャルな想像世界から目を転じて，たいていの場合〔非生産的として〕中傷されるが，生活の夢と夢の生活をもたらす現実の観光へと目を向けよう。非常に長いあいだエリートのものであったそういう観光は，ついに皆のためになるように共有された，あるいは共有されうる獲得物となったのである。
　観光は，すべての人が多様で複合的な活動（これは営利的，ヴォランティア的であるとともに高価でもある）に参加するための恒久的な手段と機会になっていくと思われる（労働についてはこういう探求はありそうもなくなってしまったが）。
　観光の威厳はこの恒久的で無限の交流の中に見られるし，将来もそうだろう。
　次々に移ろう流行が支配する観光はこれからの充実した発展期においてその力と栄光を，人間の本質そのものにもたらすだろう。
　この本はたぶんわれわれをそうした道に導いてくれるのだ。

ジルベール・トリガノ[1]
フランス会館会長[2]
地中海クラブ[3] 共同設立者

はしがき

　以前『観光論』という短い題名の著作があったが，今日では絶版になっている。1972 年に私がスイユ社からこの題名で出版し，2 度版を重ねたその本は概論書だった。学生たちはその古くなった本を図書館で見つけられるだろう。それは今はなくなってしまった〈新たな眼差し〉という叢書に入っていた。リヨン大学出版局の勧めもあって，その本を改訂すべき時期に来ていると思われた。

　本書はかつての本の改訂版である。ヴァカンスについての記述，経済や社会における観光の役割，レジャーや文化と観光との関係などが再び述べられている。前作は「フランス国内的」であったが，今回の版はフランス人も含むヨーロッパ人が観光のために移動する空間がヨーロッパである限りヨーロッパ規模であり，そして観光とレジャーの行動類型とその内容，その社会様式が世界的である限り，地球規模である。

　1972 年の『観光論』は「民衆と文化」[(1)]によって世に出された関係上，戦闘的であり，また「余暇文明」[*1]の未来にかける大きな希望を持っていた。しかし私は次のような問いかけで本を締めくくっていた。「観光の終焉に向けてか，観光の再生に向けてか」。今回の本書はその答えを出そうとしている。ここで得られた見通しは，1975 年以来停滞状態にある上昇カーヴの延長にではなく，変化の兆しの解読と最新の科学成果の取り入れの上に立っている。

　本書は観光の性質とその進展の方向性，それに総合的な知識体系（これは観光の実践者や職業人，ヴォランティア，さらには炯眼な観光者などが利用でき

---

*1　J. Dumazedier, *Vers une vivilisation du loisir?* はスイユ社から 1962 年に刊行された（J. デュマズディエ『余暇文明へ向かって』，中島巖訳，東京創元社，1972 年）。

る）などに対する認識論的な考察を組み合わせた大学叢書の一冊である。

現在の逆説的な状況はただちに強調しなければならない。1972年に先の著作は先駆的なものとして現われた。それまでにも観光地や観光の経済的位置についての研究は存在したが，総合的な研究はほとんどまったく存在していなかった。この点で「新たな視点」について語ることができたのだった。しかし現実は更新された。第2次世界大戦直後には観光客は先進諸国の住民の中のわずかな部分であり，特に長いあいだ名声を博していたリゾートを訪れるエリートにすぎなかったが，高度経済成長によってフランス人がヴァカンスに発つ割合は1974年以来50％以上に，1980年には56％以上に急伸した。同じような進展が西欧諸国で観察された。こうした驚くべきブームはJ. フラスティエ[2]のいわゆる「栄光の30年」に対応していたが，高度経済成長が終わって危機がやってこようとは，1975年頃には信じられなかった。他の分野とややずれがあったものの，この時期以降，観光はある種の安定期に入ったのであった。

20世紀末においても私が25年前に行なった観察は古びていない。世界的な観光データや目的地など以上に変化したのはわれわれの視線である。「2000年」という，紀元2000年代の開始を告げる象徴的な年に出版される本書は，そうしたことを明らかにしようと願っている。観光に関する最近の出版物の決算を行なわねばならない。この分野は1972年にはまだ騒がしくなかったが，それ以来さまざまな分野の研究者たちが新たな成果を上げてきた。多くは観光という現象そのものではなくて空間や受け入れ側の住民に対する影響を研究した。彼らは観光を判断し，しばしば非難した。彼らは観光がよくわからなかったのだ。

今回の新たな著作は認識論的である。観光移動のたんなる記述を超えてその意味を発見しようとするのである。2000年における継起するシーズンとそのリズムは，たとえ自然条件が同じようなもので技術的ファクターが思っている以上に現代に近いものであったとしても，もはや1900年におけるものとはまったく異なっている。リゾートは誕生し続け，成功するリゾートの陰で閉鎖されるリゾートも存在する。ヴァカンス客の新たな習慣が誕生する。それはなぜなのだろうか，そしてそれはどのように行なわれるのだろうか。

ジャック・タチ『ぼくの伯父さんの休暇』1953 年

パトリス・ルコント『レ・ブロンゼ』1978 年

これら 2 本の映画の間には 25 年が横たわっている。喜劇的な映画，そして浜辺を舞台に展開する映画であるこれら 2 編は「栄光の 30 年」の時期の最初と最後を飾っている。この時期にマス・ツーリズムが位置している。創造的な映画である前者は小ブルジョワジーにも手が届くようになった海辺のヴァカンスのバカ騒ぎを描いている。後者はカフェテアトル的な意気込みでスプランディドゥ・グループ[(3)]が製作したもので，地中海クラブの風刺と受け取られた。

断絶がいたるところに見られるこの変化を理解するために，そして先達が足を踏み入れた場所に相変わらず同じガイドブックに導かれて観光客が赴くという傾向が維持されるこの進展を理解するためには，われわれなりの「アリアドネの糸」[(4)]を提示しようと思う。歴史のエンジン[*2]は二つのピストンを持っている。発明と普及である。発明とは差異化であり，普及とは社会的毛管現象による模倣である。ある場所を必見の場所(サイト)やシーズンのあいだ居住する場所(リゾート)としたり，あるいは娯楽の習慣やエリート的スポーツを作り上げるのは文化のゲートキーパー[*3]である。1920年ないし30年頃まで王室，貴族たちが聖別の機能を引き受けていた。20世紀末ではスター，特にカリフォルニアのスターたちがそうである。しかしそのプロセスはいささかも変化していない。社会階梯に沿った輝きは長いあいだランティエ[(5)]の世界以外に広がらなかったが，今やブルジョワジー，さらにもっと広範な社会層にまで拡大している。観光は役に立たない技であるがゆえに（ヴェブレン[(6)]のいわゆる）「顕示的支出」であり，卓越した身分を与え，ピエール・ブルデュー[(7)]が述べたような「ディスタンクシオン」[(8)]を保証する。1700年頃に基礎が築かれた「ザ・ツアー」以来，数世紀にわたってガイドブックや医学論文が繰り返し生産され，無為の移動を絶えず大規模にしたり，今日なら「世界遺産」と呼ばれる自然遺産や文化遺産の永続性を強化してきた。「複雑な世界には複雑な思考」というエドガル・モラン[(9)]の考えは本書を著すときにもあてはまる。この著作は1000年代末の観光の現状を示し，観光の発明を分析し，最近の研究の総合を行なっている。また観光分野に「疎い」人々や学生は当然のことながら，他を見る前に「ちょっと一巡り」できると思っているさまざまな分野の専門家にも注意を促している。観光文化全体が理解されねばならないのだ。本書はまた，日々の観光実務によって，宿泊組織や文化ないしレジャーの組織での関わりによって，観光客となる技術の長い実践によって，

---

*2　1997年のはじめ，私は『16世紀から第二帝政までのフランス南東部における観光の発明』という国家博士論文をリヨン第二大学に提出した。Marc BOYER, *L'Invention du tourisme dans le Sud-Est*, unversité Lumières-Lyon II, 1997, 2360p.

*3　このゲートキーパーという用語はアメリカ人のK. レウィンが『動的心理学』の中で提唱したもので，文化という神殿の管理者であるとともに道を切り開くものという強い意味を持っている。K. LEWIN, *Psychologie dynamique*.

おおいなる体験を得てきた現場の人々を励ますものである。これらの人々はたとえ漠然とした形でも，「成功するためには大衆の要求に見合ったよい観光商品を供給するだけで十分なのだ」といった単純化した考えや紋切り型に用心しなければならないということを知っている。こうした大量販売用の月並みな格言はコリュシュ流の痛烈な皮肉を浴びせられることになろう(10)。

観光のラビリンス，複雑化した紀元2000年代の観光のラビリンスの中を進むために必要なのは単純化したマーケティング以外のもの，つまり社会文化的なカギである。これは観光の発明者である文化のゲートキーパーというカギ，名声や魅力が重なり合った観光層を見せてくれる歴史家というカギ，さまざまな状況を観察する地理学者というカギ，商品ではなくて幸福や快楽の夢が提供される分野におけるメッセージの危険性を教えるコミュニケーション専門家というカギ，どんな開発においてもインフラや負債の影響があることを熟知する経済学者や経営者というカギが必要なのである。

本書は観光学の基本原理*4を説くものではない。むしろ学際的な努力や，獲得したと信じられていたものの絶えざる再検討，新たに出現したものの中でいわゆる革新的な特徴を見分けることなどに導くのである。

---

*4 「観光学の地理学的，経済学的，社会学的（どれでもお好み次第）な基本原理」を説く多くの著者たちへの直接的な当てこすりであるが。

目 次

序　文
はしがき

第Ⅰ部　観光の特殊性

第 1 章　なぜ，そして，どのように観光を定義するか　3

第 2 章　言葉と概念の起源　19
　　言葉の起源　19
　　概念の起源　20
　　シーズンとリゾート　22
　　季節性，観光の真の誕生　25

第 3 章　パラダイムを求めて　27

第 4 章　歴史的用語　35
　　«Tour» と派生語　35

　　　　Tour（トゥール）／The tour（ザ・ツアー），the grand tour（ザ・グランド・ツアー），to tour（トゥ・ツアー）／Tourist (e)（トゥーリスト）／Touring（ツーリング），tourisme（トゥーリスム）

　　山岳用語　42

　　　　Alpin（アルパン），alpiniste（アルピニスト），alpinisme（アルピニスム）／Pyréneisme（ピレネイスム）／Ascension（アサンスィオン），ascensionniste（アサンスィオニスト）／Escalade（エスキャラド），escalader（エスキャラデ），escaladeur（エスキャラドゥール）／Excursion（エクスキュルスィオン），ここから excursionniste（エクスキュルスィオニ

スト），excursionner（エクスキュルスィオネ）が派生する／Grimper（グランペ），grimpeur（グランプール）／Escalade（エスキャラド），varappe（ヴァラプ），free climbing（フリー・クライミング）／Randonnée（ランドネ），randonner（ランドネ），randonneur（ランドヌール）／Trekking（トレッキング）

HORECA，有料で宿泊し，飲食するところを示す用語　　52

Auberge（オーベルジュ），aubergiste（オーベルジスト）／Auberge de jeunesse（オーベルジュ・ドゥ・ジュネス）／Bar（バール）／Café（カフェ）／Camp（キャンプ），camping（キャンピング），caravane（キャラヴァーヌ），caravaning（キャラヴァニング），caravansérail（キャラヴァンセラーユ）／Hôtel（オテル），hôtellerie（オテルリ），hôtelier（オトゥリエ）／Palace（パラス）：パレス風ホテル／Sleeping-car（スリーピング・カール）／Restaurant（レストラン）

別　荘　59

Bastide（バスティド），bastidon（バスティドン），cabanon（カバノン）／Cassine（カスィヌ）／Casino（カジノ），casin（カザン）／Folie（フォリー）／Manoir（マノワール）／Motel（モーテル）／Pavillon（パヴィヨン）／Villa（ヴィラ）

ヴァカンスへの途中，旅行，保養　　63

Chemin（シュマン）と route（ルート）／Grandes routes（グランド・ルート）と autoroutes（オートルート）／Voie（ヴォワ）：交通路／Guide（ギドゥ）：案内人，ガイドブック／Journal（ジュルナル）／Vacance（ヴァカンス），vacances（ヴァカンス），vacant（ヴァカン）／Villégiature（ヴィレジアチュール），villégiaturer（ヴィレジアチュレ）／Voyage（ヴォワィヤージュ），voyager（ヴォワィヤジェ），voyageur（ヴォワィヤジュール）

Mobiles（モビール）と attraits（アトレ）　　71

Sight seeing（サイト・スィーイング）／賞賛を表わす形容詞／Pittoresque（ピトレスク），romantique（ロマンティック），sentimental（サンティマンタル）／Puff（プフ）から広告へ／Affiches（アフィシュ），annonces（アノンス），avis（アヴィ），réclame（レクラム），publicité（ピュブリス

ィテ)／Mode（モード），savoir-vivre（サヴォワール・ヴィヴル），snob（スノッブ）　78

リゾートと観光のスポーツ　80

Bain（バン），baigner（ベニェ），baigneur（ベニュール），baigneuse（ベニューズ），baignade（ベニャド）／Hiverner（イヴェルネ），hivernant（イヴェルナン）／Station（スタスィオン）：リゾート／Saison（セゾン）：シーズン／Thermal（テルマル），thermalisme（テルマリスム）／タラソテラピー／氷上と雪上の滑走用語／ケーブルカー，スキーリフト

第II部　観光の発明

第1章　アリアドネの糸　93

観光はすべての時代に存在したというわけではない　93

16世紀に観光の驚くべき予見が見られた　94

17世紀の宮廷はそれほど消極的ではない　96

観光は「産業文明」とともに誕生した　98

18世紀イギリスの偉大な発明　99

第6の要因：ただ観光のためだけで実利を求めない旅行は「有閑階級」とは違う文化を表わす　102

シーズンの連続とリゾートの並立は19世紀に確立された観光システムである　104

第2章　観光の「類型異義語」　107

巡礼と観光　107

温泉療養の矛盾　111

カントリーハウスよ，汝はいずこに　115

魅　力　120

第 3 章　18 世紀から 2000 年にかけての観光史の原動力：
　　　　　エリートによる発明　127
　　　　周辺での発明と聖別，不変のプロセス　128
　　　　社会的区別の発明と模倣による普及に関する 2 図　132
　　　　年表——観光客(touriste)という用語以前の画期的な出来事　135
　　　　19 世紀末から 2000 年へ，社会的区別の発明は
　　　　　常に観光史の原動力である　144
　　　　結　論　171

第Ⅲ部　2000 年の地球規模化した観光

第 1 章　2000 年にも維持される観光の特質　175
　　　　観光，文化，レジャー　175
　　　　フランスの上位観光地　199
　　　　いくつかの観察　204
　　　　結　論　208
　　　　　「見るべき事物は見られることを要求する」／イタ
　　　　　リアの例

第 2 章　内容と行動　215
　　　　旅行の 3 時期　217
　　　　　第 1 期：想像された旅行／第 2 期：体験された
　　　　　旅行／第 3 期：延長された旅行
　　　　発見の観光　224
　　　　観光客の 4 類型　231
　　　　二つのエリート的モデル　232
　　　　内容と社会様式　240

第 3 章　ヴァカンスに行く人々と行かない人々　245
　　　　はじめに　245

　　　　観光欲求とヴァカンスに行かない人々　247

　　　　ヨーロッパ人のヴァカンス　257

　　　　外国でのヨーロッパ人のヴァカンス　262
　　　　　　希望／認識／出発率の現在／ヨーロッパ以外の
　　　　　　諸国の推定

　　　　フランス人のヴァカンスとその進展　267

第 4 章　送り出し側と受け入れ側，世界の観光フロー　275

　　　　世界の大部分は観光客の送り出し国ではない。
　　　　それらの国は送り出し国になれるだろうか　277

　　　　先進国，観光客の大いなる送り出し国と受け入れ国　282

　　　　観光の大きなフローの類型　284

　　　　「ヴァカンスの新たな植民地」　300

全体の結論　311

　　　　付　　録　329

　　　　文　　献　339

　　　　訳　　注　341

　　　　訳者あとがき　386

　　　　索　　引　389

第Ⅰ部

観光の特殊性

第 1 章

なぜ，そして，どのように観光を定義するか

　観光の定義は必要だろうか，そうならばどのように，そしてなぜ。この三つの疑問には非常に多様な答えが存在する。解決策はある定義がよいかどうかという有無をいわさぬ断定の中にあるのではなくて，「観光の認識を批判的に研究すること」，つまり認識論の中にこそある。
　観光が一つの技術ないし慣習でしかないとすれば，そうした認識論は不要である。したがって少なくとも1929年までは観光を定義するという関心はなかった。この30年ほどに出た著作の大部分は観光の科学的研究を行なうと称してはいるが，「観光は自由な人間の移動である」という明白な事実から先に進んでいない。せいぜいが観光客とその他の旅行者を区別して満足し，観光現象の兆候を記述し，場合によっては有利なファクターやそれほど有利ではない影響を列挙するだけである。原因の探求や大きな仮説の発表，法則や比率の提示などは，そうした著作に見あたらない。そうした著作にとって観光は特別な分野ではないので，それぞれの学問領域の伝統的な解釈法にしたがって観光を理解しようとする。このことを確かめるためにはそれぞれの著作の「くせ」を見るだけで十分である。それは場合によって地域地理や交通経済，「社会文化史」などに充てられた章であったり，あるいは労働についての社会学的論文の「後部車両」であったりする。ときとして著者は観光という言葉の語源に立ち戻り，歴史的な目印を付ける。語源は類似によって簡単で異論の余地がない。英語のtourやtouristだけからでも他の言語に類推を及ぼすことができるが，フランス語のtouristeやtourismeもその中に入

るのである*¹。観光(トゥーリスム)という抽象的な言葉は定着するのに多くの時間を要した。だが著者たちはそんなことは語らない。実際そうした定着の遅さを正当化するのは簡単ではない。同様に観光という社会文化的な現象の起源を説明することも厄介である。そこで著者たちは，彼らの表現によると「各時代を通しての観光」を扱うことを好むようになる。昔の手がかり，できればギリシャ・ローマ時代の観光の手がかりは彼らのテーマに重みを与える。そうしたやり方のいくつかの例を紹介する。

　地理学者のカポ・レはこう明言している。「人間が楽しみのために旅行するようになってから諸世紀が過ぎた」。そしてヘロドトス⁽¹⁾とパウサニアス⁽²⁾を観光客として扱っている。ついで観光と巡礼の同一視にいたる。「巡礼の領域と観光の領域の間にはもはや明確な境界線は存在しない」。そしてフロベール⁽³⁾のオメー氏に似つかわしい正当化を行なっている。「不信心者の行なう聖地への旅行は改心によって終わる」。「ルルド⁽⁴⁾では抜け目のない業者が，信仰の実践の合間にエクスカーションを潜り込ませている」。「ルルドはシャモニ⁽⁵⁾よりも多い旅行者を受け入れ，ガヴァルニの圏谷(カール)の成功のもととなった」*²。ルネ・デュシェは『各時代の観光』(1949年)のなかで旅行や巡礼，国王の移動などをごちゃ混ぜにしている。G. マリオッティは「あらゆる文明の中の観光」を研究するという選択を正当化するため，同じことを繰り返している。

　　今日，観光が示している形態や発展の研究に限れば，観光はたんに最近の現象なのではない。実際には観光の第一の本質とは移動し，旅行し，知るという欲求や願望の中にある。観光現象の起源は正確にはわからないのだ。*³

---

* 1　これらの用語については後述の用語一覧を参照のこと。
* 2　CAPOT-REY, *Géographie de la circulation sur les continents*, p. 7. ガヴァルニ (Gavarnie) の例は疑わしい。ロマン主義時代にガヴァルニは非常に有名なエクスカーションの地であった。ある風刺画家はガヴァルニ (Gavarni) と名乗っていたほどである。(訳注：現代では「エクスカーション」は日帰り観光の意で使われるのが一般的だが，かつてはもっと広い意味を持っていた。本文47頁を参照)
* 3　G. MARIOTTI, *Storia del turismo*, 1958, p. 7.

これらの著者たちはいかなる形においても，観光という言葉や観光のさまざまな形態を示す種々の用語が発明される以前に，この現象がいつの時代にも存在したとは言わないまでも，数世紀にわたってどうして存在しえたのか，という問題の根元的な困難さを受け入れようとしていない。この言葉の問題は，観光語彙の中の各語は正確な日付を持って誕生したということを示しているのだ。

　観光研究文献の混乱に対する私の批判は度を越しているだろうか。私の本の読者たちはこの30年間にめだって増えた著作，観光という語を冠したり，しばしば観光を地理学や経済学，マーケティング論，あるいは地域論（フランス，ヨーロッパなど）に結びつけている著作を繙くようにと促された裁判官なのだ。序文で観光の定義を行なったり，本文冒頭でその意味について考察を行なう最近の著作はほとんど存在しない。ディーン・マッカネル[*4]は『観光客』という本の中でそうしたことを行なっているが，彼の著作では意味論的なアプローチが，ボードレール[(6)]の非常にショッキングなテクスト，英語の題名の「世界のほかのどこかへ」(*Any where out of the world*)[*5]が引用されている。私の知る限り，観光客の説明をはじめるにあたってこのテクストを利用しようなどと考えたものは彼以前には存在しなかった。

　「世界の外ならどこでも」(N'importe où hors du monde)。これがボードレール自身が与えた仏訳である。このテクストのなかで彼は緑のないリスボンにいる自分の魂を緑のオランダへ，ついで灰色のバルト海に遊ばせ，こう締めくくっている，「どこでもいい！　それが世界の外でありさえすれば！」。「こうした生活は，病人がベッドを代えたいという願いに取り憑かれている病院の生活である」と断定するところからマッカネルの本は始まっている。

　マッカネルはボードレールのこの言葉を選んだのだが，一般に暗黙のものであるその定義を誤っている。そうした定義は学者や専門家，自称専門家が，ある場所への移動，人と消費の移動のように見られる観光について行なって

[*4] このカリフォルニアの人類学者は，1968年から1973年までの論文を集めた *The Tourist, a new theory of the leisure class* を1976年に出版した。
[*5] 読者が目にするこの英訳はマッカネル夫人の手になるものである。原文は『パリの憂愁』の48葉にある。

いる。「いったい何について話しているのだろうか」とジョルジュ・カーズは自問している。

> 実際，本質的な識別的変数のように見えるのは移動である。移動は個人的な気晴らしや社交，さらには職業活動などに属する非常にさまざまな慣習にいわば観光という認可を与える。それと関連して，1日，短期，ヴァカンス，さらには移住の一歩手前までにわたる移動の長さが観光という要素の区切りを確定し，強調することになる。*6

　観光を（少しばかり）定義しようとする多くの著者たちは，この移動という困難な問題を迂回し，同時にこの現象の起源を考察の対象から外すために，この現象に二つの基準しか設けないことにしてしまう。本質的である移動という基準，そして過去と同じく現代も時代と国によってさまざまに変化する下位区分*7を持つ移動期間という基準である。

　こうした曖昧さに驚かないようにしよう。「観光（Tourisme）」という言葉そのものが最近のものなのだから。19世紀には，そして多くの人間にとっては20世紀においても，観光とは「観光客（touriste）になる技術」でしかない。このことは1863年のリトレ[(7)]，あるいは1875年のラルース[(8)]などの辞典において，観光客について非常に叙述的な最初の定義が与えられていたことを想起させる。二つの辞典ともに同じような締めくくりの表現で終わり（「……する旅行者のこと」），「好奇心や無為に起因する」移動性を指摘する。移動期間についての指摘はないが，特にイギリス人における観光の起源やスイスやイタリア，フランスといった有名な目的地については触れられている。

　こうしたエリート主義的な背景において観光は無償の技術であった。だからなぜそれを定義しなくてはならないのだろうか。実際19世紀には誰もそういう関心を持たなかった。ガイドブックはうまく旅行する技術を伝授し，「口コミ」はとっておきの情報を伝えた。当局は「自由放任」であった。観

---

*6　G. CAZES, *Fondement pour une géographie du tourisme et des loisirs*, 1992, Bréal, p. 6.
*7　たとえば地理学者 Alain MESPLIER, *Le tourisme en France...*, p. 9 以下を参照。あるいは経済学者 Pierre PY, *Le tourisme*, p. 11 以下などを参照。

光現象を専門に取り扱う行政機関を持っていた国はひとつもなかった。観光の経済的重要性は少なくとも1929年の世界大恐慌まで気づかれることがなかったのである。観光客を計数し，この現象を評価し，観光活動を規制しようとする公務員は存在していなかったのだ。18世紀と19世紀には自分の楽しみのために旅行する富裕層の国境通過や往来について大いに便宜がはかられていた。だからサルデーニャの役所が厳しく検査を実施したときにはスキャンダルとなったほどである。

　19世紀の「夜警国家」は観光客を無視していた。あるいはむしろ観光客への規制はいわば遠慮がちであった。なにしろ当時の観光客は配慮を加えられるべききわめて珍奇な少数者というカテゴリーに属し，危険人物のリストにも載っていなかったからである。道路での規制は，交通法規の先祖である陸運検査であり，商品輸送について行なわれていた。賭け事のテーブルの周りでは（19世紀の半ば以降に観光リゾートでもこうしたギャンブルが行なわれるようになってきた）「賭博対策の警察がいかさま師やペテン師を監視していた」。カフェやレストラン，酒場と同じく宿屋では「安ホテル専門の警察」が疑わしい旅行者（品行や政治思想のために「要注意客」と呼ばれた）を監視していた。しかるべき身分の人々，すなわち裕福な旅行者がそうした抑圧的な措置の対象とならないためには駆け引きが必要だった。要するに規制もなければ定義もなかったのである。鉄道の発達につれて各国は「特別鉄道警察官」を任命した。したがって煩わされることなく匿名で旅行し，ギャンブルの合法的な摘発にかからないことをのぞむ裕福な旅行者のために特別措置が取られたのは第2段階においてということになる。

　たとえば19世紀には，そして20世紀初頭にあっても，観光に公的な定義を与える効用は感じられなかったし，各国は観光専門の行政機関を設置する必要性を感じなかった。状況が変化したのは1929年の世界大恐慌からであり，当局は観光が国際収支に影響することに気づいたのだった。ではどのような措置をとるべきだろうか。はっきりとした考えはなかった。観光の影響を評価するためには観光客を計数し，まずは観光という言葉でわれわれが意味しているものを確認することが必要であった。的確な判断のためには比較が必要であった。したがって観光ではなくて観光客に関する定義を初めて提示し

たのは国際機関であった。

　この定義が操作的か実用的かは問題ではない。国際連盟の専門家委員会は1937年にこう宣言した。

> 観光客(ツーリスト)とは，自分の楽しみのために旅行することによって24時間以上1年未満の間，主たる住居から離れるあらゆる人々である。24時間未満の移動は日帰り観光(エクスカーション)である。

　国際連盟はこうした広義の定義がビジネス旅行や伝道，クルージングなどを含むことを許容していたが，次のような人々は除外していた。
　　——移住者
　　——ある場所で働くためにそこにやってきた人々
　　——学生
　　——国境地帯の住民
　　——通過国に立ち寄らないトランジットの旅行者

　この分類は第2次世界大戦後に国際連合[*8]とその専門機関である世界観光機関（UNWTO）[(9)]や欧州経済協力機関（統計集『ヨーロッパ観光』を毎年刊行する）で踏襲された。かくして国際的なレヴェルでは次のような概念の間で区別が行なわれるようになった。
　　——24時間未満の滞在を行なう「日帰り観光客(エクスカーショニスト)」
　　——24時間以上1年未満の滞在を行なう「観光客(ツーリスト)」
　　——その他の到着者で，滞在の理由がどのようなものであれ意図的に1年以上の滞在を望むが観光客とは呼ばれない人々。これは「移民労働者」である。

　このような明らかな国際的な共通理解は，しかしながら国境検査の中にも，ヴィザや滞在証の発行においても見あたらない。この20〜30年来，このような共通理解は観光客の計数ではなくて国境調査に基づいて観光を認識している大きな観光国では無視されている。今日，観光客というよりもむしろヴ

---

*8　国連は1963年にローマで「観光と国際旅行に関する国連会議」を開催した。

ァカンス滞在の定義には，国によって非常に大きな相違が見られる。各国は観光客となる動機は何かということを定義しないまま，観光ではない移動を列挙している。

　4日間ないし4泊（こちらの方がより厳密である）の期間というのがヨーロッパで一番普及している考え方である。たとえばフランス[*9]やベルギー，スペイン，オランダ，イタリア，イギリス，およびEU委員会を挙げよう。ドイツとデンマークは5日以上が主流である。ポルトガルは国連の基準（1日以上）であり，ギリシャは外国人にしか関心はない。最も古くから観光統計を取っていることに誇りを持つスイスは自分のやり方に忠実である。スイスではホテルや下宿(パンスィオン)[(10)]，家具付き貸家，家具付きアパート，キャンプ場などで計数された宿泊数が付け加わる。スイス連邦は19世紀末以来このようなやり方を取っているし，現在もそうであるが，宿泊施設の経営者は誠実に宿泊者カードに記帳しているということは知っておかねばならない。こうした例外的状況は歴史的な経緯による。19世紀に観光に関心を持つのは，それによって生活している人々，つまりホテル経営者や観光に依存している人々，温泉リゾートや海水浴リゾートで開業する医師たちであり，彼らは顧客や患者を計数し，彼らが「国に落とされるお金」と呼ぶものを推計しようとしたのだった。スイスが初めて観光客を計数したことは驚くに当たらない。スイスは最初の受け入れ国でもあるのだから。しかしスイスは独自のやり方で，自国が受け入れる人々を計数し，国のもとにではなく，観光によって生きる専門業者のもとに観光客がもたらすものを計算するようになったのである。このことは市町村やリゾートについても妥当した。スイスやオーストリア，ドイツの市町村の中には観光客をもっと満足させてもっと呼び込むためには自分たちのリゾートの美化が急務だと考えるところが出てきたが，そうした市町村が1900年から1914年にかけて，観光客自身が支払う滞在税を創設するイニシアティヴを取った。その結果として観光史の中では非常に正確な一連の統計，しかし19世紀のしかもある種のリゾートだけに限られる統

[*9] 国立統計経済研究所（INSEE）は1951年以来，同じ定義のもとでフランス居住者のヴァカンスについて，確率論に基づいた標本調査を行なってきた。しかしながら1991年に観光局はフランスのこの貴重な連続調査を中止してしまった。

計が得られたのであった。フランスは 1919 年法によって観光・温泉療養・気候療養・海水浴・ウィンタースポーツ・結核用の葡萄療養などの格付けリゾートを創設したが，これらの格付けリゾートには滞在税を徴収する権限が与えられた[11]。これはまた操作上の定義でもあった。

　北米はこうした動きに無関心だった。観光は長いあいだ彼らの心的世界の外に位置していた。彼らが 1940 年以前に発見したものは「生産性」の進歩の不可避の結果である自由時間の大きさということだった。それに不安を抱いたものさえいた。「ホビー」は空白になった時間を埋められるだろうか。自由時間が価値を持ったのは，うさんくさい用語である「レジャー」が諸活動の全体[*10]を指す「レクリエーション」に変化したときからである。そうした活動の中には自宅以外で行なうもの，つまり「アウトドア・レクリエーション」と呼ばれるものがあったが，これこそがわれわれの言う野外レジャーやエクスカーション，結局はヨーロッパ人の観光というものに対応するのである。最小限の移動距離（一般的に 100 マイル）を超える場合，アメリカ人が関心を抱くのは，目的地でも滞在期間でもなく，しばしば身体的レジャーである主要レジャー活動だけである。

　各国は 1929 年の世界大恐慌から徐々にではあるが，観光の経済的重要性[*11]と，特に観光が国際収支において果たす役割に気づくようになる。観光客を計数し，その外貨による貢献を推計することの利点に目覚めたのだ。観光は技術以上のものとなったのである。G. マティヨは 1945 年にこの分野の拡大を不器用ながら次のように描いている。

> 観光は気晴らしや商売のための旅行に属する分野全体，すなわち観光旅行者の個人的な活動と，彼らを受け入れて彼らの移動を容易にするために力を尽くす人々の活動に同時に関わっている。[*12]

---

* 10　14 巻にのぼる大規模な調査 *Outdoor Recreation in U.S.A.* は独特である。各章はスイミング，ハンティング，フィッシング，ウォーキングなどの動名詞が章題になっている。しかしショッピングは除外されている。
* 11　1928 年にフランス・ツーリング・クラブの副会長となったレオン・オーシェは *L'Importance économiques du tourisme* を著した。

1952年にスイスの経済学者クルト・クラプフは観光概念の次のような二重性を巧みに示した。

　　——外的には住居を一時的に放棄することが特徴となるが，心理的・身体的な動機にしたがう人間的な活動としての観光。
　　——そのために用意された技術的・経済的なメカニズム。したがってこの概念は主観的な要素と同時にその基礎として役立つ物質的な土台の両方を含むものである。*13

　観光と観光客の定義は列挙に尽きているように見える。当局は観光客とそうでないものの目録を作成し，『国際観光辞典』*14 は観光を定義する項目を併記している。一言ですべてを言うことはできないのだろうか。W. フンツィカー*15 がそれを試みた。これは AIEST（観光科学専門家国際協会）による観光の定義に道を開いた。

　　滞在が営業やいかなる営利活動にも結びつかないという条件の下で，自分が外国人(エトランジェ)である場所に旅行したり滞在したりすることで引き起こされる関係と現象の総体。*16

　この定義は多くの反論を引き起こした。この定義は移住を排除するばかりか，営業の基準を示していない。また別荘を別にしているのだろうか。この定義では最小限の移動距離や移動期間などが見あたらない。「外国人(エトランジェ)」というのも曖昧である。観光業者は自国民の観光に関心を持たないというのだろうか。また「近距離観光」を知らないのだろうか。もっと重大なのは否定的に示されている動機が考慮されていないということであり，これは定義にと

---

* 12　G. MATHIOT, *Le tourisme réceptif français, sa place dans l'économie nationale et internationale*, Nancy, 1945, p. 17.
* 13　K. KRAPF, *La Cosommation touristique*, 1952, p. 25.
* 14　モナコ国際観光アカデミーが数カ国語の版で出版した赤い小冊子。
* 15　ヴァルター・フンツィカー（1899-1974年）はザンクト・ガレンに本部を置く観光科学専門家国際協会の設立者であるスイス人経済学者で，1948年に出された *Un siècle de tourisme en Suisse 1849-1948* の4ページで観光の最初の定義を行なった。
* 16　これは1948年のフンツィカーの定義であり，1966年と1971年に軽い修正が行なわれた。

って致命的な欠陥である。観光は常に存在したのだろうか，あるいは観光という現象は観光という言葉とともに始まったのだろうか。この定義ではそれに答えることができない。欠陥は記号論的である。しかしこの定義は巡礼や会議，ビジネス旅行，トランジット，研究滞在などに関する広範な議論を呼び起こした。この定義の特徴は排除なのだろうか，包含なのだろうか。明確な答えはない。この定義は実用的なものではない。問題の設定の仕方が悪いのだ。営利的な目的を全然持たず，ときとして広大な空間（カンジュエルやラルザックの野営地[(12)]）で行なわれる演習中の兵士の移動を引き合いに出して皮肉ることもできるが，先の定義に照らしてこれは観光なのだろうか。

少なくとも否定的な動機は入れるべきではないが，これは私がサンティアゴ・デ・コンポステーラでの会議（1964年）において，この定義をたとえば「この滞在ないし移動が個人のレジャー活動を構成する限り」[*17]といった別の語句に置き換えるようにと主張した理由である。当時私は観光をより広いレジャー概念に帰していた。何が観光でないか（たとえば，観光は営利を目的としない，など）を指摘するよりもむしろ，積極的な内容を定義に与える方が観光のためになるだろう。それは私が1964年以来主張していることで，1982年の著作（3版）でも繰り返したところである。

> 観光とは，移動が産業文明の文化的欲求を余暇において満足させるように思われる場合，人々が住居を離れて一時的に行なう旅行や滞在から生じる現象の総体である。[*18]

「文化的欲求」という表現は曖昧である。この記号論的相違を受け入れるべきだろうか，それともその内容をより正確に述べるべきだろうか。モントリオール・ケベック大学では「長い議論と留保と躊躇の末に」観光にある機能を付け加えて，私の定義を採用した。

---

* 17　*Revue de tourisme* の1964年第3号の中のマルク・ボワイエの論文。
* 18　Marc BOYER, *Le tourisme*, 1982, p. 231. 私は1964年の定義を修正した。

産業文明によって課される日常生活という枠を離れて，他の人々や他の文明との出会いを通して，この移動が心身の調和の欲求を満足させるように思われる限りにおいて。*19

　この30年来提出されたどんな定義も全般的なコンセンサスを得ることがなかった。しかしそのことに驚くべきではない。観光を管理すると称する当局，「観光関連」であると主張するさまざまな職業，観光を独占しようとする大学の学部学科，これらすべてが観光の定義を無視し，予備的な記号論的考察を省略したのである。実際その方が非常に便利ではあった。当局はすでに見たように最低限の滞在期間を定めたり，ある種の移動を除外したりすることで満足していた。当時，当局は観光客をたんなる操作的な定義をもとに計数することができた。経済学者ないし計量経済学者は連続的な推計によって観光客の支出といわゆる観光企業の収入とは何かについて確定を行なった。そこから彼らが解説する「観光補助勘定」*20 が生まれた。雑多な寄せ集めの妥当性を疑問視しないほうがよかったのである。それに観光分野を作り出すためにINSEE（国立統計経済研究所）がサーヴィス活動を再編した方法に異議を唱えないほうがよかったのだ*21。枠組みを固定するはずのどんな定義も存在しないために，経済学者や地理学者，社会学者などは，観光は強制されたのではない人間の一時的な移動として捉えることで正当化されると感じていた。そうしたことを出発点として各人はその専門にしたがって一時的移動を記述し，経済的影響や景観ないし受け入れ環境に対する影響などを論証した。説明されることはなかったが，彼らにとって観光への科学的アプローチとは受け入れ空間を研究することであった。私はそのようなアプローチを拒否し，「無能な受け入れ観光研究」に警戒するように研究者仲間に呼びかける専門家に賛同した。オーストリア人のラマカーは次のような点を指摘した。

＊19　U.Q.A.M. Note H.A.R. 2400 du 27-IX-1977.
＊20　フランスの観光局が1985年以来作成している。
＊21　国立統計経済研究所は観光雇用を，ホテル，レストラン，カフェと旅行代理店，観光協会における雇用としている。

交通手段とホテル施設は全体的に言って旅行者が自由に使えるものなので、そこに（観光を区別する）基準を設けることは排除される。……観光の特徴となるのは供給ではなくて需要なのである。ホテルの給仕長は駅長と同じく観光の専門家である。……しかし旅行が生産的なものではなくなったときから観光客が存在するようになったのだ。*22

したがって観光についての優れた定義というのはいわゆる「ビジネス観光」を排除し、家族や療養のために行なわれる楽しみのためではない滞在を含むということになろう。

観光を特別な施設設備で定義するのが不可能だとしても*23、観光とは観光客となる技術のことであるという19世紀の考え方に留意しないほうがいいのだろうか。「観光客かそうでないか、それが問題だ」。ジャン・ディディエ・ユルバン*24の優れたエセーはこのように始まっている。今日ではスノビズムから自分は観光客なんかではないと言うようになっている。そして旅行者とか療養者とかの昔の用語に、もっと「細分化した」呼び方である「健康づくり」とか「バックパッカー」*25などが加わってきた。

観光について述べる著者は、はっきりと定義された大きなテーマに取り組むという気概からはほど遠いとしても、まずは非を認めた上で寛容を請わねばならないのだろうか。研究者はものすごい数の箴言がすでに存在するのを知っている。ことわざは旅行について「遠くから来るものは平気で嘘をつける」といわないだろうか。ブレーズ・パスカル[13]は「気晴らし」について最も辛辣な言葉を残さなかっただろうか。「人間のあらゆる不幸は一カ所にとどまれないというところから生じる」。観光史家ないしこの分野の他の専門家は、旅をしてそれを物語にする作者たちに慣れ親しんでいるので、「反

---

* 22　J.G. ラマカーのこの言及は *La Revue de l'Académie internationale du tourisme* (1972) の自由論壇 12 ページ以降に掲載されている。
* 23　それらは雑多な寄せ集めとなってしまう：カジノと温泉、ケーブルカーとスキーリフト、「小列車」とレジャーパーク。
* 24　Jean-Didier URBAIN, *L'Idiot du voyage, Histoire de touristes,* Plon, 1991, p. 271.
* 25　フィリップ・グロアガンの *Le Guide du routard* はブルーガイドの出版社であるアシェット社に買収された。

旅行派」の文学を無視するという遺憾な傾向がある。観光客という言葉が出現したとき，ないしそれ以前から，多くの小説家，哲学者，エッセイスト，社会学者たちは一カ所にとどまることの価値を説き，旅行しないことを称揚し，観光する人間を中傷し軽蔑し軽く見たのだった。「こうした田舎者の風来坊は」見るべきと思われているものを何も理解しないのだといって。

こういったことが背景である。16世紀以降人文主義者[14]の好奇心はどのように変化してきたのだろうか。18世紀末そして19世紀前半において観光の大発明はどのように行なわれたのだろうか[*26]。幸福とはヴェルサイユの宮廷ないしヨーロッパ各地の宮廷で王に近侍することであり，どんな旅行も嫌な仕事のように思われ，田舎暮らしは追放のようであった時代[15]にあっては，特権者たちにとって一カ所にとどまることは規範であった。だがすべては18世紀と19世紀初頭のイギリス人の発明たる「ザ・ツアー」とともに逆転したのだろうか。世界を発見したいという熱望，19世紀に特徴的な人間の移動性などはおそらく歴史の長いスパンの中では例外的であった。作家たちはすぐにルーツ，あるいはジャン・ジオノ[16]の表現だと根っこ（ラシナージュ）を称揚しはじめた。ジオノ以前にはバレス[17]やラミュズ[18]その他大勢の作家が「故郷」を自慢し，大地への愛を述べ，近代に異論を唱え，そうすることで速さや旅行に抵抗した。以下に掲げるオート・プロヴァンスの詩人ジャン・ジオノの文章は特徴的である。

> 幸福，それはその土地で見つかる。速さでは幸福は得られない。われわれの現在の社会システムでは明らかなことだが，誰にも喜びはもたらされない。[*27]

あるいはまた偉大な旅行者であったポール・モラン[19]が『旅行』のなかで皮肉混じりに描いている次の文章を挙げることもできる。

---

* 26　Cf. R.P. de DAINVILLE, *La Géographie des humains*.
* 27　Cf. *Batailles dans la montagne*, p. 26, *Jean le Bleu*, p. 295. Thèse CLARKE, その他各所を参照。

旅行，それは教養を身につけるには最も不向きで最も高価な方法だ。そんなわけでイギリス人は旅行の専門家となったのだ。*28

ロマン派はしばしば旅行は空虚だと言っていた。20世紀にもそうした言説は引き継がれた。アルベール・カミュ(20)はこう書いている。

旅行の価値をなすもの，それは恐怖だ。つまりわれわれの時代やわれわれの言葉から遙かに離れたある時代に，漠然とした恐怖とわれわれの古くからの習慣という避難所に戻るという本能的な欲望がわれわれを捉えたのだ。これが旅行の最も明らかな貢献である。当時にあって，われわれは熱中してはいたが冷めやすくもあった。少しの衝撃でもわれわれの存在の奥底にまで深い影響を与えた。……そういうわけで人は楽しみのために旅行するなどと言ってはいけないのだ。旅行に楽しみはない。私はむしろ旅行に苦行を見る。*29

現代の社会学者，哲学者たちも観光の定義を避け，観光をけなすことを好み，自分の専門に関しては「洒落」とでも呼びたくなることを行なっている。アンリ・ルフェーヴル(21)はこう書いている。

観光は観光地に群衆を惹きつけるが，その場所（村，景観，ミュゼ(22)）が他のどこでも行なわれうるような出会いの場所にすぎなくなってしまうということだけで観光地を荒廃させる。*30

ピエール・ブルデューはもっとましだろうか。彼にとって「観光は絵はがきに還元された世界の象徴的な占有である」。
私はたびたびエドガル・モランを引用した。もはや今では「ヴァカンスの価値は価値がないことだ」という彼の言葉は地口以上のものだとは信じられ

---

* 28　Paul MORAND, *Le Voyage*, p, 56.
* 29　A. CAMUS, *Carnets*.
* 30　Henri LEFEBVRE, *La Vie quotidienne dans le monde moderne*, p. 196.

ない。

　アラン・ファンキルクロー[23]は『探検の道すがら』のなかで観光を論じた章において次のように書いている。

　　——旅行は青年を教育し，ズボンを型くずれ(デフォルメ)させる。
　　——旅行者(ヴォワイヤジュール)は老いたる窃視者(ヴォワイユーラジェ)。
　　——貝殻と食用甲殻類＝再発見された無邪気のユートピア。
　　——観光客＝花柄バミューダをはいてご機嫌な馬鹿者，愚鈍な群生動物，臭い大衆。
　　——賢いヴァカンス客はたったひとつのことにしか取り憑かれていない。ひたすら日焼けをすることだ。……彼は浜辺のいろいろな楽しみに対して，ブルジョワの老嬢がポルノ映画にするのと同じ顰め面をする。
　　——観光の他者とは，決してもうひとつの観光以外ではありえない。*31

　新哲学ないし構造主義社会学は観光の説明をプレヴェール[24]風の雑多なカタログの中にまとめることで科学的なアプローチを行なえるとでも信じているのだろうか。正面切って科学的と自称する著作では，一般的に観光移動と観光の影響の記述を超えるものが見あたらないということを大目に見なければなるまい。観光の記号学を試みて，どんなパラダイムが選択されうるのかを明言するときである。

＊31　Pascal BRUCKNER et Alain FINKIEILKRAULT, *Au cion de la rue*, l'aventure, chapitre *Lundi*, pp. 35-81.

第 2 章

言葉と概念の起源

言葉の起源

　近親関係に異論の余地はない。英語の the tour (ザ・ツアー) からその派生語の tourist (ツーリスト)，ついでフランス語の形容詞 touriste (トゥーリスト) へと語形が変化した。名詞形が必要になるのは 19 世紀末のことにすぎないが，すべての言語が名詞形をとりいれた。すでに travel (トラヴェル) と trip (トリップ) を持っていた英語の場合のようにためらいながらの場合もあったが。

　ザ・ツアーとは 17 世紀末以来，若く裕福なイギリス人が「ヨーロッパ大陸で」，実際には西欧で行なった旅行を意味している。すべての道はそういうイギリス人をローマへ連れて行った。ザ・ツアーは 18 世紀の大陸では理解できなかった表現で，それほどこれは特殊イギリス的な慣習であった。この旅行には教育的な目標があった。実際には若いイギリス人は遊蕩にふけり，羽目を外した。ドゥ・ブロス[1] は「彼らはコロセウムも見ないでローマを離れる」と書いている。しかしこの旅行はそれを行なう人々に卓越した社会的身分を与えた。帰国すると彼らは「国際人」となり，「マカロニ・クラブ」の一員として迎えられ，「ジェントルマン」として遇された。イギリス貴族は大陸の出不精な貴族に対する優越感を持っていた。

19

概念の起源

　18世紀に出現したこの新たな旅行者はまだ観光客(トゥーリスト)という名前を持っていなかったが，マルク・ラプラントの適切な表現によると「旅行する明白な理由なしに旅行する」*1のですでに観光客たる資格を備えていた。無為で好奇心を持つ，これが特徴であった。リトレの辞典の1世紀以上前にすでにリトレの定義に合致していたのである。この旅行において大切なのは目的地というよりも旅立ちたいという欲動，アングロサクソンの言うところのプッシュであった。これら新たな旅行者はすべて不労所得生活者(ランティエ)であった。彼らは「何事にも従事しない時間」を持ち，相次ぐ革命によって自分たちの「社会的有用性」を喪失しかけていた。強制されないで旅行し，滞在の大きな楽しみを与えるリゾートと呼ばれる場所に長らく滞在すること，そのことによって多額の金銭を支出すること，こうしたことはある種の「社会的身分」を与え，社会的な距離を刻印する。これが18世紀において，次第に権力と名誉を商工業に基盤をもつ新興階級と共有せざるをえないところへ追い込まれていったイギリスの土地貴族の状況であった。大英帝国を築いた誇りを持つこれら貴族階級は，権力が下院に集中するようになったイギリスのなかで不平不満を募らせた。彼らは必要のためではない旅行をすることによって違いを見せつけたのである。

　こうした新たな旅行者，自宅とは違う場所で夏や冬，楽しみのために滞在する人々はイギリス人であった。彼らの発見の総体を「観光革命」と呼ぶことができる。この観光革命は18世紀イギリスの優位を特徴づけた諸革命（産業革命，農業革命，人口革命，銀行革命など）と同時期のものであった。W. ロストウ(2)は彼が「経済的離陸」(テイク・オフ)と呼ぶものの起源を求めた。これは困難な問題である。彼は証拠を示さないまま，それは国家組織の確立であるとの答えを出した。だがザ・ツアーの名のもとに17世紀末以来イギリス的な特質

---

* 1　*L'Expérience touristique contemporaine. Fondements sociaux et culturels.* Presses universitaires du Québec, 1996, p. 11. マルク・ラプラントは私の以前の著作から借用したものを，最初の方のページで表明している。

となっていたイギリス外での好奇心に基づく旅行のことを引き合いに出すこともできるだろう。

いずれにしても確かなことは，ザ・ツアーやバース⁽³⁾の革命，1740年からブライトンで表明された旅行への新たな欲望，さらには1763年から65年頃にかけて発明された「南仏での避寒」など，イギリス人の諸発見は産業革命の結果ではないということである。というのもそうした発見は産業革命に先行していたか，同時代であったからだ。余暇の状況はまったく異なっている。余暇というのはJ. デュマズディエ⁽⁴⁾が明らかにしているように産業社会の産物である。「観光は無為ではない。観光は労働を廃止しない。それを前提とするのだ」。

労働時間の削減，したがって自分のための時間ないし余暇が熱心に求められるようになるためには，労働時間が時計で計られるという状況が必要となる。

その反対に観光はその起源から見ると無為である。18世紀と19世紀には欲得を離れた旅行者は彼らの年金や地所からの収入で生活していた。彼らは「生まれがよかった」のだ。法服貴族や帯剣貴族についていわれるように，「身分」を持っていたものもいた。富を蓄えることに熱心な製造業や貿易の世界を前にして*2，彼らは過去の価値への愛着を明らかにし，「顕示的消費」を行なった。イギリスの貴族階級が最初に「イギリス性」を保存しようとした。こうした貴族は「パブリック・スクール」と呼ばれる私立学校，一流大学で華々しい教育を受け，ザ・ツアーですべての仕上げを行なった。彼らはスポーツと遊びに関する専門家だった。17世紀から19世紀まで彼らは彼らのスポーツや遊びについて複雑なルールを定めた。「グリーン」の上で，トランプを前にして，こうしたイギリス貴族や大陸で彼らを模倣しようとした大物たちだけがそのやり方を知っているのだった。「ルーラル・スポーツ」やタロットからは遠く離れてしまった。すべては民衆の娯楽との間に大きな社会的距離を作り出すためになされたのである。イギリス人が滞在したあら

---

*2　ルイ・フィリップの政府の大臣であったギゾーは「労働と節約によって富裕になりたまえ」と言ったものだった。

ゆるリゾートで，またカンヌ[5]からポー[6]にいたる避寒都市でも，観光客はクラブ形式のサークル，ゴルフ場，競馬場など遊びを楽しめる場所を作った。

シーズンとリゾート

　18世紀の間と19世紀前半に，シーズンの継起とリゾートの並立を特徴とする複雑な観光システムが形成された。流行が強制する選択にあっては，もはや気まぐれも占有も存在しなかった。すべてイギリス起源のこうした発明は「観光（サイト・スィーイング）」を確立し，名声の間の序列を定めた。一世代やときとしてそれ以上にわたっていわゆる「最高に心地よい名声」を博した大陸の名所がますます好まれるようになっていった。ザ・ツアーはほとんどもっぱらイギリス人だけのものだった。イギリス人は18世紀初頭には貴族的な温泉療養を発明した。それまで嫌なことだった湯治はバースで快楽となった。今日なら「コンセプト」とでもいうべきものの発明者であるリチャード・ナッシュ[7]は，建築家であるウッド父子[8]と協力し，この親子は社交的な楽しみを全面的に味わえるような劇場風の背景を作り出したのだった。そして自分たちの楽しみのために，大陸におけるバースのライヴァルであるベルギーのスパー[9]（ここの水はやがてすべてのミネラル・ウォーターの代名詞となった「スパー・ウォーター」）や，潮の干満のある海岸での海水浴リゾートを売りだしたのはまたしてもイギリス人であった。ブライトン[10]は1740年以降に温泉とは違う「水に浸る」方法を完成したが，こうした海浜への滞在方法の発明によって，温泉リゾートと同じような，散歩や出会いにも適した背景のなかで夏の社交シーズンが繰り広げられたのであった。夏はとりわけ社交的なシーズンとなった。各リゾートは費用と質の関係ではなく，惹きつけることのできる貴顕の名声によって競争した。19世紀にはまず裕福なイギリス人が，ついで大陸の貴族が英仏海峡沿いの（あるいは北海沿いの）海水浴リゾートや，ドイツ（やスウェーデン）の山地，エクス[11]やモンテカティーニ[12]，コートゥレ[13]などの「温泉」，さらには「アルプス登山のメッカ」であるシャモ

ニヤやツェルマット[14]などをお気に入りとした。

　身体への関係，さらにいえば自然に対する関係にも革命がもたらされた。肉体はその能力が伸ばされてこそ価値を持つとされた。特に自然は極端な形で賞賛されるところまでいき，自然自身をたじろがせるほどであった。アラン・コルバン[15]は大洋の浜辺は長いあいだ「空虚の領域」であったことを論証した。1750年以降に浜辺への欲望[*3]が現われる。この変化はまずイギリス人に起こった。浜辺の発明は他の大きな変化，つまりアルプスの発見と呼応している。それまで山岳は「ぞっとする」「恐ろしい」ものであった。それが1742年にイギリス人のウィンダム[16]とポウコク[17]の発見したシャモニの氷河とともに，「好奇心の対象」となった。そしてすぐに山岳は「崇高」なものとなった。ラスキン[18]の表現によると「大地の大聖堂」に昇格した高峰は利益を目的としない征服を誘った。アルプスはレスリー・スティーヴン[19]の言葉によると「ヨーロッパ人のプレイ・グラウンド」となった。

　田園それ自身のために，そして田園がもたらす卓越した黙想の喜びのために田園を愛好するということもまたイギリス人の発明である。「カントリー」はもはやジェントリーに収入をもたらすという金銭的な有用性を持つだけのものではなくなった。田園はたんに狩猟の場であるばかりではなく，イギリス風の「パーク」，つまり上品な夏の社交のための遊びの空間となりはじめたのであった。大陸の貴族は田園においてイギリス風城館あるいは「ロマンティック・ガーデン」という趣味を模倣した。

　またしてもまったくイギリス的でさらに驚くべき発明というのは，冬の寒さを避けて冬を別の場所で過ごすということである。燕の越冬にもたとえられた最初の移動は18世紀の最後の3分の1に出現し，ニース[20]やイエール[21]に落ち着いた。これこそが南仏における冬のシーズンの誕生であった。避寒客は10月にやってきて4月末に発っていった。彼らは現地の住民とは離れて暮らし，活動的な生活は送らない。このようなエリート的「反シーズン」は，散策や（イギリスでは冬には行なえないゴルフからアーチェリーにいた

＊3　Alain Corbin, *Le Territoire du vide. L'Occident et le désir du rivage 1750-1840,* Champs-Flammarion, 1998.（アラン・コルバン『浜辺の誕生』，福井和美訳，藤原書店，1992年）．

第2章　言葉と概念の起源　**23**

る）スポーツの楽しみ，さらにはこの楽園の感嘆などから成り立っていた。彼らは冬の最中にも青々とした緑，花々，古典主義時代には神秘的な価値を持ったオレンジという黄金の果実をはじめとする果実類を発見したのであった。19 世紀にもこの動きは継続，強化された。他の場所が発見されたが，それらは 1815 年頃のポー，1834 年のカンヌ，1860 年頃のマントン[22]，ついでコルフ島[23]，マデイラ島[24]，エジプトなどで，すぐにいっそう識別的で贅沢な場所となった。真の避寒の普及が見られたのだが，あくまでもそれは同じ特権階級の内部においてのことにすぎなかった。ニースはフランス革命前夜には 150 家族を受け入れていたが，1914 年の第 1 次世界大戦直前ともなると 2 万人の避寒客が滞在した。相変わらず彼らはイギリス人が主流で，もっぱらランティエであった。

　変化は地平の拡大とともに，新たな実践の発明とともに生じた。つまり滑降スポーツの発明はさらに突拍子もないことなのでいっそう識別的，特徴的となったのだった。中身はなるほど北欧，特にノルウェイ（スキー）から来ていたが，その場所はダヴォス[25]のようにすでに夏の滞在によって知られていたリゾート地のあるアルプス，そして発明者はまたしてもイギリス人であった。アーノルド・ラン[26]をはじめとするイギリス人は 1880 年から 1900 年の間に新たな遊びを見つけた。「ダウンヒル・オンリー」が彼らのモットーであった。彼らは斜面をスキーで滑り降りて楽しんだのである。これはやがて「アルペン・スキー」と呼ばれるだろう。さしあたってはこの遊びによって主としてスイス（サン・モリッツ[27]のような）のなかにきわめて識別的な新たなリゾートが作り出され，すぐにコート・ダジュール[28]との競争に勝利をおさめた。流行の場所にヴァカンスに発つことは卓越と社会的評価のあかしとなった。ニースやコート・ダジュールのような流行からはずれはじめた場所は，そうした新興の最も有名となる観光地の後塵を拝するようになる。1906 年から 1910 年頃にかけて避寒リゾートの重役会の報告書は「コート・ダジュールは低俗化した」と嘆き，裕福な客はときとしてスイスのウィンタースポーツの方を好むようになっていると，残念そうに書いている。

季節性，観光の真の誕生

　人は父親が戸籍に記載する前から存在している。観光客(トゥーリスト)という言葉も，それが1870年頃にリトレやラルースの辞典に「好奇心または無為から旅行する人々」という特徴的な定義で記載されたときに誕生したのではない。

　作家たちがこの言葉を使用したのはもっと前に遡る。特に1838年に『ある旅行者(トゥーリスト)の手記』を出したスタンダール(29)が重要である。彼以前に無名の作家たちがこの言葉を使用したが，彼らはこの言葉をイギリス人を指すときに使用したのであった。実際イギリス人が最初の観光客であった。18世紀にはザ・ツアーを行なう若い貴族がイギリスからやってきた。18世紀末の，継起するシーズンとリゾートというシステムの発明もまたイギリス人によっていた。このシステムはその複雑さにおいて，人間の知力の突然の出現を思わせた。こういう意味で私は1962年に「観光は季節的なものとして誕生した。それはいわば観光の原罪である」*4 と述べたのだった。

　当時，観光は専門化したリゾートと継起するシーズンのなかに存在していた。南仏の冬のシーズンはニースやイエール，ついでカンヌやポーで10月から4月末まで繰り広げられた。社交的な温泉リゾートで過ごされる夏のシーズンはバースを筆頭にスパー，エクサン・サヴォワで実践され，温泉療養のシーズンはブライトンと，その対岸のオステンデ(30)からディエップ(31)にいたるライヴァルの海水浴シーズンへと延長された。あるいはまた夏は氷河見物，アルプス発見，18世紀末以来神秘の国となったスイスの発見などが行なわれた。これまたきわめてイギリス的な発明である田園への新たな嗜好を追加することもできる。

　18世紀末に発明されたシーズンという考え方は19世紀において，季節性を持つデラックス観光という形で全面的に開花した。20世紀においてもまたこの考え方はもっと短いリズムで適用された。

＊4　Cf. "Le Caractère saisonnier du phénomène touristique", Colloque de Nice, 1962, publié in *Actes* Faculté Droit d'Aix, 1964.

第 3 章

パラダイムを求めて

　アメリカにおける余暇分野の研究者たちは優れて伝統的な認識論的関心を抱いている。彼らの足跡を辿ろう。1899 年にソースティン・ヴェブレンは『有閑階級の理論』を著した[*1]。その 30 年ほど前から北米の大学では「レクリエーション学」が他の多くの伝統的なコースよりも学生を惹きつける科目となっていた。「レクリエーション学者」は余暇活動の指導者，国土開発の専門家，経営者などだった。「余暇活動の総体」である「レクリエーション」[*2]は数多くの論文や著作の対象となった。ディーン・マッカネルは有閑階級の理論を観光にまで拡大し，モントリオールの大学人は観光学を「旅行学(テオロロジー)」[*3]と呼ぶことを提唱し，観光のパラダイムを見つけようとした[*4]。パラディグマは古代ギリシャ語で模範例を意味し，言語学では「置き換え可能な言葉の総体」と定義される。私にとってパラダイムの探求は，輪郭を捉

[*1] ヴェブレンは 1965 年になるまでフランス語に翻訳されなかった。レイモン・アロンは憤然とした調子の序文でこう書いている，「ヴェブレンを読んだことがありますか」（ソースティン・ヴェブレン『有閑階級の理論』，高哲男訳，筑摩書房，1998 年）。

[*2] ケベック人はたんに米語を取り入れただけだが，フランスの地理学者は彼らを模倣した。ただアウトドア・レクリエーションだけが観光になりうる。この用語はフランス語では授業の中断という共示的な意味を持つ。

[*3] teoros (テオロス) という奇妙な語は現代ギリシャ語で「旅行」を意味する。ケベック・トロワ・リヴィエール大学 (U.Q.T.R.) は *Loisirs et société* を刊行し，ケベック・モントリオール大学 (U.Q.A.M.) は *Teoros* を出版したのだった。

[*4] 経済学者の L. スタフォードは 1982 年に文化主義的パラダイムの考えから Teoros に関する論文を書いた。

えるのが困難な現象と本質的に移動性を持つ人間とを理解するのに適切な方法であった。私はこのパラダイムに四つの機能を見いだした。
　——概念と言葉の定義。つまり混乱の回避。どんな（非営利的な）移動でも観光に関係するというわけではなく，「レクリエーション」の大部分は移動を伴わない。
　——観光における重要な問題を浮き彫りにすること。そして観光がその研究分野にとって重要だということを論証するのではないこと。
　——個別に取り出すことの難しい現象に適した方法論の考案。
　　私がこのパラドクスにほとんど深入りすることなく長いあいだ述べてきたのは，19世紀に観光は地域的に同定されるリゾート群，期間的にはっきり分けられたシーズンというように限定されていたので，現代よりも19世紀の観光を研究する方が容易である，ということであった。
　——得られた結果を分析するための解釈の枠組みの定義。
　観光についての著作の大部分の著者たちは単一研究分野からアプローチを行ない，観光の部分的な性質しか理解していない。観光に関して少なくとも七つのパラダイムを挙げることができる。
　①量的に最大なのは「唯名論的パラダイム」である。これは観光や観光客に関するあらゆる事実や統計，調査や目録の収集をカバーしている。こうした方法はガイドブック類，目録，警察の報告書，医学論文など，資料をまとめるという利点がある。この方法にしたがう著者たちは厳密に行動し，さらには科学を構成するとさえ信じている。医師たちが温泉水を分析し，温泉療養を勧め，転地療養を処方し，リゾートを格付けし，「治癒例」を列挙し，避寒客や温泉療養者，その他虚弱体質患者などの行動を指示できると自慢するのは，医学部の名のもとにおいてである。ガイドブックや著作類はリゾートや地域，見るべきすべてのものを記述する。役所と観光協会はリゾートやホテル，レストラン，訪れるべき場所，見所などの一覧を作成し，分類し，序列をつける。皆が皆，網羅的な「コーパス」を作っていると信じている。彼らによると選択基準は「科学的有効性」[*5]とのことである。経済学を気取る観光会計の中にも唯名論的パラダイムを見ることができる。観光を計算し，

支出を推計し，受け入れ地に対する貢献を評価することはすでに19世紀において「温泉監督医」[(1)]の大きな関心であった。結局，彼らは「国に落とされるお金」のことをいっていたのである。今日ではそうした観光会計が作成されるのは活動報告においてであり，州や国の観光調査局においてである。観光地や施設，いわゆる観光行事を並べ立て，出発や通過，到着，滞在，有料入場者，あらゆる種類の収入を列挙した後で，そうした唯名論者は包括的な結果を出すために拡大解釈を行なう。

② 「空間経済的パラダイム」はもっと思い上がっている。このパラダイムは移動と定着の理論化をめざしている。経済学からその理論を借りてきたこれら「観光経済学者」はモデルを作り，観光を「産業連関表」のなかに挿入しようとする。また「システム論的アプローチ」を導入した「観光地理学者」は観光地の立地条件と観光空間を理論化しようとする[*6]。だがそうした方法がどのように興味深いものであっても，観光移動や嗜好の変化を説明することはできないのである。

③ 「経済的影響のパラダイム」は一見すると空間経済的パラダイムの変種にすぎないように見える。研究者は自分の好みを正当化することなくある空間を選ぶが，そこで彼は近い過去ないしは現に彼の目の前で起こった変化を研究するのである。彼はその原因を観光に帰するが，その証明は行なわれない。現在数多く行なわれているこうしたモノグラフィは非常に多種多様である。少数の研究は目録づくりのように見えるが，多くの場合に研究は著者の専門の視点から行なわれたとされている。かくして景観の変化を論証するものもいれば，観光施設の調査を行なうものもいる。マネーフローとその「多方面にわたる影響」を推計するものもいれば，「第1次産業従事者」の減少と「サーヴィス業」の雇用増加を証明するためであれ，あるいはメンタリティの変化や風俗習慣の解体，宗教行事の放棄などを強調するためであれ，住民の中に見られる変化を分析するものもいる，といったありさまである。

観光の影響だけに限られるこうした観光研究は状況をきわめて単純化する

---

* 5　通常は諸団体の依頼した観光調査において用いられる用語。
* 6　たとえば J.-P. LOZATO-GIOTART : *Géographie du tourisme, De l'espace regardé à l'espace consommé*, 1990.

傾向を持つ。確かにそうした研究は観光に関する新参の研究者にはありがち
である。私も若かった頃に経験がある*7。こうした研究はまた，観光による
被害の影響を立証するためにバリ島(2)やその他イビサ島(3)などのように，
近代社会に対して真の「隔離集団」である島々で観光を研究しているヴェテ
ランの研究者，地理学者*8，社会学者，文化人類学者などのデビュー時にお
いても見られたものである。ディーン・マッカネルはもっと微妙な言い方で，
現地住民は観光客の楽しみのために「未開人を演じること」をすばやく習得
すると指摘している*9。実際，この種のパラダイムに関する研究対象は観光
ではなくて，ある土地の「観光化」なのである。そのように提示されたがっ
ている現実の似姿であるこの言葉は醜悪である。というのもそこで問題とな
っているのは環境や伝統の破壊者である観光，もともとのさまざまな住民を
同一視する観光を裁判にかけることだからである。「観光性」(この言葉もま
た使われる)が受け入れ側の住民を脅かしているというのである。このパラ
ダイムは容易に過激化するということを強調する必要があるだろうか。こう
した研究者は一瞬たりとも近代化の他の要素（たとえそれがテレビでも）が急
激な変化の要因でもあるのではないか，ということに思いをいたさない。彼
らは変化が取り返しのつかないものでありうるということを受け入れようと
しない。その反対に「エスニック観光」と呼ばれるルーツの記憶によって，
移住者の子孫が観光客として彼ら住民に再会しにやって来る場合，受け入れ
側住民は観光客との一体感的な価値を意識すると主張する研究者も，非常に
少数ながら存在する。

---

* 7 　私が最初に観光を取り扱った研究は "Evolution touristique des Dorons de la Vanoise" と題されていた（*Etudes Rhodaniennes 1954-55*）。私は当時，ブリド・レ・バン，プラロニャン，クルシュヴェル - メリベルの大規模スキーリゾート（ヴァル・トランスはまだ造成されていなかった）などを含む地域は観光用に整備されれるべきだと主張していた。
* 8 　私はすでに次の論文を挙げた。G. VEYRET-VERNER, *le tourisme au secours de la montagne, l'exemple de Val d'Izère*, R.G.A., 1955.
* 9 　Dean MAC CANNEL, *Misplaced tradition?*, pp. 12-26 in *Le tourisme international entre Tradition et Modernité*, Actes du Colloque International de Nice, 1992. この513ページに及ぶ著作に収録されている他の多くの研究もまた引用されるだろう。M.-F. ランファンによるこのテーマの概説，環境に関する討論，地域問題，観光の精神的な部分など。

総体的に見てこの種の観光研究は，いわば「後得財産だけに制限される夫婦の共通財産」[4] ないし「損得勘定」である。というのも研究されているのは観光そのものではなくて，その影響だけだからである。題名は著者の意図を，最終的にはそのイデオロギーを明らかにする。もし推計という平凡な語が選ばれるとしたら，振幅のない連続的な進展がめざされているということになる。進歩，革命，「山岳の救世主である観光」などの将来性を窺わせる用語を好むことも，破壊，解体，「虐殺されたコート・ダジュール」などの破滅的な用語を選ぶことも研究者の自由である。この場合，研究者は告発者となることを望むのだ。政治的エコロジーに助けられて，非常に環境破壊的な大規模施設による観光と，不便なしとはしないが拡散したソフト・ツーリズムとを区別したがっているものもいる。明らかに状況は単純ではない。観光は過去と同じく今日でも無害なものではないのである。

　④かくしてわれわれは「規範的パラダイム」の方にやってきたが，これは多種多様な文献のもととなっている。これらの著者たちは観光の実際の姿ではなくて，観光はどうあるべきか，どうあってはいけないのかを述べることをめざしている。このグループの中には観光の権利，行政，規制条約などが含まれる。本来，これは規範に関する研究分野である。しかし研究者はある時点における社会概念についての豊かな情報をそこに見いだす。カジノにおけるギャンブルを認める規制，家具付き賃貸家屋の検査，旅行者の往来などは旅行風俗の研究者にとってきわめて重要である。規範的パラダイムはまた嗜好の変化についても情報を与えてくれる。ガイドブックや案内書などと呼ばれる著作は，その題名からして規範的な機能を明らかにしている。それらはよき助言者なのだ。子供たちは学校制度のなかで観光客となる準備をしているとさえ考える著者も存在する。J. デュマズディエ以降，ある学派全体が余暇に，したがって観光のさまざまな形態に，学校制度以外での基本的な教育機能を割り当ててきた。余暇と観光は，まずは余暇とヴァカンスに介入することによって人間の完全な改造をめざした全体主義イデオロギーに利用された。たとえばムッソリーニ統治下のイタリアでは「労働の後で」[5]（ドポ・ラヴォーロ），ヒトラーのドイツでは「喜びを通しての労働（歓喜力行団）」[6]（クラフト・ドゥルヒ・フロイデ）という運動が発展し，また旧ソ連と東側諸国では功績ある労働者のための「保養施設」が作られた

のだった。

　勝ち誇る資本主義の自由放任的態度は，旅行への助言や，19世紀の進歩と衛生のイデオロギーを普及させた医学的勧告から人々を自由にすることとなった。

　⑤「マーケティング・パラダイム」は2000年にあって，場所であろうと時間であろうと何でも説明できると主張するマーケティングの信奉者にふさわしいものである。これは独特の用語を持つ。彼らにとって観光は他の分野と同じように，需要に見合った供給が行なわれる市場に還元される。彼らは観光以外は意識しない。商品に向かうのは客の方であって，その反対ではないのである。彼らは長年の入り込み[7]で定着し，気持ちをくすぐる大量の資料によって補強される観光地と施設の評判を過小評価している。

　⑥「コミュニケーション・パラダイム」はイメージに対する批判的研究，戦略の追求，テクニックの適切な選択などに基礎をおく新たなアプローチである[*10]。しかしこの方法も中立的ではない。この方法は観光移動の説明や満足度の測定を越えて意味の探求へと向かう。ロラン・バルト[8]は『神話作用』の序文をこう締めくくっている。「繊細な分析道具なしでの告発はありえない。自らを記号破壊者として受け入れないような記号論は存在しない」[*11]。

　⑦コミュニケーションは文化に関する手続きである。文化といっても，この言葉は偉大な傑作だけに限られない。参加や交換，プロセス（エドガル・モランの表現によると）なども意味するのである。こうした意味で私は「文化的」という言葉を観光の定義において使用したのであった。

　私はスタフォードに賛同する。「文化主義的パラダイム」という方がいいだろう。以下に観光に適用できる六つの命題を述べる。

1　「所与の社会における個人個人の人格はその社会の文化によって強力に支配されている」。自由なように見えるレジャーと観光における選択は実際には強力な決定論の影響を受けている。観光行動を含むさまざ

---

* 10　Cf. Marc BOYER et Ph. VIALLON, *La Communication touristique*, Que sais-je? 2885, 1994.
* 11　R. BARTHES, *Mythologies*, Seuil Point, 1957, p. 8.（ロラン・バルト『神話作用』，篠沢秀夫訳，現代思潮新社，1967年）。

な行動の相違は気質ないし社会スタイルの相違によるというよりも，全体的な社会の変化の多様性によるのである。「行動主義」的なヴィジョンは挫折する。B. カトゥラ[9]による伝統と近代，保守と冒険との間の対立は少なくとも観光にとっては単純化しすぎである。

2 　各文化はそれだけでひとつの全体性を形成している。ある文化の統一性は言語，習俗，制度，集団的記憶などの共通要因をもとにしている。私は旅行する方法と遊びをそこに付け加えたい。

3 　各社会は個人の行動と判断に方向性を与える支配的な価値観を持っている。このことはすでに17世紀から18世紀にかけて，そして19世紀にも真実であった。そうした時代にあって人間は「伝統指向的」，ついで「内面指向的であった」[*12]。社交界の関係，スポーツ，旅行，観光などは当時にあっては無為のランティエ集団によるエリート的実践によって方向づけられていた。発明は当時の「スター」であったイギリス上流社会で行なわれた。2000年には「ジェット族」，カリフォルニアの映画スターが基準となる価値を与え，メディアが直ちにそれを「他人から方向を与えられる」新たな人々に伝えるのである。

4 　諸「文化」の間の融合は起こりえない。「複数文化を持つ社会」という概念は適切でない。諸文化は「複数社会」では併存しうるが，たんなる並置である。しかし長期的に見るとサブ・カルチャーは国家的な，そして世界的にはますます北米的となる支配的な文化帝国主義の刻印を押されるようになる。どのように警戒しようとも，文化障壁の創造者であり社会的区別の発明者である上位集団の後には，直接模倣しようとする下位の層と，少なくとも羨望の眼差しを向けるさらに下位の層とが続くのである。

5 　普遍的な文明は存在しない。限られた時代（ルネサンス）の何人かを除くと，世界教会運動的な文化[10]があるわけではない。それぞれの社会には最盛期を迎えた時代と拡大された版図がある。だが類推では過ち

＊12　David RIESMAN, *La Foule solitaire*（仏語訳は1964年）におけるよく知られた論証による（デヴィッド・リースマン『孤独な群衆』，加藤秀俊訳，みすず書房，1964年）。

第3章　パラダイムを求めて　　33

が起きる。しかし観光があらゆる時代に存在するわけではないということは確信できる。

　文化的パラダイムは急速な同一視を行なわないように，そして不変というものはないのだということをわからせてくれる。障碍を断ち切ろう。つまり先史時代から今日まで温泉療養や巡礼，探検旅行などの連続した歴史というものは存在しないし，ありえない。偉大な時代はそれぞれ旅行形態ないし総体的な定住形態を持っている。われわれが観光と呼ぶ形態は18世紀末から19世紀初頭にかけて誕生したものである。だからといってローマ帝国時代には何もしない田舎暮らしの技術や，娯楽的な要素を持つ温泉療養の実践などが存在していなかったというわけではない。しかしすべては中世初期に失われてしまった。12世紀に「旅行の再生」（ジョルジュ・デュビ[11]）が見られたが長続きしなかった。偉大な発見の世紀である16世紀は，シャルル8世[12]の命令によるモンテギュイユ登山[13]（1492年という非常に象徴的な年に行なわれた）のような大胆な先駆けが存在した*13。だがこの出来事は登山の誕生を意味したわけではない。それは19世紀に始まるのだ。

6　旅行という不変のカテゴリーは存在しない。観光を構成する諸発見は18世紀の，しかもイギリス人によるものであった。このイギリス優位の理由はなぜだろうか，そしてどのようにそれが文化的に普及したのだろうか。この二つの疑問には本書の第II部で答えることになろう。

＊13　そういうわけで私はこの日付を観光史への入門的なものとしたのだった。私は L'Invention du tourisme, Gallimard-Découvertes, 1996 において，そしてリヨン大に大学に提出した国家博士論文（1997年，2360ページ）において，そういう観光史を述べた。

第 *4* 章

歴史的用語

　問題なのは辞書でもないし，コンピュータを操作する旅行代理人や輸送業者が使う用語集なのでもない。彼らの用語は実のところ米語なのであり，専門用語委員会は表現を固定させるために活動している。私はここで七つのテーマに沿って集められた観光関連用語の起源について検討を行ないたい。

«Tour（トゥール）» と派生語

Tour（トゥール）

　ラテン語の tornus（トルヌス）（＝ろくろ）が語源。フランス語では男性名詞で tour という形になるが，同綴の女性名詞 tour はラテン語の turris（トゥリス）が語源である[1]。

　「トゥール（ろくろ）は円形に加工するための器械である」。百科全書[2] は職人たちが粘土や木や青銅を加工するために使用しているさまざまな種類のろくろを満足げに記述し，最後に周囲，往来という転義を記している。『同義語辞典』（18世紀）のコンディヤック[3]，さらにはリトレ辞典（1870年）においても同様の記述が見られる。これらすべては英語の tour（ツアー）＝旅行（ヴォワイヤージュ）という意味には触れていない。しかしこの語の使用例は増加してくる。17世紀のレニエ[4]，18世紀のヴォルテール[5]やコンディヤックは「庭の散策（トゥール）」と書いている。コンディヤックは「町の一巡り（トゥール）」と書き，19世紀

初頭のスタール夫人は「美術館巡り(トゥール)」と書いている。リトレ辞典は「田舎巡り(トゥール)」と「五,六回散歩する(トゥール)」という表現を記載している。

　唯一の例外としてコンディヤックはスコットランドとイングランドでアーサー・ヤング[(6)]が行なった「旅行(トゥール)」を喚起している。しかしヤングはなんといってもイギリス人なのだ。18世紀にこの言葉が対象としたのはイギリス人全般についてだけだった。当時フランス語が文化言語であった大陸では,翻訳されえないツアーは理解されない慮れがあった。ラクサルJr.は1784年に彼の本の題名を『フランスの田舎横断旅行(ヴォワイヤージュ)』と翻訳し,ツアーは「ヴォワイヤージュ」と訳された。

The tour (ザ・ツアー), the grand tour (ザ・グランド・ツアー), to tour (トゥ・ツアー)

　この三つの表現は18世紀初頭にイギリス人の間で使われていたが,英仏海峡を越えることはなかった。トゥ・ツアーは正確にはある国を知るためにその国で周遊旅行を行なうことを意味する。ザ・ツアーは教育的な旅行を意味し,大陸で若いイギリス貴族が教育の仕上げをするというものである。やがて出発点に戻ってくるこの周遊旅行は6カ月以上,2年に及んだ。イギリス人がヨーロッパ（西欧）で見るべきものすべてを見る場合,それはザ・グランド・ツアーと呼ばれた。

Tourist (e) (トゥーリスト)

　この語はまず形容詞,ついで少なくともフランス語では名詞となった。18世紀末にイギリスで出現し,ザ・ツアーを行なうイギリス人を意味した。ロマン主義の時代にフランス語は語末にeをつけた形でようやくこの語を取り入れたが,意味するところは旅行するイギリス人であった。1816年のシモンの使用例は気づかれないままだったが[*1],著名な作家スタンダールが1838年にこの言葉を使ったときにはスキャンダルとなった。『ある旅行者(トゥーリスト)の手記』における新語法は実際にはフランスの行商人を意味していた。つまり

＊1　S<small>IMOND</small>, *Voyage d'un français en Angleterre*, 1816. この作品でも touriste はもっぱらイギリス人を指している。

スタンダールは規範にならない。各種の辞書はイポリット・テーヌ[7]を好んで引用するが，テーヌは1854年の『ピレネー旅行』においてユーモアと辛辣さを交えて「イギリス連中(トゥーリスト)」を列挙している。さらに次のような例が付け加わる。R. テプファー[8]は『ジグザグ旅行』のなかで，「イギリス野郎(トゥーリスティキュル)」とさえ呼ばれたイギリス人旅行者を，言葉の正確な意味において風刺的に描いた。しかし旅行のメリットを強調するロマン派の作家たちはトゥーリストという言葉を避けた。R. テプファーの書名を思い出そう。

――『ヴァカンス中の寄宿生のジグザグ旅行(ヴォワイヤージュ)あるいはエクスカーション』（1844年）
――『新ジグザグ旅行(ヴォワイヤージュ)』（1854年）

サント・ブーヴ[9]の非常に好意的な序文の冒頭は「今やヴァカンスの時である。スイス旅行(トゥール)をしたりアルプスを訪れたりする時なのだ」で始まっている。

トゥーリストという言葉は1872年のアカデミーの辞書[10]には載っていないが，1872年にリトレ辞典が，1875年にはラルース辞典が記載した。ラルース辞典はリトレ辞典をコピーした。二つの辞書はともに侮蔑的なニュアンスを与えていた。

リトレ辞典の定義。「トゥーリスト＝通常，自分たちの同国人が訪れる国を歩き回る外国人旅行者のこと。特にフランスやスイス，イタリアにおけるイギリス人旅行者についていわれる」。

ラルース辞典は「トゥーリスト＝好奇心と無為から旅行する人で，女性形はほとんど使われない」とし，リトレ辞典の定義を注解しながらこう記述している。「その本質は無為に過ごすことであり，旅行の楽しみのためにしか，ないしは旅行したと自慢するためにしか旅に出ない種類の旅行者。……飲んだものはもっと飲むだろうということわざがあるが，旅行したものはもっと旅行するだろう。純粋な旅行者は過ごしやすい季節になると，渡りの季節に鳥たちが抱くのと同じ不安感を抱く。彼は発たねばならない，どこでもいいからとにかく行かねばならないのだ。燕が戻ってくるのと同じように，旅行者がアルプスやピレネーの長い坂を上るのが見られる。毎年彼らの数は増加し，その結果，彼らはいつもの出会いの場所の様子を一変させてしまうにい

たる。実際，旅行者の行くところどこでも宿屋が必要であったが，そこでは多少なりともスコットランド風のもてなしが旅行者を待ちかまえているのであった。たとえばスイスでは毎年増加し，だんだんと標高の高いところに建設される宿屋はついにはきわめて急峻な峰にまで建てられるようになった。宿屋はテーブルを置いて焼き串をまわすのだが，その場所というのは10年前に羚羊(シャモア)がまったく安全ななわばりだと信じていたところなのであった。岩を砕き，切り通しを作り，急流の上に張り出した家を作り，どんな山腹にでも家を張り付けた。住民たちは全員ひとつのことしか頭になかった。旅行者に飲食を提供することである」。

　リトレ辞典とは違ってラルース辞典は数々の例を挙げている。たとえばG.ドゥ・ネルヴァル（イギリス人旅行者(トゥーリスト)は全然何も見ず，何も想像しなかったように見えた），G.サンド（旅行者(トゥーリスト)は遠くにあり有名なものしか信じない），Th.ゴーティエ（退屈したへぼ詩人と旅行する(トゥーリスト)ミロード[11]／小バイロン卿のような人々があらゆる部分の基礎をなす／大地に横たわるお前の死体の上で，おおカエサルたちの母よ），アレクサンドル・デュマ父[12]（あれは旅行で全財産を使ってしまうイギリス人旅行者(トゥーリスト)の一人だ）などが引用されている。ジュール・サンドー[13]は自分の気に入った場所について語っていた（どんな不躾な旅行者(トゥーリスト)も決してその秘密をもらしはしなかった）。もはや疑いはない。ラルース辞典（1870年頃）によると，フランスのロマン派の作家たちは旅行者(トゥーリスト)の（外国人の，奇妙な，風変わりな）イギリス人が嫌いであり，自分たちが気に入った場所をイギリス人の手の届かないところにしようとしたのだ。

Touring（ツーリング），**tourisme**（トゥーリスム）

　ツーリングという語は1811年にイギリスで初出している。フランス語における対応語のトゥーリスムは19世紀にはまだ確固とした位置を占めていなかった。さまざまな辞書は1841年にこの語を使用した無名のギシャールを引用している。「これら地上の幸福な人々は……上流社会に拡がっている観光(トゥーリスム)というハエに刺されて……」[*2]。だが後が続かなかった。フランスの

＊2　GUICHARD, *Voyage d'un Français en Angleterre*.

大作家で19世紀にこの語を使ったものはいない。トゥーリストを記載したリトレ辞典やラルース辞典も相変わらずトゥーリスムを載せていない。1877年のラルース辞典の『補遺』になってようやくトゥーリスムが短い定義と奇妙な用例とともに記載された。「旅行者の趣味，習慣。科学的な観光(トゥーリスム)は女性の間に非常に強い好奇心を引き起こしたということが知られている」*3。

　抽象的な概念である観光(トゥーリスム)は，トゥーリストを風変わりな人々と受け取っていた19世紀のフランス人にとって，おそらくそう大した役には立たなかった。イギリス本国においてさえ，ツーリズムという言葉は19世紀中ずっと軽蔑的な含意を持っていた。

　こうした人々が別に集団を形成しようとしても，結局それはイギリス的な色彩を帯びてしまう，つまり「クラブ」となってしまうのだった。たとえば山岳の熱狂的な愛好者たちは1857年設立のアルペン・クラブをコピーして1874年にフランス・アルペン・クラブを設立し，自転車旅行の愛好者はサイクリスト・ツーリング・クラブに範を取ったフランス・ツーリング・クラブを1891年に結成した*4。ロゴが自転車の車輪であるこの大きなエリート団体は，ジョッキー・クラブや，その後すぐに結成されたオートモービル・クラブと同じく，フランス語には翻訳されなかった。

　1910年以降，新規参入者のフランス・ツーリング・クラブ（TCF）は現象としての観光を当局がまじめに考慮するようにとキャンペーンを張った。この団体は当時，観光(トゥーリスム)という言葉を用い，観光は真の経済活動であって有閑人士のたんなる暇つぶしではないということを証明するために報告書や小冊子などを数多く出した。副会長のレオン・オシェは自動車産業界の代弁者であるボードリ・ドゥ・ソーニエ*5，『時刻表』の出版者であるエドモン・シ

---

* 3　議会での論争。官報，14-VII-1872, p. 4000, 3^e col.
* 4　J. フラスティエが強調したように，当時の自転車の価格は，それを製造しているサンテティエヌ市の労働者の賃金1年分に相当した。自転車を利用することは確かに富裕層のレジャーだった。フランス・ツーリング・クラブは，アマチュアのレース選手の団体を組織するフランス・サイクリスト・ユニオン（1891年に第1回ボルドー・パリ自転車レースを開催した）と自分たちを十分注意して区別していた。
* 5　ボードリ・ドゥ・ソーニエは自動車に関する多くの著作の著者で，フランス・オートモービル・クラブの創立者の一人であった。

ェクス⁽¹⁴⁾，美術学校の校長のポール・レオン*6 などの著名人を仲間に引き入れた。彼らは衒学的な調子で，時代は変わったのだと繰り返した。

　観　光(トゥーリスム)の明らかな目的は，それが何であれ旅　行　者(ヴォワイヤジュール)の楽しみである。また移動や滞在が容易に行なえる手段を自由にできることである*7。かつて観光は巧みに旅行する自己本位の技術であった。今日では上手にもてなすための全国規模の産業となっている。その結果，観光は個人ないし集団の娯楽という領域から，一気に一般経済の領域へと移行したのである*8。

　1929年の世界大恐慌が契機となってそれまで閑却されていた観光の重要性が意識された。諸国は統計を取り始め，「観光」という形容のつく行政機関を設置した。経済学者は「観光産業」についての論文を執筆した。ペロモール・ドゥボールが1935年に論証したように，この観光産業という用語は不適切である。観光それ自体は産業ではない。観光はその反対であり，人間の正当な余暇活動でなければならない。観光は自分の楽しみのために旅行するという事実であり，その嗜好，その技術なのである。1930年代まで観光は旅行する技術にすぎなかった。他の意味（観光客に奉仕する基盤）の出現は1930年以後であり，しかも遅々としていた。モンテカルロ・アカデミーはこの観光という言葉の定義に際して三つの意味を挙げた。最初の意味は伝統的なもの，2番目の意味は当局が関知しない経済的な現実に対応し，3番目の意味（産業）は1930年頃ないしは1980年頃という危機の時代にしか出現しない。

---

* 6　Léon AUSCHER : *Le Tourisme en automobile*, Préface L. BAUDRY DE SAUNIER, 1904, 463 p.
　　　Des moyens propres à développer le tourisme, 1913, 58 p.
　Léon AUSCHER et BAUDRY DE SAUNIER, *La fonction économique du tourisme*, 1967.
　Léon AUSCHER et Georges ROZET, Préface Paul LÉON, *Urbanisme et tourisme*, 1920.
　Léon AUSCHER et Edmond CHAIX, *L'activité du tourisme répcéptif*, 1926, 44 p.
* 7　AUSCHER et ROZET, *Urbanisme et tourisme*, p. 3.
* 8　L. AUSXHER, *L'Importance économique du tourisme*, 1928.

観　光：楽しみのための旅行に適用される言葉。
この種の旅行を実現するために行なわれる人間の活動の総体。
観光客の欲求を満足させるために協力する産業。*9

（観光にルビ：トゥーリスム）

　今日ではTourisme（フランス語），Turismo（イタリア語，スペイン語），Turism（スウェーデン語，ルーマニア語），Toerisme（オランダ語）などの語を採用している世界の大部分の国は，これらの語で同じ意味を表わしているというのは事実である。しかしこういう状況は19世紀には存在しなかった。また英語でもドイツ語でも状況はこうではなかった。例外には重要性があるということがわかるだろう。TurismとかTourismはドイツ語や英語に存在しているが，この語の使用は観光現象の性質を研究する科学的サークルなどのなかにかなり限られている。現在イギリス人は19世紀的な意味での観光客の活動に対応するトラヴェルという語を使用している。しかもイギリス人はまだジャーニーやトリップも使っている。アメリカ人はレジャー活動全体を指すためにレクリエーションという語を用いているが，こうした活動が自宅外でのことを意味する場合にはアウトドア・レクリエーションということになる。ツーリングはイギリスだけで，周遊的で楽しみのための旅行を指す語となっている。実際この語はクラブという語に先立つ形容詞として特に用いられている。
　ドイツ語で観光を意味するFremdenverkehr（フレムデンフェルケール）は外国人が居住地以外で行なう活動を指している。この語は19世紀の観光‐旅行という内容に対応している。観光客をある場所（町や地方）でもてなすために行なわれる方法を指すためにある合成語が考え出された。それがFremdenverkehrseinrichtungen（フレムデンフェルケールスアインリヒトゥンゲン）（観光用施設）である。他の語は幸いにしてもっと短い。大旅行を意味するReise（ライゼ）は容易に合成語の要素となる。たとえば学生旅行はStudentereisen（シュトゥデンテライゼン），パック旅行はPauschalreise（パオシャールライゼ）となる。

---

*9　*Dictionnaire touristique internationa*, 2ᵉ éd. fr., p. 15.

こうした短い説明だけでは大部分の言語においてみられる観光客 - 旅行の組み合わせの比較研究を網羅的に行なうことからはほど遠い。

山岳用語

Alpin（アルパン），**alpiniste**（アルピニスト），**alpinisme**（アルピニスム）

アルパンという語は形容詞としてのみ用いられるが，イタリア語の alpestre（アルペストレ）と同じく 16 世紀に誕生した。「アルプスに関する」という意味を表わす語としては 17 世紀と 18 世紀にはほとんど alpestre（アルペストゥル）しか用いられなかった。ラルース辞典によるとアルパンは H. B. ドゥ・ソシュール[15] 以降にようやく一般に使われだしたという。リトレ辞典はこの語に広い意味を与えている。

> アルパン＝アルプスに，さらに意味の拡張によって，高山にあると思われる，住む，存在するところの。（リトレ辞典は次の指摘を行なっている）「アルペン・クラブ，アルプスを訪れる目的を持つクラブ」

ラルース辞典も同じ定義であるが，いわば「派生した意味」も付け加えている。「登山のためにアルプス，さらに意味の拡張によって，高山に関心を持つところの」。

1870 年頃にアルペン・クラブは誕生した。辞書はそれを明記している。この形容詞はアルプスの，さらには意味の拡張によって高山の，起伏や動物相，植物相を表わしている。この語はその適用領域をスポーツとしての登山（アルペン・クラブ）やある種の遊びの慣習（19 世紀末のアルペン・スキー），特殊な集団（アルプスの猟師）にまで拡張した。

Alpin が名詞となることはほとんどない。あちこちの谷に分かれて暮らすアルプスの住民はひとつの全体として捉えられることがなかった。旅行者たちは早くから心地よい形容詞を使って各地域毎の集団を区別していた。「善きヴァレ人」，「勇敢なアロブロゲス人」，「屈強なサヴォワ人」。あるいはさ

まざまな種類の住民:「アルプスの羊飼い」,「アルプスの馬鹿者」など。

　楽しみや探検のために山に登るということを言い表わすためには, どのような表現があるのだろうか。いくつかの語がすでに存在していた。grimper（グランペ）, escalade（エスキャラド）, voyage（ヴォワイヤージュ）, excursions（エクスキュルスィオン）, ascension（アサンスィオン）などである（これらについては後述する）。長いあいだこうした言葉で十分であった。アルペン・クラブの設立者たるイギリス人の先駆者たちは, 問題となるのはたんなる徒歩なのではなくて肉体すべてを動員するスポーツ分野なのだということを表現できる専門用語を持つ必要性を感じていた。こうして mountaineering（マウンテニアリング）, scramble（スクランブル）, climbing（クライミング）(16)などが誕生した*10。イギリス人はアルパンをもとにした専門用語を作らなかった。しかしフランス人はアルパンをさまざまに変化させたが, その時期は1880年から1890年頃にかけてと遅かった。アルピニストとアルピニスムはリトレ辞典やラルース辞典の初版には記載されていない。1877年のリトレ辞典の『補遺』にはただアルピニストだけが入っている。1888年のラルース辞典では二つとも入っている。その意味は二つの辞書で同じである。「アルプスやその他の山で登山をすることに存するスポーツ」。

　ラルース辞典は『アルプスのタルタラン』(17)を引用している。「アルピニストの目の前にはクレヴァスがひろがっていた」。

　このようにして19世紀の後半にはアルパンはアルピニストとアルピニスムという二つの派生語を生み出したが, これらの語は高山や危険区域, 万年雪と氷河の世界, 探検の場所といったイメージを伝えた。それ以来これらの語は同じ意味を保ち, あらゆる高山に適用されてきた。かくして1880年頃には*11 アルプスに初登頂すべき山がなくなってしまったヴェテランのアル

---

*10　これらの語はしばしば, アルペン・クラブの機関誌である The Alpine Journal の記事の中で使用された。John TYNDALL, Mountaineering, 1861. Le Roy JEFFERS, Selected List of Books on Mountaineering, 1916.

*11　実際, アルプスで最後に残った未踏峰も征服された。メージュ（3983m）は1878年にボワロー・ドゥ・カステルノーによって, グルポンは1882年にママリーによって征服された。すでにカフカス山脈のエルブルーズ山（5621m）は1868年にイギリス人フレッシュフィールドとシャモニのドゥヴアスーが征服していた。ウィンパーは

第4章　歴史的用語　43

ピニストは，アジアの高山に向かい，アルピニストであり続けたのであった。ガイドなしの単独登山の創始者ママリー[18]は「登山の快楽と辛苦」を述べることによってアルプスやカフカス（コーカサス）での快挙を物語った*12。アンデスもカフカスもヒマラヤも新語の起源にはならなかった。せいぜいが形容詞止まりである（himalayen（ヒマラヤの））。しかし 1950 年以降*13,「役に立たないものの征服者」はヒマラヤを好んだ*14。

　アルパンという語の最後の変身は 20 世紀に形容詞として用いられ，スキー板を履いて実践される遊びを指し示した。アルペン・スキーである。さらにこの表現は斜面を滑降するすべての活動に幅広く適用されたが，平地や丘で行なわれて前進するためには筋肉の努力を伴う「ノルディック」と区別するために「アルペン種目」と呼ばれた。

Pyréneisme（ピレネイスム）

　ピレネーへの愛着はアルプスとは別のものである。H. ベラルディ[19]はピレネー登山（ピレネイスム）*15 という語を発明したが，それはラモン[20]とともに誕生し，ラモン協会によって，そしてフランス南西部に移住したイギリス人（たとえばラッセル伯爵[21]）によって鼓吹されたロマン主義的な感受性を意味するためであった。彼らはもはや並はずれた快挙を追い求めたのではない。ただ手つかずの自然の中で遠出をする楽しみを見つけたのである。しかしながらピレネイスムという語はこうした限られたサークルから外に広まることはなか

1880 年にアンデス山脈のチンボラソ山（6310m）に登頂した。1888 年にママリーはカフカス山脈の困難な峰ディク・タンに登頂し，95 年にはネパールのナンガ・パルバット山（8114m）の登頂を試み，遭難死した。

* 12　*Mes escalades dans les Alpes et le Caucase* は，個人主義的な「スポーツとしての登山」の座右の書となった。

* 13　8000m を越える 15 の高峰を擁するヒマラヤ,「雪の滞在」も征服された。1950 年にフランス隊がアンナ・プルナに登頂し，1953 年にはイギリスのヒラリーとハントの遠征隊が最高峰のエヴェレストを征服した。21 世紀初頭にはヒマラヤすべてが踏破されるだろう。観光客はネパールで登山税を支払い，自分の順番を待たねばならない。

* 14　Cf. Lionel TERRY, *Les Conquérants de l'inutile*, Gallimard.

* 15　アンリ・ベラルディは 1911 年から 17 年にかけて 3 巻本の『ピレネー登山史』（*Le Passé du pyréneisme*）を著した。ラモン・ドゥ・カルボニエールはすでに 1802 年にペルデュ山登頂に成功していた。

った。

Ascension（アサンスィオン）, **ascensionniste**（アサンスィオニスト）

　アサンスィオンは古い言葉で，ラテン語から直接フランス語に入った。過去も現在も多くの意味を持つ。しかし今日では事情は必ずしもリトレの時代と同じではない。さまざまな意味のあいだの序列は変化した。

　アサンスィオンとは上がる行為，上昇する行為である。リトレから今日にいたる辞典はこうした定義を第一に記載している。そうした辞書はこの語の占星術的な意味と宗教的な意味（「キリストの昇天」，暦の祭日）について記述している。しかしリトレは現在の辞典が記載しているヴァリアントを載せていない。上がる行為というのは今日では，次のような意味である。

　1　山に登る
　2　気球で空中に上がる
　3　転義で，社会的成功

　たとえアサンスィオンという言葉がこうした意味を指示するためにはほとんど使われなかったとしても，この三つの意味は1870年頃にはすでに知られていた。リトレ辞典の『補遺』（1877年）とラルース辞典の『補遺』（1878年）では「峰の登頂（アサンスィオン）」という用例を示してこの用語のスポーツ的な側面に言及し，アサンスィオニスト*¹⁶：「山の頂への登頂を行なう人」（『ジュネーヴ新聞』の参照，1872年）という語も入れている。

　各国でのアルペン・クラブの設立（1857-1874年）や「初登頂」の増加は，そうした快挙の物語を見せかけの素朴さで語るに際してascent（アセント）（英）とかアサンスィオンという言葉を必要としたのである*¹⁷。

　何世紀にもわたって山の頂に登るという行為はきわめて稀であったので，そうした例外的な行為を特別な用語で表わす必要はなかった。1492年にアントワーヌ・ドゥ・ヴィルは今日モンテギュイユと呼ばれている山の頂に達することが法外な行動になることに気づいて，「決して近づきえない山に彼

---

*16　この用語はもはやほとんど使用されない。現代の辞書にも載っていない。
*17　種々の雑誌を参照。たとえばBoileau de Castelnau, *Ascension de la Meije*. これは彼の「初登頂」物語の題名である。*Annuaire du Club Alpin Français*, 1877, pp. 282-294.

第4章　歴史的用語　　45

が登ることができたやり方を物語った」(22)。だがことは非常に簡単だった。18世紀末にH. B. ソシュールはアルプスで科学的な観測を行なった。氷河に達し，モンブランへ登り，その様子を『アルプス旅行記』*18という控えめな題名を持つ書物のなかで語った。19世紀前半，裕福な観光客はモンブランに登り，アルプスのいくつかの山の初登頂を行なった。彼らは自分たちが概して「エクスキュルスィオン」(エクスカーション)(23)と呼び，ほとんど「アサンスィオン」とは呼ばなかった行為の物語を書いている*19。

Escalade (エスキャラド), escalader (エスキャラデ), escaladeur (エスキャラドゥール)

梯子を使った攻撃を意味するイタリア語のscalata (スカラータ)から派生したプロヴァンス語のescalaは実際に「梯子」を意味する。1870年頃，この名詞と動詞に対してリトレが与えていた2種類の意味はその語源に忠実であった。

エスキャラド	エスキャラデ
1：梯子を使った攻撃 2：普通の玄関以外の経路から家の中に入り込む行為	1：城塞を攻撃する 2：窓から家に侵入する，壁を破る

ラルース辞典は最後に第三の意味を付け加えている。「エスキャラド：登山用語，高所に登る行為」。

19世紀の辞書には（たとえば「暴力の激化」というような表現における）「激化(エスキャラド)」という意味は記載されていないので，これは最近の用例である。しかしそうした辞書はエスキャラデをgrimper (グランペ)（よじ登る）の同義語として扱い，ロドルフ・テプファー（1844年）を引用している。

---

* 18　1796年以来ソシュールによって何種類か出された著作集の書名。
* 19　例外は稀にある。たとえばWilliam Hawes et Charles Fellow, *A narrative of ascent to the summit of Mont-Blanc made during the summer of 1824.*

Excursion（エクスキュルスィオン），ここから **excursionniste**（エクスキュルスィオニスト），**excursionner**（エクスキュルスィオネ）が派生する

　エクスキュルスィオン（英語でエクスカーション）という語は18世紀には稀にしか用いられなかったが，19世紀にはいくつかの意味で普通に用いられるようになった。そうした意味の中には今日，エクスカーションという語が持っている観光関連の意味（辞書によると「エクスキュルスィオン：観光目的で，ある地方を巡ったり訪ねたりすること。（例として，モン・サン・ミシェルへのエクスカーション）」）ははっきりとは見あたらない。リトレ辞典やラルース辞典の初版，したがって1870年頃には，エクスキュルスィオンには四つの主要な意味が与えられていた。

1　戸外での散歩，植物を観察する散歩，ルソー[24]『告白』第4巻からの例。
2　敵地への侵入
3　天文学用語
4　文献学用語

リトレ辞典はエクスキュルスィオニストという項目を立てた。そこではもっと限られた意味が与えられている。「科学的ないし娯楽的なエクスキュルスィオンを行なう人」。各種辞書は19世紀中葉からこの言葉を記載しはじめる。『ナショナル』紙は1869年2月12日号で，ショワズィー・ル・ロワ[25]に出かけるパリ人のエクスキュルスィオニストをまさに引き合いに出している。他の例は『タルタラン』から採られている。

　ラルース辞典は19世紀末に excursionner（エクスキュルスィオヌール）という語を記載したがその意味はエクスキュルスィオニストと同じであった。奇妙なことにラルース辞典ではエクスキュルスィオニストを廃語としている。しかしながら1897年には「マルセイユ・エクスカーション協会」が「プロヴァンスの興味深い場所を訪ねたり，ハイキングの趣味を発展させたりする目的のエクスカーションを組織する目的を持って」設立されている。エクスカーションはロマン派の時代から長い足取りで観光目的という意味にたどり着いたのだが，その意味の中には1870年以降にアサンスィオン（山登り）と呼ばれ

第4章　歴史的用語

るものも含まれていた。当時エクスカーションは集団で行ない（たとえそれが1人の客と数人のガイドという場合であっても），主に山岳で，したがって特にアルプスで見られた。数例を挙げよう。

　　── R. テプファー『ジグザグ旅行あるいはヴァカンス中の寄宿生のエクスカーション』（1844年）
　　── アンリエット・ダンジュヴィル[26]は1838年にモンブランの頂に立った。彼女の緑の手帳には『モンブランへの私のエクスカーション』という題名で彼女の印象が綴られている[*20]。
　　── ジョン・ボール『峰，道，氷河，一連のエクスカーション』。この「主要著作」の3巻はアルプスに「初登頂」したイギリス人について書かれている。
　　── エドワード・フォーブス『ノルウェイ。ドーフィネ，ベアルヌ，サヴォワの高地アルプスにおけるエクスカーションの日記』（1853年）。

1860年から70年以降，エクスキュルスィオンはアサンスィオン（登山）やcourse（クルス）（遠足），エスキャラド（登山）にその場所を明け渡した。さまざまなクラブはアルペン・クラブ（あらゆる言語に翻訳された）とか旅行者協会（トゥーリスト）（たとえばドーフィネ旅行者協会[STD]），登山者協会（グランプール）（アルプス登山者協会（グランプール））などと呼ばれた。エクスキュルスィオンはもっと限定的な意味，つまり6時間から12時間の間で，大した困難もなく，観光地ないし景勝地を訪れることができる長時間のハイキングを意味するようになった[*21]。

観光目的の長時間のハイキングを指し示すのに今日のフランス人はもはやほとんどエクスキュルスィオンを用いず，randonnée（ランドネ）を用いるが，この語は馬に乗ったり自転車を使うときにも用いられる。ランドネは19世紀には現在のような意味は持っていなかった。エクスキュルスィオンは意味的な変化を続けた。この語はただたんに，身体的な努力という特殊な含意なし

---

* 20　「モンブランのフィアンセ」は自分のためだけに書いていた。出版は非常に後になってからだった。フリゾン・ロシュによって1987年にアルトー社から出された版を参照。
* 21　これはマルセイユ・エクスカーション協会が1年に20回ほど，1日がかりあるいは2日がかりで行なったことであった。最も人気のあったのはサント・ヴィクトワール山へのエクスカーションであった。

で，観光的な訪問を行なうために移動するという行為を意味するようになった。フランス語では19世紀の慣用では見られなかった期間の区別を行なうようになった。移動は統計となった。1937年以来，国際連盟はエクスカーションを，24時間以内の観光移動であるとした。自宅以外で1泊以上過ごすとそれは観光になるのだ[*22]。フランスの国立統計経済研究所は「ヴァカンス滞在」を4日以上の観光移動であるとしている。それ以下だと国立統計経済研究所は「短期観光」，「日帰り観光客の観光」，「週末移動の観光」などと呼んでいる[*23]。

Grimper（グランペ），**grimpeur**（グランプール）

リトレ辞典やラルース辞典が最初に与えたグランペの定義は「手足を使ってよじ登ること」であり，これは相変わらず現在の辞書が17世紀（ヴォージュラ[(27)]，ラ・フォンテーヌ[(28)]，ボスュエ[(29)]）から19世紀（ドーデ[(30)]）までの多くの用例とともに，そして長いあいだにわたって使われてきた表現（「木によじ登る」，「岩によじ登る」，「それは急上昇する」，「峰に通じる小道」など）の引用とともに，指示する第一の意味となっている。

グランペする人が直ちにグランプールと呼ばれたわけではない。ラルース辞典とリトレ辞典によるとグランプールはある種の鳥や齧歯類を区別するため，あるいは山羊を形容するために用いられた[(31)]。ラルース辞典ではドーデが引用されている。「登山者（グランプーズ）と決まっているイギリス女」。リトレ辞典では「スイスにはアルプスの登山者（グランプール）クラブが存在している」。19世紀末にこの語は高地の峠，特にアルプスの峠を駆け上がる自転車乗り[(32)]についても用いられたが，そうした峠には20世紀初頭以来トゥール・ドゥ・フランス[(33)]が象徴的な価値を与えたのだった。これらすべての登山者（グランプール）たちは，「私はまた登るだろう，たとえもはや見るべき景観がまったく存在しなくなったとしても」と先駆者のママリーが攻撃的に述べているように，個人的な快挙という

[*22] 国際連盟の専門家委員会によるこの定義は国際連合と世界観光機関でも受け継がれた。

[*23] 国立統計経済研究所は毎年フランス居住者を対象に，冬期と夏期の2種類のヴァカンス（4泊以上）の調査と，短期滞在に関する他の調査を行なっている。

以外の動機は持たなかった。

Escalade (エスキャラド), **varappe** (ヴァラプ), **free climbing** (フリー・クライミング)

　20世紀にはいるとエスキャラドは徐々に「登山」という意味から分離しはじめ，ロッククライミングを指すようになる。1980年代からは両者の意味の完全な分離が行なわれている。ロッククライミング協会はアルペン・クラブとはまったく異なるものである。つまりこういう協会は身体訓練の団体なのだ。これらの信奉者は準備段階やうんざりする下山には我慢がならない。彼らの下山は懸垂下降（アプザイレン）をしたり，ハンググライダーを使用したりする。ロッククライマーは困難さをそれ自体のために追い求める。ロッククライミングの場所は家の近くにあるに越したことはない（フォンテーヌブロー(34)の岩山，ときとしてカランク(35)やリュベロン(356)やヴェルコール(37)の石灰岩）。ロッククライマーたちは訓練のために人工のホールドのついたコンクリート壁をよじ登る。決して「登山」と呼ばれることのない無鉄砲を発揮してエッフェル塔や高層ビルによじ登るものもいる。彼らが壁面や岸壁，氷河の垂直面などを見て発する形容詞は「美しい」であるが，これは見た目ではなく登攀の困難さに応じてであり，こうした困難さの等級は両大戦間にママリーの後継者であるウェルツェンバッハ(38)が6段階に定めた。このバイエルン人は1934年に，ママリーと同じくナンガ・パルバット(39)で遭難した。1925年頃，こうした新しい楽しみはサレーヴ山(40)の峡谷名からヴァラップと呼ばれた。氷河の発見とモンブランの発明という転回点を迎えた18世紀のジュネーヴはこのようにしてこの新たなスポーツ発祥の地となったが，これはバイエルン側のアルプスとドロミテ・アルプスでも直ちに注目された。ますます「人工的」となる「ロッククライミング」の愛好者たちは今までよりも洗練された装具を使用するようになった。

　1980年以来，その反動でアングロサクソン人の始めたフリー・クライミングが発展する。クライマーは自分の力と技術しか当てにできない。その他の山岳スポーツとしては，「ヴィア・フェラータ」(41)の冒険，というものがある。ヴィア・フェラータは最初は第1次世界大戦時に軍事目的でドロミテ・アルプスに敷設されたが，その後保存されていた。他のヴィア・フェラー

タも引き続き設置された。フランスではこの10年来ブリアンソン地方で特に発展している。ヴェテランの観光客は眩暈を恐れず，ガイドなしで自己確保しながら，岩棚やあっぱれなルートで冒険を試みるのである。

Randonnée (ランドネ), **randonner** (ランドネ), **randonneur** (ランドヌール)

Randonnée (ランドネ) という言葉が観光的な意味（ハイキング）をまとって久しいが，そもそもの起源は1950年代である。この言葉は「長く走る」という意味の廃語となった動詞 randonner (ランドネ) から派生した。「ハイキング」への道のりは平穏であった。「ハイカー」は自分が登山家ではないことを知っている。ハイキングは身体的な耐久力を必要とする。通常はいくつかの区間を含み，たいていは中高度の山岳で「自然遊歩道」(GR) の標識のあるハイキング道を辿る。ハイカーは自分がたんなる散歩者やウォーキングする人とは違うのだということを意識している。また，バックパッカー(ルタール)と自分を区別している。バックパッカーという言葉は，リュックサックを背負って歩き回り，ほとんど費用をかけないでより遠くに行きたいために通常はヒッチハイクをする観光客を指す。1968年[42]を彷彿とさせるこうした文化モデルは『バックパッカーガイド』(ギドゥ・ドゥ・ルタール) という新シリーズをグロアガン[43] が出すのに一役買った。だが21世紀にさしかかり，アシェット社に引き継がれたこのシリーズは非常にブルジョワ的な内容となってしまった。

Trekking (トレッキング)

1970年代に誕生したこの語は，ネパールからアトラス山脈を経てアンデス山脈にいたる遠方の山岳地帯において実践される集団でのハイキングを意味する。そのようにして観光客たちは「壮大な景観」や（民族学者の好む表現でいうと）「原始そのままの人々」を発見するのだが，持続的な身体的努力が必要とはいうものの，あらかじめ移動の時間と行程を知っている観光客にはガイドが付き添うので，それだけいっそう危険度は少ないのである。長距離移動であるトレッキングはボーア人の牛車での移動を指す Treck (トレック) から派生した。

HORECA[*24]，有料で宿泊し，飲食するところを示す用語

Auberge（オーベルジュ），aubergiste（オーベルジスト）

この2語はhéberger（エベルジェ）に由来する。ロベール辞典[(44)]によるとプロヴァンス語のauberjoがaubergeという語形となって1606年にフランス語に入った。リトレ辞典とラルース辞典は同様に簡単で一般的な定義をしている。「有料で人が泊まり食事をする家。宿の主人（オーベルジスト）がこれを経営する」。この定義はすべてのそういう施設を含むものとみなされる。1870年頃の辞書はオーベルジュと他のホテル，豪華ホテルなどとの区別をしていない。オーベルジュはたんなる田舎の宿屋という意味をまだ持っていなかったのである[*25]。オーベルジュの持つ宿泊施設一般を指す性格は英語のinn（イン），ドイツ語のGasthaus（ガストハオス），イタリア語のlocanda（ロカンダ）など，他の大言語の中にも見られる。

Auberge de jeunesse（オーベルジュ・ドゥ・ジュネス）[(45)]

フランス語のAuberge de jeunesse（オーベルジュ・ドゥ・ジュネス）は英語のYouth hostel（ユースホステル）の翻訳であり，ドイツ語のJugendherberge（ユーゲントヘァベルゲ）の語順を入れ替えたものである。19世紀末にイギリス人はYMCA[(46)]によって青年のレジャーと観光の援助をめざした。ユースホステルの数は増加し，1930年にある団体に結集した。20世紀初頭以来，ドイツ人は共同体的な精神を持つユースホステルを作りあげた。1925年にカトリック系の『ル・スィヨン』誌の創刊者マルク・サンニエ[(47)]はビエルヴィル[(48)]にフランス最初のユースホステルを開設した。1933年には宗教と一線を画す人々がそれに続いた。

ユースホステルは限られた時間しか留まることのできない観光客（特に青

---

* 24　Hôtel-Restaurant-Café（オテル・レストラン・カフェ）という現代の統計における公式の分類は観光雇用の大部分を含んでいる。
* 25　ましてや現在のオーベルジュの持つ，装飾によって田舎風の雰囲気を醸し出す高級レストランという第二の意味とは無縁であった。

年）のための経済的な宿泊施設である。男性も女性も利用できる。経営者であるファーザー，というよりむしろマザーがもてなし，施設の良好な維持を心がける。短期滞在の観光客はなんらかの家事に参加する。ユースホステルはこの種の観光形態に独特の色調を与える友愛的精神を持つ非営利団体に属している。

Bar（バール）

この英語は「立ったままあるいは座って，あるいはカウンターの前のスツールに腰掛けて酒を飲む店」を意味する。

この語はフランス語に19世紀の前半に入った。1833年にはロベール辞典が，1860年にはラルース辞典，1877年の『補遺』ではリトレ辞典がそれぞれこの語を記載している。リトレ辞典は『両世界評論』（1875年1月1日号，69頁）の考察を引用している。「ニューヨークにはフランスのようなカフェは存在しないが，バーやスタンドならいたる所にある」。第二帝政[49]末期，フランス人はすでに文化的な違いに気づいていた。フランスのカフェは席について飲食し，常におしゃべりをし，外の通りを眺めるところであるのに対して，アングロサクソン人は閉じられた空間の中でカウンターで酒を飲むのである。当時のフランス語には，後にこの両者の機能を総合する「カフェ・バー」なる語は存在していなかった。

Café（カフェ）

この語はコーヒー豆と同時に，この飲料が飲まれる公共の場所も意味している。カフェはトルコ語が語源で（qahwa），ヨーロッパの上流社会に17世紀に導入された。18世紀にはコーヒーはある種の洗練された公共の場所で飲まれるようになった。19世紀にカフェは急速に広まった。「そこはさまざまな飲料を飲むことのできる公共の場所」であることは誰しも認めるところである。カフェは社交の機能を持ち，バールとは異なっている。第二帝政以来，カフェはさまざまに分化するようになり，「カフェコンセール」[50]が作られた。20世紀には「カフェテアトル」[51]も作られた。

Camp（キャンプ）, **camping**（キャンピング）, **caravane**（キャラヴァーヌ）, **caravaning**（キャラヴァニング）, **caravansérail**（キャラヴァンセラーユ）

　一部はフランス語，他は他国語のこれらの言葉の混合は語彙的に見て非常に大きな問題をはらんでいる。なぜある種の言葉だけが観光に関係する意味を持っているのだろうか。そして今日でも最初の英語2語のフランス語化はなぜ不可能なように見えるのだろうか。15世紀以来，キャンプは軍事用語で，19世紀末には野営目的でキャンプを設営する登山家にひろがったが，一般の観光客向きではなかった。英語のキャンピングは同じ語源を持つが（キャンプするというのはキャンプを設営するということである），キャンプとは違い明らかに観光的な意味とともにフランス語に入った。リトレ辞典には入っていないが，19世紀末のラルース辞典は次のような定義でこの言葉を記載している。「テントやキャンプ用具を備えた団体観光客用のキャンプ地」。20世紀の『ラルース大百科事典』の定義はもっと適切である。「あらゆる必要な器材とともに野外で旅行ないし滞在するスポーツ目的あるいは観光目的の活動」。1870年以降，キャンプをするということは，相変わらずイギリス的ではあるが観光客として旅行する新しい方法となる。20世紀初頭，もはやたんにテントだけではなくて「ツーリング・キャラバン」（観光用キャンピングカー）も使うイギリス人が現われるが，これは荷車で移動する遊牧民と観光客とを区別するために必要な言葉であった。辞書によると1932年頃にキャラヴァニング（オートキャンプ）という言葉がフランス語に入った。

　19世紀にフランス語は「キャラヴァンサライ」（隊商宿）しか知らなかった。karawanとsaraiというペルシャ語を組み合わせて作られたこの「キャラバンサライ」なる語はエキゾチックだった。この語は最初，砂漠での隊商の集まりを意味したが，このおかげでオリエントやサハラ砂漠に魅せられた文学者たちのお気に入りとなった[*26]。19世紀の最後の3分の1に，この語はニースのような社交リゾートにおける国際的な大規模ホテルを形容するためにし

＊26　たとえばフロマンタン『サハラの夏』，ドーデ『月曜物語』（ウジェーヌ・フロマンタン『サハラの夏』，川端康夫訳，法政大学出版局，1988年。アルフォンス・ドーデ『月曜物語』，桜田佐訳，岩波書店，1959年）。

ばしば用いられた。「こうしたキャラヴァンサライにはさまざまな国籍の外国人が訪れる」（ロベール辞典）。

Hôtel（オテル），**hôtellerie**（オテルリ），**hôtelier**（オトゥリエ）

　今日のあらゆる辞書はホテル[52]を次のように定義している。「人が有料で1泊ないし数泊する施設」。その他の意味は記載されないか，無視さえされている。しかし19世紀にこうした状況は逆であった。リトレ辞典では観光関連の意味は最後の9番目に記載されているが，ラルース辞典はまだしも3番目であった。これら二つの辞書はこの語の伝統的で高貴な意味を重視しているのである。つまりホテルとは，

　　——都市の中の広壮な個人住宅，
　　——大都市の市庁舎（オテル・ドゥヴィル），
　　——公共の大きな建物（競売所（オテル・デ・ヴァントゥ），租税局（オテル・デザンポ）），
　　——最古の施療院（Hôtel-Dieu（オテル・デュー）），
　　——（最後に）家具付きの部屋を賃貸する家，宿屋（オーベルジュ）。この最後の意味は，例示が行なわれていないのでほとんど不正確であるが，基準となった語であるオーベルジュを明らかに参照している。

　18世紀の『百科全書』には hôtel（オテル）という語の記載はないが，hôtellerie（オテルリ）という語に関してはきちんとした定義を与えている。

　　——オテルリ：旅行者が有料で宿泊し，飲食する家。
　　——Hôtelier（オトゥリエ）：オテルリを経営する人。

　つまりオテルはオテルリの短縮形なのである。ブリュノ[53]やドーザ[54]，ロベール辞典は17世紀以来オテルという語が使われてきたということを指摘している。（オテルリの意味での）ホテルは次第に一般的となり，ostellerie（オステルリ）は廃れた。19世紀にホテルという語は宿屋（オーベルジュ）という語に対して優位に立ち，オテルリという語は，たとえこの語がこの職業を指す総称的な意味（ホテル業）で存続したとしても，看板でしか使われなくなった。17世紀にはホテルとオーベルジュの違いは，都市にあるかどうかであってその質ではなかった。オーベルジュはますます田舎のものとなっていった。文学者たちは非常に幅のあるホテルのレヴェルを記している。ホテルの中にはモリエール[55]

が書いているようにきわめて快適なところもあった*27。「家具付きホテル(オテル・ガルニ)」(すでにこの言葉は存在していた)は『ジル・ブラース』のなかでルサージュ(56)が罵倒している。パリのホテルはルソーにとって恥ずべき住まいであった*28。19世紀になっても「ホテル」という語は「オーベルジュ」という語を駆逐しなかった。ラルース辞典は次のように記述しているが，あまり説得力はない。

> フランスやイギリス，ドイツなどヨーロッパの多くにおいてもはやオテルリはいわば存在していない。それは各国の首都において「ホテル」(豪華なものもあるが)に取って代わられた。(ホテル経営者という意味での) Maître d'hôtel(メトル・ドテル)がオトゥリエに取って代わったが，オトゥリエは長いあいだ使われてきた唯一の呼び方であった。いっそうパリらしく高級感のあるメトル・ドテルは，ただ宿泊させるだけであるが，地方的なオトゥリエの方は宿泊と飲食を提供するのである*29。

いかなる格付けもない場合にはどうしたら両者の施設の区別ができようか。19世紀にはオーベルジュという語は田舎の印象を与えたが，ホテルという語とて品質を保証するわけではなかった。小辞典類の挙げる区別も名称しか問題にしていなかったので怪しいものだった。ところでこのホテルという名称は古典主義時代から単独で使われることは稀だったが，19世紀以降はしばしば，たとえば「大(グラン)」などの形容詞や，さまざまな補語を伴って用いられた。ホテルに関する用語の変遷には，自分の建物をめだたせ，さらには価値あるものに見せるような名称を考え出したホテル業者が関わっている。名称を守り，変化させ，補うことはメッセージなのである。

* 27　エスカルバニャス伯爵夫人はパリでリヨンホテルとオランダホテルの常連であったが，これらのホテルでは「より楽しく過ごすことができて」「美味しい夕食が出される」。
* 28　ルソーは『告白』の中でコルディ通りのサン・カンタン・ホテルを挙げて，「薄汚いホテル，薄汚い部屋」と書いている(ジャン・ジャック・ルソー『告白』3巻，桑原武夫訳，岩波書店，1965年)。
* 29　Larousse, 1873, rubrique *Encyclopédie*.

観光における名称の全歴史が解明されねばならない。ホテルやレストラン，景勝地や観光地はブランドのように機能している。それらは認識的，位置画定的，体験済みのイメージを与えるが，それらのイメージが「現実の」イメージとあまり違わないことを人々は望む[*30]。看板というものを考慮しなければならない。「レトロな」味わいのある昔の形容詞は，すでにして建物の古さを示している。そうした形容詞はしばしば「ホテル」だけではなく「オーベルジュ」という語を伴っている。「金獅子ホテル」という名称は「白馬ホテル」，「駅馬車ホテル」，「金羊ホテル」，「戴冠牛ホテル」などの名称と同じく，アンシャン・レジームと馬での往来を想起させる。19世紀のホテルの立地場所はもはや町の入り口ではなくて市街地であったが，その名称は地理的にいうと「ステーション・ホテル」，「ターミナル・ホテル」，「セントラル・ホテル」，「北ホテル」，「南ホテル」，「県都ホテル」，「オペラ座ホテル」，「パレス・ホテル」など近くの建物に因んだり，「商業ホテル」，「商人ホテル」，「旅行者ホテル」，「実業家ホテル」など機能にちなんでいた。

　贅沢な観光がますます発展するにつれて「他との区別を図る名称」が増加するが，これらの名称は，最もうるさ型ではあるが鷹揚に出費すると考えられていたエリート層の観光客に訴えかけるものでもあった。ホテルの看板には「グランド・ホテル」とか「パレス」とかの形容，威厳ある峰々の名（「モンブラン」の人気は高かった），さらには「浜辺」を想起させる名称が付け加えられた。こうしたホテルはまた，「国民」とか「大使」，「植民地」，「両インド」などという名称を付けて国際的な雰囲気を醸し出すこともできた。さらにはイギリス人は最初の観光客であり，ホテルの中では「イギリス風に」もてなされるであろうということを示すために，「イギリス」や「アルビオン」（イギリスの古称），「スコットランド」，「ロンドン」，「ヴィクトリア・パレス」などイギリス的な名称を付けてめだとうとするところもあった。多数のホテルやレストランは一見すると飾り気のないやり方で創立者の名前を冠していた。彼らの名前は観光のブランドとして機能している。カールトンと

[*30]　Marc BOYER et Ph. V., Que sais-je 285, p. 59 *sq. Autour du nom.*

第4章　歴史的用語

リッツ⁽⁵⁷⁾が格好の例であるが，そういう名前は世界中で継承されている。

Palace （パラス）：パレス風ホテル

この英語は国際的な名声を持つきわめて贅沢なホテルを指す。この語はリトレ辞典やラルース辞典の初版には見あたらず，フランス語として認知されるのはようやく 1905 年である。とはいえ 1890 年の『新ラルース辞典』は「palace-car （パラス・カール）」という表現をアメリカ製の豪華列車を指すのに使用している。コート・ダジュールでパラスという語あるいはそれに相当する豪華ホテルが出現したことは注意に値する。フランス語の palais （パレ）（宮殿）という語が使用されなかったことは確かである。

Sleeping-car （スリーピング・カール）

まったくの英語であるこの語は，実際のところ「寝台車（ワゴン・リ）」に相当する。スリーピング・カールはリトレ辞典にも，ラルース辞典初版にも見あたらないが，1885 年のラルース辞典の『補遺』には収録されている。1872 年にジュール・ヴェルヌはこの語をスリーピングという短縮形で使用した。これは 19 世紀の観光用語において一番訴求力のある語は英語であるという追加証拠である。

Restaurant （レストラン）

「食事のできる公共の建物」という意味での「レストラン」という語は 18 世紀に出現した。伝統的に観光客や旅行者は「定食で」食事をしていた。メニューと会食者は思い通りにならなかった。それが嫌なら「仕出屋（トレトゥール）」に頼んで，自宅や療養ないし避寒のために借りている家やヴィラに調理済みの料理を届けさせた。現在のような独立したテーブルという形式のレストランは実際には 19 世紀を通して発展し，20 世紀には普通になった。レストランという語についてはそのままの形でロシア語を含む多くの言語に取り入れられている。

別　　荘[58]

　これは 19 世紀には存在しなかった印象を受ける。しかしそのコンセプトは何だろうか。それはあまり確かではない。いずれにせよいくつかの語は用語上の問題を引き起こす。

Bastide（バスティド），**bastidon**（バスティドン），**cabanon**（カバノン）

　後期ラテン語の bastire（バスティレ）（建設する）に由来するプロヴァンス語の bastida（バスティダ）はフランスでは 17 世紀から知られるようになったが，17 世紀にはマルセイユを取り巻いていた多くのバスティドは旅行者の賛嘆を誘った。それは余暇や土地投資のためのカントリーハウスである。18 世紀にはバスティドはしばしば広壮であった（ボレリ館のように[59]）。しかしこの語が使われたのはプロヴァンスだけで，1863 年のリトレ辞典はこう記述している。「バスティドは田舎の小さな家。プロヴァンスでしか使われない」。リトレ辞典の『補遺』（1877 年）はバスティドンという語を記載している。「南仏の言葉。小さなバスティド」。しかしリトレ辞典にもカバノン（小さなカントリーハウス）は記載されていないが，この語は 20 世紀にマルセイユ周辺で持っている意味を 19 世紀にはまだ持っていなかったように見える。

Cassine（カスィヌ）

　またしてもイタリア起源の田園滞在を指す語である。16 世紀にピエモンテ方言の指小辞 cassina（カスィナ）がフランス語化された。ラブレー[60]はその意味を正確に述べている。「カスィヌは田園の中にある小さな別荘（メゾン・ドゥ・プレザンス）である」。17 世紀の古典主義時代の旅行者たちはトゥーロン[61]近郊に騎士（シュヴァリエ）ポール[62]の「カスィヌ」を訪ねている。第二帝政末期にも，リトレ辞典によると，この語は伝統的な意味を保っていた。「都市の外に位置する小さな別荘」[*31]。19 世紀末，他のいくつかの語がこの種の滞在用住居を指す

＊31　LITTRÉ, *Dictionnaire*, 1863.

のに取って代わり，古くさくなったカスィヌという語は軽蔑的なニュアンスを持つようになった。つまりこの語は陋屋やバラックの意となったのである。

Casino（カジノ），**casin**（カザン）

またしても casa（カーザ）⁽⁶³⁾ の指小辞である。カジノがフランスに入ったのは 18 世紀だったが，直ちにフランス語化されたというわけではなかった。1740 年にドゥ・ブロスは「田園の別荘（メゾン・ドゥ・プレザンス）」というイタリア語の意味で使用している。18 世紀末には，同様の意味を持つがフランス語化されたカザンが現われたが，この語はカゾット⁽⁶⁴⁾ が 1772 年に書いているような遊びという暗示的意味を持っていた。「私はカザンで催された貴族たちのパーティーに招かれた」^{＊32}。19 世紀にカザンの使用は衰える。1867 年にラルース辞典はこう確認している。「カザンよりもむしろカジノの方が使われている」。語形以上に意味が変化した。カジノは，ネルヴァル⁽⁶⁵⁾ によると「娯楽のための公共の場所」となった。カジノという語について第二帝政末期にリトレ辞典とラルース辞典は同じ定義をしている。「読書やダンス，雑談，音楽の演奏などをするために，そしてさまざまな遊びをするために人々の集まる公共の建物」。したがって金銭を賭けるギャンブルだけではなかったのである。カジノは優雅で，リゾートに見受けられた。もっと正確に言うと 1876 年のラルース辞典が正確に述べているように温泉療養リゾートに存在した。19 世紀末からはカジノのドイツ語における相当語である Kursaal（クールザール）⁽⁶⁶⁾ は温泉療養リゾートや観光リゾートに存在する興行やギャンブルのための建物となった。

Folie（フォリー）

現代の辞典類によるとこのフォリーという語は同時に次に二つを意味する。
　　──精神錯乱（しかし精神科医はこの言葉を使わない），
　　──奇行，常軌を逸した話。
辞書類はかつての意味もまた伝えているが，それは首都周辺にある

＊32　CAZOTTE, *Le Diable amoureux,* 1772, chap. VII.

別荘(メゾン・ドゥ・プレザンス)というもので,この意味では今日もはや使用されないし,地名にしかその名残をとどめていない。「非常に高くつく建物」(1863年のリトレ辞典)であるフォリーが存在したのは17世紀と18世紀の間だけ,しかも特にパリ周辺だけというのは事実である。プルースト[67]はそれらを喚起している。パリ周辺のこうした村々にはまだその境界に,17世紀と18世紀に地方長官や愛妾の「フォリー」であった公園がある*33。

Manoir (マノワール)

ラテン語の manere (マネレ)[68]に由来するこの語は中世末期に出現したが,重要な語ではなかった。現にリトレ辞典は記載していない。田園にある小さな城館を意味するには,gentilhommière (ジャンティヨミエール)や,特に château (シャトー)などのライヴァル語が多すぎたのである。19世紀には広大なブルジョワの館でも角に塔を持ちさえすれば安易にシャトーと呼ばれた。南仏では castel (カステル)が同じ意味を持っていたが,ある種のバスティドのなかには同様の規模を持つものもあった。テオフィル・ゴーティエ[69]やフロベールはマノワールという言葉を使ったが,やがてこの語は「イギリス的」という形容詞と切り離せない関係となった。

Motel (モーテル)

この北米製の新語はヨーロッパでは1960年代に導入されたが,翻訳はされなかった。この語はモーターとホテルの合成語である。20世紀の最後3分の1においてモーテルは増加し,多様化した。とはいえこの名称を持つ建物は通常は主要幹線沿いに位置するが,多くは町の入り口付近にあり,バンガローや平屋のアパルトマン形式である。簡素と地味がモーテルの特徴となっている。客は入り口でカギを受け取るが,料金前払いで,標準的な設備が保証されている。戸口のまえに駐車し,いかなるサーヴィスも呼べない。客は一晩や数時間のために宿泊する。モーテルはアメリカではダウンタウンの

---

* 33　Marcel PROUST, *A la recherche du temps perdu*, VI, p. 189.(マルセル・プルースト『失われた時を求めて』,鈴木道彦訳,集英社,1996-2001年)。

平均的ホテルよりも安くて，しばしばもっと清潔である。モーテルは自動車旅行者や移動観光客の欲求に対応している。

Pavillon (パヴィヨン)

「避難所として役立つように公園や庭園の中に設けられるちょっとした建物」という意味のこの語は16世紀初頭に出現した（ロベール辞典は初出を1508年としている）。この語は狩猟小屋（パヴィヨン・ドゥ・シャス），中国風四阿（パヴィヨン・シノワ）などさまざまに変種を増やし，18世紀後半には貴族が非常に好む語となった。ついでこの語は廃れて，リトレ辞典にも記載されていない。この語は特に両大戦間のパリ周辺のこじんまりとした庭付きの個人住宅を指すのに使用されて新たな段階を迎えた。それから再びこの語はこの30年ほどは廃れている。いずれにせよこの語はヴィラという語の地位を奪うことはなかった。

Villa (ヴィラ)

この語は華麗な歴史を経てきた。辞書はその各段階を記述している。1863年と1870年の間，リトレ辞典とラルース辞典がほとんど同じような言葉遣いで定義しているのは，まず最初にローマ時代のヴィラ，すなわち古代における田舎の領地が存在したということである。イタリアではルネサンス期から主としてローマ近郊とヴェネツィア[70]の後背地において，しばしば最も著名な建築家（パラディオ[71]など）によってヴィラと呼ばれる建物が建てられたが，それはもはや荘園経営のためではなくて，1863年にリトレ辞典がヴィラの第一義として挙げている「ヴィラ，イタリアの都市郊外の別荘（メゾン・ドゥ・プレズィール）」というものに対応しているのであった。2番目の意味はその延長であり，リトレ辞典もラルース辞典も記載している。「ヴィラ，今日全ヨーロッパにおいて優雅なカントリーハウスや，城館ほど広壮ではない家に対して与えられる名称」。

イタリアを訪れた古典主義時代の旅行者はこうしたヴィラやその庭園を見て感嘆した。そして帰国してからはそれを模倣しようとした。かくしてフランス語にこのヴィラという語が導入されたわけである（ロベール辞典は初出を1743年としている）。19世紀にはヴィラという語は並みいるライヴァルを

押しのけて広まった。1870 年にラルース辞典はヴィラがバスティドに取って代わったことを確認している。ヴィラは 19 世紀には観光リゾートにおいて自己所有であれ賃貸であれ，個人用の優雅な住居となった。ブルーム卿[72]が自分のためにカンヌにヴィラ・エレオノールを建てた時，バルザックの小説の登場人物であるボーモン夫人は一夏を過ごすために湖のそばの瀟洒なヴィラを借りたのであった。20 世紀にヴィラ（名称と建物）は広まった。主要な住居であれ副次的な住居であれ，ヴィラには常に庭園がつきものである。「個人ヴィラ」ということになればいっそう価値が増す。1920 年代からは多くのヴィラが控えめな規模になったことが観察された。たとえば「ルシュール法に従ったヴィラ」*34 は（ジロドゥー[73]によると）「小ヴィラ」である。コート・ダジュールのような観光地帯ではヴィラは日常的に居住する家という地位から観光目的へと，あるいはその反対へと変化している。しかし贅沢な観光客のためのハイクラスの分譲地は今や「ドメーヌ」とか「レジダンス」，「○○ハイツ」などの名称で呼ばれている。

ヴァカンスへの途中，旅行，保養

ここに集められた名称は，巡礼も含むあらゆる旅行者の用語に共通するものもあれば，観光客の語彙に由来するものもある。

Chemin（シュマン）と **route**（ルート）

この 2 語をコンディヤックは同義語としている。「すべての道はローマに通ず」ということわざもよく引かれるし，16 世紀のシャルル・エティエンヌ[74]の先駆的な著作は『フランス道路ガイド』と題されていた（とはいえこの著作には幹線の記述しかないが）。ルート（中世ラテン語の rupta（ルプタ）[75]

---

* 34　両大戦間に制定されたルシュール法は 2 階建ての個人所有の家屋取得を優遇した。所有者は 1 階部分にめだたない改造を行なって不備を補っていた。このことはまた観光用の家具付きアパートの増加を引き起こしたが，それは *La Baule-les-Pins* という映画に描かれている状況である。

に由来する）は石で舗装されている。この建設インフラは，頻繁な往来によって踏み固められた道(パサージュ)以上のものである。ルートとシュマンとの区別はルートに対する国家的関心とともに18世紀に始まる。ルートは建設や格付け，維持，番号付けがされた。シュマンは地域的な関心しか引かなかった。18世紀以来刊行されるようになったガイドブック（旅行者のための著作）の記述はルートに限られ，旅行者に最も速いルートないしは最も快適なルートを選ぶようにと勧めていた。ルートとルート・ガイドは19世紀後半には鉄道の発展とともに廃れた。いわゆる「観光用自動車」の発明と増加は1900年以来，ルートの大々的な復活をもたらした。ルート・ガイドの新たなシリーズが大タイヤ会社によって刊行されたが，その中では『ミシュラン』[76]が一番知られている。

Grandes routes（グランド・ルート）と autoroutes（オートルート）

幹線(グランド・ルート)はもっと広く，首都に起点を持ち，国が適切な維持管理を行なう。フランスでは国道(ルート・ナスィオナル)は王道(ルート・ロワイヤル)から受け継がれた。番号付きの国道はパリから国境にいたる大交通路網を形成している。国道7号線は夏の大移動の象徴的なルートとなっている[77]。もっと速く行けるルート（アメリカでは高速道路(エクスプレス・ウェイ)と呼ばれる）によって旅行者は大陸の端から端まで行くことができる。これらのルートはモーテルやガソリンスタンド，広告，小さなレストランなどとともに，ヴィム・ヴェンダース[78]の映画『パリ・テキサス』が描いているような生活をそのまま凝縮している。

Autobahn（アウトバーン）（ドイツ語）や autostrada（アウトストラーダ）（イタリア語）と呼ばれる高速道路は1930年代のヨーロッパの全体主義国家の発明であった。フランスは1955年以降，逡巡しながらも名称を模倣した[79]。しかしアウトストラーダよりもフランス語らしいオートルートという語形の方が好まれた。高速道路(オートルート)は通常は一般道とは区別された車道を持っている。ドイツのように速度無制限であったり，最高速度が設けられたりしているが，高速で通行できる[80]。高速道路には平面交差がなく，よりいっそうの安全性が保たれている。国や民間会社によって建設され，たいていの場合有料である。

Voie（ヴォワ）：交通路

ラテン語の via（ウィア）[81] に由来する。複数形で使用される 道(ヴォワ) はあらゆる交通路を指す。鉄 道(ヴォワ・フェレ)，陸 路(ヴォワ・ルティエール)，水 路(ヴォワ・ドー) など。単数形で使用されると 道(ヴォワ) はヨーロッパではたんに固有名詞によって，北米では番号によって指示される通りを意味する。

Guide（ギドゥ）：案内人，ガイドブック

この語の由来は何だろうか。この語は人も指すし，著作も指す。プロヴァンス語には guida という語があり，古フランス語には guion という語がある（ロベール辞典とドーザによる）。著作を指すガイドという語は 16 世紀と 17 世紀の大部分において女性名詞であった。シャルル・エティエンヌの『フランス道路ガイド(ラ・ギドゥ・デ・シュマン・ドゥ・フランス)』（1552 年）はかくして道路ガイドの偉大な先祖となった[*35]。17 世紀末にこの語は男性名詞となったが，意味は変化しなかった。この語をリトレ辞典は 1863 年に次のように定義している。「ガイド，旅行者に有用な情報を記載した作品名」。

18 世紀には他のいくつかの語が「ガイド」と競合したが，この語を使うものはあまりいなかった。1724 年にルイ・ドーデはほとんど最後にそれを使った人物となった[*36]。通常，旅行者を導くための著作はフランス語や英語で Descriptions（デスクリプスィオン），Itinéraires（イティネレール），Lettres（レトゥル），Letters（レターズ），Voyages（ヴォワイヤージュ），Travel（トラヴェル），さらには Tour（ツアー）などと呼ばれたが，それらは 17 世紀にはラテン語で Itinerarium（イティネラリウム），Descriptio（デスクリプティオ），Delicate（デリカテ）などと呼ばれていたのであった。18 世紀末には Handbook（ハンドブック）（英），Handbûch（ハントブーフ）（独），Manuels（マニュエル）（仏）などの語が出現した[*37]。ロマン主義時代に再び

---

* 35　Cf. H. G. FORDHAM, *Catalogue des guides routiers... 1552-1850*.
* 36　Louis DAUDET, *Nouveau Guide des chemins du royaume de France*, 1724. 18 世紀末の『百科全書』に guide は記載されていない。
* 37　以下が好例。BOUCHER DE LA RICHARDERIE, *Bibliothèque Universelle des Voyages*, 1808, 6 columes.

「ガイドブック」という語が使用されるようになった。大出版者であるリシャール[82]やジョアンヌ[83]，マレー[84]，ベデカー[85]などは，訪問するに値するあらゆる国々を携帯に便利な大きさで紹介することを狙ったガイドブックシリーズを刊行した。そうしたガイドブックは色と大きさで見分けられた。活字の組み方も異なっていた。

　案内をする人間を意味する語は常に男性名詞であり，同じ意味を保っている。「ガイドはある人をその人が知らない道で案内する人物のことである」。このラルース辞典の定義は16世紀と17世紀にはよく当てはまったが，19世紀にはそうでもなくなった。実際，道路の案内標識やガイドブックの存在によって旅行者はガイドに頼ることが少なくなっていったのである。ただ，登山だけはガイドを必要とした。「モンブランの発明」（18世紀末）とアルプスの発見（19世紀）とともに「ガイド」は，旅行者である客を山頂まで案内するという有料サーヴィスを行なう山岳職業となったのである。アルペン・クラブによって管理されるこの職業は長いあいだ，山岳の村々の出身者の特権であった。だがもはや1950年代からそうではなくなっている[*38]。

Journal （ジュルナル）

　後期ラテン語のdiurnalem（ディウルナレム）[86]に由来するこの語は17世紀に出現したが，19世紀以来他の意味が付け加わったとはいうものの，今日まで最初の意味を保っている。ジュルナルとは「その日その日の報告」（リトレ辞典，1863年）であり，人には隠しておくノートや手帳に日々記す個人的な記録である。「日記（ジュルナル・アンティム）」という表現もよく目にする。船乗りは「航海日誌（ジュルナル・ドゥ・ボール）」をつける。過去の旅行者たちは自らの経験を記すために書いたのであった。たとえばモンテーニュの『旅日記（ジュルナル）』は自由な書き方ではあるが，全体的に『エセー』執筆のためのノートをなしている。

　19世紀のジュルナルは18世紀に書簡がそうであったような文学の一ジャンルとなった。これは自分の見聞を語る際に相手が要らないだけ，書簡より

---

* 38　都市出身のガイドは19世紀後半には普通に見られるものとなった（Cf. Ph. BOURDEAU の研究）。しかし女性ガイドはきわめて稀であった。

ももっと便利な方法であった。出版を見越したこれら架空の旅行記は現実の旅行記をめだたなくしたり，書かれたと称する年代には実際には書かれてはいなかった。たとえばスタンダールのローマ『逍遙』や『ある旅行者の手記』[*39]がその例である。これらは読者を幻惑するが，出版を予定していない現実の旅行記からは区別される。スタンダールのノートである『南仏旅行記』のように1927年にならなければ出版されなかったものさえある[(87)]。

ついに19世紀にはgazettes（ガゼット）がジュルナルを押しのけて定期的に出される媒体（最初は印刷媒体，ついで20世紀にはラジオやテレビ）を指すのに使われるようになった。だがジュルナルという語は廃れなかった。というのもこれは定期的で規則正しいという意味を保持したからである。これは新しいことを語った。アングロサクソン人が「ニューズ」と呼ぶものである。新聞（ジュルナル・プレス）は文学ジャンルの日記のように洗練されたものとなった。この意味で新聞類の1頁は，日記が備忘録ではないのと同じように，公用文書と混同されることはないのである。そこには区分けがあるのだ。

Vacance（ヴァカンス），**vacances**（ヴァカンス），**vacant**（ヴァカン）

ヴァカンスという語は単数形でも複数形でも使用されるが，豊かで多義的である。ラテン語のvacare（ヴァカーレ）は空虚であることを意味する。16世紀にこのラテン語から派生した女性名詞のヴァカンスは，単数形で「……がないこと」を意味した。ロベール辞典（1964年）は1531年の「信仰心がない（ヴァカンス・ドゥ・ラ・フォワ）」という用例を挙げている。リトレ辞典はこう定義している。「ヴァカンスとはある機能ないし責務が全うされない時間のことである」。こうした法的な意味（空席と宣言された職務ないし役職の状態）は16世紀に出現し，現在もなおその意味を保っている。ヴァカンという語はまた住居にも適用される（建てられたばかりか，放棄されたばかりの家は居住者なし（ヴァカン）と申告される）。

複数形のヴァカンスにはいくつかの意味があるが，その各意味の出現の時期ははっきりしている。

---

* 39　*Mémoires d'un touriste*, éd. F.M. La Découverte のデル・リットの序文を参照。この著作の第3巻目は（実際の）「南仏旅行」である。

第4章　歴史的用語

1 番目の意味（法的）＝法廷が休止する時期。

2 番目の意味（1625 年）＝教育の中断。学校や大学は生徒・学生に自由を与える。

3 番目の意味（1669 年）＝休息，通常の労働の中断。

4 番目の意味（1907 年）＝従業員に許可される休息の時間。むしろこの意味では「休暇(コンジェ)」といわれる。

5 番目の意味（20 世紀）＝部分的に学校休暇と重複する毎年 8 月の時期。現代の辞書の与える例は明らかである。「人々はヴァカンスで海に山に出かける」。しかしこうした意味は 19 世紀のリトレ辞典やラルース辞典の中には見あたらない。これらの語の使用そのものがマス・ツーリズムへの変化を物語っている。

ヴァカンスという語は時間的・法的に他の意味，つまり規則による中断，あるいは許可された中断という意味を持たないのであろうか。現代の辞書の中にはそうした結論を導いているものもある（ロベール辞典）。ヴァカンという語の最も語源に忠実な意味も無視されてはいないのである。サルトル[88]のあるテクスト（第 2 次世界大戦直前の時期を思い起こさせる）は有閑階級や無為のエリートにとってのかつての文学と，交戦準備のできている世代全体の無為との対照を語っている[*40]。

そうした世代の若者たちは「人生を迎えに行こう」と歌わずにはいられなかった。というのも 1936 年の神話では有給休暇は最初のヴァカンスをもたらしたからである。「幸福に向かって歩む」[*41]国というのは，独特の「長期ヴァカンス」[*42]を見いだす。こうしたテーマが若きジルベール・トリガノに染みこんでいたことは疑いがない。私は彼と多少とも交際するようになって，彼が執拗に「ル・ヴァカンス」と単数形を使うのに気がついた。それは地中

[*40] J.-P. Sartre, *Situation*, II, p. 244.（ジャン・ポール・サルトル『サルトル全集』，人文書院）.

[*41] Cf. Benigno Caceres, *Allons au devant de la vie, la naissance du temps des loisirs*, 1936. 同書の 74 ページでユースホステルの歌に言及がある。

[*42] フランシス・アンブリエールの小説は，この題名で，5 年間の戦争捕虜生活を物語っている。

海クラブの客（GM）(89)が独特の幸福*43を見いだす状態なのだった。単数形であれ複数形であれ，ヴァカンスははじまりを意味する語なのであり，多くの利用法が残されている。これは次に述べる社会的機能に大きな特徴が見られる名詞とはコントラストをなしている。

Villégiature（ヴィレジアチュール），**villégiaturer**（ヴィレジアチュレ）

この2語は1875年のラルース辞典や1877年のリトレ辞典の『補遺』*44からすると新語であった。これら2種類の辞典は同じ定義を与えている。「裕福な人々が快適な季節のあいだ気晴らしをするために田園で実践する滞在のこと」。

1876年のラルース辞典の『補遺』ではすぐに廃れたvillégiateur（ヴィレジアトゥール）と，villegiatura（ヴィレジアテュラ）（20世紀には「年老いた，あるいは楽しい」という意味で残っている）という語もまた記載された。この語源に関しては疑いがない。後期ラテン語のvillegiare（ウィレギアーレ）(90)と，イタリア語のvillegiatura（ヴィレジアトゥラ）である。田園への裕福な人々の移動は明らかにイタリアの諸都市をモデルとし，ヴィレジアチュールという語はイタリア旅行者がそうした現象について持ち帰った知識の後を追ってきた。ドーザは参考としてこの語の出現を1755年から1761年の間としている*45。しかしこの語の表わす内実は定着するのに時間がかかった。1837年頃ジョルジュ・サンド(91)はヴィレジアチュールという語を使用するのにこう言い訳しなければならなかった。

> 私のある友人はエラスムスには親しいものであったこの表現が嫌いだ。けれどもわれわれは彼に，これは適切な語なのであり，言い換えの表現

---

* 43 地中海クラブやその内容についての文献以外に，*Dossier de l'écran* (1983) のヴァカンス特集においてG.トリガノが寄せた一文を参照。
* 44 リトレ辞典の初版はvillégiatureを載せていない。『百科全書』も同様。
* 45 ドーザは1755年の*Manuel lexical*と1761年の*Testament politique du maréchal de Belle-Isle*を挙げている。文法学者のステファニーニは，1740年に書かれたある私信の中で「彼は田舎の保養（ヴィレジアチュール）に行っている」という表現を発見したと私に語ったことがある。

によって置き換えられるようなものではないのだということを考えてくれるようにとたのんだ。ヴィレジアチュールという語でもってイタリアの田園の家で享受する楽しみとともに、そこで過ごす時間、そしてその延長の意味で、独立しているこれらのヴィラのことも意味するのである。*46

　その語源によってかくも強烈な特徴を持つヴィレジアチュールという語は19 世紀末と 20 世紀初頭に一時的な成功を収め、「大西洋岸でのヴァカンス滞在」という拡大した意味になった。この語はデュアメル[92]やモーロワ[93]など「美しい世界」に語りかけた作家たちが使用した。しかしこの 50 年来、ヴィレジアチュールという語は、ある村名の後に続く「……にて逗留」という冗談めいた書き方に落ちぶれるほど廃れてしまった。

Voyage (ヴォワィヤージュ), **voyager** (ヴォワィヤジェ), **voyageur** (ヴォワィヤジュール)

　ラテン語の viaticum (ウィアティクム)[94]から veiage (ヴェイアジェ) (1080 年) へ、ついで voiage (ヴォイアジェ) (13 世紀)、そして voyage (ヴォワィヤージュ) (1480 年) が派生する。意味は次第に固まってくる。まずは「踏破すべき道のり」、ついで「巡礼や軍隊の遠征を含む遠方への移動」、そして 16 世紀の末にヴォワィヤージュは『エセー』のなかでモンテーニュが述べているように、それを試みる人間の自由を言外に暗示するようになった。

　　わたしはなぜ旅(ヴォワィヤージュ)をするのかと訊ねる人々に、逃避しているのだと普通は答えているが、決して探求のためだとは答えない。……肝心なのは他人の頭を使って自分の頭を磨くことなのだ。

　この話は繰り返された。特に「旅行(ヴォワィヤージュ)」(「教育」) に大きな項目を充てた『百科全書』において。執筆者たちは典拠すなわち古代人とモンテーニュを示した後で、旅行をその教育的効果のために正当化している。

---

*　46　George SAND, *Nouvelles lettres d'un voyageur*, 1834-37.

古代の偉人たちは旅行の生活に勝るよき生活は存在しないと思っていた。旅行は他の多くの生活の多様性を学ぶ学校であり，世界という偉大な書物から絶えず新たな教訓を見いだす学校なのである。……旅行のなかで示されるであろう大きな目標は疑いなく，他国の風俗や習慣，特質，その芸術や科学，その手工業や商業などを吟味することである。……

　旅行は精神を広くし，涵養し，知識を富ませ，国民的な偏見から精神を解き放つ。……

　今日，ヨーロッパの文明国における旅行は……青年の教育において非常に重要な部分を占め，老人における経験の一部分をなしている。……貴族や富裕な人々（特にイギリス人とは言わないが）が旅行する国では，そうした人々が旅行しない国に比べて非常に優位に立っている。

　アルプスの彼方の国は好奇心に値する。イタリアは好奇心あふれる人々に，かつてはかくも有名であったイタリアの残骸しか見せることができない。しかしその残骸さえもわれわれの鑑賞に堪えるのである。
（『百科全書』）

今日なら旅行は他者性を導入し，諸国民の相互理解を促進し，偏見を打ち砕くとでもいうところだろう。いずれにしても旅行には教育的な価値があるのだ。旅行しない人々に対する旅行者の優位はまた，旅行者は見られるに値するものを見てきたということにも求められる。百科全書には「必見」ないし「サイト・スィーイング」が記載され，「石碑類の記憶」が見いだされる。しかし「残骸」を記述してもその筆致はわれわれの時代の衒学趣味からは遠くにある。『百科全書』はリトレ辞典やラルース辞典が1870年頃に旅行に与えた味気ない定義（「ある場所から他の場所に行くために行なわれる行程」，「かなり遠方に赴く人間の移動」）よりももっと味わい深い。

Mobiles（モビール）と **attraits**（アトレ）

観光の専門家にとって20世紀末の段階でこの2語の意味は明白である。

出発するという選択と目的地の選択は動機(モビール)に対応している。訪れる対象となる場所は魅力(アトレ)を持っている。しかしながら何世紀にもわたって魅力(アトレ)とは女性や栄光，文学の魅力のことであり，動機(モビール)とは犯罪の動機のことであった。形容詞としてのモビールはある種の軍隊に付けられていた[(95)]。16世紀とは言わないまでも，17世紀以来，こうした言葉を使わないでもエリートに属する人々は明らかな理由もなしに旅行していた。彼らは「ザ・ツアー」を行なっていたのであり，イタリアに赴き，見なければならないものを知っていた。こうした慣習は「必見(ウィデンドゥム)」と呼ばれたかも知れないが，そのわけは目的地のはっきりしたそういう旅行者はラテン語を少し知っていたからであった。それは今日サイト・スィーイングと呼ばれるものと同じ習慣ではないのだろうか。

Sight seeing（サイト・スィーイング）

この英語は衒学的になる運命だった。この語は「見られなければならないものを見る義務」を意味する。この語はこの概念をもとにして旅行や「ガイドブック」の内容をあげつらう記号論学者たちのお気に入りとなった[*47]。観光客のこの義務は少しずつ制度的となり，「ガイドブック」類によってコード化されたが，ガイドブックはお互いに同じ内容を繰り返した。1世紀以上にもわたってガイドブックの執筆者たちはシャルル・エティエンヌの『ガイド』（1552年）を引き写していた。18世紀にはピガニオル・ドゥ・ラ・フォルス[(96)]が，ついでライハルト（リシャール）がモデルとなった。ロマン派の時代から基準はマレーやベデカー，ジョアンヌなどのガイドブックの大シリーズとなったが，これらのガイドブックは訪問や旅行，立ち寄りに「値する」場所を列挙していた。それらの場所の選定は客観的な基準に基づいてい

---

* 47 *Communication*誌の「ヴァカンスと観光」特集号（1967年第10号）の以下の記事を参照。Jean CASSOU, Du voyage au tourisme, Jules GRITTI, Les contenus culturels du Guide bleu : monuments et sites à voir. 以下の著作も参照：R. BARTHES, *Mythologie*, M. BOYER, *Le tourisme*, Seuil, 3ᵉ partie. B. LERIVRAY, *Guide bleu, Guide verts, lunettes roses*. D. BOORSTIN, *L'image*（ダニエル・ブーアスティン『幻影の時代——マスコミが製造する事実』，星野郁美・後藤和彦約，東京創元社，1974年），ENZENSBERGER Dean MAC CANNELL, *The Tourist*.

るとされた。それらは分類し，本物であることを認証した。それらの標準的なしるし（太文字，星の数，コック帽の数）はシニフィアンというよりも，マッカネルの言うように「指針」や「マーカー」なのであった。ある都市，あるモニュメント，ある自然空間がサイト（見るべき場所）ないしスタスィオン，あるいは英語でリゾート（滞在すべき場所）となるには，それらがそういうものとして示される度合いによるのである。かくして「ガイドブック」は媒介となり，「誘惑する文書」となり，専門的な出版物となり，見たいという欲望を普及させるものとなる。

　現地での案内は案内標識や情報となる。観光協会もまた他の折り畳み小冊子で便利な情報を出している。矢印や観光案内板，説明パネルなどは観光客の歩みをガイドし，その喜びを導く。70年代以来，新たな仕組みと用語，すなわち「自然遺産と自然解釈」[*48] が生まれた。この概念によって，旅行者は自然遺産と称される過去の証言の方に導かれ，自然の発見にいざなわれるという事実が正当化される。過去はミュゼやスペクタクルで再現される一方で，自然の小道や発見の小道では栗色の標準的な案内標識の上にも見いだせるのである。

賞賛を表わす形容詞

　観光客はロラン・バルトの表現によると「美的な存在を運命づけられた場所」を賛嘆する。観光客は何も書き記さないが，「ありきたりの感動を覚えて」，それをあらゆるガイドブックの使う褒め言葉でもって表現する。第一に使われるのが，beau （ボー）（仏：美しい），very nice （ヴェリー・ナイス）（英：なんと見事な），molto bello （モルト・ベッロ）（伊：非常に美しい）などである。次に来るのがロマン派以降に使われて語彙的な問題を引き起こさない少数の語である。本書の先ではそれらの語がどういう場所をなぜ言い表わすのかが述べられる。しかし次の3語だけは，その出現時期と観光の言説における特殊な使い方のゆえに，ここで論じよう。

---

*48　翻訳なしで取り入れられたアメリカ語。

Pittoresque（ピトレスク）, **romantique**（ロマンティック）, **sentimental**（サンティマンタル）

　これら3語はすべて外国語起源であるが，すぐにフランス語に馴染んだ。ピトレスクは場所だけに使われ，サンティマンタルは旅行だけに用いられる。ロマンティックはその二つの領域に用いられる。1708年にイタリア語のpittoresco（ピトレスコ）はpittoresque（ピトレスク）となってフランス語に移植されたが，「描かれるに値する」という意味は同じであった。18世紀後半，貴人の旅行者や「グランド・ツアー」をする人々が増加するにつれて，ピトレスクという語は「その独特の美しさで人の心を打つあらゆる場所」を形容するようになる。文体がピトレスクであるといわれるのも独創性という観点からである。この語は19世紀と20世紀にも，厳密に言えば美しいという以上に興味をそそり，魅力的という以上に奇抜なすべてのものを意味した。ロマンティックという語の方は18世紀末と19世紀初頭に華々しい復活を経験した。

　　ロマンティック：詩や小説の想像力をかき立てる場所や景観についていわれる。（『アカデミー版辞書』1798年）

　18世紀の最後の4分の1には，romantic（ロマンティック）という形容詞を多用するイギリス人の影響で趣味は変化する。ロマンティックはまずイギリス式庭園を意味した。たとえばヴォルテールがフェルネー[97]に造って自慢した庭園である。多くの旅行者がそれを見るためにフェルネーに立ち寄ったのであった。19世紀初頭にこの語はドイツ人の影響で観光客が強い感興を覚える場所を形容するようになった。今日までドイツ文化で育った観光客は，他国民なら「なんと見事な」（ヴェリー・ナイス）とか壮麗（グランディヨーズ）というところを，ロマンティック（ロマンティシェ）と形容している。またロマンティックという語は歴史的に確定された日付を持ち，文学的にきわめて強い意味を持つのはいうまでもない[98]。それは古典主義概念の反対物であり，1830年の世代[99]による強烈な反発であった[*49]。

＊49　ロマン主義と古典主義の対立は19世紀初頭に2人のジュネーヴ人，スタール夫人とシスモンディによって明確に述べられた。スタール夫人はドイツの影響を云々することができた。

ロマンティックという新語は1770年代から古い小説的な意味を真に捨て去った。観光客はそれを使ってある種の景観に対する賛嘆を表わしたのであり、そうした景観は自然に対する新たな嗜好と、アルプスやスイスに対する当時の関心とに結びついていた。二つの引用がこの間の事情を明らかにする。

　　――ルソーによる比較。「ビエーヌ湖[100]の岸辺はジュネーヴ湖[101]の岸辺よりももっと野性的でロマンティックだ」。
　　――ル・トゥルヌール[102]の引用。「サルヴァトール・ローザの絵画、アルプスのいくつかの景観、田園のいくつかの庭園は少しもロマネスクではないが、それらは非常にピトレスク、つまり感動的でロマンティックであるといえる」。*50

　サンティマンタルというのは古いフランス語で、英語の用例が観光的な意味を与えた。この形容詞は感情に関するもの、感情生活、愛情などに関係するすべてのものを修飾する。しかしスターン[103]は1769年に『センチメンタル・ジャーニー』を出し、博識ないし滑稽な形ではなくて強い感情を生み出す旅行の別の形を示した。感傷旅行がこうして生まれた。このフランス語は1750年頃にイギリスに移植され、涙の大洋を越えてフランスに戻ってきた。すぐにサンティマンタルは名詞となった（1769年）。感傷癖(サンティマンタリスム)（1801年）や感情過多(サンティマンタリテ)（1804年）などが続いた。

　ところでなぜこれらの新語が出現したり、嗜好の変化が起こるのだろうか。2000年には、それは流行の問題ないしは広告の問題だと普通に言われるだろう。この用語解説ではこの200年来、観光客の真の気質を記述したり告発したりするのに役立ついくつかの言葉を示したい。

---

*50　Le Tourneur, *Discours en tête de la traduction de Shakespeare*, 1776. 風刺的な部分は圏点を付した。17世紀のナポリ人サルヴァトール・ローザは、その作品ないしは風景の荒々しいタッチによって18世紀末にはロマン派の先駆者とみなされていた。当時の多くの旅行者はある種の風景（アルプス）を前にして神話的な叫びをあげた、「おお、サルヴァトール・ローザよ！」。

第4章　歴史的用語

Puff（プフ）から広告へ

　Puff（ないし puf）は英語の擬音語である。この語は落下の鈍い音やパイプをくゆらす人の一吹きを思い起こさせる。フランス語化した語形の pouf（プフ）（1829年）は座るための大きくて柔らかな丸クッションを意味し、「ぷっと吹き出す」とか「ゲス女」という卑俗な派生的意味を持つようになった。英語形は 1783 年に移植され、バルザックやスタンダール、ついでスクリーブ[104]（『ル・プフ』の作者）などによって定着した。彼らすべてにとってプフというのは「極端で人を欺く広告」*51（スタンダール，1830 年）なのである。1863 年のリトレ辞典、1875 年のラルース辞典、19 世紀末の図解新ラルース辞典などもまたプフを「大げさな広告」、極端どころか欺瞞的な広告、「人々を騙す技術」（ラルース辞典，1875 年）、「一陣の風」などと定義していた。しかしスクリーブも言うように社会はプフを必要としていた。「プフの必要性は非常に大きいのでこの語自体がフランス語となってしまったほどだが、プフは大いなる同化によって当然、魅惑を及ぼしたのである」。

　すぐにプフは puffer（プフェ）という動詞形となり（メリメ[105]の『書簡全集』、1851 年）、puffisme（プフィスム）という主義となった（ドゥリュモン[106]，1886 年）。19 世紀の数多くのガイドブックの言うところによると、プフはある種のリゾートの成功を説明する。それは空気、雰囲気であった。今日ではプフという語は消え去っている。しかしプフと同時代の語であったうちのいくつかは生き残っている。

Affiches（アフィシュ）, **annonces**（アノンス）, **avis**（アヴィ），
réclame（レクラム），**publicité**（ピュブリスィテ）

　A で始まる最初の 3 語はほとんど同義語である。近代における通常の用法としてこれら 3 語はある種の出来事を予告する方法を意味する。アナウンスメント（アノンス）効果という表現は有名である。かくして 19 世紀に大いに使われた概念である 4 番目の用語の広告（レクラム）の方にたやすく移行がなされた。プ

＊51　STENDHAL, *Lettres à Sainte Beuve*, 26-III-1830.

フという語は2重に悪者だった。というのも虚偽の予告ないし行きすぎた予告を意味していたからである。何かを知らせる方法は人間の声によったり（教会の説教壇や町の布告役人），ビラを貼ったプラカードという形で書かれたり（通知_{アヴィ}，広告_{アノンス}，ポスター_{アフィシュ}，これらの語はここでは交換可能ではない），販売に際して提供されたり無料で配布された。その結果Aで始まる3語は新聞類の題名としても登場する。17世紀にそういう新聞類は好んで短い記事を載せるようになるが，それはある施設や商品の賞賛記事であった。これらの囲み記事はレクラムと呼ばれた。ロマン主義時代以降はレクラムの意味が拡大される。「レクラムをする_{フェール・ドゥ・ラ・レクラム}」という表現（1834年に初出）は，まず第一に値段によってお買い得とされている商品の購入を勧める，ということを意味した。たとえばレクラムで販売される商品，というように。また看板それ自体が広告_{レクラム}でもあった（観光分野ではますます多くなるそういう看板を目にすることになる）。1850年頃から第二帝政時代にかけてレクラムは出版界に浸透し，それによって価格は下がり発行部数は伸びた。当時の意味での広告_{アノンス}は新聞類にとって重要な収入源だったのであり，新聞類の販売促進方法であったのである。エミール・ドゥ・ジラルダン[107]が例証である。

　数十年前から「ある製品や企業を知らしめ，購入にいたらせる技術」は，辞書によると「広告_{ピュビリスィテ}」（1824年に初出）という名前と手段を持つようになった。その手段である宣伝は次々に出る新たな広告_{アノンス}とその繰り返しを武器にしたが，冗長という印象を与えるにいたった。ヴィクトリア朝[108]のイギリスの出版界では大広告_{レクラム}会社が幅を利かせていた。石鹸の販売がすでに模範となっていた。ホテルやレストラン，温泉施設やリゾートがこの広告_{レクラム}モデルを模倣した。リゾートで発行される観光シーズンの新聞類や大日刊紙は，全面改修されたホテル，新規開業の温泉施設などを賞賛するどれも同じような囲み記事や折り込み広告を出し続けた。広告_{アノンス}によって驚きを誘い，その繰り返しによって評判が「頭にたたき込まれる」のだった。観光史はこの種の多くの実例に満ちている。こけおどしやいかさまに基づいたものもあった。バーナム[109]はこうした新機軸の象徴的存在であったが，モンテカルロのフランソワ・ブラン[110]のようにカジノを売りだした人々もこうした時代の人間なのだった。

第4章　歴史的用語

このような広告や宣　伝の活動にはすぐに悪評が立った。言葉がその最
　　　　　　アノンス　　ピュブリスィテ
初の犠牲となった。プフは廃れた。レクラムは非常に嘆かわしい使い方をさ
れたので，20世紀には避けるべき用語となった。ピュブリスィテとピュブ
リスィテール（1930年頃の出現）がその後を引き継いだ。この新語は，あま
り機械的ではないやり方というのを信じさせようとしていた。この新語はメッ
セージを伝達するのである。「ピュブリスィテをする」というのはひとつ
　　　　　　　　　　　　　　フェール・ドゥ・ラ・ピュブリスィリテ
の職業となった。それを自慢するものもいたし（ブルースタン・ブランシェ[111]），隠そうとしたものもいた（セゲラ[112]は『僕が広告屋だなんて母親には言わないで。だって僕が売春宿のピアノ弾きだと思ってるんだから』を出版した）。もっと真面目なところではヴァンス・パカード[113]は「隠された説得者」の仕組みを明らかにした。最近登場した語はcommunication（コミュニカスィオン）である。相変わらず雰囲気だけの問題なのだろうか。大学でなじみ深いこの科目が真面目だとはいえるだろう*52。

　19世紀と部分的には20世紀でも，そしてたぶん2000年においても，世界では，少なくとも範を示し続ける「社交界」と呼ばれる世界の中では，絶えざる嗜好やお気に入りの変化が続くのである。

Mode（モード），**savoir-vivre**（サヴォワール・ヴィヴル），**snob**（スノッブ）

　この3語は19世紀には頻繁に使用された。これらは「観光用語」の一部分を占める。リゾートについてガイドブック類はいとも簡単に，そのリゾートは「流行」であり「スノッブ」が訪れると紹介している。最も人気のある
　　　　　モード
場所，贅を尽くしたホテル，クラブやカジノなどは「社交界の作法」を知っている人間しか受け入れない。スタッフ男爵夫人[114]の本はそうした決まり事を思い起こさせる。礼儀作法についての彼女の本は大成功を収めた*53。

　これら3語のうちの最初の2語は用語上の問題を引き起こさない。方法や措置を意味するラテン語のmodus（モドゥス）から派生したモードは「所与の時代や社会に特有の集団的な行動様式や思考様式」という同じ意味を残してい

---

* 52　Cf. Marc Boyer et Ph. V., *La communication touristique*, coll. Que sais-je.
* 53　Baronne Staffe, *Les Usages du monde, règles de savoir-vivre de la société moderne*. 彼女の本は1880年から1930年にかけて版を重ねた。

る。したがってこれは長続きしない。

　二つの動詞を組み合わせた語であるサヴォワール・ヴィヴルはルイ 15 世の時代に生まれ，「上流社会の礼儀作法や決まり事についての知識」を意味している。スノッブはあらゆる用語集が強調するようにイギリス起源であるが，『スノッブの本』（1848 年）を書いたサッカレー⁽¹¹⁵⁾を生みの親とすべきなのだろうか。

　これら 3 語は同じような変遷を経験した。18 世紀には流行(モード)は特に衣装について用いられた。パリは早くもヨーロッパの流行を左右するという評判をとった。19 世紀にこの語は観光のような他の分野にも用いられるようになった。しかし 20 世紀にモードという言葉は再び衣装関係の分野に限られるようになった。スノッブという語の歴史はもっと短い。リトレ辞典はまだこの語を知らなくて，ただ snobbisme（スノビスム）とだけ，しかも間違った綴り字で載せている。1875 年のラルース辞典はこれら二つの語を載せている。辞書にとってこの語はその起源に結びついた軽蔑的なニュアンスを持っていた。というのもスノッブとは，まずは靴直しの少年を，ついで大学の隠語で，自分のいるべきではない場所（大学もそのひとつ）に入り込む者を意味したからである。リトレ辞典とラルース辞典によるとスノビスムとは「〈卑俗なものを卑屈に賛美する〉人間の状態」，「シックな人々を模倣する人間の状態」である。いくつかの用例が添えられている。

　　――自分が理解できない音楽を聴いてうっとりするもの。

　　――海辺や温泉町に退屈しに行くもの。

　スノッブの女性形である snobinette（スノビネット）は遙か後に誕生した（ジュール・ルメートル⁽¹¹⁶⁾『五つのアカデミーの演説』1898 年）。20 世紀ではスノッブと礼儀作法(サヴォワール・ヴィヴル)の使用は廃れているように見える。これらの語が絶頂を極めた時代は，流行の仕組みと，顕示的な支出によってすぐ下位に位置する社会層の模倣を誘う「モデル」ないし「パターン」を示す「有閑階級」の行動とを理解するための概念の分析道具の発明に先立っていた*⁵⁴。

---

* 54　Cf. Veblen, *The Theory of the leisure class*, 1899.

リゾートと観光のスポーツ

あらゆる用語の中で私はここで例としていくつかの用語を示すが，それらはきわめて特徴的で観光的な意味を持っているので，それらの語が「いつ生まれ，どのような観光の発明に関係しているのか」という疑問に答えることができる。

Bain (バン), **baigner** (ベニェ), **baigneur** (ベニュール), **baigneuse** (ベニューズ), **baignade** (ベニャードゥ)

ラテン語の balneum (バルネウム)[117] からフランス語のバンが派生した (1080年)。同時に英語の bath (バス)，ドイツ語の bad (バート) も派生した。体全体や体の一部を水（さらには意味が拡張して液体状のもの，泥，砂など）に沈めることを意味する。ラテン語の balneare (バルネアーレ)[118] から派生した se baigner (ス・ベニェ) は 17 世紀以来，川や湖や海で楽しみのために水浴することを意味した。18 世紀にはベニェから名詞形ベニャードゥが派生したが，この語は水浴するという行為と同じく水浴する場所をも指していた[*55]。中世，さらに古典主義時代においても，水浴という行為は清潔さを求めて行なわれたのではないということを想起する必要があるだろうか。ジョルジュ・ヴィガレロ[119] が決定的に論証したところによると，当時「洗うのはリネン類」であり，衛生管理は乾燥した状態でなされ，リネン類の清潔さが問題であった。水浴は祝祭的であった。この意味で水は，裸の人間たちが一緒に汗を流すサウナ室と同じく遊びのためのものではなかった[*56]。バンという言葉の方は早くから治療のニュアンスを帯びるようになった。17 世紀以来，「体にしみわたる水」の利用を正当化したのは病人たちであった。医学的な管理のもとでも事情は同じであった。19 世紀に水遊び（ベニャードゥ）はその遊戯的な意味を保っていた。

---

*55　ドーザは baignade を 1796 年初出の新語としている。
*56　Cf. G. VIGARELLO, *Le Propre et le Sale. L'hygiène du corps depuis le Moyen Age,* Points, 1985.（ジョルジュ・ヴィガレロ『清潔になる〈私〉：身体管理の文化誌』，見市雅俊監訳，同文館出版，1994 年）。

人々が水に飛び込むのは楽しみのため，体をリフレッシュさせるためなのだった。ブリズー[120]は1840年頃，こう書いている。

　　8月がやってきた。友よ，急ごう。
　　昼前は狩り，夕方は水遊び_{ベニャードゥ}だ。

　19世紀の夜警国家は，危険を伴うこうした慣習を規制する必要性を感じた。ベニャードゥという語にはしばしば「監視付きの」とか「禁止された」という形容詞が付けられるようになる。1877年のリトレ辞典の『補遺』はベニャードゥをまったく普通に「川や海で水浴をすること」というように定義した後で，使用例としてセーヌ川での水浴を規制する政令を引用している。
　ベニャードゥは19世紀にバンと同じ意味になってきた。しかしこの語はいくつかの意味を持ち続けた。第一義は水に沈めることである。18世紀以来，富裕層では浴槽（ベニョワール）が遅ればせながら衛生設備となってくる。バンもまた「深く関わる（エートル・ダン・ル・バン）」という表現のように，多くの意味を派生させた。19世紀には，複数形で使用されたバンが療養者や観光客が健康や快楽を求めて水浴にやって来る公共施設や整備された砂浜のことを意味するようになったのは自然の勢いであった。かくしてディエップでの海水浴やエクス・レ・バン（バン）での温泉浴について語られたのである。そこでは水浴者（男性形はベニュール，女性形はベニューズ）が見られた。この言葉自体は古くからの使用例があるが，その意味は変化してきた。
　　——17世紀にベニュールとは高級娼婦のもとに快楽を求めてやって来る男たちのための娼館の経営者である。
　　——18世紀末にベニュールとは「有料の入浴サーヴィスを求める公衆の便宜をはかるために自分の店に浴槽（バン）を持つ」人物である。
　　——リトレ辞典（1863年）にとってベニュールとは公衆浴場の経営者であるとともに，水浴する人をも意味した。
　　——1867年のラルース辞典はもっと明確である。「ベニュールないしベニューズは水浴する人である」。観光地としては当たり前のことだが，ラルース辞典は例証としてディエップを挙げている。

- 町中ないしは温泉リゾートの入浴施設においてサーヴィスをする男女のこと。
- 海水浴では観光客を海中に連れて行く人物のこと。この意味ではベニュールは20世紀におけるこの相当語（海水浴指導員＝メトル・ナジュール）と同じように男性名詞である。

リトレ辞典の定義からラルース辞典の定義にいたる間に，ベニュールの持っていた浴場経営者という古い意味は消え去った。

Hiverner（イヴェルネ），hivernant（イヴェルナン）

1863年のリトレ辞典と1875年のラルース辞典はイヴェルネという語しか記載していない。この二つの辞書はこの語を同じように定義している。「イヴェルネ：越冬する。動物や家畜の群について言われる」。やっと19世紀末になって辞書は避寒という観光的な意味と同時に，イヴェルナン（ロベール辞典によると1888年初出）という語も記載する。「イヴェルネ：冬の間南仏で過ごす人々についても言われる」。「イヴェルナン：避寒リゾートに滞在する人」。なかなか言葉は現実に追いつかなかった。実際，冬の貴族的なシーズンは18世紀の最後の3分の1の時期に出現した。当時，マルセイユで冬を過ごしていたモジンスキー伯爵[121]は，イギリス人は燕のように秋になると自分の国を逃れて，春になるとまた戻ってくる習慣を持つということを喚起して，渡り鳥との比較を提案していた。19世紀の初頭には移住のスケジュールは明確に決められ，はっきりと確定された場所は避寒都市という名称，ないしはリヴィエラ・リゾートという名称を持った。

Station（スタスィオン）：リゾート

ラテン語のstare（スターレ）は立ったままでいる，という意味であり，同じくラテン語のstatio（スタティオ）は停止という意味である。この語はフランス語（12世紀）としても，英語，イタリア語（stazione（スタツィオーネ）），スペイン語（estacion（エスタスィオン））など他のヨーロッパ諸語でも古いが，原義を保持している。

——停止する行為（典型例は十字架の道行きの「留」）。

また2番目の意味も保持している。

——同じ姿勢をとり続ける行為（「立ち」姿勢は苦痛である）。
　——乗り物や列車（鉄道駅，ドイツ語ではBahnstation（バーンシュタツィオーン）），タクシーなどの停車のために整備された場所。

「保養の場所」という派生した意味は19世紀半ばに徐々に現われたが，常に「温泉の」とか「海水浴の」といった品質形容詞を伴っていた。リトレ辞典とラルース辞典はこの意味を3番目に挙げている。リトレ辞典は二つのタイプをはっきり分けている。

　——「晩春から夏にかけての季節で3カ月ないし6カ月間の滞在を可能にする夏のリゾート(スタスィオン)」。
　——「気候によって冬の間の療養を行なうことを可能にする冬のリゾート(スタスィオン)」。

したがってリトレ辞典はリゾートとシーズン，それに気候療法などとの関係性を明確にした。しかしながらすでにstation（ステイション）という語を持っていたイギリス人は，スパーと呼ばれた温泉リゾートを除いては普通はresort（リゾート）という語を使用した（ヘルス・リゾート，シーサイド・リゾートなど）[*57]。スタスィオン（仏）とリゾート（英）という二つの用語は同義語である。

Saison (セゾン)：シーズン

　他の言語にも存在するこの語（season（シーズン）［英］，stagione（スタジオーネ）［伊］）は観光上の正確な意味を持つ。それはリゾートが最大限の楽しみを提供する期間を意味する。そのあいだリゾートのすべての施設設備が稼働する。「ハイシーズン」のあいだ観光客の波は莫大なものとなる。「ローシーズン」ないし「オフシーズン」という用語は軽蔑的なニュアンスを持つ。ホテル経営者やその他のサーヴィス提供者はそうしたシーズンには料金を引き下げ，「デスシーズン」とも呼ばれるこの間の悪いイメージを一掃しようとしている。

[*57]　イギリス人が19世紀初頭に絶賛するにいたったベルギーの温泉リゾートの名称に由来する。スパー・ウォーターは直ちにミネラル・ウォーターの総称名となった。

Thermal（テルマル），**thermalisme**（テルマリスム）

リトレ辞典はテルマルという語は記載しているが（「鉱泉水について言われる」とあまり明示的ではない），温泉治療(テルマリスム)についてはラルース辞典と同様に記載がない。温泉の科学である温泉療養という現在の意味は20世紀になって誕生したものである。19世紀には，今日では廃語となっている crénothérapie（クレノテラピー）とか hydrologie（イドロロジー）⁽¹²²⁾ が使用されていた。観光客や「温泉療養者(キュリスト)」はたんに「湯治に行く(アレ・オゾー)」とか「湯治する(プランドル・レゾー)」などとも言う。

Thalassothérapie（タラソテラピー）

学問的な外観を持つこの語はギリシャ語起源である。この実践，つまり海水による治療は18世紀におけるブライトンの発明以来行なわれてきた。海水浴に行くということは，特別な用語など必要としない社交界の慣習において通用していた。ことさらにタラソテラピーというものが出現したのは19世紀末で，「海水と海洋性気候を治療目的で体系的に利用すること」という今日の意味を持っていた。

氷上と雪上の滑走用語

スケート，橇(パタン)，スキー，トボガン(トレノー)（カナダのリュージュ），ボブスレーその他いくつかの用語は冬の観光，もっと正確に言うと雪上や氷上での遊戯的スポーツを語るときに関係する。これらの用語は冬山の発明以前から存在していた。滑降手段はそれを指し示す用語以前から存在していたのである。

13世紀に誕生した「パタン」という語*⁵⁸ は，滑走するため足に履くものを指した。寄せ木張りの床の上をパタンを履いて滑ることができた。近代ではパタンはとくに「スケート靴(パタン・ア・グラス)」という表現で使用される。つまり「氷上を滑走するために靴の下に取り付けるエッジ」である。これは数世紀の間に改良が加えられたが，遊戯的なものに留まった。北方諸国（オランダでは多くの絵画が証明になる）やスカンジナヴィア諸国，東欧諸国では，冬に人々が

＊58　Patin は中世フランス語の patte（履き物）から派生した。

自宅近くの凍結した河川や湖でスケートをして遊ぶというのは昔からのことであった。気候がそれほど厳しくないフランスでは，patiner（パティネ）（スケートをする）という語の初出が 1732 年で，patinage（パティナージュ）（スケート）が 1821 年であるということからもわかるように，こうした習慣が移入されたのは遅かった。復古王政時代(123)，ブローニュの森(124)の凍結した湖で行なわれたスケート遊びは，エレガントと考えられた暇つぶしとなった。氷のリンクが人工的に整備されるのはようやく 20 世紀に入ってからである。「スケートリンク（パティノワール）」という用語の初出は 1921 年のことにすぎない。

　それでは雪上はどうだろうか。どうしたら雪にはまりこまないで滑降したり，あるいはたんに歩いたりできるのだろうか。北方諸国には遙か以前からいくつかの方法があった。橇（トレノー），スキー，かんじきなどである。近代では西欧「文明」国民，つまりフランス人，イギリス人，イタリア人，スペイン人などはこれらすべてを知らなかったか，スカンジナヴィア人の特徴だというような伝聞で知るだけだった。たとえばセルバンテスやバルザック（1840 年頃，『セラフィタ』*59 の中で）が引用しているスキーは「ノルウェイの長いパタン」のようなものであった。「雪上を滑る車輪なしの小さな荷車」については，16 世紀にそれを「トレノー」と呼んだというのは驚きである。というのもこのトレノーという語はそれまでは底引き網に与えられていたものだったからである。しかし新たな意味，すなわち「雪上を移動するためにパタンを装備した乗り物」という意味がすぐにこの語を代表する意味となった。

　しかし実際には，橇はパタンとは非常に異なっている。動力源は動物と人間である。人間が動物を御し，馬や犬やトナカイなどが牽引するのだ。スカンジナヴィア諸国やポーランド，ロシアなどではカナダと同じく冬のあいだ橇の使用は日常的であった。アルプス地方では，逸話的とは言わないまでも時折見られたにすぎなかった。橇は冬のアルプス越え，特にモン・スニ峠越えに結びついていた。恐るべき峠越えについての物語，あるいは登りでは重い橇を牽引し，下り坂ではラマス*60 と呼ばれる非常に印象的な技術によっ

＊59　この小説の舞台はノルウェイとされているが，バルザックはノルウェイに行ったことはなかった。しかしバルザックはこの小説を冬のジュネーヴで執筆し，そこから雪のサヴォワ地方に出かけた。彼はハンスカ夫人の思い出に浸っていたのである。

て橇にブレーキをかけるマロン*61についての物語は数多い。18世紀後半，アルプス越えの恐怖は薄れ，イギリス人旅行者の中には滑り降りることに楽しみを感じる者さえ現われる。彼らはわざわざ峠の上まで連れて行ってもらい，そこから下に滑り降りることに喜びを覚えたのである。これは20世紀のアルペン・スキーの先駆けではないだろうか。1870年以降，鉄道の発達によってこうした峠越えはなくなり，マロンやラマスも聞かれなくなった。ただラマスだけは登山用語に違った意味（グリセード）で残っている*62。

19世紀中葉，「文明化された」ヨーロッパでは通常，スキーは知られていなかった。リトレ辞典の1863年版にはこの語は見あたらない。ラルース辞典は1875年に「スキー」に1行を割いた。「2メートルの薄い樅の板で，尖った両先端は反り返っている」。リトレ辞典は1877年の『補遺』でこの語を取り上げ，同様の定義を行なった*63。1892年のゲラン辞典では相変わらず女性名詞であったこの語は1900年頃に男性名詞となった。板はスキーとなった。発音も綴り字通りであった。スキー板の現物は1878年のパリ万博でノルウェイ館に展示された。H. デュアメル(125)のような登山家は非常に興味を示し，冬山登山に役立てる目的でそれをコピーした。したがってこれは観光目的の移入なのであった。しかしなんと言っても最初は軍事目的であった。アルプスに国境を持つ諸国はノルウェイのスキー指導員を招いてアルプス駐留部隊にスキーを使わせようとした。

「兵士たちは〈スキーヤー〉という名前になった」と，19世紀末の『図解新ラルース辞典』は述べている。ブリアンソン(126)にはまもなくスキー学校が開校し，スキーの軍事競技大会が開催された。

19世紀末にアルプス地方のスキーはまず，滑り止めシールを付けて坂を登り，ついで滑り降りることに使われた。クロスカントリーやジャンプの登

---

* 60　橇の先頭に踏ん張っているかじ取りは，ブレーキをかけるために靴の踵の部分を雪の中に入れる。
* 61　危険の多い峠越えを専門に請け負うランスブールの住民はマロンと呼ばれていた。
* 62　もはやブレーキをかけるという意味ではなくて，ピッケルを支えとして使って体の重心を後ろに移して足を揃え，斜面の万年雪の上を滑り降りるという意味である。
* 63　リトレ辞典はノルウェイ語の語源を明らかにし，官報まで引用している！（J.O. 10-1-1876, p. 271, 2ᵉ col.）

場はもっと遅かった。しかしすでにイギリス人がスイスのダヴォスやサン・モリッツにおいてスキーで滑り降りる楽しみを発明していた。「ダウンヒル・オンリー」（発明者であり，宣伝家でもあったアーノルド・ランの言葉）にまさるものはなかった[*64]。ランはノルウェーのコーチに助けを求め，カンダハル競技大会[*65]を創設し，改革を行なった。滑落することなく滑り降りるためにはスラローム（ノルウェー語）のコースをつくって斜面の傾斜を緩くし，進行方向の転換は「クリスチャニア」[*66]と呼ばれた複雑な姿勢によって得られた。このノルウェー語はまたしてもイギリス人が取り入れ，ついでフランス人もそれにならった。

　フランス人やその他のヨーロッパ人も「スキーイング」という用語は受け付けなかった。この表現は「あまりにもイギリス的」だったのである。スキー板と斜面を滑り降りるという慣習を同時に表わすにはスキーという用語だけで十分であった。「滑り止めのシールを付けて登る」というが，この滑り止めシールがスキー板を覆っていたことは知られていない。19世紀にはクロスカントリーという用語が使われたようには思われない。したがってイギリス人の発明である滑り降りるスキーを形容する際に「アルペン」という語を付け加える必要はまだなかった。イギリス人はまた他の遊びの発明においても役割を演じた。「スケート場」と「トボガン」である。カナダのインディアン，アルゴンキン族の言葉に由来するトボガンという語は1891年にフランス語に移入され，一人乗り用の細身で低い橇を意味する。

　トボガンよりもっと小さくて（人一人がやっとおさまる），もっと古くからあるリュージュは急坂を滑り降りることができる。サヴォワ地方に起源を持つこの語は19世紀末には普通に使用されるようになった。「リュージュ」は

[*64] ヴィクトリア女王が「イギリスのスキーに対してなされたたぐい稀な貢献によって受爵した」サー・アーノルド・ランはランティエであった。彼はスイスの新たなリゾートに，コート・ダジュールの避寒客の一部を導いた。彼はスキーイングを賞賛した。スキーイングという用語はフランス語には入っていない。Cf. A. LUNN, *History of skiing*.

[*65] アフガニスタンでイギリス軍が勝利した地名に由来する。アーノルド・ランは第1回大会に優勝した。

[*66] 19世紀におけるオスロの呼び名。

1889年に移入された「ボブスレー」と競合した。ボブスレーは「バランスを取る」という意味の英語「bob」と，「橇」を意味する英語「sleigh」の組み合わせである。スイスでイギリス人の楽しみのために発明されたボブスレーは，滑降目的に整備された氷のコースを高速で滑り降りる連結橇である。何人かが乗り込むが，カーヴでふり落とされないためにはバランスを取らねばならない。

ケーブルカー，スキーリフト
<small>フュニキュレール　　ルモンテ・メカニック</small>

　山の斜面を登るのは疲れることであって，観光業者が観光客に避けさせたいと願うことである。「ケーブルカー」とか「スキーリフト」という用語の登場は技術革新の結果であった。1890年代にスイス人は「山岳鉄道」の建設においてパイオニア的存在だった。あらゆる言語に移入された山岳鉄道という用語は急カーヴやトンネルの多い山岳の登坂に適合した狭軌鉄道を意味する。この変種である「ケーブルカー」もまたスイス起源であり，牽引車と客車の下に歯車を装備し，ケーブルで牽引される。「ケーブルカー」はほとんどの言語の中にも見いだされる。この特殊装置とおなじく，展望台へ上がるための水圧式エレヴェーター（マルセイユのノートル・ダム・ドゥ・ラ・ギャルド寺院[127]）は，二つとも観光目的である。山頂に到達する喜びを多くのものに経験させ，展望を楽しませる，しかも労苦なしで，ということが目的だった。それにこれは建設業者にとって収益性がよかった。19世紀末と20世紀初頭はこうした山岳観光用の装置が多く建設された時期であり，この動きは小高い地点を持つという利点に恵まれた多くの都市にまでひろがった。たとえばパリはモンマルトルの丘[128]とエッフェル塔[129]，リヨンはフルヴィエールの丘[130]，マルセイユはノートル・ダム・ドゥ・ラ・ギャルド寺院，スイスの多くの都市（ローザンヌなど[131]），モントリオール（モン・ロワイヤル[132]）など。都市部のこうした装置は1年中稼働し，その利用では観光と通常の輸送が共存していた。1900年頃，さらにはそれ以降も山岳鉄道とケーブルカーは夏期しか稼働しなかった。というのも山岳観光はまだ冬のものではなかったからである。

　「ウィンタースポーツ」の時代がやってくると，山岳鉄道は冬も稼働する

ようになる。たとえばサン・ジェルヴェ - シャモニ線⁽¹³³⁾，ついでツェルマット鉄道のように。これによって「スキー用」となったリゾートへのアクセスが可能となったが，それらのリゾート以上の標高の丘や山に登ってから滑降する楽しみを知ったスキーヤーには役立たなかった。特別に「機械的に上に運ぶ装置」が必要であったが，このヒントは滑車を使って空中に張ったケーブルで木材を運搬する装置にあった。

　1927年から翌年にかけてロスチャイルド家はムジェーヴ⁽¹³⁴⁾に最初のロープウェイ（ロシュブリュヌ・ロープウェイ）を建設した。高度差のある両端（出発点と到着点）の間がケーブルで連絡され，ケーブルに吊り下げられた二つのキャビンが往復するのである。「ロープウェイ」という言葉はドイツ語以外のほとんどすべての言語に取り入れられた。多額の建設費用を必要とするロープウェイは，非常にでこぼこして起伏の激しい土地のためのものであったが，リゾートの看板ともなった。たとえばシャモニの上のエギュイユ・デュ・ミディ⁽¹³⁵⁾までのロープウェイのように。1950年代以降に出現したロープウェイの変種の小形ロープウェイは，いくつかの小さなキャビンが牽引と運搬の両用のケーブルに吊り下げられている。時間あたりの輸送量はロープウェイよりも遙かに多い。他の種類の小形ロープウェイとチェアリフトは，スキーヤーないし観光客が空中を運ばれる変種である。テレベーヌではスキーヤーは立ったままであり（スキーは外している），チェアリフトではスキーを履いたまま座るのである。

　1960年代にこれらが発明される前には，非常に重要な発明であるフィルネージュ⁽¹³⁶⁾，ついで〈Ｔバーリフト〉，つまり〈スキーリフト〉が発明されていた。スキーヤーは一重ないし二重の鉤（当時はピオシュと呼ばれた）のおかげでケーブルに摑まり移動する。決定的な発明は1935年にポマガルスキー⁽¹³⁷⁾が〈握索特許〉によって実現した装置であった。

第 *II* 部

観光の発明

　第I部は観光の認識論の必要性と困難さについて述べた。第II部は基本的な疑問に答えをもたらすことをめざす。その疑問とは，観光の起源は，その変遷は，その未来は，というものである。この現象についての40年にわたる研究で私は観光史には意味があると確言できるようになった。

第 1 章

アリアドネの糸

　アリアドネの糸というこのタイトルは，ジャック・アタリ[1]が流行らせたコンセプトの「ラビリンス」をもとにしている。実際，観光の複雑性とその影響の分析から首尾よく抜け出すには，原因を探らねばならない。そのためには観光をある所与（さまざまなファクターの生成物）としてではなく，文化的な所産として，そして観光の実践や観光行動，観光地を作り出し，その後には模倣による普及が続く社会的区別の発明のプロセスを辿ることによって考察しなければならない。まず文化のゲートキーパーが発明し，ついでスター（これは長いあいだ社交界の大物であった）が聖別する。その次には長らくランティエであったエリート層が同じ場所を訪れ，紋切り型の感情を味わう番である。過度の成功はその土地と観光の実践の卓越性を損なう。そこでまた新たな発明が現われるという次第である。現代までその起源のオーラをほとんど保ち続けているカンヌやドーヴィル[2]などのような豪華リゾートの数は多くない。この迷路から抜け出るためには私はいくつかの指針を提案したい。

観光はすべての時代に存在したというわけではない

　観光は発明されたものである。少なくともローマ時代にまで「観光を遡る」などという素人歴史家の言説には注意しなければならないとしても，「最初

の観光客」を見つけだすために洗練を装って孤立的ないくつかの事実をかき集めた「歴史こぼれ話」から始める記述的な研究によっても，また同じ通り道で行なわれるからといってすべての移動を一緒くたにするような安易な総合によってもわれわれは心を動かされない。今も昔も地理的に変わらないということは証明にはならない。退行的で逸話的な歴史は一貫性を保つことができない。何世紀にもわたって旅行者は同じ道を辿り，同じ峠を越えてイタリアにたどり着いた。病人は同じ温泉水を飲みに行き，信者は異教の巡礼地からキリスト教の巡礼地となった同じ礼拝場所をめざした。こうした人々を観光客と呼ぶのは言葉の濫用というものである。「観光客を作るのは動機なのである」[*1]と言ったアンドレ・シーグフリード[(3)]は正しかった。18世紀以前とは言わないまでも，16世紀以前には移動する人間の動機というのは近代とは大いに異なっていた。つまり多くのものは強制されて移動したのである。個人的な旅はきわめて稀で，現世や来世での利益を求めて行なわれた。利益の絡まない旅が誕生するためには，もはや「伝統的」ではない文明という他の文脈が必要だった。他所や他者に対する好奇心から住居を離れること，あるいはたんに逃避することは人間の永遠の行動ではない。観光を論じること，それは近現代史を学ぶということなのである。

16世紀に観光の驚くべき予見が見られた

「ルネサンス」や「近代」は非常に強力な用語であって，象徴的な価値を担う1492年という年に象徴的に出現した大変革を形容する。コロンブスがインドに到達するために西に向けて航海したのと同時期に，シャルル8世はイタリア遠征を行なった。この遠征は以前の遠征の続きだが，厳密に軍事的な目的だけを追求したというわけではない。イタリアに赴くこと，それは古代発見のために旅立つことであり，生まれ変わることでもあった。シャルル8世の好奇心は早くもドーフィネ地方で発揮された。王はシャルトルーズ山

---

*1 A. SIEGFRIED, in *Aspectes du XXe siècle*. 観光を論じた章がある。

地⁽⁴⁾を見物に訪れ，モンテギュイユへの登頂を行なうように命じた。現代までシャルトルーズ山地は大きな魅力を持つ土地のひとつであり続けている。しかし「登頂不可能な山」への登頂は後が続かなかった。モンテギュイユ登山は1832年まで再び試みられることはなく，山岳に対する恐怖が和らぐことはなかったのである。

　印刷術の発明は決定的であった。印刷術とともに旅行者のためのガイドブックが出現するが，その先駆けとなったのは，シャルル・ドゥデヤン⁽⁵⁾の言葉を借りると「当時のベデカー」であったシャルル・エティエンヌのガイドブックであった（1551年）。このガイドブックの使い勝手の良さと簡潔な博識はガイドブックというジャンルの規範となった。好奇心あふれる旅行者はガイドブックを携帯し，自分のために旅日記を書いた。おそらくその大部分は失われてしまったものの，書いた本人の死後に偶然発見される旅日記もある。たとえばその精神が16世紀の特徴的人物であったモンテーニュの『旅日記』がそうである。あるいは30年を隔ててモンプリエを訪れたプラター兄弟⁽⁶⁾の日記もそうである。公刊されたガイドブックと個人的な日記は「見るべきもの」を語り，実際に見た土地やモニュメントを語っている。こうしたやり方には聖遺物に触れる巡礼を思わせる所有願望が見られる。16世紀やそれに引き続く近代の旅行者，19世紀と20世紀の観光客は，自分たちは見なければならないものを見，書き留め，繰り返し語る義務を負っていると考えたのだった。「観光（サイト・スィーイング）」は16世紀に誕生した。人間の本性は怠惰なので，旅行者はその日記の中に進んでガイドブックを引き写している。モンテーニュ自身もエティエンヌの数節を書き写している。グランド・ツアーの若いイギリス人たちも，ニュージェント⁽⁷⁾やデュタンス⁽⁸⁾などのガイドブックで同じことをしている。

　16世紀は数ある「必見（ウィデンダ）」のなかで，特にローマ帝国時代のモニュメントのおかげでイタリアを首位に据えた。このイタリアの優位は3世紀にわたって揺らぐことはなかった。16世紀にイタリアの魅力は依然として昔ながらの動機をもたらしていた。つまり巡礼，免罪の寄付金集め，利潤の追求など，ラブレーの宗教心に関してリュシアン・フェーヴル⁽⁹⁾が鮮やかに描き出したものである。しかし古典古代の魅力が加わり，すぐにこちらの方が大きく

なった。イタリアに行くために古典主義時代の旅行者はバーバリ人[10]の海賊の跋扈する海路をとることをためらった。彼らは真冬でもアルプスに立ち向かい，すでに巡礼が利用していた峠を越えるときの「恐ろしい山々」を前にした恐怖を語った。このようにして16世紀にフランス東南部はイタリアの玄関口となり，かつてのガリア地方とローマ化されたプロヴァンス地方の都であったリヨンは大いに栄えたのだった。

　イタリアだけが目的地だったわけではない。特にドイツ人やポーランド人の旅行者にあっては，16世紀以来フランス語を習得するためにフランスが彼らを惹きつけたことが確認されている。ロワール地方の方がパリよりも人気があった。フランス語をフランス王国の公用語としたヴィレル＝コトゥレの勅令[11]はヨーロッパにおけるフランス語の優位を予告した。教養ある旅行者はフランス語を習得する必要性を感じるようになったのだ。

17世紀の宮廷はそれほど消極的ではない

　古典主義の17世紀は定住的である。しかしその最盛期は短く，ルイ14世の親政が始まる1660年からでしかなく，また「ヨーロッパ精神の危機」（ポール・アザール[12]）を体験した1680年から1715年の世代の中では国王の死よりも遙かに早くこの最盛期は終わっていた。当時は宮廷から遠ざかることはどんなことでも流刑のように感じられた。旅行で重要なことは唯一，宮廷を離れたということ以外にはなかった。そこから宮廷におけるシャペルとバショーモンの『プロヴァンスとラングドックの旅』[13]の成功がもたらされた。1世紀以上にもわたって（17世紀と18世紀），この軽妙な旅行記は再版され，続編まで出された（ルフラン・ドゥ・ポンピニャン[14]によって）。これら古典主義時代の旅行者たちは軽妙で逸話に満ちた旅行というスタイルを創造した。彼らは宮廷の浮かれ騒ぎにあまり加わらず，文学上のライヴァルを笑いものにし，どんな小さな口実をも捉えて韻文を作り（マルセイユではすべての脚韻がIfとなる「シャトー」のような有名な詩を詠んだ），見ることができたであろうものについてはほとんど何も語らず，そのかわりアルルの娘たちの美しさ

やエルミタージュ⁽¹⁵⁾のワインやあちこちのおいしい料理などを大いに讃えたのだった。グリニャン⁽¹⁶⁾に赴くセヴィニェ侯爵夫人⁽¹⁷⁾の書簡もまた軽妙なおしゃべりに満ちている。宮廷から追放されて自分の領地で生きなければならないとしても，何もかもがヴェルサイユの宮廷を思い出させる。セヴィニェ侯爵夫人の裕福な従兄弟であるラビュタン⁽¹⁸⁾は自分の城館の壁にヴェルサイユの光景を描かせた。ルイ14世自身は『庭園鑑賞法』を書いたが，これは招かれた宮廷人たちに最も効果的に風景を楽しませるため，最良の位置を教えたヴェルサイユ・ガイドである。

　ほとんど移動しなかった17世紀の宮廷は，だからといって16世紀の先駆けを忘れたわけではなかった。古代に情熱を傾け，古代の賞牌を収集した。自宅にいながらにして旅行ができて古代ローマ人に会うことのできる諸々の旅行記を読んだ。ローマの田園を描いたプサン⁽¹⁹⁾やクロード・ロラン⁽²⁰⁾の絵画が雰囲気を盛り上げた。ロランはウェルギリウス⁽²¹⁾的な光景の幻想的解釈者として通っていた。18世紀においてロランがイギリスの大土地所有階級に与えた影響には甚大なものがあった[*2]。ロラン以後，風景に関して「クロード・ロラン風のヴィジョン」という表現が生まれた。旅行者はあるがままの風景ではなく，ガイドブックの執筆者たちが語り，水彩画に描かれたもので変形され，ある種の色眼鏡を通してみられたロラン風の風景を見て感嘆の声をあげたのであった。あらかじめ絵画によって保証されなければ，なにものも「本来の状態で（イン・スィトゥ）」見られることはなかった。このような古代への心酔のもうひとつの結果は，17世紀末以来イギリス人が何はともあれウェルギリウスのイタリアに赴かねばならないという教育的必要性を感じたということである。これがグランド・ツアーの始まりであるが，彼らはまた自分の屋敷の周囲も「クロード・ロラン風に」整備するために情熱を注いだのであった。

　ヴェルサイユがすべてではない。オランダにまで行ったデカルト⁽²²⁾や，ヨーロッパ中を駆けめぐり偉大な人物たちと会談し，オペラを導入したスウ

＊2　Cf. Ch. GORDON, *Britain and the Mediterranean Grand Tour from Claude class to instant camera*, Convegno Internationale di Roma, marzo 1993.

ェーデンのクリスティナ女王[23]，それにヨーロッパの海運について学んだ若きピョートル大帝[24]などを忘れないようにしよう。

観光は「産業文明」とともに誕生した

　すべてイギリスの刻印を打たれた旅行上の大発見は「観光革命」を構成する。

　「産業革命」という用語の有効性についてここで長々と検討はしない。われわれにとって重要なのは時期的な一致である。前 - 観光，ついで観光におけるさまざまな局面は旧時代と新産業時代に同時に起こったものである。たとえば観光客(トゥーリスト)という言葉は1830年代に誕生したが，これが最初の手がかりとなる。しかし現象はそれを表わす言葉の誕生以前から存在している。17世紀末以来イギリス本国では「ザ・ツアー」という表現は新たな意味を持った。そしてほとんど1世紀にわたって裕福なイギリス人青年はヨーロッパの「グランド・ツアー」に出かけたのである。「バースの革命」は18世紀初頭に遡る。典型的な文化のゲートキーパーであるリチャード・ナッシュは「湯治をする」という昔からの辛い慣習を，建築家のウッド父子の作り出した背景の中で社交的な楽しみに変えた。18世紀に実現された旅行に関するすべての大発見は，さまざまな「革命」（産業革命，農業革命，人口革命，銀行革命，航海革命など）がそうであるように，その起源がイギリスである。政治的なフランス革命はその後にやってきたのだ。

　すべてがイギリスで始まったというのは偶然ではない。ならばどのようにしてそれは起こったのだろうか。歴史家（マントゥー[25]の後はF. クルーゼ[26]，ローマ歴史会議など）や経済学者（ロストウはよく知られている）の大部の研究はこの問いに答えるのが難しいことを明らかにした。「グランド・ツアー」や「バースの革命」に場所をつくる必要はないのだろうか。起源にはエリート教育の進歩があるという仮説を立てるとしたらどうだろうか。この教育の優位というのは，ロストウが望んだような強大な国家よりもうまく「開発途上国」に移し替えられるのではないだろうか。いずれにしても17世紀末と

18世紀の教育に関するイギリス・モデルは大陸の教育法の中に取り入れられた。つまり旅行はジェントルマンをつくりあげる開かれた教育の一部となったのである。バースは「湯治をする」という口実のもと，生まれによる貴族と，商業によって富裕化した新たな社会層との接触を可能にした。その結果，社会が次第に開かれていったのである。

そうすると「ザ・ツアー」は「ワットの蒸気機関」より前に来る。それでいいではないか。

18世紀イギリスの偉大な発明

以下の発明は非常に一般化した。

——「ザ・ツアー」は，確かに遅ればせであったが，大陸でも模倣された。18世紀以降大陸の若い貴族たちは同様の「教育的旅行」をしたのである。聖職者や法曹関係者など裕福な大人も同様の旅行をした。西欧は文化的な動機で彼らを惹きつけ，ローマが彼らの目的地となった。イギリス研究家のR. マーシャルのいわゆる「イタリア詣で」は圧倒的であり，昔からのフランスの優位さえ脅かした。1750年にポンペイが偶然に発見されると，イタリア詣ではさらに加速した。この風潮はヴィンケルマン[27]の理論によると新古典主義となった。

——18世紀初頭にバースで誕生した「社交的な温泉リゾートのシーズン」は，まずイギリス国内にライヴァルを出現させた。古くからの温泉が整備されたのである。1740年頃，このモデルは海浜に移されブライトンが誕生したが，今度はブライトンが他の「海水浴場（ベイズィング・プレイス）」との競争に曝された。しかしそれとてもイギリス国内のことだった。「浜辺の欲望」（アラン・コルバン）は非常に強力だったので，イギリス人はそれを北海の大陸側の海岸に移植した。夏の大リゾートモデルは社交界と密接に関係していたので，ここでもイギリス人は大陸の温泉でもっと巧く自分たちの目標を実現できることを理解した。18世紀末にベルギーのスパーがバースから優位を奪い取る。スパーはミネラル・ウォーターに付けられる名前の基となった。ヨーロッパの小国

第1章　アリアドネの糸　99

の君主たちはバーデン[28]やホンブルク[29]，モンテカティーニ，エクサン・サヴォワ[30]など自分の国の温泉を豪華なリゾートに変身させるためにバースという学校に赴いた。ロマン派の時代はそうした温泉リゾートの確立をもたらした。

——「田園での夏の滞在」は，もはやたんに自分の領地に赴いて農作物の収穫を監視する義務に結びついたものではなくなった。18世紀のイギリス人は田園滞在を楽しみに変えた。彼らは「パーク」を造成するために領地の一部を充て，「英国式田園」を作りあげ，豪壮な邸宅を建設した。ウェルギリウス的な霊感を感じる新たな感受性が必要とされた，狩猟や遊び，コード化されたスポーツなどを伴う貴族の社交性が夏のイギリスで必要とされたのである。このイギリス的な新味はイギリス人が進んで広めたのではなかったが，18世紀後半に「イギリス・ブーム」に浮かされた大陸諸国で模倣された。しかし所詮コピーはモデルに及ばない。大陸の「ロマンティック・ガーデン」は貧弱に見える。ヨーロッパ人はイギリスの模範例と自分たちの基準を混ぜ合わせたが，それと同じようにしてイタリアのヴィラも模倣したのであった。

18世紀のヨーロッパでは自然は中立的なものであった。自然への愛は新たな種類の旅行を生み出した。景観は感動の涙を誘って評判となった。イギリス人だけが観光形態を発明するというのではなくなってきた。スイス人も大きな役割を演じた。ルソーの影響はよく知られている。新たなテーマが出現する。山岳の称揚，峡谷のざわめき，そして特に「神秘のスイス」。新たな場所が聖別される。山岳の湖や滝，特にピレネー山脈（18世紀末以来この魅力は大きくなっていた）の圏谷（カール）など。ライン渓谷やローヌ川の見はるかす眺望は新たな魅力となった。ヴォークリューズやシャルトルーズ山地のようにもっと古くからの景観も見直された。こうした自然は少しも野生的ではない（ルソーに楯突いてアメリカの原生林を賛美するのにはシャトーブリアン[31]を待とう）。18世紀の旅行者にとって自然とはすべて文化に浸されたものであった。旅行者は『ジュリー』[32]を手に持ってレマン湖のほとりを逍遥し，詩を朗唱し，多くの読書やデッサンの後に期待された感覚を味わった。「クロード・ロラン風の視線」によって彼らは次のようなお決まりの形容詞を繰り返した。「絵のような」（ピトレスク）（描かれるに値する），「崇高」（スュブリム），「雄大」（グランディョーズ），「魅力的」（シャルマン），

「牧歌的(ビュコリク)」など。18世紀末はこれに「ロマンティック」が加わる。彼らはウェルギリウスやダンテ，ルソー，ドゥリーユ神父[33]だけではなくプサンやクロード・ロラン，サルヴァトール・ローザ，ユベール・ロベール[34]など，自然を作品中に登場させた画家や文学者を基準にしていた。

——「氷河の発見とモンブラン観光の発明」は，視線を山岳とモン・スニ峠に向けさせた基本的な革新であった。恐ろしい山岳をもはや恐れなくなった旅行者はその頂に魅せられた。1741年と1787年の間に起こったこの変化はイギリス人だけではなく，ジュネーヴ人やチューリヒ人も関係した。

——1740年以降の「浜辺への欲望」は，「空虚の恐怖」に打ち勝った。イギリス起源のこの価値の逆転は山岳に対する感受性の革命に照応している。「恐ろしい山」はウィンダムとポウコクが氷河に旅行（1741年）した後に人々の興味を引き，まもなく「崇高」なものとなった。だが1世紀を通して取り上げられたのは大きな山系（モンブラン，マッターホルンなど）だけであった。同時期に関心を惹き始めた海岸も実際にはいくつかの地点にすぎず，そこでは海岸沿いに遊歩道が建設された。地中海はこうした夏の活動とは一線を画していた。

——「南仏の冬」は，南仏の町に滞在していたイギリス人の嗜好によって準備された，基本的にはイギリス的な発明である。18世紀の最後の3分の1の時期にまで遡るこの発明は，当時ニースとイエールの間に見られた。この発明には気候に適応した植物を見て感嘆する気持ちも与っていた。オレンジの木は再び見いだされたエデンの園の象徴的な樹木であった，それも避寒シーズンのために。南仏の冬は10月から4月まで続き，19世紀には大きなシーズンとなり，裕福なランティエを最も多く惹きつけた。冬のリゾートはカンヌ，マントン，グラース[35]，サン・レモ[36]などリヴィエラ海岸沿いにひろがった。避寒リゾートは南西地方（ポー，アルカション）やイタリアの海岸，さらに西ではエストリルやマデイラ島にまで，東ではコルシカ島や南アルジェ，コルフ島からエジプトにまでも作られた。

第 6 の要因：ただ観光のためだけで実利を求めない旅行は「有閑階級」とは違う文化を表わす

　18 世紀の観光革命は産業革命と同時期であった。したがって観光革命が産業革命の結果なのではない。18 世紀の「観光上の」発見はこの世紀の技術進歩によってもたらされたのではなく，当時，商業や政治の面で台頭し富裕化しつつあった新興階級によって成し遂げられたのでもない。その反対に，新たな観光形態の発明は生まれによる特権者であるとともに文化的な特権者でもある人々が行なったことであった。貴族のかつての優位性は，アメリカの社会学者ソースティン・ヴェブレンが適切に述べているように，戦争や騎馬試合で示された。こうした優位性は近代に入って消滅こそしなかったが，武力よりは文化や洗練にいっそう結びついた他の社会的区別の基準が必要とされた。古典古代の知識，芸術への熱情，16 世紀にその先駆けが見られた利害に関係しない旅行への嗜好などは，17 世紀末から，遊びとしての乗馬や洗練されたスポーツ，ジェントルマンをつくりあげる「グランド・ツアー」，快適さを求める季節的な移住（冬は南仏，夏は温泉リゾートや海水浴リゾート）などという形で連綿と続いてきた。

　19 世紀には前世紀のエリート的な発明が次第に浸透し，大きな広がりを持つようになったが，相変わらず特権者たちの間においてだけだった。リゾートは 18 世紀から少なくとも 1930 年頃までは（なんという連続性！），ランティエの客を迎えていた。私はコート・ダジュールのリゾートや山岳リゾート，温泉リゾートなどさまざまなリゾートにおける「外国人客リスト」を調査したことがある。すべての時期を通して滞在者の 80％，ときとして 85％までがランティエないしは土地所有者であった。年齢は非常に幅広く，いかなる職業にも従事していなかった。10％の滞在者が身分を明らかにしている。つまり聖職者，法曹関係者，将校などだが，彼らはかつての階級社会に属している。観光は経済に産業資本的な活力を与える人々が作り出したものではない。これらのリストに商工業者は稀である。

　当時は 1 世紀半もの間，通貨の安定と物価の特徴的な下落によってランテ

ィエという社会集団は堅固なものとなっていた。アナール派の創始者である歴史家リュシアン・フェーヴルはこう書くことができた，「私の世代の人間はランティエという社会階層が消え行くのを目撃した」。それは両大戦間，経済危機によって西欧と中欧においてあらゆるものが大変動を経験した結果だった。

19世紀のランティエは「社交界」であり「上流社会」であった。彼らはゾラ[(37)]が出現するまで大部分の小説の主人公のモデルだった。ランティエがモデルだったのだ。その嗜好は賛嘆と模倣の対象だった。そうした嗜好の中に観光が入っていたのである。観光における革新が，アンシャン・レジームから世界を解き放った産業革命や商業革命，農業革命などの大きな革命が始まった時期のイギリス人のあいだで最初に出現したのは偶然ではない。つまりまさにこの特権的な階級としてのランティエの集団が生産手段と政治権力の唯一の保持者であることを止めたときである。選挙権取得税に基礎をおく19世紀のシステムによって政治権力は，金銭を持っている人々ではなく（フランスでは営業税の支払いは投票権に結びつかなかった），公の事柄に無償で取り組む閑暇を持った人々が保持していた。しかし徐々に投票権は拡大し，普通選挙にいたった。特権を奪われ，政治権力から閉め出されたロマン主義時代（すでに前ロマン主義時代から）のランティエは自分たちを疎外する状況を感じていた。他の世界への旅行だけではなく，過去への旅（これはエキゾチックでさえあった），過去の証人のもとへの旅（そこからモニュメントや古美術室，ミュゼやロマン主義時代の旅行における歴史の回想といったものの場所が生まれる）は自己からの逃走であり，憂鬱（スプリーン）への答えであった。「エスタブリッシュメント」であり続けるために，こうしたランティエたちは余暇の価値を称揚し，特に観光を「顕示的消費」のように実践した。そうした顕示的消費はランティエたちを労働や富裕化をめざす清教徒的な熱中から隔てるものであった。観光客，特に19世紀末のロシア人観光客は莫大な出費において多くの例を提供している。彼らは自分たちの財産まで食い潰したのだ。

「好奇心あるいは無為による旅行」（リトレ辞典の定義）は「時間と金銭の浪費」という論理の中にある。「顕示的消費」（ヴェブレンの有名な表現）は，観光客であるランティエと，労働と節約とによって富裕になることに専心し

た清教徒のブルジョワ（やむをえない場合を除いては旅行しなかった）とを分かつものであった。したがって観光客（貴族のエリート）は社会的区別を生み出す文化（古くからの無為の文化を称揚する反文化ないしは孤立した文化）に属する慣習を持っていたのである。ランティエの階層以外では遅々として進まなかった観光の普及は，ようやく19世紀末に徐々に開始された。しかし観光客数が増加し，多様化したといっても，少なくとも20世紀中葉までは相変わらずエリート的な発明のプロセスに変化はなかった。

シーズンの連続とリゾートの並立は 19世紀に確立された観光システムである

　私は1962年にこう書いた。「観光は季節的なものとして生まれた。それはいわば観光の原罪である」。この表現は気に入っている。しかしこれがまったく正確というわけではない。「グランド・ツアー」は1年半も続いたのだ。それに古典主義時代の教養ある旅行者はどの季節でも観光地を訪ねたのだった。18世紀，変化は「バースの革命」とともに始まったが，これは海浜や温泉で繰り広げられる夏の大社交シーズンを完成させた。1763年以降，南仏における冬は「もうひとつのシーズン」となる。このシーズンはすぐ大幅に延長されたが，5月には絶対に終わるのだった。「社交界の人々」にとって夏にニースやイエール，カンヌに姿を見せるなどということは，適切でもなければ考えられもしなかった。マリ・バシュキルツェフ[38]は，故国ロシアに戻る旅行は彼女を疲れさせるおそれがあるというので，夏のあいだ両親が彼女をニースに留めおいたことを苦々しく語っている。L. ベルトラン[39]は当時の流行作家ジャン・ロラン[40]の逸話を語っている。ロランは夏，ニースに滞在したことがあったが，この季節には誰も社交界の人間に出会わないことを知っていたので髪を染めていなかったというのである。大西洋岸の避寒都市とても例外ではない。イギリス的なポーはもっぱら冬のための町であった。アルカションと同じくビアリッツ[41]でもフランス人やスペイン人の集まる夏の海水浴区域とはっきり区別された避寒用のイギリス人地区があ

った。

　20世紀初頭まで南仏の冬はライヴァルの存在しないシーズンだった。まだ慎ましかったエリート的なウィンタースポーツの出現は1906年以降，コート・ダジュールのある種のホテル経営者に不安を与え始めた。もっとも，1920年ないし25年頃まではランティエにとって，シーズンを逆にして夏に地中海へ戻って海水浴をするなどとは考えられもしなかった。これら二つの基本的な変化（夏の地中海と冬の山岳）は本質的な変化であった。アルペン・スキーは19世紀末にダヴォスでイギリス人（アーノルド・ラン）が始めた。地中海の夏は1925年頃モンパルナスのアメリカ人[42]が率先してジュアン・レ・パン[43]で始まった。

　19世紀の夏のシーズンはいくつかの方式に分かれていた。もっとも，すべての過ごし方を実践したランティエもいたのだが。カントリーハウス滞在は古典的だった。これは春から秋にかけて行なわれたが，温泉リゾートのシーズンや海水浴リゾートのシーズン，さらには「山岳エクスカーション」によって中断された。最も威信ある滞在は，ますます多くなっていく流行の温泉リゾートや海水浴リゾートで行なわれた。温泉療養についてはドイツのヘルシニア山系[44]が優位を保っていたが，海水浴では最高に評価されるリゾートは北海や英仏海峡，大西洋岸，さらにはサン・セバスティアン[45]にいたるまで点在していた。非常に高い峰々に徒歩で登れるということは，すでに評価が定着した山岳リゾートにますます多くの観光客を惹きつけたが，それというのも山の評判は頂の高さと登坂の困難さによっていたからである。アルプス登山のメッカであるシャモニは19世紀にはツェルマット以外に強力なライヴァルを持たなかった。山岳を散策したり登山者を観察する観光客は夏の数日や数週間滞在した。ほんの一握りのスター登山家たちにとってシーズンは6月始めから10月始めまで続いた。彼らは1年のうちで山々が登りやすい間にいくつも登頂しなければならなかったのである。

　蒸気機関の発達のためにより容易になったクルージングや長期の旅行（大陸横断鉄道や汽船）は特に夏期に行なわれたが，エリート的な観光の持つ季節性というリズムを断ち切ることはなかった。それどころか中間のシーズンは季節性を際立たせた。無為で富裕な移動する人々は，南仏から戻る春や，

南仏へ赴く秋に，主としてピエモンテ地方[46]の湖畔にできた新たなリゾートに滞在する習慣を持った。イタリアの湖畔リゾートは最高の名声を誇っている。しかしスイスのレマン湖のリゾート（モントルー[47]やヴヴェ[48]が含まれる）やインターラーケン[49]，ブレゲンツ[50]，アヌシー[51]なども名声を保っている。

第 *2* 章

観光の「類型異義語」

　巡礼，温泉療養，カントリーハウス滞在，これらは観光なのだろうか。これらを観光に追加したい気にもなる。「観光をはるか過去にまで遡り」，現在の観光フローを増加させるという利点があるのだ。厳密にいうと言語学者のいうところのこれらの「類型異義語」は拒絶される。それらは類似点によって目を欺いているにすぎない。検証が必要となろう。

巡礼と観光

　巡礼と観光の違いは存在論的である。元来，巡礼というのは集団的な行動であったが，観光もまたそうなった。A. デュプロン[1] は「観光の支えは，見たという体験を獲得する文化と社会的区別に根ざす自己陶酔である」と書き，「ずっと古くから何世紀も続き，歴史の始まりとともにあるとさえいえる」[*1] 巡礼と観光を対比している。正統派神学者レオン・ザンデルは形而上的な理由を述べている。

　　巡礼は祈禱や布施のように，人々のあいだの敬神の自然な現われのひとつとして考えられなければならない。どんな民族や宗教でも巡礼を知り，

＊1　A. DUPRONT, *Espace et humanisme*, Bibl. Humanisme et Renaissance, 1946, VII, pp. 7-104.

実践している。すべてが，あたかも自宅を離れなければ神に祈ることができないとでもいうように運んでいくのである。*2

　この信念は，神の名が尊ばれている場所によっている。聖霊との結合は「準秘跡」として通用し，巡礼に行くことはその一つなのである。その本質は，聖餐と同じようにベルグソン(2)的な記憶である記念唱なのだ。レオン・ザンデルは聖地とイコンを比較したダマスカスの聖ヨアンネス(3)のことを繰り返し取り上げた。A. デュプロンは巡礼と十字軍の歴史的射程は「神聖な場所とイメージ」の射程であるということを繰り返し好んで語った。巡礼者は現実を求めるのではなくて，象徴を求めるのである。巡礼が示す「空間への刻印」は道筋に神秘的な意味を与える。ドストエフスキーは，巡礼路は「無限の郷愁」*3 を与えるとしきりに強調している。シャルトル街道(4)についてシャルル・ペギー(5)もそれ以上のことは言っていない*4。

　巡礼と観光は地理上の類似点を持つ。互いに人の流れを生み出す。辿る道はしばしば同じである。目的地も通常は自然豊かな場所である。巡礼者はすでに「必　見」(ウィデンドゥム)という実践形態を持っていた。中世の巡礼者はあちこちに立ち寄って「驚　異」(ミラビリア)を訪れたのだった。16 世紀の目端の利く印刷業者であったシャルル・エティエンヌは，巡礼者用と同時に好奇心ある旅行者用にもガイドブックを刊行した。このガイドブックの中では聖俗の「必　見」(ウィデンダ)の説明が混在し，フランスの道路とサンティアゴ・デ・コンポステーラ(6)へのルートがガイドブックの題名としてかわるがわる現われる。さらに「神聖な場所」と，観光客によって聖別された場所の意味論的な親近性には驚くべきものがある。

　二つの行動が個人的な決定によって始まる。別離の悲しみを伴う旅立ちという行動と，日常性からの脱出である。その後にはもはや徒歩ではない旅の

＊2　パリ正統派神学院教授の L. ザンデルは「巡礼」という注目すべき論文を次の叢書に入れている。Collection Irénikon, t. II, pp. 465-486, 1955.
＊3　ドストエフスキー『悪霊』第 3 部第 7 章。
＊4　シャルル・ペギー『ボース平野の聖母奉献』：「この旅路はわれわれの狭き門である……」。そして『デカルト氏に関する付注』：「道に沿って歩くときには喜びがあり……」。

場合にさえも，踏破すべき道のり，多くの労苦が待ちかまえる旅路がやってくる。そうした活動は1カ所ないし数カ所の見るべき場所で終わりを告げる。むしろ象徴的な価値を持つ場所として体験することで終わりを告げる。一方から他方へは簡単に移行できる。モンテーニュが好例である。彼は好奇心からマルセイユのノートル・ダム・ドゥ・ラ・ギャルド寺院やサント・ボーム[7]に赴いた古典主義時代の旅行者のようである。19世紀の巡礼は観光旅行を含んでいる。このことによっても近距離に位置するピレネーの景勝地に多く恵まれたルルドの成功と，そうしたものに恵まれないサレット[8]のハンディキャップの説明がつけられる。結局，ヴィクトル・ユゴーが行なった紹介は簡単すぎたということである。ユゴーは1846年にこう書いている。「病人にとってエクス・ラ・シャペル[9]は滋養分豊かな泉であり，観光客にとっては方形堡とコンサートの地方であり，巡礼にとっては聖遺物探しである」。これは列挙というよりは，総合する傾向である。巡礼と観光という二つの移動は自発的であり，強制も直接的な資金援助も受けない。このふたつは人間の勝利の賜物である。空間的にみると人間はもはや一点に縛りつけられることがなくなった。時間的にみると巡礼者は現世の転変から逃れることで，そしてもっと後に観光客は，無駄にするためにではなくて，利用するために自由時間を引きだしたのである。その他の一致としては，踏破された道のりは旅の総合的な一部をなしていたということがあげられる。これは徒歩で行くことが深い精神的価値を持つような巡礼について真実である。このことはまた鉄道以前の観光客の旅行についても真実である。確かに遅さに不満を述べ，無駄な時間につながる強制された空間を前にして愚痴をこぼすものも大勢いた。しかしそれを利用したものもいたのである。

　遅さというのは徒歩での巡礼のように，近代の旅行において支配的な位置を占めていた。しかし誤解しないようにしよう。伝統的に巡礼においてはできるだけ速く歩き，エルサレム，サンティアゴ（デ・コンポステーラ），ノートルダム・デュ・ピュイ[10]といった最終目的地に一番に着くことが勧められていたのである。モンテーニュやルソーが思い出されるが，彼らは徒歩で旅行し，したがって自然の光景が道すがら彼らを慰めたという理由で，多くのものが彼らを最初の観光客として紹介している。R. テプファーの『ジグ

ザグ旅行』（1839 年と 1844 年）の重要性は知られている。この旅行は徒歩で，最低限の条件（干し草ベッド）で行なわれた。こうした旅行をする青年たちは努力で結ばれた小さな一団を形成していた。このスイスの偉大な教育者は，仲間同士の親密さを作り出す 20 世紀末の「ティーンエージャー」旅行の先駆けとなった。ロマン主義時代の旅行者は馬車による遅さを楽しんだ。この遅さは彼らにとって旅行の楽しみであり，19 世紀の前半，彼らはパリからマルセイユまで幹線の王道を行く速さよりも，アルプス・ルートの不便だが景色の美しい遅さを好んだのである。「観光客（トゥーリスト）」なる語を発明したばかりのこれらの旅行者は鉄道を恐れていた。これら反近代主義者の反感のアンソロジーができるだろう。彼らは恐怖に駆られていたというよりは，旅行の楽しみを奪う速さへの深い嫌悪を抱いていたのだ。

　19 世紀末と 20 世紀，巡礼と観光客の多くは速さと進歩を混同した。目的地に最も早く到達すること，それが目的となる。彼らの活動形態は群衆となる傾向を示し，動物と比較されるまでになった。すでに 18 世紀末，ランティエが南仏へ季節的に移住することは秋の燕の飛来にたとえられていた。今日，観察者たちはこうした人間の群を笑いものにしているが，彼らとても夏になれば同じ浜辺でひしめき合うために，そして同じ時刻に同じ活動や同じように「ただひたすら日焼け」[*5] をするために，羊の群のように青海原に殺到するのだ。1936 年の有給休暇制度発足という神話的な出来事以降の現象であるこうしたマス・ツーリズムは「栄光の 30 年」（1945 年から 1975 年までを指したジャン・フラスティエの表現）の経済成長期と重なる。マス・ツーリズムの非常に現実的なイメージは，4 C V（キャトル・シュヴォー）や 2 C V（ドゥ・シュヴォー）といった自動車の群がついに開通した太 陽 高 速 道（オートルート・デュ・ソレイユ）[11]を南下する車列のイメージであり，海辺での定員オーバーのキャンプのイメージである。

　歴史家の A. デュプロンの次のような指摘は正しい。「大規模な巡礼はマス・ツーリズムに先立つこと 1 世紀以上前から存在していた」。19 世紀末，すでに巡礼のための特別列車が存在し，ゾラは『ルルドの群衆』（1906 年）を

[*5] チュニジアのように，いくつかの観光目的地は「ただひたすら日焼けすること」に抵抗することを望んだ。ジャン・ディディエ・ユルバンは盲従的な移動に関して素晴らしいエセーを書いている。*L'Idiot du voyage* あるいは *Sur la plage.*

観察することができたのだった[12]。

　20世紀にはすべてが群衆となったわけではない。観光においても巡礼においても，揺り戻しが起こった。20世紀初頭，シャルトルまで徒歩で巡礼したペギーは，かつての巡礼の実践を蘇らせた。また，サンティアゴ街道の復活もその一例である。観光客自身も再び徒歩旅行との関係を深め，ユースホステルは増加し，自然遊歩道が作られるようになった。このような一致，時間に関する非常に注目すべき一致は偶然ではない。巡礼は曖昧なものであるとデュプロンは言っていた。観光は遍在する，と私の木霊は答える。

温泉療養の矛盾

　温泉を論じた医学論文や温泉リゾートを紹介するガイドブックの多さに惑わされる必要はない。それらは温泉の効能を入り込みの古さで証明し，ローマ時代の温泉施設の遺跡を示す。それらは，温泉水によるほとんど奇跡的なあらゆる種類の病気の治癒を列挙する。そして社交的な切り札によるそのリゾートの優位性と，入り込みの質とを正当化する。

　ローマ文明の「浴場」は都市の生活術の一要素であった。劇場や円形闘技場やサーカスなどとともに，浴場は基本的には都市社会の生活の枠組みであった。浴場への入り込みは住民によって行なわれた。だからといってリゾートもシーズンも作られなかったのである。

　中世における温泉の入り込みは，学者の言説も宿泊施設もなかったが，民衆に支えられた。特権者たち（貴族と聖職者）はこうした雑居状態を非常に不愉快に感じていた。湯治は苦役でしかなかった。バースは18世紀にすべてを逆転させたように見える。それ以来社交的なリゾートが発達したというのは事実だが，それらのリゾートではほとんど常に夏であるシーズンのために古代風の装飾が施され，3週間というコード化された滞在期間で構成されていた。しかしすべてがそれほど簡単だったわけではない。第二帝政末期にはリゾートになっていなかった多くの温泉があった。アクセスが困難だったそれらの温泉には宿泊施設がほとんどあるいはまったく存在せず，医師が一

人でもいる場合であっても特別な適応症を掲げてはいなかった。こうした指摘はヨーロッパの多くの国に当てはまるが，フランスについては特にそうである。「バースの革命」が全般的な大変動を惹き起こしたのはイギリスにおいてだった。そして今度はヴィクトリア朝時代にイギリスのミネラル・ウォーターが変動の犠牲となった。ヨーロッパでは医師や医学アカデミーが温泉を，懐古趣味の実践としてではなく，進歩の一要素として大いに讃えていた。温泉水を分析し，現地に医師を常駐させ，源泉の特性を知ることが切り札として推奨された。大きな「温泉町(スパー)」について書かれた医学論文はそういうことを述べていた。しかしそういう論文を書いた医師たちは間抜けだったわけではない。温泉リゾートは著名人の来訪や町の整備作業の実現（バースのウッド父子）によって売りだされるということは十分に知っていたのだ。彼らはカジノが開設されると，有志の働きかけによって上流社会の療養者が来訪することを期待した。彼らは流行の効果を当てにしたが，これこそロマン派が「プフ」と呼んだものだった。

論文の著者である医師たちは温泉の成分はその効能を説明すると断言したが，その理由は説明せず，同じ効果を得るために塩を混ぜることを勧める危険は犯さなかった。彼らは得られた成功（症例）を列挙したが，どの点において治療が効果的であったのかについては口をつぐんだ。また彼らは，他の同じような温泉が同じような治療法のもとでは同じような効果を上げるだろうという示唆は慎重に避けていた。実際，それぞれの医師は自分の源泉，自分の温泉療養施設，自分の温泉リゾートを売りだそうとしていたのである。そのためには，今日なら「スター客」とでも呼ばれるような人々が求められた。温泉リゾートの医師たちは都市部の同業者の処方には期待しなかったが，療養者の自己処方や成功の噂の拡大，公園・遊歩道・大ホテルなどリゾートの豪華な背景は当てにしていた。医学論文は周辺の美しさを大いに讃え，観光ガイドに成り下がった。医師たちは開発業者の野心に奉仕する準備ができていた。というのもリゾートの売りだしは医学以上に，社交界や建築家，さらには資本家などの動向によると知っていたからであった。ギ・ドゥ・モーパッサン[13]は19世紀末に『モントリオル』（またの名はラ・ブルブール）のなかでそれを見事に描き出した。

19世紀には医学と衛生の言説が優勢であった。医学アカデミーは勧告の数を増やし、多くの規約を制定した（1826年、1856年、1860年）。それらの大部分は相変わらず効力を有している。温泉の成分分析や医学論文が相次いだ。温泉監督医は熱心であった。しかし実地の状況はそれほど輝かしいものではなかった。というのも規定は公にされるが、遵守されなかったのだ。温泉の成文分析ではほとんど論争が行なわれず、温泉についての医師の報告書は温泉監督医の机の中にしまい込まれ、ついには1880年に温泉監督医制度そのものが廃止された。

　いたる所で「温泉の自由」が勝ち誇っていた。多くの場合、温泉リゾートや療養の時期や期間を選ぶ温泉療養者の自由が治療を左右した。物わかりのいい医師は自在に温泉監督医の監視の目を逃れた。場合によっては自由診療の医師が、監督医が公認した以外の効能を温泉に認めることがあった。温泉と温泉施設の所有者の自由。公（国や市町村）であれ、民間であれ、所有者は法律を利用することに熱心であった。所有者は地元の人々の無料利用を渋々認め、監督医の治療計算の基礎となる温泉事業の会計報告をなかなか提出しなかった。

　19世紀末と20世紀にはヨーロッパの大部分の国々における療養者の数は増加した（イギリスは例外であった）。自己処方が温泉ブームの根源にあった。客ないし患者は医師によって治療法を指示されるが、現地ではしばしばそれに従わない。奇妙というべきか、医師たちは多くの温泉療養者が「節度なく温泉水を飲む」と不平を述べている。温泉リゾートの評判はどこに行くかを決める時に決定的である。温泉リゾートの売り出しと聖別は、今まで以上に本質的には社交界に由来する社会的区別の発明に依存するようになる。20世紀では19世紀と同じく、科学的な立場を採用したことによって急速な成功がもたらされたような源泉は発見できなかった。その反対に小さな源泉の衰退や特に1940年以降の多くの源泉の放棄は、大学医学部によるある種の断罪や批判が原因だったのではない。唯一重要なのは、あるいは重要だったのは、事前許可と公益性の宣言であった。現在の観光パンフレットやミネラル・ウォーターのボトルを見ると、そうした決定の多くは第二帝政下で行なわれたということが確認できる。それからは何も変わらなかったように見え

る。公認の源泉は開発が中断されたり，（鉱山局が採水に問題なしと判断した場合は）新たな申請なしで再開発された。フランスではリゾートの格付けは基本的には1919年法に遡るが，これは特に滞在税の創設によってリゾートに財源を与えようとしたものである。そこに社会保障制度による許可施設名簿への掲載が加わるが，これによって療養費の一部分が払い戻されるとはいうものの，これは温泉水管理（採水，衛生，経営）とは何の関係も持たない。一般医は実際のところ，さまざまな温泉の質については知らず，患者の要求にしたがって療養を「処方」するのであって，このことがかつてなく自己処方を増加させているのである。温泉医は現地で3回だけすばやい診察を行なうだけで温泉パック料金を受け取る。彼ら温泉医にとって温泉療養は「乳牛」[*6]なのである。フランスにおける温泉リゾートの数はきわめて減少した。現代にまで生き残っている温泉が必ずしも最良の効果を持つというわけではない。いずれにしても何の証明もできないのだ。この種の選択に科学的なカギを見つけることは不可能である。交通の不便さ，鉄道がまったく利用できないこと，悪路などがある種の小さな温泉リゾートの消滅の理由を説明できると思われるが，その一方でまったく交通事情が悪いのにもかかわらず，中規模のものとして生き残っている温泉リゾートも存在するのである。

フランスの状況は極端である。少なくともこの50年来，温泉療養は医学部で教えられていない。多くの医学研究は温泉療養とは無関係である。社会保障の規則によって，各リゾートは二つの適応症しか掲げることができず，21日間の治療というのが高価であるとともに不便なドグマとなるという状況が固定化してしまった。温泉関係の圧力団体は経済的な理由から温泉療養を擁護している。しかし政府や社会保障は，長年かけてもほとんど効果のない一般的な治療の繰り返しよりも，結果的には安くつく温泉療養の決算（おそらくは公衆衛生にとっても非常にプラスである）を行なっていないのである。

観光目的であると同時に治療目的でもあるという，フランスで非常に強く見られる温泉療養の曖昧さは中欧ではそれほどでもない。中欧では温泉の効

---

*6 著名なマネージメント集団であるボストン・コンサルティング・グループの母体で使われていた表現。

能はフランスよりももっと一般的に認められていて，観光目的という側面ももっと鮮明になっている。

カントリーハウスよ，汝はいずこに[14]

　こう問いかけてもカントリーハウスは狼と同じで答えない。それは注意深く隠されているか，探す人を迷わせる。カントリーハウスはそういうものとしては公然と姿を現わさない。しかもしばしば紛らわしい名前を持つ。たとえばボレリ館はマルセイユのバスティドである。どのようにしたらカントリーハウスを農作業のための住居や居住用のヴィラと区別できるだろうか。歴史家はどんな基準を用いて，ただ夏や週末だけに何回か居住されるこの田園の新たな住居の出現を位置づけることができるのだろうか。その特徴は遊びである。所有者は田園の住居が与えてくれる楽しみのために購入し，維持するのである。その居住者（借りているのかも知れないが）は気晴らしをするためにそこに行く。いつからその機能は変化したのだろうか。おそらく18世紀後半のフランスにおいてである。しかしカントリーハウスの流行の起源は外国にある。イタリアはその田園滞在（ヴィレジアチュラ）の伝統とともにあり，イギリス貴族は快適な季節を田園で過ごすことに幸福を見いだした。こうした裕福な社会層は城館よりも宏壮で快適な屋敷（マノワール）で生活することを好み，田園の生活を狩りの楽しみだけにとどめなかった。「ルーラル・スポーツ」はエリートの洗練されたものになった。あらゆる種類の球技と同じく，「グリーン」の上で行なわれる英語名のあらゆる遊びも同様である。

　19世紀にカントリーハウスはその領域を全ヨーロッパに拡大し，急速な都市化に対する実りある回答のように見えた。しかし20世紀末に「別荘（レジダンス・スゴンデール）」と呼ばれるものはその子孫ではない。せいぜいが遠い親戚といったところである。カントリーハウスは実際，次に挙げるような特別なしるしを持っている。

　1　「地代」は「主要な目標」ではない。あるいはもはやそうではない。18世紀のカントリーハウスに付属している土地は補助的な収入しかもたらさ

第2章　観光の「類型異義語」　　**115**

い。自分で収穫したり，他人に収穫させることは，カントリーハウス生活を享受するものにとっては喜びとして受け取られていた。奥様は農婦の姿になり，ご一家はご自分のところでできたワインやジャムを召し上がりなさる，というわけである。土地からの収入を増加させる気遣いは，イギリス流の農法によると別の土地で発揮されるのであって，別の所とはずっと離れた地所なのである（パリ近郊ではヴァロワ[15]，ボース[16]，ブリ[17]。リヨン人にとってはドンブ[18]，ブレス[19]，バ・ドーフィネ[20]）。

2　新たなカントリーハウスは「新たな楽しみ」のために評価された。だからといって狩猟のような昔からの楽しみが排除されるというわけではないが，カントリーハウスでの生活は野外での新たな社交性がもとになっていたのであり，会話や散策，ボート遊びや集団での遊び，集団での運動などが代わる代わる行なわれたのである。イギリスが先達だった。この新たな楽しみを味わうといっても，フランスはゲンズボロー[21]ではないし，『庭園論』を書いたドゥリュ神父もイギリスの偉大な作家たちの域には達していなかったということを知る必要がある。イタリアには『田園滞在』を書いたゴルドーニ[22]がいたのだが。

3　18世紀において「カントリーハウスを建てる」ということは，概論を書くほどの「芸術」のように思われていた。特に，建築は社会を反映するという信念は確固たるものだった。カントリーハウスやそのテラス，庭園や公園などの働き，それらすべては所有者が，「快適と美」（コモディタス・エト・ウォルプタス）というレオン・B．アルベルティ[23]の原則を結集しようとしたということをあらわした。カントリーハウスの内外で美と均斉は対になっているのだ。わざと作られた廃墟や洞窟，入念な無秩序などをともなった庭園においては奇抜さが見受けられたが，厳粛な雰囲気をたたえる階段によってのぼることのできるテラスが前に位置するカントリーハウスに近づくにつれてそういう奇抜さは姿を消す。カントリーハウスは通常，食料品が貯蔵される広い地下倉庫を持ち，3層構造になっていた。地上階は豪華な部屋やサロンなどとともに社交生活が繰り広げられる。中央階段は寝室や仕事部屋，主人や招待客のための小さなサロンなどの2階に通じ，天井の低い3階は子供たちや召使いのための小さな寝室が並んでいた。完全に均斉の取れた正面玄関によって，外部からこの

家の快適さが機能的に分かれていることがわかるようになっていた。こうした美学的規則は大西洋を越えた。この規則は 20 世紀のフロリダでもカリフォルニアでも，アメリカの富豪の贅沢なヴィラに見られた。新聞界の帝王であるハースト家[24]のヴィラはカリフォルニア海岸に建ち，その典型であった。豊かなアメリカは南部のコロニアル風の美しい邸宅を模倣するというよりむしろ，ヨーロッパよりももっと巧妙になされた左右対称の建築を実践したのである。

4　カントリーハウスの「取得」，あるいはもっと多い新様式での建設は，社会的上昇のしるし，少なくとも顕在化した裕福さと近代性を受け入れたことを示す「顕示的表象」となる。このことはアメリカにおいて非常に明らかだが，東側の旧共産圏諸国でも明らかである。それらの国々ではノーメンクラトゥーラ[25]がカントリーハウスやダーチャ[26]等によって成功をあらわしたのだ。20 世紀末の西欧で，非常にシックなのはもはや孤立したカントリーハウスへの滞在ではなくて，他の地区とは隔絶し，警護される豪華な居住区域に住むことである。こうして観光の層が見いだされる。最古の別荘地はその質によって陳腐化を免れているが，最も最近の別荘地はきわめて高価なのであらゆる俗化から保護されるのである。古い建設場所：アンティーブ岬[27]からポルトフィーノ[28]にいたる地中海岸の半島，エストリルやビアリッツ周辺で豪華さをなお失わないある種の大西洋岸の地域。とはいえレ島[29]やキブロン[30]，マルベラ[31]，サン・トロペ[32]，もっと最近ではいくつかの模倣（ポール・グリモー[33]）のようなライヴァルが出現してはいるのだが。娯楽用のヴィラは内陸部にも場所を得た。リュベロンの流行はこの半世紀続いている。最もエリート的な古い山岳リゾートでは贅を尽くした住居の建設が続いたが，それらの住居の利用は冬に限られなかった。サン・モリッツ，ダヴォス，クシュタート[34]，ムジェーヴなどが好例である。

そうした顕示的な欲望はカントリーハウスの起源そのものとともにある。すでに 18 世紀にはもはや領地の中にある自分たちの城館（多少なりとも快適であった）だけで満足できない貴族たちや成り上がりのブルジョワ（ヴィズィユのペリエ家[35]，マルセイユのボレリ家[36]，リヨン北部にスフロ[37]が建てたリヴェトゥ荘[38]に集ったリヨンの大商人など）が出てきた。こうしたカントリ

ーハウスはポーチだけではなく，受水盤や彫像の配置されたテラス，小尖塔や風見で高くなった屋根など，社会的成功の外的な特徴で装飾されていた。トリアノン風の庭園が逢い引きのためのメゾネットに付属することもあった。庭園のはずれ，一段と高いところにある見晴台からは近隣の田園風景を眺めたり，ソーヌ川やマルセイユ湾を見下ろすことができるばかりではなく，外からも見られたのである。最後に，建設地域の選択は簡単ではなかった。建設場所は評判がよくなくてはならなかった。かくして18世紀にはパリ西部の村々（ヌイイー[39]，オートゥイユ[40]，パスィ[41]），カリュイール[42]とサン・ランベール[43]からヌーヴィル[44]にいたるソーヌ川の流域，マルセイユ北部と東北部の丘陵部などの価値が聖別された。モデルはイギリスからやってきたが，イギリスではロンドン西部が最もエレガントなところとして評価が確立していた。気候的な理由を持ち出すこともできた。カントリーハウス，娯楽用のヴィラなどが大方の流行によって建てられた。都市の瘴気は遠くに追い払われねばならないが，豪華な住居の上にそれが降りてきてもならないのだ。

5　カントリーハウスはその所有者の主たる住居の位置する都市から「最適の距離」に建てられるが，その時代の交通手段によるアクセス時間が評価基準となる。17世紀の交通手段というのは雄ラバやロバを伴った徒歩であり，これはすぐに馬車や船（テムズ川，遡るにはソーヌ川，下るにはセーヌ川）に代わった。

18世紀はこの理想的な時間を定めた。1時間以上は遠すぎる。ブリやボース，ドンブで1時間以上かかる肥沃な土地は農業的関心の向けられる土地となる。同じ大都市から1時間未満というのは近すぎた。近くて土地が変わったという感じがしないのである。19世紀中葉にはまだ変化は訪れない。というのも交通手段はまだ大変革を経験していなかったからである。決定的なのは鉄道の出現であり，さらに自動車の出現であった。列車によってある種の快適な地域が近くなった。フランスで最も古い鉄道路線の中に，パリ-サン・ジェルマン・アン・レ路線とボルドー-アルカション路線がある。個人的な交通手段である自動車は，短期間で近距離の行楽用の移動には非常に好適である。移動時間が1時間の同心円は非常に拡大した。リヨンではこの新

たな1時間という同心円に，イズロン⁽⁴⁵⁾近郊のモン・デュ・リヨネ⁽⁴⁶⁾，ボージョレ⁽⁴⁷⁾，ドンブなどがおさまった。近すぎる距離となった古くからのカントリーハウスはおそらくわれわれが「アプリオリ」に考えるよりも抵抗を示した。そうした場所が都市化の波に呑み込まれるのは20世紀後半であった。パリ近郊では古くからの村々，NAP*⁷，ついでそれより遠い村々は早い時期に統合され，移動距離が1時間の同心円はだんだんと時間的に拡大し，2時間にまでいたり，モルヴァン⁽⁴⁸⁾やソローニュ⁽⁴⁹⁾，ノルマンディー⁽⁵⁰⁾の田園などが範囲内に入った。20世紀になってドーヴィルからトゥーケ⁽⁵¹⁾にいたる英仏海峡の浜辺がパリの海の玄関口となったのはその頃であった。

　公式の統計と人口調査では今日，「レジダンス・スゴンデール」という用語が使われる。用語集によると，これは空き家でないすべての家であって，かつ主たる住居ではない家のことであるが，必ずしも娯楽用の住居である必要はない。この「別荘」(レジダンス・スゴンデール)は曖昧である。公式の用語としては都市の仮住まい（特に大都市の）とともに，実質的には空き家になっているが家具などはそのまま置かれ，統計ではまだそのように認識されていない田園の住居，農業用の一時的住居（放牧用の山小屋，季節労働者の住居），あらゆる観光用家具付きアパート類などを同時に含んでいるからである。統計は明らかに都市近郊の別荘も含めているが，そこには所有者が週末や夏にしばしば出かける。統計はまた新たな形態の，さらには第3次産業的な形態の別荘も含めている。それらはときとして都市化されている大観光地域に位置している。これらのアパルトマンやワンルームマンション，スキーリゾートや海水浴リゾートにおける別荘(シャレー)は非常に不均衡な利用状況で，低密居住である。

　いわゆるカントリーハウスとは違うこれらの娯楽用住居は，それほど新しいものではない。ブルーム卿をカンヌにおける先駆者と見ることができる。19世紀には南仏の温泉リゾートや登山リゾートにはこの種の住居が多数建てられた。その反対にルーツへの回帰，つまり家族の出身地である村に残った家の改装は間違いなく1870年以降の現象である。まずは鉄道の支線建設が行なわれ，その結果農村人口は大量に流出した。次には田舎に属している

---

*7　ヌイイー-オートゥイユ-パスィ。

のだという感情が生まれ，その文学的表現を見いだすということが必要になる。たとえばヴィヴァレ山地[52]ではマゾン[53]やヴォギュエ[54]のような人々による過去の研究は19世紀の最後の3分の1の時期に行なわれ，地元民の故郷見直しにつながった。とはいえこれはスティーヴンソン[55]が驢馬に揺られて逸話的でエキゾチックな発見をしてからのことではあるが。ミストラル[56]とドーデはプロヴァンスの新たな名所（カマルグ[57]，アルピーユ[58]など）への観光ブームの火付け役となった。

確かに故郷への帰省は19世紀半ばに遙かなルーツを持っているが，まだ非常に限られた方法であった。そして今日理解されているような意味での農村観光はまだ誕生していなかった。緑と理想化された自然への愛情を基盤としたエコロジー的な言説のなかに表明される田園ヴァカンスの嗜好は，明らかに20世紀後半の発明であるが，20世紀は気高い文化的な教養を自分の世紀へと伝えたかも知れない19世紀までの時代をほとんど称揚しなかったのだ。ルソーへの回帰は68年世代のテーマと新農村居住者において見られる。新農村居住者というのは思ったより以上に，冬には大都市，夏には自分たちの失われた村というように季節的な移動を繰り返している。

魅　力（アトレ）

これは自然や歴史によって「与えられるもの」ではない。確かに旅行文学はそれを自然や歴史によって紹介し，見られるに値する場所やモニュメントを列挙し，ガイドブックは星の数で格付けを行なう。現代の観光開発に関する研究は，例外なく「既存のもの」の分析から始まっている。自然の美と諸遺産の豊かさは観光客を惹きつけるはずだ，というわけである。「当　然」（ナチュレルマン）というのは安易に使用される副詞である。これはテクノクラートの言説[*8]の中では「ポリティカル・コレクトネス」[59]を持っている。そういう言説

＊8　当然これはエナルク（訳注：国立行政学院（ENA）出身の高級官僚）の言葉遣いである。ジャック・シラク大統領はこの言葉遣いのチャンピオンである。

の息の根を止めねばならない。

　こうした実証主義的言説は欺瞞的である。どんな場所もどんなモニュメントもそれ自体では「観光的な使命」など持ってはいない。それには人間の言葉が必要なのだ。シュールレアリストたちは「訪れる人がなくなれば存在しなくなるようなモニュメント」を軽蔑していた。ペルピニャン駅を聖別したサルヴァドール・ダリ[60]の才気だけで十分であろう。ジュール・ミシュレ[61]が教えていた疑いに立ち戻るべきである。

> 歴史は地理を消し去った。……地理学は場所やなされた事柄や国境などについての尊敬を強いる。……歴史学の最初の義務というのは、そうした尊敬を失わせることなのである。[*9]

他のやり方でロラン・バルトは同様の因習打破の必要性を述べている。

> 記号論破壊者である自分を結局は受け入れないような記号論は存在しない。……われわれの日常生活は数々の神話（その列挙の中には観光もはいる）に彩られているが、それはすぐにわれわれからはみ出てしまう。神話が隠しているイデオロギーの乱用は、神話を誕生させた現実から切り離され、突然に露わになる。[*10]

われわれはアリアドネの糸を手繰りながら、古代への回帰、ローマ人崇拝などルネサンスのイデオロギーが16世紀以来のイタリア旅行の基礎を築いたのを見てきた。自然という思想が18世紀には優勢であった。もうひとつの感受性が出現し、「恐ろしい山」は崇高となった。恐怖の大洋が代表していた「空虚の恐怖」に続いたのは「浜辺の欲望」であった。イギリス人やスイス人は氷河やモンブランを発見し、それに登ろうとした。古典主義時代の旅行者は中世のモニュメントを軽蔑し、それは「ゴティック」（野蛮な）と

---

* 9　J. MICHELET, *Tableau de la France*, Les Belles Lettres, 1949, p. 94.
* 10　R. BARTHES, *Mythologie*, Seuil, 1957, 序文と帯。（ロラン・バルト『神話作用』、篠沢秀夫訳、現代思潮社、1967年）

呼ばれた。だがロマン主義のイデオロギーは中世のモニュメントを賞賛した。19世紀の人間にとっては過去の中のあらゆるエキゾチックなものが関心の的となり，訪問に値するものとなる。観光のいかなる季節的な実践も自然にできあがったわけではない。南仏での避寒は人間が燕を模倣するような自然の移動なのではなくて，18世紀末の特にイギリス人ランティエの文化的発明なのである。夏の地中海への関心は1920年から25年頃まではまったく見られなかった。浜辺で「ブロンズ色に肌を焼く」夏というのは，最初は北米人の発明であった。このことはジュアン・レ・パンを知っているものやスコット・フィッツジェラルド[(62)]の『夜はやさし』を読んだものにとって自明である。ウィンダムが夏のシャモニの氷河に旅行したとき（1740年）と，相変わらずイギリス人（アーノルド・ランとダヴォスの仲間たち）が冬山の楽しみと雪上を滑降する遊びを発明したときとの間には1世紀半の年月が流れた。しかしそれは相変わらず同じ山岳なのである。

　重要なのは社会的区別を設けることである。若いイギリス貴族は18世紀に「ザ・ツアー」を行なうことによって，ジェントルマンとなった。この3世紀来，あらゆる旅行者や観光客は同一のプロセスに参加してきた。つまり彼らはある種の社会的身分ないしは独創性を獲得してきたのである（遙かな国々に出かける「バックパッカー」）。場所やモニュメントは観光地や魅力となった。ここで間違わないようにしよう。彼らは未知の世界に飛び込むのではない。彼らの教育や文化，今日ならメディアや相変わらず旅行ガイドブックを読むことなどが彼らを作りあげたのである。彼らは「何を見たらいいのか」[*11]，「現地では」何を感じるべきかということを知っている。彼らの喜びは発見すること以上に認識することなのである。

　ガイドブックは教育的色調の内容を固定させた。マレーやベデカー，ジョアンヌ（これはブルーガイドとなった）のような大シリーズはロマン主義時代に誕生した。ジャン・カスー[(63)]が強く指摘していることだが，われわれは旅行者としてロマン派の大作家に大きな負債を負っているのだ[*12]。ガイド

---

* 11　Cf. R. QUENEAU, *Zazie dans le métro*. 観光客たちは口々に「何を見たらいいのだろうか」と繰り返す。sight-seeing と videnda については本書の第I部第4章の歴史的な用語集を参照（レイモン・クノー『地下鉄のザジ』，生田耕作訳，中央公論社，1974年）。

ブックは互いに模倣しあって，今日まで時代遅れでブルジョワ的，貴族的でさえあるイデオロギーを伝えている[*13]。観光客は従順である。それは後天的な性格である。観光客はガイドブックやメディアの教えを守ってきた。観光客の賞賛や博識はガイドブックの語るものの写し絵である。つまりガイドブックは短い表記の中に，山々やモニュメントの高さや古さを比較計算する博識を詰め込んでいるのだ。あまり数の多くない形容詞がこの1世紀以上にわたって繰り返されてきた。「美しい」は最も使われた。「美しい」の100の用例に対して，「古い」が60回，「小さい」や「大きい」，「かわいい」，「重要な」（いずれもあまり影響力のない付加形容詞である）が30回から40回といったところである。そして「楽しい」や「雄大な」，「奇抜な」，「印象的」，「恐ろしい」，「稀な」（これらは代表例）などが20回ほどである。

　これらの平凡な形容詞は，ある面を強調する特徴的な働きと相まって，ロラン・バルトの表現によると「美的な存在たることを要請されている」場所の売り出しを実現する。もっと細かな分析によると，格付けはある種の論理に対応していることがわかる。いくつかの「大きな解釈領域」を見つけることができる。

　「見下ろすもの(ル・ドミナン)」は最も効果的である。モニュメントと場所は，時間と空間という二重の垂直性によって賞賛される。最高，最深，最古などという表現が最も美しく，最大の関心を惹きつける。そして数字や日付がそれを証明する。ロマン主義時代以降は中世との断絶は消滅した。そして中世の1000年（5世紀から15世紀）のなかでも，それはなお最も遠くに「遡るもの」，しばしば修復されているモニュメントの中で最も興味あるものなのである。周知のように登山はより標高のまさる山頂の征服によって更新されてきた。洞窟学と洞窟探検はマイナスの高度を競っている。旅行に関するガイドブックや地図や物語は見所や見晴らし，「そこから見渡せるのは……」式の場所な

---

* 12　*Communication* 誌の第10号におけるカスーの論文。
* 13　『ル・モンド』紙の記事の中で，フランシス・アンブリエールはブルーガイドの革新を見なかった人々を非難している。彼はロラン・バルト（*Communication* 誌の論文），ベルナール・ルリヴレ（*Guides bleus, guides verts et lunettes roses*, Paris, Cerf, 1975.），そして私マルク・ボワイエ（*Le Tourisme*, Seuil, 1972, 第3部）まで非難している。

どを賞賛する。ミシュランの地図のルートは峡谷や盆地を見下ろせる場合には緑色で描かれている。執筆者たちは「見下ろされるもの」を「見下ろす」観光客の快感を，ペニスの勃起にさえたとえている*14。

その反対に閉じられた空間，18世紀の感受性が磨き上げた親密な場所というものも見いだされる。先駆者はロビンソン・クルーソー，フランス島（モーリシャス諸島）のポールとヴィルジニー[64]，シャルメット[65]での「ママン」とともにあるルソー，『オーベルマン』のなかで愛されている女性と暮らす幸福の島をオレンジの木の植えられたグランド・シャルトルーズ山地の谷間に設定したセナンクール[66]，さらには「よい香りのする娼婦」の足下で陽気なジェムノス[67]を称揚するドゥリーユ神父である。こうした「島の幸福」は「ほっとする」，「魅力的」，「静かな」，「牧歌的」，「えもいわれぬ」，「緑の」などという一群の同じような形容詞を使って賞賛された。このテーマは島々にまで拡大されたあらゆるガイドブックによって繰り返された。19世紀末のM. ドゥ・ヴォギュエの『ジャン・ダグレーヴ』はポルクロール島[68]での幸福の物語である。20世紀末にはアンティル諸島のなかのいくつかの小さな島（サン・バルテルミ島[69]が象徴的である）やモーリシャス諸島[70]，セイシェル諸島[71]，バリ島，その他いくつかのインドネシアの島々が，「子宮内の幸福の探求」のように思われるものに，たやすく異国情緒の色調を付け加える。

3番目の領域は「好奇心を引く」，「奇抜な」，「奇妙な」の領域である。これらはいずれもガイドブックの好む形容詞である。観光客はある時は画家ないし写真家になることを促される。しばしば観光客は法外な建築物の「力業」を賞賛したり，自分が「……の石造りの中に」いるのだということに感動しなければならない。しかしながら，記念プレート以外には見なければならないものは存在しないのだ。アルコレの鼓手[72]の故事をペルテュイで感動するというにはよほどの善意が必要である。旅行者の関心が「驚くべきこと」，さらには「超自然的なもの」に導かれるようになってから久しい。世界の不思議やドーフィネの驚異などの列挙は，そのような心的傾向から発していた。

---

*14　Cf. J. GRITTI, *Les contenus culturels du Guide bleu, Communication*, nº 10, pp. 51-64.

そういう傾向は大いに広まっていたので不思議や驚異で挙げられる数は 7 を越えてしまった。観光客は逸話的な関心と，過去をそ の 場で再現する必要を感じている。そのように観光客が実際に位置する時間と空間から出来事を引き離すことは，歴史家の真の手続きとは反対である。それは観光客から理解可能性を奪い取ることである。いつも決まって歴史家は，たとえばクローヴィス[73]の洗礼式について，あるいは紀元 1000 年の神話に無理矢理比較される 2000 年の記念祝典について，憤慨するのである。それでもとにかく，観光の専門家はこういうことが続いていくのだということは認めねばならない。

第 3 章

18世紀から2000年にかけての観光史の原動力：
エリートによる発明

　18世紀，観光におけるいくつかの大発見。19世紀に確立されたシーズンとリゾートの並置システム。これらすべてはその大部分がイギリス人の手になるエリート的な発明である。その普及はランティエの集団の中で行なわれ，19世紀末までその範囲を越えることはなかった。自他の区別をいっそう強めることが常にめざされていたので，なにものも固定するということはなかった。更新は流行と同じように常に行なわれた。場所の名声も社交界の慣習も，シーズンの交代さえも，なにものもそのままの形で獲得されたのではなかった。たとえば19世紀末にイギリス人は冬山を発見し，1925年頃にアメリカ人は夏の地中海を楽しむようになったが，それまで地中海は冬場のものでしかなかったのだ。こうした観光史は自律的で社会文化的である[*1]。観光史は，1930年頃までは観光担当の行政機関さえ持っていなかった諸国家の活動にはほとんど何も負っていないし，遅まきながらこの分野で活動しはじめた大手の経済的関係者にもほとんど何も負っていない。景気の浮き沈み，物価の変動，そして技術的発見さえも決定的な役割を果たしたわけではない。数々の革新は文化的なものであった。観光史は習俗の歴史である。それはレ

[*1] Marc BOYER, "Evolution sociologique du tourisme", *Loisir et Société*, 1980, vol. 3 n° 1. 私の発表はウプサラでの国際社会学会議（1978年）で行なわれた。

ジャー時代の出現という時代背景のなかにはうまくおさまらない。レジャー時代の出現を観光史より前に位置づけることはできない[*2]。20世紀初頭では，まさしく「観光用」と呼ばれた「自動車」の普及と「肉体の発見」とが本質的であった。ヨーロッパ人はヴァカンスの間，肉体をむき出しにするとともにゆっくりと慈しんだ。これらすべての近代の発明はエリート的である。貴族たちはツーリング・クラブを，そしてオートモービル・クラブ（ボードゥリ・ドゥ・ソニエ[(1)]，ドゥ・ディオン[(2)] など）を設立し，クーベルタン男爵[(3)] はオリンピックを蘇らせ，ココ・シャネル[(4)] はＴシャツを売りだしたのだった。

周辺での発明と聖別，不変のプロセス

　18世紀以来，観光形態のあらゆる発明者は社会的文化的ピラミッドに属していると同時に属していない著名な周辺人，「ゲートキーパー」[*3] であった。組織社会学は，いくつかのシステムに関係し，観察すると同時に自身も行動する行為者のことを「（活動領域が）重なり合う周辺人」[*4] と呼んでいる。

　観光形態の発明者の名前の列挙は退屈であり，同じ状況を繰り返すだけである。つまり独創的なのは彼らの行動の結果なのではなくて，彼ら自身なのだ。バースの才気あふれる発明者であるリチャード・ナッシュ，グランド・ツアーの途上にシャモニの氷河に決定的な旅行（1741年）を行なったウィンダムやポウコク，1763年にニースを発見したトバイアス・スモレット[(5)]，『センチメンタル・ジャーニー』を書いたスターンなどは18世紀イギリスの上

[*2]　Alain CORBIN, *L'avènement des loisirs 1850-1960.* アラン・コルバン『レジャーの誕生』に用心しよう。この共著は，貴族的な無為から民衆のレジャーまで，非常に多岐にわたるテーマに基づいたむらのある各章を並置したものだが（何章かは優れたものである），「自由時間という近代の慣習の出現は20世紀であり，しかも多くの場合20世紀後半に位置している」という時期確定には大いに疑問の余地がある（アラン・コルバン編著『レジャーの誕生』，渡辺響子訳，藤原書店，2000年）。

[*3]　アメリカ人 K. レウィンの用語（*Psychologie dymnamique*）で，「文化の監視人」の意。

[*4]　M. CROZIER, C. TRIEDBERG, *L'Acteur et le système.* Paris, Seuil, 1987, p. 73 *sq.*

流社会のサークルで知られていた。裕福なジュネーヴ人である H.B. ドゥ・ソシュールは国際的な名声を持った学者であり、同じくジュネーヴ人のドゥ・リュック兄弟[6]はイギリス宮廷に紹介され、ラモン・ドゥ・カルボニエールはロアン枢機卿[7]の秘書、ついで帝政下では知事[8]となった。これらがモンブランやその山系、スイスやピレネーに対する情熱に輝きを与えた人々である*5。

19 世紀でも事情は変わらない。1834 年、当時は小さな漁港であったカンヌに偶然の事情で足止めされて*6、その地をエレガントな避寒都市にしたカンヌの発明者ブルーム卿は、そこに非常に美しいヴィラを建てることによって革新を行なった。ブルーム卿は前大蔵大臣、ホイッグ党の前党首など、「役職を辞めた人(エクス)」であった。典型的な周辺人タイプであったアルフォンス・カール[9]は、その服装（ケープ）と園芸マニアぶり、その文体と言葉遊びによって独創的であったが、部分的にはエトゥルタ[10]とトゥルーヴィル[11]、サン・ラファエル[12]（ニースに滞在した後）の発明者である。アルフォンス・カールの一生は多くの画家（イザベ[13]、印象派たち）や作家の集う種々雑多なサークルを経験している。第二帝政時代の多くの追放者たちは各地の観光地やチャネル諸島[14]の情報をサヴォワ公国[15]にもたらした。ウジェーヌ・シュー[16]はアヌシー湖に移り住んだ。周辺人という点ではモナコ大公シャルル 3 世[17]と冒険家フランソワ・ブランも同様であった。1848 年にマントンとロクブリュヌを失った結果、グリマルディ家の公国[18]は世界で一番小さいものとなった*7。盲目の君主シャルル 3 世はスペリューグの岩山を社交シーズンの楽しみのための町に改造し、そこにモンテカルロと自分の名前を付けた。大公はホンブルクからきたフランソワ・ブランに助けを求め*8、

---

*5 ラモンは W. Coxe, *L'Etat de la Suisse* (1780) を翻訳して広めたのち、ピレネーに魅せられた。
*6 ブルーム卿はイタリアに赴く途中、コレラが発生したのでヴァール県で検疫のため足止めされた。
*7 1870 年、ローマ教皇の国であるヴァティカンが世界最小の国家となった。
*8 バーデンにおける金銭をかけたギャンブルは、ビスマルクによるドイツ統一ののち、禁止される運命を辿る。ブランやブナゼのような山師連中はそれを見越して人生の方向転換を図った。

ギャンブルを組織化した。モナコの聖別は建築家のシャルル・ガルニエ[*9][(19)]やロシア・バレエ団[(20)]の来訪，かの有名なSBM[*10]によって建設されたオテル・ドゥ・パリに宿泊した著名な人々の存在などによってなされた。

19世紀と1920年代まで，ある場所の世界的な名声というのは，君主や王室，その宮廷などの来訪によっていた。グラースやイエール，ニースのシミエ地区に滞在し，夏はエクス・レ・バンに逗留したヴィクトリア女王以上の人物はいなかった。イギリス皇太子やロシア皇室の滞在などもまた大いに効果的であった。

歴史家の目からすると19世紀は驚くべき例外である。19世紀はその持続において偉大なる世紀である。19世紀は20世紀の最初の4分の1にまで延長され，他のどの世紀にもまして無為の価値を称揚した。社会的ピラミッドの頂点は，金利や地代などの不労所得で暮らす人々で占められたが，彼らは「社交界」によって課される以外の義務を持たなかった。彼らは「暇つぶし」に旅行したが，この「暇つぶし」こそリトレ辞典が観光客に与えた定義だったのである。「顕示的消費」は彼らの優位を際立たせ，観光地における彼らの存在はリゾートのエレガントな性格を決定づけた。現代人のメンタリティにとって最も想像しがたいのは，実際に統治している王や女王，王室，宮廷のメンバーなどが，観光客として長期滞在を連続して行なっていることである。そういう滞在は夏でも冬でも数週間から数カ月に及んだ。それは厳格な規則に則って行なわれる政府の移動とは違うし，18世紀のある種の君主たちが行なった夏期の公式な移動でもない。たとえば19世紀のスペインでは政府全部，高級官僚，王とその宮廷がサン・セバスティアンに移動した。安南皇帝はダラト[(21)]に滞在し，インド副王はヒマラヤの麓へ避暑に赴き，法王はカステル・ガンドルフォ[(22)]に滞在した。このように君主とその宮廷の一部は私的な旅行に出かけたが，無為に過ごされる旅先で彼らは決してお忍びではなかった。たとえばヴィクトリア女王はスコットランドの彼女の城や

---

*9　シャルル・ガルニエはパリのオペラ座に続いて，同様の壮麗なスタイルでモンテ・カルロにカジノとパリ・ホテルを建設した。

*10　SBM = Société des Bains de Mer de Monaco（「モナコ海水浴会社」）は，モナコの君主が設立・支配し，カジノを運営する会社の名称。

ワイト島を愛したし，ハプスブルク家の皇帝はハンガリーやボヘミヤで長期滞在を行ない，狩猟を楽しんだ（スィスィ[23]もまた同様である）。ロシア皇帝とその家族はツァールスコエ・セロ[24]やその他の宮殿に滞在した。しかしさらに信じられないのが，外国での長期滞在である。君主は公式に歓迎されるわけではないが，当局は彼らの安全に万全を期し，彼らの要望を満足させた。実際，彼らは煩わされるのを嫌い，誰にも説明することを嫌った。彼らは豪華四輪馬車(ギャロス)や護衛兵，従僕など，君主であることを示すいくつかの外的な特徴を持っていた。彼らの行動にあってはなにものもめだたないということはなかった。彼らは自分が何者であるかを知られ，歓呼の声で迎えられるのを楽しんでさえいた[*11]。

　彼らは観光滞在の間，贅沢や快適さの限りを享受することを願った。彼らはニースやカンヌの最も美しいヴィラに迎えられた。ヴィクトリア女王はシミエ地区（ニース北部）やエクス・レ・バン，グラースやイエールの最も美しいパレス風ホテルに宿泊した。彼らはひとつの階全部，さらにはホテルを全階借り切ることもできた。19世紀末以来，君主たちは外国に「彼らの邸宅」を持つようにさえなる。ベルギー王はフェラ岬に邸宅を建てた際に，ロスチャイルド家のようなきわめて裕福な隣人たちとともに「楽園の地上支部」を作ったのだと自慢した。フェラ岬からほど遠くないマルタン岬には，帝国を奪われた后妃ウージェニー[25]が1926年に亡くなるまで住んだ。そして20世紀末にはモブツ元帥[26]がそこに豪華な住居を建設した。こういうことに関してはコート・ダジュールとともにレマン湖周辺でも他に多くの例を挙げて，かつての王ファルーク[27]や際限のない金持ちの首長，今日のロシアの成金など，大英帝国や帝政ロシアの威信が感じられるこれらの場所に郷愁を感じる人々の姿を描き出すことが必要だろう。現に統治する，あるいは失脚したり失墜に怯える君主や首長たちは常にこうした「楽園のような」場所を好むのである。

　王室メンバーや大貴族の来訪は19世紀において避寒都市や温泉リゾート，

---

*11　Cf. Xavier Paoli, *Mes souverains*. このフランス人の特別警視パオリは君主たちの非公式な護衛を担当していた。

海水浴リゾートの名声を築いた。最も重要な時期は19世紀後半であり，この時期にナポレオン3世[28]は温泉町やビアリッツに頻繁に滞在したが，ヴィクトリア女王やプロイセン国王[29]，オーストリア皇帝[30]やロシアの皇室メンバーなども同様であった。それに反して，医学アカデミーから見てどのように品質の高い温泉であっても，またビアリッツと同じ大西洋岸に面した海水浴場も，地中海岸の漁師村や南仏の避難所（ニオン[31]のような）も，それらの場所のメリットがどうであろうとも，有名になることには成功しなかった。19世紀と20世紀初頭にますます増加したランティエ，ついで大ブルジョワジーは，シーズンにしたがう観光習慣の普及にしたがった。彼らは最も社交的なリゾートに赴いたのだが，気候的に同じく有利な他の場所にはほとんど行かなかった。「もっと安く」というのは問題にならなかった。大事なのは「もっとシック」ということだけであった。そして社会的区別のプロセスによって新たな発明が次々に出現するのは不可避であった。

社会的区別の発明と模倣による普及に関する2図

　すべてが以下の二つのピラミッド図に要約できる。変化は20世紀初頭に起きる。景気変動という変化。つまり2回の世界大戦と世界大恐慌である。これはまた構造と支配の変化でもあった。1917年以降，ヨーロッパの諸帝国は崩壊した。土地貴族の一部は富と権力を失った。1929年の世界大恐慌は不労所得を直撃した。インフレや破産，株価暴落などに対して安全だった既得財産はそう多くなかった。しかし，もはや世界はイギリスの支配を脱したということは特筆に値する。20世紀にはアメリカの覇権が明らかになる。観光の広範な普及は，1950年以降についてジャン・フラスティエが「栄光の30年」と呼んだ高度経済成長の時期に位置している。

18 世紀から 20 世紀初頭まで：観光における差異の発明と模倣

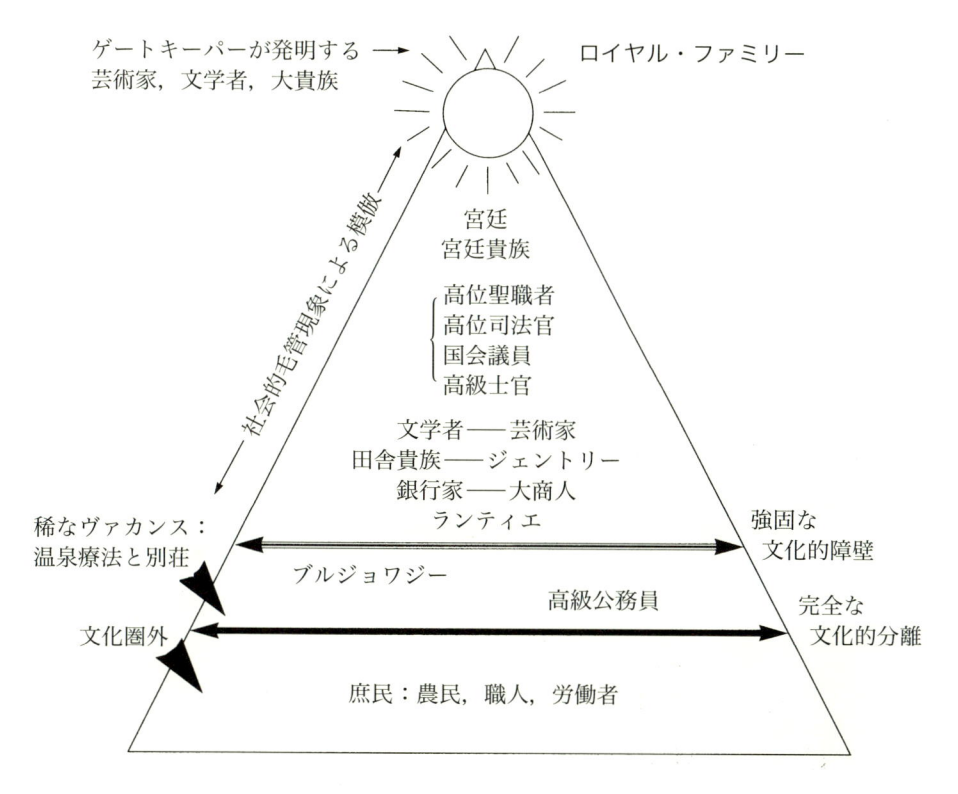

ゲートキーパーが発明する → ロイヤル・ファミリー
芸術家，文学者，大貴族

社会的毛管現象による模倣 →

宮廷
宮廷貴族

高位聖職者
高位司法官
国会議員
高級士官

文学者——芸術家
田舎貴族——ジェントリー
銀行家——大商人
ランティエ

稀なヴァカンス：　　　　　　　　　　　　　　　強固な
温泉療法と別荘　　　　ブルジョワジー　　　　　文化的障壁

　　　　　　　　　　　　　　　高級公務員　　　完全な
文化圏外　　　　　　　　　　　　　　　　　　　文化的分離

庶民：農民，職人，労働者

文化的ピラミッド：ヴァカンスに発つのはごく僅かである。

第 3 章　18 世紀から 2000 年にかけての観光史の原動力

20世紀：1920年から2000年にかけて
観光における差異の発明と模倣

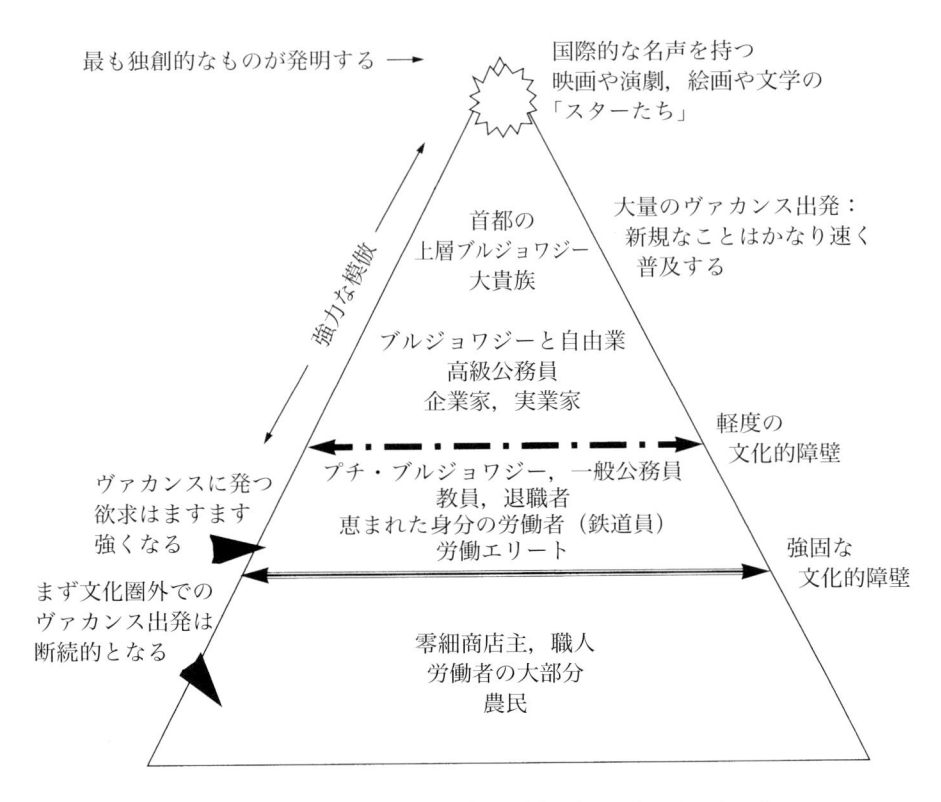

最も独創的なものが発明する →

国際的な名声を持つ
映画や演劇，絵画や文学の
「スターたち」

強力な模倣

首都の
上層ブルジョワジー
大貴族

大量のヴァカンス出発：
新規なことはかなり速く
普及する

ブルジョワジーと自由業
高級公務員
企業家，実業家

軽度の
文化的障壁

ヴァカンスに発つ
欲求はますます
強くなる

プチ・ブルジョワジー，一般公務員
教員，退職者
恵まれた身分の労働者（鉄道員）
労働エリート

強固な
文化的障壁

まず文化圏外での
ヴァカンス出発は
断続的となる

零細商店主，職人
労働者の大部分
農民

　大戦後の新たなピラミッドはいっそう多くの層を含むようになった。若いランティエは姿を消した。区別の発明のプロセスは相変わらず続いているが，スターは異なり，すばやく更新される。「社会的毛管現象」による模倣はいっそう下位の階層に広がる。それでもやはり大部分の人々は1936年の段階では観光の「非公衆」であった。栄光の30年の経済成長は先進工業国でヴァカンスに発つ人々の割合を60％から65％のあいだに押し上げたが，それからは停滞している。

年表——観光客（touriste）という用語以前の画期的な出来事

—— 1492：コロンブスによるアメリカ発見のみならず，最初のイタリア遠征，さらにモンテギュイユへの初登頂を命じたシャルル 8 世の好奇心。
—— 1552：シャルル・エティエンヌが『フランス道路ガイド』，『フランスの河川』，『旅行』（巡礼）を出版。コンラド・ゲスナー，アルプスの『ガイド』。
—— 1552-1599：30 年の間をおいてフェリクス・プラターとトマス・プラターがバーゼルからモンプリエまで旅行する（『旅行記』は 1892 年出版）。
—— 1574：ジョサイアス・スィムラー『ガイド』（ヴァレ，サヴォワ）。
—— 1580-81：モンテーニュ『イタリア旅日記』（出版は 1774 年）。
—— 1611：トーマス・コーヤトゥ『イギリス人のためのヨーロッパ観光ガイド』。
—— 1631：アブラハム・ゴルニツ『オデュッセイア』（ラテン語で書かれたドイツ語圏ガイドの模範）。
—— 1656：シャペルとバショーモン『フランス旅行記』（大いに模倣された滑稽旅行物語）。
—— 1661：ラシーヌがユゼスに滞在する。
—— 1663：リムーザンのラ・フォンテーヌ。
—— 1676：ジョン・クレンチ『イギリス紳士のフランス・イタリア旅行記』，グランド・ツアーの始まり。
—— 1685-86：バーネット司教が西欧を旅行して『書簡』を刊行する。
—— 1696：グリニャンでセヴィニェ侯爵夫人が亡くなる。
—— 1715：ピガニオル・ドゥ・ラ・フォルス『新フランス旅行記』，18 世紀を通して再版される。
—— 1730 年代まで：バースの革命，ナッシュは社交シーズンを創設し，建築家のウッド父子は劇場風のリゾートを作りあげる。
—— 1723：J.J. ショイヒツェル『スイス旅行記』4 巻。
—— 1724：Chev. ドーデ『新フランス道路ガイド』。

―― 1730：アルトマン『スイス，その国と歓び』，A. デ・ハラー『アルプス』（詩集）。
―― 1739-40：ドゥ・ブロス『イタリア書簡集』。
―― 1740-50：ブライトンのデビュー，浜辺の欲望のデビュー。
―― 1740-1789：フランスで王道の建設。
―― 1741：ウィンダムとポウコク『シャムニ氷河旅行記』。
―― 1742：ジュネーヴの人マルテルの『シャムニ氷河旅行記』。
―― 18世紀後半：山岳はもはや「恐ろしい」ものではなくなり，「崇高な」ものとなる。
　　イギリス人はモン・スニ峠で橇などによる「滑降」を楽しむ。
　　氷河見物とアルプスの絵画の流行。
―― 1747：ブリズィユー『カントリーハウスを建てる技術』。
―― 1756：ニュージェント『ザ・グランド・ツアー』。以後，再版される。
―― 1757：エクスピリ師『自然地理』。
―― 1761-62：ルソー『新エロイーズ』，『エミール』。
―― 1762-70：エクスピリ師『地理歴史辞典』。
―― 1763-65：トバイアス・スモレットがニースに滞在する（『ニースへの手紙』），『フランス・イタリア旅行』2巻。
―― 1768：スターン『センチメンタル・ジャーニー』2巻。
―― 1770-90：社交的な温泉リゾートの発展：スパー，モンテカティーニ，ザイトゥリッツ，エクサン・サヴォワ。
―― 1772：ラクサル『フランス旅行記』。
―― 1773：Th. ブーリ『サヴォワ公爵領の氷河旅行記（素描付き）』。
―― 1775：ルイ・デュタンス『ヨーロッパの最も往来のある道の旅程』，以後再版。
　　ヒルシュフィールド『造園理論』。
　　国務諮問会議の布告で各種乗合馬車の運営を一元化する。
―― 1776年以後：地理学者ドゥニ『フランス案内記，道路別ガイド』。
―― 1779：ゲーテのイタリア旅行，氷河に登り，『イタリア旅行記』を上梓する。

—— 1779-96：H.B. ソシュール『アルプス旅行記』4 巻。
—— 1781-83：フランスとサヴォワにおける温泉監督医制度。
—— 1763-90：フランスで初期のホテル，「快適な設備」を持ちオペラ座近くのパリ中心部に位置。「レストラン」の誕生。
—— 1782：W. コックス『スイスの状態についての手紙』，ラモンによる翻訳。
—— 1784：ライハルト（リシャール）『提要』。以後，再版される。
—— 1784-85：モジンスキー伯爵『プロヴァンス旅行記』。
—— 1786：8月7日から9日，パカールと J. バルマがモンブラン初登頂。
—— 1787：ソシュール，ついでビューフロイ卿（3回目の登頂，最初の「観光客」）がモンブラン登頂。
—— 1787-90：アーサー・ヤング『フランス紀行』。
—— 1789：ラモン『ピレネー旅行記』。
—— 1799-1816：ミラン『南仏，サヴォワ旅行記，古代』。
—— 1802：アミアンの和約。大陸にイギリス人旅行者が戻る（ニースなど）。
—— 1804：セナンクール『オーベルマン』。
—— 1808：ブシェ・ドゥ・ラ・リシャルドゥリ『万国旅行叢書』6 巻。マリ・パラディのモンブラン登頂。
—— 1800 年頃：大洋での海水浴の最初の飛躍。
リゾートの発展：バルト海（スウィネミュンデ），北海（ツァンドヴォルトゥ，スヘーヴェニンゲン，1787 年以後のオステンデ），英仏海峡（ブローニュ，1822 年以後のディエップ），大西洋岸の一部（ロワイヤン，ビアリッツ，サン・セバスティアン）。
—— 1823-24：リシャール（オーダンのペンネーム）『ヨーロッパ旅行古典ガイド』，ついで『サヴォワ旅行ガイド』，『イタリア旅行ガイド』（マリアナ・スタークと共著）。
—— 1823：鉱水管理に関する王令。
—— 1829：ロンテクス『ファッション・マニュアルあるいはエレガンス・ガイド』。

「観光客」(touriste) という語の発明以来の主な出来事と主要ガイドブックのシリーズ

出版物	組織と団体	法律（特にフランスの），行政
1836：ガイドブック『マレー』初版		
1838：スタンダール『ある旅行者の手記』	ドイツのバーデン・バーデンに最初のカジノ	
1839：『ベデカー』初版		
1841：アロワ『旅行の生理学』		
1841：最初の鉄道旅行ガイド『スイスへの旅』	イギリスでトマス・クックの最初のエクスカーション	
1843：ヴィクトル・ユゴー『ピレネー旅行記』（コートゥレでの1シーズンを通して書かれた日記）		
1843：『ベデカー』のベルギー編初版		
1844：R. テプファー『ジグザグ旅行』		
1846：最初の鉄道時刻表『シェクス』		
	1850-1860：フランスにおける鉄道幹線網の建設と大海運会社の設立	
		1852：フランス国内の交通取り締まりの政令（初期の自転車や自動車に適用された）
1853：アシェット社が「鉄道文庫」を創刊し，アドルフ・ジョアンヌに編集を委ねる		
1854：マレー『フランス・ハンドブック』		
	1855：クックによる最初の大陸旅行	
		1856：フランスにおける鉱水に関する政令（公益性宣言と保護区域を盛り込む）
	1857：「ブリティッシュ・アルペン・クラブ」設立	
1858：イポリット・テーヌ『ピレネー旅行記』		
		1860：源泉監視に関する政令
1861：ジョアンヌ『フランス旅行案内』		

出版物	組織と団体	法律（特にフランスの），行政
	1862：「オーストリア・アルペン・クラブ」設立（2番目のアルペン・クラブ）	
	1863：クックのスイス旅行	
	1863：モンテカルロのカジノ	
	1863-65：フランスで組織された最初の「学校旅行」（アルプスの自由コレージュ）	
	1866：ラモン協会設立（ピレネー）	
	1866：ブレナー峠越えルートの完成	
	1869：第1回オランジュ音楽祭	
	1872：クックによって組織された最初の世界一周旅行	
	1872-75：フランスで大規模巡礼の開始と鉄道会社の特別措置	
	1874：「フランス・アルペン・クラブ」設立	
1875年以降：ジョアンヌの『県別地理』の刊行	1875：「ルルド・キャンピング・クラブ」設立	
	1875：スイスで最初の児童合宿（ビオン牧師）	
	1875年以降：各地で「旅行者協会」の設立	
1876：ジュール・ヴェルヌ『80日間世界一周』	1875：ワゴン・リ会社	
		1877：イエローストーン国立公園，世界最初の国立公園（アメリカ）
	1878：H. デュアメルがドーフィネ地方でスキーを体験する	
	1880-85：自転車の改良と内燃機関方式の自動車の改良	
	1882：「3週間の慈善事業」（フランスで最初の児童合宿）	
1883：バロンセリ『実用自転車』		
1883：ラファルグ（カール・マルクスの女婿）『怠惰の権利』，アルフォンス・ドーデ『アルプスのタルタラン』		

出版物	組織と団体	法律（特にフランスの），行政
1887：ステファン・リエジャール『コート・ダジュール』		1887：フランスにおける景観地保護法
1888：モーパッサン『水辺』		
	1889：グルノーブルで最初の観光案内所	1889：温泉監督医制度の廃止
1890年以降：フランスでアルドゥアン・デュマゼの『フランス旅行記シリーズ』刊行	1890年頃：フランス最初の家族休暇施設（セート）	
	1890：「フランス・ツーリング・クラブ」設立	
	1891：「ホリデイ・フェロウシップ」設立（イギリス）	
1895：クリストフ『フヌイヤール一家』	1895：ウィーンで「自然友の会」設立（オーストリア）	
	1895：フランス自動車クラブ設立	
1896年以降：ガイドブック『POL』（地域別）		
	1897：フランスで最初の観光案内所連盟（フランス・アルプス観光案内所連合）	
	1898：観光団体国際連盟の設立	
1899：ヴェブレン『有閑階級の理論』		
1900：『ミシュラン・ガイド』（赤判）の初版		1900：パリのメトロ会社が年間10日間の有給休暇を与える
		1901：国立公園局の設立（アメリカ）
	1902：「ダヴォス・イングリッシュ・スキー・クラブ」設立	
	1903：第1回トゥール・ドゥ・フランス	1905年以前：有給休暇法を持つ国は存在せず，限定的な労働協約だけが存在する
	1907：第1回フランススキー選手権大会（ジュネーヴル山）	
1910：『ブルー・ガイド』が『ジョアンヌ・ガイド』を引き継ぐ	1910：フランス・キャンピング・クラブの設立	1910年4月8日法により国家観光局が設立される（フランスで観光を扱う最初の公的機関） 1910年1月16日法（オーストリア）が一般に適用される最初の有給休暇法となる

出版物	組織と団体	法律（特にフランスの），行政
1912：アーノルド・ラン『スキーイング』		
1913：ヴァレリ・ラルボ『バルナブース氏の日記』		1913：鉱泉療法協会の設立 歴史的建造物に関する 1913 年 12 月 31 日法 「連邦保護法」（アメリカ）
1914：モーリス・バレス『フランスの教会への大いなる憐憫』		
	1917：全国ホテル会議所設立	
	1919：全国観光団体連合設立	1919 年 3 月 14 日法と 9 月 24 日法が気候療法リゾート，温泉療養リゾート，観光リゾートを格付けする
	1922：フランス温泉・気候療法リゾート連盟と観光案内所連盟連合の設立	1922：ソヴィエト連邦で労働法典（12 日間の有給休暇）
	1924：全国児童合宿・野外慈善事業委員会の設立 カンダハル・スキー・クラブ設立 シャモニで第 1 回冬季オリンピック（ノルディック種目）	
	1925：観光宣伝公的機関国際連盟設立	1925：「ドポラヴォーロ」設立の政令（イタリア）
1927：ポール・モラン『旅行』		1927：イタリアで労働憲章
	1929：大学観光協会設立 ビエルヴィルで最初のユースホステル開設	
1928-38：『こんがり海岸』（ムジェーヴでのデュノワイエ・ドゥ・スゴンザックの水彩画）	1927-3：ロシュブリュヌでケーブルカー建設	
	1930：「ユースホステル協会」設立	1930：スイス国家観光局設立の連邦法
	1931：ミュランで最初の世界滑降スキー選手権大会	1931：ムッソリーニの観光政策の開始（CIT, ENIT 設立の政令）
1933：ボレル上院議員『フランス観光』	1933：PLM 鉄道員観光協会の設立 非宗教的ユースホステルセンターの設立	
1935：経済評議会でペロモール・ドゥボールの観光報告書		1935 年 11 月 25 日法が総合観光局を設置する

出版物	組織と団体	法律（特にフランスの），行政
	1936：ガルミッシュ・パルテンキルヒェンでのオリンピック（オリンピック競技へのスラローム種目の導入）	1936年6月20日法がフランスに有給休暇を導入する「レジャー」省の政務次官職の設置鉄道「観光」切符の創設
	1937：フランス・キャンプ協会連合の設立	
1938：エミール・アレ『フランスのスキー』		
		1942年4月3日法が温泉療養リゾート以外にウィンタースポーツ・登山リゾートと海水浴リゾートを追加する2月24日法で旅行代理店に関する法制（免許制度の導入）
	1944：「観光と労働」協会の設立	
	1947：第1回アヴィニョン演劇祭（J. ヴィラール）	
	1947：教育連盟による非宗教的文化観光センター設立公的旅行機関国際同盟設立	
	1949：フランス民衆観光連盟設立国際観光専門家協会設立	
	1950：モナコ国際観光アカデミー地中海クラブの最初の休暇村	
		1954：家族休暇施設に関する政令
	1956：第1回国際ソーシャル・ツーリズム大会（ベルン）	1956：有給休暇を3週間に延長する法律
		1957：鉱水に関する3月28日の政令（19世紀の法制を繰り返す）フランスで教育休暇を創設する法律
1958：ダニノス『なにがなんでもヴァカンス』	1958：非営利観光団体VVF設立	
		1959年2月7日の政令（キャンプの規制について）1959年7月18日の政令（省庁間観光委員会の設立）

出版物	組織と団体	法律（特にフランスの），行政
		1960年7月22日の法律（国立公園の設置）
1962：J. デュマズディエ『余暇文明に向かって？』		1962年12月22日の政令（観光局を首相府付きにする）
	1963：ルノー合意（有給休暇が4週間へ）	1963：地方自然公園設置の政令
		1964：山岳整備省庁間コミッション
1965：フラスティエ『4万時間』		
		1966：ホテルとレストランの格付けに関する11月13日の政令
1967：観光年，「平和へのパスポート」		
	1968：グルノーブル冬期五輪	1968：観光行政を施設省に移管
1969：アフリカ国際観光年		1969：有給休暇を4週間とする法律
1970：フリードマン『権力と知恵』		
1972：ローマクラブ『成長の限界』	1972：6月にストックホルムで国連環境国際会議	
	1974：世界観光機関が公的旅行機関国際同盟を引き継ぐ（本部がジュネーヴからマドリードへ移転）	1974-75：エネルギー危機 何カ国かで自動車の通行制限 1974年以降，石油輸出国で原油燃料の連続的な高騰
1975：アルチュール・オロ（ベルギー観光局長）『観光と環境』		
1976：『インターナショナル・パーク』誌創刊	1976：モントリオール・オリンピック	
		1978：観光行政が青年スポーツ省へ移管
	1980：レイク・プラシド（アメリカ）で冬期五輪，参加国多数 モスクワ五輪に一部不参加	
		1981：観光行政が自由時間省に移管（社会党の勝利後）
	1982：休暇小切手制度の創設 地方分権法（ドゥフェール法）は観光に関知しない	
		1986：「フランス会館」設立

第3章　18世紀から2000年にかけての観光史の原動力

出版物	組織と団体	法律（特にフランスの），行政
		1987：観光組織に関する法律（すべての州は最低一つの州観光委員会を設置する）
1989：ベルリンの壁崩壊，東欧が観光に扉を開く	1991：湾岸戦争，観光へのブレーキ	
1992：ニースでのCNRSのシンポジウム「伝統と近代の間の国際観光」	1992：アルベールヴィル冬季五輪	
1993年以後，前ユーゴスラヴィアはもはや観光目的地ではなくなる		
	1994：リレハンメル冬季五輪	1994-95：EU加盟国が12から15に増加 人間の自由往来（シェンゲン条約）
1995：ユーロトンネル供用開始		
	1996：アトランタ・オリンピック アラファトのパレスティナ帰還	
1996-97：マルク・ボワイエ『観光の発明』	1997：中国に香港が返還される	
	1998：長野冬季五輪	
	1999：「ギャンブルの巣窟」マカオが中国に返還される	
2000：キリスト教の千年紀，多彩な行事		

19世紀末から2000年へ，
社会的区別の発明は常に観光史の原動力である

　1899年にソースティン・ヴェブレンは『有閑階級の理論』を世に問う。この著書は基本的には余暇に関係していた。当時はヨーロッパ的現象であった観光をヴェブレンは等閑視した。それでもやはりこの当時の観光リゾートの観察はヴェブレンの観察を補強するものでしかない。「ベル・エポック」にあって，ドーヴィルからニースまで，オステンデからサン・モリッツまで，顕示的な出費が隆盛を極めていた。当時ロイヤル・ファミリーの威光は頂点

に達していた。スィスィやイギリス皇太子(32)，1920年以降はムジェーヴにおけるベルギー王(33)などを思い出すだけで十分であろう。

　1880年代から1929年の世界大恐慌まで，エリート的な観光シーズンというシステムはその頂点を極めた。ランティエが唯一の構成員ではなかったとしても，彼らがリード役を演じていた。こうした観光は相変わらず声価の高いリゾートで行なわれていたが，社会的区別の必要性によって常にハイクラスで新たなリゾートの建設が促された一方で，以前からのリゾートの大部分は名声を保っていたので，リゾートの数は増加するばかりであった。だがすべてのリゾートがそうだったわけではない。イギリスでは最も裕福なイギリス人はもっと遠くに行くためにより速くより快適な列車を利用したので，リゾートの凋落ははっきりした形を取った。しかし時代遅れを愛玩し，少なくとも時代遅れになった海水浴リゾートや温泉療養リゾートを愛顧してヴィクトリア朝時代を懐かしむ年老いたイギリス人もまた常に存在した。

　南仏の冬は相変わらず大きな社交シーズンであって，10月から4月まで北国の燕たちを温暖な気候の方へいざなった。避寒客はますます遠くからやってきた。1914年までカンヌやニースでロシア貴族は大いにめだち，莫大な支出で人目を引いた。南北戦争後(34)に姿を見せはじめた北米人はアルプスで非常に多く見られ，ニューヨーク有数の富豪W.A.B.クーリッジ(35)はアルプスの峰々を征服した。特にコート・ダジュールで彼ら北米人は避寒客の中で5番目の勢力となった。

　イギリス人の好む名称である「リヴィエラ」は，典型的な文化のゲートキーパーであるステファン・リエジャール*12の発明した「コート・ダジュール」と競合していた。歴史上初めて，ある地域が「冬の首都」*13であるニースを中心とし，「受け入れ機能」に集中して形成された。地理学者のオネズ

＊12　この非常に裕福なブルゴーニュ人の代議士は，日和見主義の第三共和制の中でも特徴的な人物であった。彼の詩や小説といった文学作品は早くに忘れ去られた。リエジャールは毎年避寒のために滞在していたカンヌが100年祭を迎えた年，1926年に没した。ただ彼の作品の題名 *Côte d'Azur* (1887) だけが今に残っている。

＊13　R. DE SOUZA, *Nice capital d'hiver*, 1913 の中の表現。独立独歩の精神を持ったこのニース人は最初の「エコロジック」な叫び声を上げた人物である。過剰な人出，うんざりする建物の増加（しかも種々雑多）がニースの未来を危うくするというのである。

第3章　18世紀から2000年にかけての観光史の原動力　　**145**

ィム・ルクリュ⁽³⁶⁾はその独創性を強調している。「コート・ダジュール，ヴィラと冬の町の，堂々たるホテルの，豪華な館やカジノの，海の魔術的なパノラマの，芳香かおる温室」*14。

　ニースは第1次世界大戦前夜に毎冬，12万人の外国人富裕層を迎え，彼らは10月から4月までの間，1週間から数週間滞在した。その他の避寒都市もまた徐々に発展した。カンヌは優雅な遊び（レガッタ，テニス）とともに最もエリート的な町として通っていた。マントンは結核療養地としての評判で名高く，その美しい墓地は多くの豊かな避寒客の裏切られた希望をあらわしていた。もっと小綺麗なイエールはイギリスの雰囲気を保っていた。1820年頃イギリス人が発明したポーは長いあいだ典型的なイギリス人町となっていた。避寒客は狐狩りやゴルフを楽しみ，雪に映えるピレネーを愛でた。1870年以降，ポーはイギリス人が大西洋岸のビアリッツやアルカションに建てたもっとシックな街並みに人気を奪われて凋落した。

　コート・ダジュールでは風を避ける谷間，展望の楽しめる丘，辺鄙な半島などが1865年から1870年頃以降にある種の周辺人によって発明され，君主を含む最も著名な避寒者が関心を示した。1870年の少し前，アンティーブ岬は最初のイギリス人避寒客を迎え，セラ[(37)]はカップ・ホテルを建設したが，この岬は現代にいたるまで最もエリート的なモデルとして残っている。ウィンストン・チャーチル[(38)]はこのホテルでの滞在を好んだ。アンティーブ岬はエリートだけの隔絶した空間という社会的分離の嚆矢となった。それは美しい所有地の間の競争であった。ジュール・ヴェルヌ[(39)]は自分の所有地と豪華ホテルを持っていた。アンティーブ岬に続くのはマルタン岬やフェラ岬であり，フェラ岬ではエフュリュスィ・ドゥ・ロスチャイルド男爵夫人が岬の頂にイル・ドゥ・フランス荘を建てたが，これは古い家具のミュゼとしての城館であるほか，さまざまな庭園に囲まれていた。そこから彼女は友人のサロモン・レナック[(40)]がボーリュー[(41)]に建てたギリシャ風の奇抜なケリロス荘を望むことができた。マントンとヴェンティミリア[(42)]の間に位置するラ・モルトラでは1870年にハンドバリー兄弟[(43)]が園芸に非常な才能を発

---

* 14　O. RECLUS, *La Côte d'Azur,* Sites et Monuments, 1900.

揮して，この分野のパイオニアとなった。これ見よがしの顕示は庭園においても見られた。カリフォルニアと同じく当地の気候はあらゆる順化を可能にした。温室という，植物のための新たな建築物は大きな社会的区別を体現するものとなる。その結果はしばしな幸運なものであった。マントンのフォンタナ・ローザ[44]やフェルディナン・バック[45]の造ったコロンビエール庭園，フェラ岬で「自然と良識の愚かな法則に挑戦した」ベアトリス・ドゥ・ロスチャイルド，『ニューヨーク・タイムズ』の社主でボーリューで常に新たな朝を迎えるため68人の庭師に毎晩数千の開花した植物を入れ替えるように命じたジェイムズ・ゴードン・ベネット[46]などを挙げることができる。それに反発した繊細なノアイユ公爵[47]はイエールとグラースにあった二つのヴィラに，いかなる異国趣味も持ち込まない素晴らしい庭園を造ったのだった。20世紀には区別の欲望は他の半島の征服にまで及んだ。西部地方ではベナ岬[48]，イタリアでは特にヴァレリ・ラルボー[49]の愛したポルトフィーノ半島やナポリ以遠のサレルノ半島[50]など。

　1860年代から90年代にかけて，めだたずに休養したいという裕福な避寒者によって選ばれたいくつかの谷間があった。たとえばイエール近くのコストベルはまずデュパンルー猊下[51]の，ついでポール・ブールジェ[52]，さらにはインド女王たるヴィクトリア女王の愛した避難所のようなものだった。サン・ラファエル近くのヴァレスキュール[53]も同様だった。さもなくば特権者たちは何ひとつ眺望を遮るもののない丘の上に居を構えるのであった。いずれにしてもそれが次第に拡大するということはなかった。断絶は近隣の避寒都市との間にも存在していた。冬の社交シーズンが成功すればするほど，分離も顕著となった。ニース北部のシミエが典型的である。1870年を少し過ぎた頃に，クレディ・リヨネ銀行の創立者のフェリクス・ジェルマン[54]と大富豪の男爵ヴァン・デルウィス[55]がシミエに居を構えたが，後者はヴァルローズ館を建てたことで知られる。この2人とも「全ニース」の注目するサロンを開いた。後になってヴィクトリア女王はシミエに滞在するときエクセルシオール・パレス[*15]を利用した。彼女はまた少し離れた別の場所であるグラースにも滞在した。ニース東部のモン・バロン，カンヌ北部のカリフォルニ（示唆的な名称である）など，その他の丘も19世紀末にはエリート

的なものとなったが，その一方，有名な画家たちは内陸の高地にある村々がお気に入りだった。ル・クロ・ドゥ・カーニュ，サン・ポール・ドゥ・ヴァンス，ヴァンス，ヴァロリス，ル・ビオ[56]などの村々の名前をあげることは，そのまま印象派からキュービスムにいたる絵画の流れをたどることである。

オテル・パレないしパレス風ホテル（通常この名称が用いられる）は，社会的分離を行なう際のもうひとつの方法となった。1870年以前はホテルは最も贅沢なものであっても，客室が100室未満のかなりつつましい規模であった。変化は1900年頃に起こった。本当にエレガントな避寒都市や超エリート的な温泉療養や海水浴のリゾートで，ひとつや二つ，その名に値するパレス風ホテルを持たないところはなかった。そういったホテルは非常に美しい庭園に囲まれた真の宮殿なのだった。進入路，ヴェランダ，バルコニー，塔など，外観からしてこれ見よがしの贅沢さのあらゆる特徴がホテル外部の随所に見られた。そうした贅沢な特徴は，ホテル内部では壮麗な階段とか，地上階全部が社交用にしつらえられたことなどでますます強調されていた。ニースではプロムナード・デザングレで，カンヌではクロワゼット大通りで次々に真新しいパレス風ホテルが落成した。マントンやサン・レモ，リヴィエラ・ディ・レヴァンテ[57]のラパロやサンタ・マリア・リグーレでも事情は同様であった。遙か遠方からもニュースはやってきた。リスボン近郊のエストリル，マデイラ島，ハプスブルグ家によって売りだされたアドリア海のオパチャ[58]，インド軍の将校が非常にお気に入りだったマルタ島のラ・ヴァレット[59]，これらすべてのリゾートでもパレス風ホテルが存在した。

1900年頃，夏期の主要社交シーズンは温泉リゾートか海水浴リゾートであった。大洋での水浴は水の治癒力を信じるという，温泉と同じ信念から発していた。医学論文もまた海水の治癒力を論じていた。海水浴リゾートや温泉リゾートの成功は，娯楽施設や顕示的な都市計画の優れたクオリティのおかげであると同時に，それらのリゾートを訪れる人々の名声のおかげであった。実際，本質的なのは社交界の基準であった。ロマン主義時代には贅沢な

＊15　1897年開業。これだけ快適な設備と贅沢さは前代未聞であった。400室という規模も前例がなかった。建築にはニース出身で当代随一の建築家セバスティアン・マルセル・ビアズィーニが選ばれた。

海水浴リゾートは大陸のそこかしこに存在するようになっていた。この時代は場所と慣習を発明した時代だった。第二帝政末期にはリゾートの序列もはっきりしてくる。これは今日までほとんど変わっていない。19世紀末には社交リゾートとしての温泉リゾートの発明に終止符が打たれる。したがってこのことは南仏の冬の社交シーズンとは異なっている。避寒リゾートではシーズンの終わりに移住が行なわれたのである。その反対に社交的な温泉リゾートは，スパーやエムス[60]，カールスバート[61]，ブダペスト，モンテカティーニ，ダクス[62]などを頂点とする同じ集団の中に常に含まれ，ヘルシニア山系やライン川の両側，中央山岳地帯などに高い密度で見られる。したがって20世紀には温泉リゾートの発明や新たな聖別がほとんど行なわれなくなった一方で，いくつか衰退する例も見られた。その嚆矢は「イギリスのバース」であって，大陸の「スパー」を好むようになったイギリス貴族はバースを決定的に見捨てたのだった。

それに反して大西洋岸の海水浴リゾートの発明はブライトン（1740年）という先例にしたがって19世紀を通して，さらには1929年の世界大恐慌まで続いたが，相変わらず同じような局地的な性格とエリート的な起源を持っていた。2世紀にわたる社会的区別の発明の間，「文化のゲートキーパー」や独自の雰囲気を定着させる貴族，文化的な周辺人（たいていは画家や作家）などのおかげでそれぞれ作り出されたものは奇抜であった。彼ら専用に作られた空間が顕示的な機能を反映する。豪華さは人々の集まる場所，たとえばドーヴィルのように長方形の都市計画の町では海岸通りに，またカブールのように放射状の都市計画の町では基点に集中した。そうした場所にはカジノやパレス風ホテル，豪華なレストランが立ち並び，主な大通りが集中した。

華麗さこそないが娯楽目的のカントリーハウスも19世紀と20世紀を通して進展を示した。自動車の発達のおかげで，ついで高速道路の建設のおかげで，こうした田園滞在は大都市から12時間離れた所で行なわれた。田園の広さのおかげでカントリーハウスの数は非常な増加を見た。イギリスのロンドン盆地の田園とフランスにはきわめてカントリーハウスが多い。「ダーチャ」ないしはそれに類する呼称のカントリーハウスは東欧諸国において「ノーメンクラトゥーラ」に属しているという証であった。裕福な北米人は都市

郊外の美しい住居だけでは満足しなかった。彼らは自宅に加えて，湖畔や大洋に臨んでコテジやヴィラを持ち，西部には観光牧場を作るのである。

こうした一時的な住居は娯楽目的であり，社会的上昇の証しであった。それは最初から農業用のものではないか，あるいはもはや農業に使われるのではないのだ。フランスの国勢調査ではそうした住居を副次的住居(レジダンス・スゴンデール)(63)に分類しているが，それはフランス中で300万戸を数える*16。副次的住居という曖昧な用語は主たる住居ではないすべての住居を含み，都市郊外のカントリーハウス，海水浴やウィンタースポーツ・リゾートにおけるワンルーム・マンションやアパルトマン，ヴィラ，山荘(シャレ)（これらの多くは少なくとも部分的には1週間単位や1カ月単位で賃貸される観光目的の物件である），さらには大都市における仮住まいなどを区別していないのである。

庭に囲まれた個人住宅は，それが主たる住居として使われようと，自己所有として，あるいは無料*17や賃借で使用されるヴァカンス用住居として，さらには引退後の住居として*18使われようと，どれも似通っている。地理的にいうとこれらの住居は互いに分布が重なり合っている。今日では先進諸国の人口の半分以上の住む，拡大し続ける郊外はカントリーハウスを飲み込んでいる。それはパリのすぐ西のNAP地区*19についてはずっと以前に見られた現象であり，さらにはサン・ジェルマン・アン・レ(64)までもがパリを取り巻く非常に大きな環状市街地の一部となりつつある。相違は国レヴェルでも地方レヴェルでも存在する。こうした個人住宅を取り巻く庭はフランスでは外から隠されているが，アングロ・サクソン諸国では開放的である。主たる住居ないし別荘を新たに建てることは建築の自由度によって，スイス風の山荘，ノルマンディー風の農家造り，なんとなくプロヴァンス風の低層

---

* 16　1990年にフランス本国では282万2000戸の別荘が数えられた。3分の1がプロヴァンス・アルプ・コートダジュール（40万戸），ローヌ・アルプ（36万戸），ラングドック・ルシオン（27万戸）の3州に集中している。
* 17　フランス人のヴァカンス滞在の半分以上が「親族や友人宅」で行なわれている。
* 18　引退に備えて不動産を確保するという戦略についてはフランソワーズ・クリビエが研究した。退職者のあるものは都市に，またあるものは観光地に住居を持つ。それらの住居は主たる住居との区別が困難である。
* 19　ヌイイ-オートゥイユ-パスィ。

住宅などの形を取る。ガーデン・ファーニチャー，バーベキュー・コーナー，プール[*20]，子供用のブランコなどは遊び感覚を完全なものにする。

観光史は週末レジャーの歴史やスポーツ史に関係する。それは週末やルーラル・スポーツ，クラブと同じくイギリス起源である。ルーラル・スポーツは19世紀にジェントリー階級がコード化し，クラブは同じスポーツの愛好家を集めたのだった（アルペン・クラブ，ジョッキー・クラブ，ツーリング・クラブ，キャンピング・クラブ，カヌー・クラブなど）。こうしたスポーツの中の多くは社会的分離を保証するための複雑なルールを持ち，カントリーハウス周辺の入念に手入れされた「グリーン」の上で行なわれた。クロケット[*21]，テニス，ゴルフなどが典型である。

1891年のフランス・ツーリング・クラブ[*22]の創設者は貴族や大ブルジョワジーであった。数年でフランス・ツーリング・クラブは観光に大きな影響力を及ぼすようになり，その委員会はいたる所で活動した。1895年，大半が貴族である50人ほどの人物がフランス・オートモービル・クラブを設立した。自転車と乗用車は「必見（ウィデンドゥム）」の範囲をいちじるしく拡大し，夏の住居というものにもっぱら観光的な関心を与えた。サイクリングやドライブで観光地巡りが行なわれ，見晴らしを楽しんだ。これら2種類の乗り物の愛好者（ときとして同じ人物であった）はこうした発明による観光活動のひろがりを自慢した。

> 乗馬や旅行方法としてのヨット，自転車（スポーツの中の真の女王）など，贅沢だが（といっても非常に相対的なものだが）危険なしとはしない楽しみに，さらにその完全な独立性や誘惑するような魅力が付け加わる，と自転車を「女王」と呼んだ最初の人々の一人であるバロンセリ侯爵は書いている。[*23]

---

* 20　特にアメリカの都市郊外で上空から見るプールの分布は印象的である。
* 21　クロケットは1926年からオリンピック競技種目となった。これは北米のヴァカンス地域で行なわれている。
* 22　この団体は当初 Cyclists' Touring Club と称した。
* 23　H. de BARONCELLI, *Vélocipédie pratique*, 1883.

そしてボードリ・ドゥ・ソーニエは1894年に観光に新たな定義を与える。「ただ自転車のみが可能にする，散策や自由な彷徨の可能性」[*24]。

　田園や自然を発見することは，自動車について再び同じような過ちを繰り返しているガイドブックの同じ著者ソーニエによると，観光客の目標なのである。

　　真の観光客は前もってどこで食事をし，どこで宿泊するかなどということは知らない。ただほとんど方向を知るのみで，それにしたところで古びた教会の招きに応じて道を逸れる用意が常にできているのである。[*25]

　19世紀末に観光は新たな誕生期を迎えたが，それは自転車と自動車という二重の発明のおかげであった。一世代の間にエリート層のメンタリティは大いに変化した。つまり観光客は笑いものにされたものの，今や観光は引き合いに出される価値のひとつとなったのである。かつて観光という語は避けられ，それよりも「ヴァカンス」とか「旅行」の方が好まれていた。しかし1900年頃にガイドブックにはそうした用語は見られなくなり，「観　光(トゥーリスム)」という語はまずスノビズムによって選ばれた「ツーリング」という言葉に取って代わった。観光客は鉄道やその駅や時刻表にしたがうようになった。彼らは旅行の不便さについて不平を鳴らした。ガイドブックは駅から駅，「名所」から「名所」を語り続けていた。新たな種類の観光客，自転車旅行者，いわゆる観光用自動車での旅行者たちは「拘束的な空間」をなくした。というのも彼らにとってフランスの田園から始まって，すべてが発見すべきものであったからである。彼らはルネサンスやロマン派の時代の旅行者の好奇心を再発見した。豪華四輪馬車，ついで鉄道によって運ばれる観光客はしばしば彼らの旅行の不便さや災難について不満を述べた。今や最初の楽しみは旅路につくということ，追い風を受けること，悪天候に雄々しく耐えるということなのである。観光客はジャン・リシュパン[(65)]が述べているように，努力す

---

* 24　BAUDRY DE SAUNIER, *Le Cyclisme théorique et pratique*, 1894, p. 449.
* 25　BAUDRY DE SAUNIER, *Le Tourisme automobile*. 1904, p. IX, Préface de Léon AUSCHER, du T.C.F.

る楽しみを味わうのだ。

> これが3日間の自転車旅行の顛末である。……それはまったくしびれるような快感だった。じっと座ったまま動かない出不精の金持ち連中があざけり笑うとしても，私は叫びたい，自転車旅行万歳と。[*26]

　こうした名士，社交界の人々は新たな観光形態のために新たな熱狂を分かち与えようとした。ガイドブックを執筆した人々もいた。A. ドゥ・バロンセリやボードリ・ドゥ・ソーニエ，エドゥアール・デュ・ペロディル[(66)]，ソーテロン・ドゥ・サン・クレマン夫人（ペンネームはレオン・サルティ），あるいはサンテティエンヌの「自転車旅行の使徒」ポール・ドゥ・ヴィヴィ[(67)]など。彼らは自ら進んで宣伝に努めた。1895年にM. マルタンはこう書いている。「この華奢な道具（自転車）はすでにいくつかの世界に大変革をもたらした」。そしてプティ医師は次のようなフェミニスト的なメッセージを発表する。

> キュロット姿の女性は……男に対する大いなる征服を実現した。……自転車は最も激しい権利要求よりももっと確実に女性に対する社会的障壁をなくしつつあるのだ。[*27]

　「ベル・エポック」において慣習はすばやく変化した。「社交界の人々は田園で，スタッフ男爵夫人の基準とすべき書物[*28]で述べられているような遊びとスポーツを実践している」。「未知のフランス」が発見され，バレスは「フランスの教会へのおおいなる憐憫」（1914年）を示した。国中を周遊するのはますます容易になった。道路事情は徐々に改善され，自動車旅行者はガソ

[*26] 当時の大作家であるジャン・リシュパンはボードリ・ドゥ・ソーニエの *Histoire générale de la vélocipédie* に序文を寄せている。
[*27] Cf. Dr. L. PETIT, *Conférence à l'Assemblée du T.C.F.*, 12-XII-1895.
　　　 M. MARTIN, *Grande enquête sportive*, 1898.
[*28] スタッフ男爵夫人の *Les Usages du monde, Voyage du monde* が引き合いに出される。

リンスタンドや修理工場，宿屋(オーベルジュ)などをますます多く見いだすようになった。彼らはそれらを新たなガイドブックで知ったのだが，そういうガイドブックは彼らだけのために作られ，自動車のタイヤ製造メーカーが刊行したものであった。1904年にコンティナンタル社が，ついでクレベール・コロンブ社とミシュラン社が他の同業者を圧倒した。ミシュラン社のガイドブックは緑版であれ赤版であれ，相変わらずリード役である。

2000年の観光は「ベル・エポック」における輝かしい発見の系譜上にある。用具の技術的な改善は意味の再生を伴う。たとえば1980年代にカリフォルニアからやってきたマウンテン・バイクは自転車に新たな若さを吹き込んだ。今日，サイクリングは標識付きのコースや自然遊歩道（GR）に沿って行なわれている。

19世紀には自然の中に自由な人間を導くという新機軸が増加した。20世紀後半にはアメリカ人が「アウトドア・レクリエーション」ということを言いだした。網羅的ではないが，順番に挙げていくと，自転車と自動車，オリンピック（ピエール・ドゥ・クーベルタン），自然の中での体育活動（エベール[68]），1880年頃までの知られざる冬山の発見，楽しみのための行進（シャルル・ペギーは先駆者の一人であった），カヌー（アメリカからの移入），キャンプ，1920年以降のブロンズ色に日焼けした肉体，さらにはヌーディズム。これらすべての観光の革新はエリート的な起源を持ち，最初それらの普及は愛好者の団体を通して行なわれた。この列挙の中に，さらに自然公園やウィンタースポーツ，夏の地中海，熱帯での滞在などを付け加えたい。

18世紀と19世紀の探検家は彼らの啓蒙的な講演*29などによって，野生の自然について世論の関心を喚起した。もっぱら観光に関する発明は，まず北米人の「野生(ワイルダーニス)」*30に対する新たな情熱であった。1869年に最初の大陸横断鉄道が開通した。極西(ファー・ウェスト)とロッキー山脈は鉱石採掘や産業開発に充てられるように見えた。アメリカ・インディアンを居留地に押し込めるのと同時に行なわれた国土の広大な部分の保護によって，そのときまで開発されて

＊29　ロンドンの王立地理協会の活動の大部分を占める時事的な話題であった。
＊30　フランス語で Nature sauvage。

いなかった地域での野性的な性格が残ったのであった。野生の保護，これが「国立公園」の目標である。最初は「イエローストーン」（1872年）であった。その後，国立公園は続々と誕生した。すべてが「楽しむ」という目的を持ち，現代のそして後代の人間に幸福をもたらし[*31]，彼らに「レクリエーション」の枠組みを与える目的を持っていた。

　アメリカに続いて全世界が国立公園や州立公園，地域公園を設立するようになった。フランスはその中でも遅いほうであったが[*32]，そのわけはフランスはすでに動物保護区を持っていたからであり，またおそらくは野生の自然というものをほとんど崇拝しないからである。その反対にゲルマン諸国は19世紀末から急速に自然観光やハイキング（ワンデルン）に関して大いに多様化した形態を発展させた。ここで「世界観（ヴェルトゥアンシャオウング）」[*33]について語ることは誇張ではない。この世界観は「自由な自然に自由な人間（フライ・ナトゥーア，フライ・メンシェン）」[*34]というスローガンを持っていた。1905年にウィーンで設立された「自然友の会」のような団体が急速に増加した。自然は「再訪され」，野生のものとして発見され，自由なものとして愛玩された。すでに18世紀は最初の価値逆転を行ない，多少なりとも神話的な田園のために，都市から文明の独占という状態を奪っていた。19世紀は森林や湖，山岳や荒れ地，砂丘を賞賛した。あたかもそれらのみが破壊を免れた自然で，偽りの文明を捨て去れば人間は再生できるかのように。ハイカーやキャンパーのクラブは四季を通して野外での生活や寒さに強くなることを勧め，快適さを拒絶した。「衣類」を拒否する過激なものも出現した。ドイツ起源であるヌーディズムは元来苦行的であった。フランスでのヌーディズムの普及は比較的遅れていた。しかし1926年に大きな「ヌーディスト」キャンプがルヴァン島[(69)]の一部に建設されたことでこの観光形態の内容は変質した。熱狂的に太陽を求める活動は1930年代に定着し，60年代に頂点を迎えた。3Sがその象徴となった[*35]。

---

*31　これらの表現すべては公園設置の理由を述べる序文で使用されている。特にカナダ法の第4条を参照。
*32　フランスの国立公園法は1964年制定である。ヴァノワーズ国立公園が最初に設置された。
*33　フランス語で Conception du monde。
*34　フランス語で A Nature libre, hommes libres。

第3章　18世紀から2000年にかけての観光史の原動力　　**155**

夏山は18世紀に発見された。氷河に行き，モンブランやその他の高峰に登ることは「流行に乗り遅れないための必須」となった。こうしてアルピニストが生まれた。しかし冬山は知られないままだった。1880年頃まで夏山に登ったいかなるランティエも，冬に同じ山に登ろうという考えは起こさなかった[*36]。

　2000年には山岳，特にアルプスは冬期のための特別な観光目的地のように見えているが，滑降やウィンタースポーツのための空間と同一視，ないしはそれに還元されてしまっている。なんという変化だろうか。いつ，そしてどのようにこの変化は起こったのだろうか。

　装備とそれがあらわすものを混同してはならない。大昔から極北の人々は河川や湖沼が凍結し，大地が雪で覆われる冬にも移動するすべを知っていた。新石器時代の遺物や洞窟壁画からそれがわかる[*37]。彼らは冬に穴ごもりをしたわけではない。大した困難さはないが危険がつきまとう多くの仕事に従事し，スキー（スカンジナヴィア人）や足橇（ラップランド人），かんじき（エスキモー）やスケート（ゲルマン諸国），橇（スラヴ諸国）などを使っていた。その際に彼らは大いに遊びもした。オスロでのジャンプ競争，テーレマルク[(70)]やヴァサロペット[(71)]といったスキー競技の古さについては証明されている。こうしたことは完全に彼らの生活の一部になっていたので，19世紀にアメリカに移住したスカンジナヴィア人はこうした遊びを大西洋の向こう側に持っていったのである[*38]。

　しかし文明化したヨーロッパ，特に西欧では数少ない例外を除いて[*39]，こうした雪に打ち勝つ方法を知らないでいた。当時の西欧では，冬のあいだ都市以外ではやむをえず引きこもった生活しかできないのだと考えられてい

---

* 35　Sea, sun, sand, そこに加わるのは sex。
* 36　地理学者のE. ルクリュが *Excursions à travers le Dauphiné* (1850) の416ページでこう述べている，「冬になるとヴァルイーズの山岳は恐ろしいものとなる」。これはルシヨン医師の意見ではない。ルシヨンは *Guide du voyageur en Oisans* (1854) の152ページで，雪の積もった山岳を誰も賛嘆しに来ないのは残念だと述べている。
* 37　オスロのホルメンコルレン博物館，オタワ博物館などを参照。
* 38　1856年にカリフォルニアでノルディック・スキーとジャンプの競技会が開催されたことは注目される。引き続いてアメリカやオーストラリアの諸地方でこうした競技会が開催された。

た。19世紀末の変化は，山岳住民の便宜を図る冬期交通網整備のおかげなのではなくて，新たな遊びの発明という，まったく無償の行為のおかげなのである。いわゆるアルペン・スキーは観光の総合史のなかで再検討されなければならない。

　1875年頃，アルプスの高峰の多くは，しばしば冬山という条件下で征服された。それなら新たな殊勲をどこに求めればいいのだろうか。カフカス山脈（ママリー）やアンデス山脈，ヒマラヤ山脈など，遠方の高峰の攻略に乗り出したアルペン・クラブ会員もいた。ヒマラヤ観光は2000年が象徴的な年で，100周年を迎える。アルプスの冬期「初登頂」に成功するものもいた。1875年にブレヴォールト嬢[72]はユングフラウ冬期初登頂に成功し，1876年にはストラトン嬢[73]は冬のモンブランに初めて登頂したアルピニストとなったが，マイナス24℃の極寒の中，スキーも特別な装備もなかった。ドーフィネ地方のアルピニスト，H. デュアメルは1878年の万国博覧会の折りにカナダのかんじきとスキーを見て，それを冬山登山に利用することを思いつく。19世紀末，アルプスの高峰はスキーヤーでもあるアルピニストによって征服されたが，彼らにとって滑降は遊びなのであった。トネリコの板が職人の手によって曲げられて弓形に反った形に仕上げられた。だがその使用はきわめて限られていた。アルプスの村々にスキーを普及させようとしたフランス・ツーリング・クラブの努力にもかかわらず，山岳の農民は20世紀初頭になってもほとんどスキーを使わなかった。ときにシャモニのペイヨ医師[74]のような例外が見られるだけであった。

　それよりも一般に知られたのは1888年にナンセン[75]が行なった遠征，つまり橇によるグリーンランド横断，ついで翌年のスキーによる横断であった。1892年にドイツ語に翻訳された彼の物語は非常な成功を収めた。かくしてウィンタースポーツの装備と殊勲が「メディア化」されたのである。しかし

＊39　CERVANTES, *Les travaux de Persilès et Sigismunde*, 1617.（セルバンテス『ペルシーレスとシヒスムンダの苦難』上下，荻内勝之訳，国書刊行会，1980年）。これは2枚の板で滑降するノルウェイ人の物語である。H. DE BALZAC, *Serafita*（オノレ・ドゥ・バルザック『セラフィタ』，沢崎浩平訳，国書刊行会，1995年）は舞台がノルウェイだが，作者はノルウェイに行ったことがなかった。しかしバルザックはハンスカ夫人の勧めでこの小説を冬のジュネーヴで執筆したのだった。

こうした事実をもってしても，スカンジナヴィアの占有であった北国のウィンタースポーツの慣習を西欧に普及させるのには不十分であった。

さらにもっと必要なことがあったのだ。発明である。この発明はイギリス人によるものでエリート的であったが，その発祥の地はスイスであった。「文化のゲートキーパー」は新たな楽しみや，南仏の避寒都市よりももっと社会的な差をつけることのできる冬の滞在を追い求める裕福なイギリス人であった。こうした大胆な人々はノルウェイ製の装備を利用して，気候療法や登山ですでに有名であったリゾートにおいて，2本のスキー板で滑降する喜びを見いだしたのだった。後にこの種の実践はアルペン・スキーと呼ばれるだろう。同じ場所でジャンプやボブスレーの大きな喜び，スケートというもっと伝統的な楽しみ，あるいはもっと簡単なリュージュの楽しみがすぐに付け加わる。しかしノルディック・スキーは全然異なっていた。

その証明としていくつかの人名と日付が挙げられる。イギリス人のフォックス[76]は1891年にグリンデルヴァルト[77]にスキーを導入する。93年にはコナン・ドイル卿[78]がダヴォスでスキーをするが，ダヴォスはグラウビュンデン州の気候療法リゾートで，すぐにラン父子（メソジスト教会の主教である父親のヘンリー・ラン博士と，「イギリスのスキーの発展，また英瑞関係の発展に尽くした功績によって」英国王が授爵した大スポーツマンである息子のアーノルド）のお気に入りとなった。

こういったことは自然にできあがったわけではない。実際にアーノルド・ラン卿は多大の貢献をなした。スキーの教本を書き[*40]，回転競技の技術を発明し[*41]，1902年にはダヴォス・ブリティッシュ・スキー・クラブを設立した。彼はひとつの情熱しかもっていなかった。滑降である。彼のモットーは「ダウンヒル・オンリー」であった。1911年には最初の滑降競技大会を開催して，自ら勝利し，この競技大会を「カンダハル」[*42]と名づけた。この

---

* 40　*How to ski, Skiing for beginners* (1910), *Skiing* (1927), 大部の *History of skiing* (1927).
* 41　スカンジナヴィアのフォーム（クリスチャニア，ステップ・ターンなど）はアルプスの斜面には合わなかった。ブレーキをかけるためではなくて，回転するために，ストックの使い方を発明しなければならなかった。
* 42　アフガニスタンでイギリス軍が勝利した土地。

大会はアルルベルク*43 に移されて，アルルベルク・カンダハルと命名された。毎年開催されるようになったこの大会は世界選手権大会の威信あるリハーサルとなっている。1935 年頃まで，アルペン・スキーはランやオーストリア人のインストラクター*44 のおかげでアルルベルクで大いに発展した。

　ラン父子と彼らの友人たちはダヴォスを好んだが，ダヴォスは今日まで裕福でリベラルな人々の基準となるリゾートである。彼らは観光に関する発明をスイスの他のリゾート（グリンデルヴァルト，ツェルマット，モンタナ[79]），サン・モリッツ，ミューレン*45 や，ティロル地方（ザンクト・アントン[80]，インスブルック[81]といったヨーロッパ横断線上の町），シャモニ（ランと友人たちが 1898 年の冬に突然姿を見せた）に広めた。

　ウィンタースポーツはその他の山岳での活動とはすぐに区別され*46，年々強まっていく特殊なエリート的遊びであるという性格が明らかになった。アルペン・スキーの愛好者はノルディック・スキーの愛好者と同じ装具を使い*47，アルピニストが夏に訪れる山岳での滑降を実践した。しかしながらアルペン・スキーの愛好者はかつてもそして今も相変わらずノルディック・スキーヤーとは異なっている。つまり彼らの「挑戦」は斜面をできるだけ速く滑降することなのである。一方ノルディック・スキーヤーは距離に挑戦し，距離を自分たちのバランスのとれた足取りで埋め，努力する楽しみと雪中の孤独を見いだす。アルピニストは登攀すべき山と対峙する。山に登る困難さを克服することによって，山頂から展望する喜びが多くのものに（すべてにというわけではないが）与えられる。彼らにとって下山は疲労以外の何もの

＊43　最初の大会はヴァレ州のモンタナで開催された。
＊44　ハンネス・シュナイダー。
＊45　オーベルラントのミューレンでは 1923 年にラン夫人がレイディーズ・スキー・クラブを創設した。
＊46　アルペン・クラブはこの新たな慣習を利用しようとして，スキー競技会を開催した。フランス・アルペン・クラブは 1907 年にモンジュネーヴルで，翌 1908 年にはシャモニで競技会を開いた。フランス・ツーリング・クラブはスキーをアルプスの住民に贈ったが，ほとんど成果はなかった。あちこちにスキー・クラブが創設された。今日，フランススキー連盟（FFS）はフランス山岳連盟（FFM）とはまったく異なる団体となっている。
＊47　滑降用スキーが，その長さと幅，ビンディング装置によって距離スキーや山スキーと区別されるようになるのは，特に 1950 年以降である。

でもない。一方、1935年から1950年頃にかけてアルペン・スキーヤーは、たとえ登りが滑り止めの使用によってそれほど厳しいものではなかったとしても、つらい登りを呪っていた。彼らは遙かな山々をほとんど眺めることなく滑降を急いだ。彼らの技術と喜びは速さとシュプールの優雅さであった。彼らにとってなにものも区別しすぎるということはなかった。1900年に彼らは雪に映えるめだつ色彩を身にまとった。それは2000年にも相変わらず続いている。

20世紀初頭に、スキーができるリゾートのホテルに冬のあいだ滞在するかなり多くの富裕層が存在したということは事実である。当時、彼らの宿泊するホテルはシャモニがそうだったように、セントラル・ヒーティング完備をうたい文句にしていた。リゾートは、そこに連絡する小列車がツェルマットでもシャモニ（1909年から）でも、今や冬期も運行していることを知らせ、山岳鉄道を自慢していた。非常に特徴的なこれら新たな冬期滞在者は、南仏の避寒都市にそのときまで滞在していたのと同じ人々ではないのだろうか。関係者はそれを知りたがった。少なくとも当時の資料によると、1910年頃、コート・ダジュールのホテル経営者は客の来訪低下の原因を知ろうとしてスイスのいくつかのリゾート（サン・モリッツやダヴォスなど）に「スパイ」を放つことを思いついた。スパイは戻ってからこう報告した。「われわれの古くからのお客様は山にいらっしゃいました」。

20世紀におけるウィンタースポーツ・リゾートの創造と売り出しのプロセスは、南仏の避寒都市において行なわれたプロセスを想起させずにはおかない。各リゾートは今日好んで語られる独自の歴史を持っている。最初のリゾートをデビューさせたのはアルプスの村々なのではない。各リゾートは地理学者がお決まりのように持ち出す国土整備専門のテクノクラートによって行なわれた4世代のどれかに分類できる。第1世代は村がリゾートに発展したもの[82]。第2世代はゼロから作られた機能的なリゾート[83]（クルシュヴェル[84]）。第3世代は発起人が開発者でもあるような統合型リゾート（およそ1969年から1977年）[85]、第4世代は新たな混合である[86]。とはいえフランスの「雪の計画」(プラン・ネージュ)[87]の範囲内でいわゆる統合型リゾートとして造成されたのは数カ所にすぎない。残りのすべてはたんに「経験に基づいて」造成されたの

だった。1891年（ダヴォスやアルルベルクでのイギリス人）から第2次世界大戦までのウィンタースポーツ・リゾートの売り出しは，エリート的であり，現地住民とは無関係に行なわれた。その格好の例がムジェーヴである。オート・サヴォワ地方のこの村はマリ・ドゥ・ロスチャイルド男爵夫人が調査のために派遣したノルウェー人が絶賛するまでは忘れ去られ，観光活動もない所だった。男爵夫人はスイスのリゾートで戦争の最中にドイツ人の傍らで滑るスキーヤーにショックを受けた。そこで彼女はフランスに理想的な場所を作ろうとした。ロスチャイルド一族*48 は調査によって決定されたムジェーヴで土地を買い占め，美しいホテルを建設し（モン・ダルボワ，1921年），最初の特別ケーブルカーを設置した。冬のシーズン（1922年から23年にかけてと，23年から24年にかけて）に2回続けてベルギー国王のアルベール1世が来訪したので，最もエレガントなウィンターリゾートのひとつとなったこの村の名声は確固たるものとなった。リゾートの売り出しの歴史はきわめてエリート的なプロセスで続けられる。たとえば1931年以降，イタリアの非常に裕福な貴族たちのイニシアティヴでイタリアのリゾート，セストリエーレ[88] がゼロから作り出された。リンゼイ卿[89] は1937年以降，メリベル・レザリュ[90] にきわめてエレガントな山荘を持つリゾートを作りあげる*49。ムジェーヴはその豪華ホテルのため，そしてスキー専用の特別な山荘を作り出した偉大な建築家アンリ・ジャック・ル・メム*50 のおかげでエレガントな客をとらえていた。1939年以前のヴァル・ディゼールのデビューはパリの資本家（ムフリエ）と，フランス解放時に短期間ながらオートザルプ県選出の代議士と財政大臣を務めることになる銀行家のモーリス・ペシュがヴァ

---

*48 この一族はまたPLM（パリ-リヨン-マルセイユ）鉄道の大株主であった。ムジェーヴの売り出しはまた鉄道にとっても利益があったのである。
*49 イギリス人は1939年にすでに40ヘクタールの土地をムジェーヴに所有していた。彼らはこのリゾートでも相変わらず自分たちのスタイルにこだわった。
*50 1926年にル・メムはノエミ・ドゥ・ロスチャイルド男爵夫人のためムジェーヴに彼にとって最初の山荘を，1982年にはマルセル・ダッソーのため彼にとって最後の山荘を建てた。この二つの年代の間に彼は数十戸の山荘を建てたが，それらは優美で機能的，1階部分にボイラー室とスキー置き場を備え，2階は広いリヴィング，3階部分は尖った屋根の下に屋根裏部屋が配置されていた。ル・メムはまたサヴォワ地方のサナトリウムも建設した。

第3章　18世紀から2000年にかけての観光史の原動力　　**161**

ール県で行なおうとしていた計画とに関係していた。

　スキー史の他の側面はもっと技術的である。つまりポマガルスキーによって発明（1934-36 年）されたＴバーリフト，ついでチェアリフトという特殊な運搬装置とともに始まる歴史である。これらのスキーリフトは確かにスキーヤーの登坂の疲労を軽減し，彼らにもっと，したがってよりよくスキーをしてもらうことを可能にする大いなる進歩である。1936 年以降，エミール・アレ[91]の方法（3 段階ターン）は驚きを与えた。

　第 2 次世界大戦直前と 1945 年から数年の間，ウィンタースポーツの大衆化の動きは遅々としたものであった。当時，アルプスやピレネーの近在の村々から集まってきたあまり裕福ではない青年たちは，優雅な作法にしたがってスキーをするでもなく，また装備を取り替えることに心を砕くでもなかった。当時，目端の利く農業者たち（ソーズのクトラン，ユエのコロンなど）は 1935 年以降，自分たちの畑にひとつ二つのＴバーリフトを設置した。しかしすぐに自然発生的な小リゾートの世代は，大規模な機能的リゾートを創設する動きに呑み込まれていった。そういう大規模リゾートは 1 万から 3 万，4 万ものベッド数を誇り，非常に洗練されて高価な設備を備えていた。1935 年から 50 年まで低下を記録したウィンタースポーツ・リゾートへの滞在費用は上昇に転じた。ありきたりの公式演説は聞き流すことにしよう。きわめてエリート的なものとして誕生したウィンタースポーツは依然としてそうであり続けており，ときとして予想される大衆化に背を向けてきたのである。

　主にオーストリアでは大いに大衆化したウィンタースポーツ観光の形態が見られる。その中心はアルペン・スキーであり，したがってノルディック・スキーの習慣を持っていた山岳の村々でも行なわれている。そこでの雰囲気は非常に異なっているが，ジュラ山脈においても中央山岳地帯においても，いずれの場所も高い名声に達することはなかった。

　ウィンタースポーツの発明ののち，20 世紀の観光に関するもうひとつの大きな発明は夏の地中海の発明である。確かに 100 年のあいだには他の革新もあった。しかしこの二つの発明が最も重要なのであり，観光の季節的なリズムを逆転させたのだった。しかし，山岳は長いあいだ夏にしか知られず夏にしか楽しまれなかったということ，そして南仏の地中海はただ冬にだけ人

を引きつけたということを，2000年の時点で考えるのは困難になっている。

　いつ，どのように，そしてなぜこのような南仏の魅力の逆転が起こったのだろうか。まず，1936年に『グランゴワール』誌が載せた誤った理由は却下しよう。1936年の夏にプロヴァンスの浜辺に突然出現した「有給休暇連中」，「ハンチングをかぶった奴ら」[*51]がコート・ダジュールの裕福な客に嫌気を起こさせた，という理由である。これはお話にならない。どうしたら夏の人出が冬の避寒客を追い払えるというのだろうか。事実は動かない。1936年夏にはプロヴァンスへの観光客の殺到は見られなかった。コート・ダジュールの威信は1914年以前にすでにその絶頂を過ぎていた。大きな区別化の波がウィンタースポーツの方へ向かっていた。第1次世界大戦の影響と世界大恐慌こそが南仏の避寒都市の伝統的な客層を減少させたのであった。

　1925年から30年にかけて以降の地中海の夏の成功の原因は，大洋の魅力が大きくなったということだけなのだろうか。確かに関係はある。泳ぐことに対する新たな関心（およそ1900年頃から）が，英仏海峡や大西洋岸よりも高い温度の海水に有利に働いたのだ。しかしながらある種の拒絶反応が夏の地中海の大々的な売り出しを妨げていた。マルセイユは第二帝政下で夏の地中海の売り出しを試みたが，ほとんど見るべき成果はなかった。さまざまな避寒都市はあの手この手で，春まで滞在シーズンを延長しようとしたが無駄であったし，1910年のフレジュス[(92)]の演劇祭のように野外フェスティヴァルを企画して夏に観光客を呼び戻そうとしたが，失敗に終わった。原因は明白であった。つまり地中海の夏の暑さは耐え難く，5月以降のコート・ダジュールは，マリ・バシュキルツェフが「ニースの夏は殺人的」[*52]と不満を述べながら書いているように「おぞましい砂漠」に変じるのであった。『イエール・ジュルナル』紙は毎年夏になると残念そうに書くのであった。「南仏の素晴らしい浜辺は……ほとんど知られていない。南仏には間違った伝統が

[*51]　『グランゴワール』誌は戦前の右翼の週刊誌。「ハンチングをかぶった奴ら」というのは，当時右翼の間で頻繁に使われた強い軽蔑的な表現。Cf. J.-P. RIOUX, "Alete sur la 4CV", *Le Monde*, 16-XII-1996.

[*52]　Marie BASHKIRTSEFF, *Journal*, I, p. 28 (1873).（マリー・バシュキルツェフ『マリー・バシュキルツェフの日記』全3巻，野上豊一郎訳，学陽書房，1948年）。

ある。……そこは暑すぎるのだ」。

　19世紀末と20世紀初頭，夏の地中海への入り込みは控えめかつ局所的であった。人々が最も多くやってきたのはマルセイユそのものや，ラングドック・ルシオンの諸都市の近辺であった。カタロニア地方，ル・グロー・デュ・ロワ，パラヴァス・レ・フロ，ヴァルラス，カネ(93)などは，地元の人間が路面電車でやってきて束の間の海水浴を楽しむ海の家や居酒屋の集まりにすぎなかった。リヨン人たちは同様にソーヌ川の川辺で水遊びをし，パリ人たちはセーヌ川やマルヌ川で水遊びをした。いくつかの海水浴リゾートの控えめなデビューは認めよう。1881年頃のバンドル，ついでラ・スィオタ，イエール・プラージュ(94)が続く。カンヌでは2～3軒のホテルが夏期営業に踏み切る。アンティーブ岬ではアントワーヌ・セラが，夏の海水浴シーズンが有望だと見て取った最初の偉大なホテル経営者となる。こうした傾向は1900年以降にもっと明らかになる。ガイドブックの中にその進展を辿ることができる。ひとつ二つのホテルを持つ小さなリゾートは，すでに挙げた1900年頃の10カ所ほどから，1925年頃には30カ所ほどに増加していた。

　1925年以降，ジュアン・レ・パンの出現は大評判となった。それ以前にこの名前は決して聞かれないものであった。数年でこの松林(ピネード)[*53]は海水浴リゾートとなった。ガイドブック類はジュアン・レ・パンについて，他の地中海岸のどんな浜辺よりも多くのページを割いた。当時ジュアン・レ・パンは向かうところ敵なしであった。そこには10軒ほどのホテルがあったが，なかでも250室を誇るパレス風ホテルのプロヴァンサル・ホテルは美しいヴィラを持ち，特に真新しいカジノやナイト・クラブもあった。「失われた世代(ロスト・ジェネレーション)」[*54]

[*53]　1915年にアンティーブ市はSociété Foncière de Cannes et du Littoral（「カンヌ・沿岸土地会社」）からピネードと呼ばれる砂浜に沿った松林を14万5000フランで買収した。クレディ・リヨネ銀行の金融調査を参照。

[*54]　第1次世界大戦後の絶望した北米人の作家たちを指すためにガートルード・スタインが使った表現。彼らは一カ所にとどまれず，ニューヨークのグリニッジ・ヴィレッジからパリ（「モンパルナスのアメリカ人」）やコート・ダジュール（彼らの大のお気に入りとなった）まで彷徨った。彼らの突飛さや感動的な英雄的態度によって彼らの行状は大きな評判となった。主要な作家はヘミングウェイ，ドス・パソス，フィッツジェラルド夫妻（スコットとゼルダ）。『夜はやさし』を繰り返し読まれたい（スコット・フィッツジェラルド『夜はやさし』上下巻，谷口陸男訳，角川書店，1960年）。

のアメリカ人によって発見されたジュアン・レ・パンは，彼らの友人たちやパリに一時期居を定めていた富豪のグールド一族[*55]によって3年かけて売りだされた（1925年から27年）。彼らの会社である「ジュアン・レ・パン海水浴・不動産会社」は莫大な資本を集めるとともに，グレノとかエルネスト・ボードワン[*56]，アレティ[(95)]など贅沢な観光の専門家をも手中にしていたのだった[*57]。

　この新たなリゾートはすぐに人を魅了した。これは非常に独創的で，とても多くの楽しみを提供していた。主としてアメリカ風やオリエンタル風な調子[*58]を帯びた国際的な名声を持つ芸術家が果てしのない夜[*59]を盛り上げたが，そこで人々はレビューガールに夢中になり，突飛な振る舞い（女性用パジャマがジュアン・レ・パンに出現した）を楽しんだ。誰もがこのお祭り騒ぎに浮かれていた。こうした夜遊び好きのヴァカンス客のなかには王族（ギリシャなどの），大貴族（ウィンザー公のような），作家，ハリウッドの多くのスターたちがいた。

　こうした馬鹿騒ぎをした人々は多くの奇行を楽しんだ後で，ゼルダ・フィッツジェラルド[(96)]の「ねえジョン，もう戦死しなかったことを悔やんではいないでしょ」という問いかけに，おそらくはうなずくことができたのだった。

　ムジェーヴとジュアン・レ・パンはほとんど同時代の発明である。二つの

---

* 55　フランク・ジェイ・グールドはアメリカの鉄道王，バーバラ・グールドはモンパルナスに最もめだつサロンを開いていた。
* 56　エルネスト・ボードワンは1900年頃，ヴィラ・デ・フルールとエクスの最も美しいクラブをつくり，ついでドーヴィルでカジノ，ニースでレストランのペロケ（第二のマクシム）を経営した。
* 57　M. アレティはアルジェを見下ろす大ホテルのオーナーだったが，ヴィシーやニース（ネグレスコ・ホテル），カンヌ（マジェスティック・ホテル）などでもホテルを経営していた。
* 58　ミスタンゲットはハリウッド・フォリー（特徴的な名称）を盛りあげていた。大スターはアメリカ人のグレイス・ムーア，シャルル・ボワイエ(!!)，ルーマニア人のエルヴィル・ポペスクなどであった。
* 59　これらの夜はヘミングウェイが『日はまた昇る』で描いている。彼はフィッツジェラルドに会うためにジュアン・レ・パンにやってきたのだった（アーネスト・ヘミングウェイ『日はまた昇る』，谷口陸男訳，岩波書店，1958年）。

第3章　18世紀から2000年にかけての観光史の原動力

場合ともに発明は推進者である大資本家の力によっていた。ムジェーヴはロスチャイルド家，ジュアン・レ・パンはグールド家。ムジェーヴの場合，売り出しはベルギー国王アルベール１世やアストリドゥ[97]，さらには大社交界のおかげで成功した。ジュアン・レ・パンで注目の的となったのは映画スターやスキャンダルを引き起こす作家たちだった。エリート的な発明のプロセスがそれに続く。

　しかしなぜこれらのアメリカ人は夏の祝祭の場所としてこの浜辺を選んだのだろうか。その答えは彼らの小説のなかにある。つまり彼らはコート・ダジュールの金ぴか趣味を，偽物であるとともに豪華なものすべてを愛したのだ。それに地中海の気候はアメリカ人には好ましいものでもあった。1920年頃，北米人（太平洋岸に住んでいた少数を除く）はエアコンのない酷暑の夏を過ごしていた。ところで第１次世界大戦後の1918年から19年にかけて，多くのアメリカ人傷病兵が接収されたコート・ダジュールのホテルで療養し，自分たちの国の半大陸性あるいは亜熱帯性の気候と比べて地中海の夏は快いということを身をもって知ることとなったのである。

　したがってすべてがリゾートの売り出しに向かって急速に進んだ。金にあかせた隔離地区，アメリカの新たな威信。というのも世界の文化的リーダーはもはやロンドンではなく，アメリカ合衆国なのだから。20世紀の世界を文化的に支配するアメリカは，もはやたんにヨーロッパ人が上陸するニューヨークだけなのではなくて，「快適な」諸州，カリフォルニアとフロリダなのであった。常に温暖な気候で緑豊かな海岸を持つカリフォルニアには富豪が邸宅を構え，ときとしてヨーロッパを模倣した豪華な邸宅が建てられ（たとえば映画『市民ケーン』で不朽のものとなった新聞王ハーストの邸宅），ハリウッドが誕生した。1900年以降，フロリダはもはや世界の果ての半島ではなくなった。鉄道界の大物フラグラー[98]が大洋まで，キー・ウェスト[99]まで延びる鉄道を敷設し，大規模観光リゾート，マイアミ・ビーチやウェスト・パーム・ビーチを建設した。彼の同国人（アメリカ東部の）は，温暖な冬を過ごすためにもはや大西洋を横断する必要がなくなったのである。新たな「楽園」が誕生した。その楽園には「熱帯の太陽」，無限に続く細かな砂の浜辺，緑のラグーンとココヤシがあった。そこには一年中滞在できたが，冬が

際立っていた。アール・デコ様式のホテルや，しばしばバラ色のヴィラが新たな富の存在を顕示的に物語っていた。

　したがって 1900 年頃，メキシコからアンティル諸島までのカリブ海一帯にまで延長されるであろう新たな目的地がフロリダで発明されたのである。インド洋（島嶼部）やインドネシア，ブラック・アフリカの海岸に対する熱狂は，4S（sea, sun, sand, sex）の単純な快楽のなかで 1960 年から 70 年頃にかけて冷めていったが，2000 年には太陽という目的地，南の目的地というシックな方法に還元される。しかしこれらの目的地も今や雪や氷のウィンタースポーツと競争状態にある。この遅々とした進展は 20 世紀の大部分を通して行なわれた。エリート的な起源は最初はイギリス，ついでアメリカとなった。価値の逆転が行なわれたのである。この逆転はまず美的な意味において成し遂げられた。というのもこの価値という語を，画家たちが理解しているような意味においてとらえなければならないからだ。また倫理的な意味においてもこの価値の逆転は起こった。というのも衣服を脱ぎ捨て太陽の下に肉体を曝すというのは，古い羞恥心を捨て去ることだからだ。18 世紀と 19 世紀前半は，冬が出し惜しむ植物の花開く緑を探し求めていた。ついで紺碧の海が付け加わる。1900 年頃，地中海はその光ゆえに求められた。画家があちこちで見受けられたが，当時彼らはサン・トロペやコリウール[100]などの漁港やカーニュやヴァンスなどの漁村を発見し，もっと巧みに描くためそこで暮らすことを選んでいたのだった。サン・トロペに家を持っていたコレット[101]はこの間の事情を巧みに表現している。「旅立ちは太陽に向けて以外にはない。強くなる光を迎えに行く旅しかないのだ」（『牢獄と楽園』）。

　きわめてパリ風のコロニーがサン・トロペに形成されつつあった。そこには夏も冬もお構いなしに人が訪れ，アヴァンギャルドではあるが（レオン・ポール・ファルグ[102]が強調したように「シャンゼリゼとヴァンドーム広場の間の」）「セーヌ右岸」的な雰囲気が漂っていた。レオン・ポール・ファルグとその友人の画家デュノワイエ・ドゥ・スゴンザック[103]はサン・トロペの最も古い常連の中に入っていた。彼らはむき出しの肉体の新たな魅力が何であるのかを見事に表現した。彼らは『こんがり海岸』*60 と題したスキャンダラスな水彩画とテキストからなる共著を上梓した。本書では，夏の陽に焼かれ

る地中海岸の太陽が焼く，ほとんど裸の女性たちを描いた絵を再録することができないので，レオン・ポール・ファルグの味わい深い文章を引用するだけにとどめる。

> 人間の肉体は衣装を身にまとう諸世紀を通過して，1914年から18年までの戦争の末期から再び衣装を脱ぎ去る時を迎えた……
> 　太陽のルーペで何時間じっと天使のように背中を焼くのだろうか……
> 　海の香りがうれしい知らせのように空に漂う。ついぞ出会わなかった娘たち，長い腿，胸も豊かな娘たちを見かける。葡萄の新たな葉である布きれ一枚が隠すのは，アナトール・フランスの言っていたとおり，誰もが持っているお宝だけ。大事なのはシルエット。太鼓腹や禿頭，静脈瘤，ピアノ形の後ろ姿，そんな年の連中，けれども野外でそんなおぞましさを曝す連中の心を何がよぎるのだろうか。……しかしもはやここでは滑稽さは何でもない。こうした醜い連中なんか忘れて美の見本にもっぱらうつつを抜かすのだ。……それにもっともっと多くのことがある。近代は肉体の美のために多くのことをなし，成功したのだ。

すべてが活き活きと語られている。観光客の視線と行動は変化した。そればかりではなく彼らの慣習と移動のリズムも。1960年代から山岳の主要観光シーズンは冬となったが，相変わらずきわめてエリート的である。南仏での冬の滞在の衰退はゆっくりと進んだ。1936年まで冬の社交シーズンはニースやマントン，グラースやサン・レモのような昔からの避寒都市にとって最も重要なものであった。ただカンヌだけは20年の間に夏と冬の二つのシーズンを持つようになった。1950年以降，さらには2000年にも，場所によってまちまちな春の後で夏は地中海における最良の観光シーズンである。冬はいたる所で人出の減少を記録している。地中海と大西洋が結びつく。この二つだけでヨーロッパ人の夏の主要目的地となり，滞在数のおよそ半数を受

---

*　60　L.-P. FARGUE, *Côtes rôties*, p. 84. デュノワイエ・ドゥ・スゴンザックの描く挿絵をふんだんに入れた本。

け入れる。この二つは場所毎に異なる客を求めて競争している。大規模な大衆化が，特にキャンプによって実現した。多くの浜辺が7月14日と8月末のあいだ飽和する。海という目的地は今日，不足する海浜空間とあらゆるスポーツに適した空間として評価されている山岳の復活とによって，その発展が阻まれている。しかしながら最も古いものの中でもいくつかの海水浴リゾートと気候療法リゾート（避寒都市）はエリート的な高い評価を受けている。熱帯ないし亜熱帯（カリフォルニア）のアメリカはもっと確実な状況の中にある。それというのも建設の基本的な採算が保証されているので，賃貸マンションが大きな部分を占めているからである。長い冬を2～3週の滞在で区切る習慣は非常に一般的な慣習である。それぞれの独自な集団（たとえばカナダの諸州）はフロリダの一角をコロニー化した。最後にアンティル諸島では，部分的には昔ながらの高価な航空運賃の引き下げによって，ヨーロッパ人がますます多くなっている。

結　論

　2000年は歴史の終わりではない。第Ⅲ部で示す観光の決算は終わっていない。観光の発明は原動力であり続けている。ヴァカンスの目的地も形態も自然資源によって左右されるものではないし，基本的にはマネージメントによって生じるのでもない。マネージメントは観光において，たとえますます集中を行なおうとしても，革新をもたらさない。普及の様式，その拡大，その限界は2000年の観光の真の問題である。

第 III 部

2000年の地球規模化した観光

　本書はスイユ社の〈新たな眼差し〉シリーズの『観光論』(1972年) に代わるものである。私は冒頭で2000年の読者は，最初の著作の主な論点を現代に沿った新たな形で見いだすだろうということを指摘しておいた。前の著作の読者は「観光・レジャー・文化」に充てられた第Ⅲ部を賞賛した。その部分をここでは違った視点から述べよう。第1章と第2章ではフランス人のヴァカンスに関する社会学が述べられる。その視点は地球規模であり，現実を反映するヨーロッパの優位性にも触れられている。

第 *1* 章

2000 年にも維持される観光の特質

観光，文化，レジャー

　こうした概念の特質は語彙の特質に応じている。デュマズディエ以来，誰も余暇と無為とを混同しなくなった。余暇と自由時間についても同様である。無為というのは状態である。余暇というのは自由になった時間の内容である。しかし最も簡単な定義を見てさえ，余暇における移動である観光は数ある活動の中でレジャー活動だけに還元できないし，アメリカ人が「アウトドア・レクリエーション」[*1]と呼ぶあらゆる形態を人為的に括った部分に還元することもできない。観光の特殊性はまずその出現に関わっている。「ザ・ツアー」やシーズンの発明は，18世紀イギリスの大きな諸革命の中の一面であった。観光の特殊性はまたそのエリート主義的な歴史にも負っているが，この歴史は2000年現在も維持されている。かくして観光は人間のその他の移動形態，特に巡礼や十字軍，今日ビジネス旅行と呼ばれるものなどと，存在論的にさえはっきりと区別されるものとなっている。
　ここでひとつはっきりさせておかねばならないことがある。ジャン・ディディエ・ユルバンのエセーのようなものは，観光を旅行文学的民族学の中に溶かし込んでしまって，われわれと同時代人である観光客の移動と習俗とを，

[*1] そういうわけでアメリカでは「アウトドア・レクリエーション」についての大がかりな調査が行なわれた。

ときとして未開人の一団の移動と習俗のように巧みに記述するために，時代と目印とを混同してしまう[*2]。

手短に観光の「5大特質」を思い出しておこう。

1　観光では発明が基本的なことであったし，現在もそうである。発明は常に大きな影響力を及ぼす「文化のゲートキーパー」の役割である。発明は社会の序列の頂点から入り込む。2000年の「スター」は，以下にその序列ピラミッドで示すように，もはや19世紀のそれではない。発明の伝播は各種メディアのおかげでますます急速となり，ますます空間的に拡大する。問題なのは言葉の正確な意味における大衆化なのではなくて，先進社会における構造の変化なのである。

2　観光は社会文化的な刻印を打たれたひとつの進展であり，運命である。大部分が自律的な運動であるこの歴史に対して，政府はほとんど影響を与えることができない。その主張がいかなるものであれ，大資本家やテクノクラートは限定的な役割しか果たしえない。つまり彼らは創造者ではないのだ。彼らの活動は革新や流行から利益を引き出すことでしかない。

3　個別的にいうと観光の進展，一般的にいうと余暇の進展は，社会と文化の全体的な進展を反映している。そうした進展への参加率や，公衆と非公衆の分割についての最良の説明を行なうのは大規模な変数（年齢，収入，居住様式，職業タイプなど）である。しかし新たな傾向や新たな嗜好の出現を説明するものは，流行のようなほとんど測定できない質的な要因である。さまざまな兆候が飽和点に達すると観光にも大きな影響を与えるのだ。

4　1960年代に行なわれた「レクリエーション」の社会学的研究の中で適切なものとして提示された「マス・カルチャー」や「マス・レジャー」などの概念（だが本当に適切だったのだろうか）は，観光の最近の進展を説明するには不適切である。アメリカはいざ知らず西欧先進諸国では，「栄光の30年」の高度経済成長期においてヴァカンスへ発つ割合の飛躍的な増加が記録された。ヴァカンスに出かけるという習慣は1970年頃に優位となった（ヴァカ

---

* 2　以下を参照。*L'Idiot du voyage. Histoire de touriste*, 1993, *Sur la plage. Mœurs et coutumes balnéaire*, 1996.

ンスに発つ者が60%)。ついで停滞の時期がやってくるが，これは予想に反したことであった。

マス・ツーリズム，万人のための観光は，予告されてはいたがまだ到来していなかった。デュマズディエは1962年に『余暇文明に向かって？』と自分の著作に疑問符をつけたが，それを取り除きはしなかった。地中海クラブは1960年頃にある種の社会学者（A. ローラン[(1)]）によって「具体的なユートピア」として喧伝されたが，20世紀末になってみるともはや大いなる希望は，「幸福は，私が望みさえすれば」というようなものしか提示しない，ヴァカンスを売る効率的な商人に変質していた。特権者たちの間でさえヴァカンスに発つ率は100%に達しなかった。1970年に彼らの出発率は80%前後で頭打ちとなった。習慣的にヴァカンスに行かない者の3分の1以上が，自分たちは何の欲求不満も感じていないといっている。25年以上も前から有給休暇の延長やヴァカンスの多様化は，もはや政治家の演説や労働組合の要求の一部でしかなくなっている。幻滅はフランスのような国では非常に大きいので，専門家の示した当然の懸念にもかかわらず，今度は退職年齢の引き下げが主要要求となってきた。

5　観光は大衆の根本的な欲望ではない。流行に乗り遅れないことや欲求(マスト)であっても，必要性(ニード)ではないのである。観光分野について何も知らずに観光を論じるマーケティング専門家のなかには，まず需要というものがあって，観光企業の戦略はそうした需要を満足させる商品を造成することなのだと，証明もなしに断言するものがいる。そうした商品の中には何でもない場所，有名でもない場所で「ゼロから」作り出されさえするものもある。ちょうどディズニーランド・パリやフュチューロスコープ[(2)]のように。見所も評判もない普通の環境にそうやって誕生したレジャーパークは必ずしも成功するとは限らない。1992年に閉鎖されたミラポリス[(3)]は新たな観光開発が幻想に終わった唯一の例というわけではないのだ[(4)]。

地球規模に目を転じると，北米や日本の示す相違が際立つ。両者は第2次世界大戦後にヨーロッパ以上に高い成長率を示した。両国の住民はヨーロッパ流の観光欲求を持たなかった。日本はまったく最初から「ヴァカンス」という語をフランス語から借用しなければならなかった。日本人は長いあいだ，

自分たちに権利がある有給休暇さえ取得しなかった。2000年になってもまだ日本もアメリカも年次有給休暇の取得を義務づける法律を持っていない。

　私はこの章を「文化観光」ではなくて「観光と文化」と題した。「文化観光」というのは避けねばならない表現である。というのもこの表現は，歴史的建造物やミュゼの見学に限定される観光をこの表現で呼ぼうとする場合には，非常に還元的になってしまうからである。さもなくばこの表現は同義反復となってしまう。つまり本質的に観光とは文化なのだから。すでにしてリトレ辞典は観光客を「好奇心と無為によって旅行する人」と定義していた。私の概念定義も違うことは言っていない。問題なのは「産業文明から生まれた文化的欲求を余暇の中で満足させること」なのである。

　デュマズディエによると観光の中には三つのDがあるという。観光は「解放する(デリヴレ)」ものである。疲労には「くつろぎ(デラスマン)」，倦怠には「気晴らし(ディヴェルティスマン)」を与え，平凡さには(心身の)「発達(デヴロプマン)」が対応する。そのデュマズディエはまた「身体的，実践的，知的，芸術的，社会的という余暇の5種類の活動」[*3]を列挙している。2000年のさまざまな観光の活動は，Dで始まる三つの機能のうちのひとつ以上を満たしながら，「アウトドア・レクリエーション」を構成するこれらの活動のうちひとつ以上の活動を伴う。だが無為を省略することは間違いである。ヴァカンスにおける「時間と予算」の調査が不十分であるのは事実である[*4]。一般的な観察はおそらく間違っていない。大多数にとって休暇とはまず休息である。朝寝坊とお昼寝，草原で寝そべること，浜辺で「ひたすら日焼けする」ことなどであるのは明らかだ。

　自由時間を余暇時間に変換するにはどうしたらいいのだろうか。答えは見かけよりも遥かに難しい。ガーデニング，日曜大工，(しばしば男の作る)多彩な料理などは自宅や別荘，キャンプなどでも自由時間の特徴となっている。遊びと必要なことをどのように区別するのだろうか。多くのアンケートで行なわれているように「室内の文化」と「戸外の文化」とを分けるべきなのだろうか。それらの進展は同時並行的であり，それらの衝突は相互的である。

[*3] 以下を参照。J. DUMAZEDIER, *Vers une civilisation du Loisir?*, Seuil, 1962.
[*4] 「時間と予算」に関するスカレ教授の大がかりな国際調査は25年ほど前になる。しかしこれは平日を対象としたものであった。

「インドア・レクリエーション」の象徴であるテレビがいたる所で占めている巨大な場所のことは誰でも知っている。しかしテレビは自宅だけではなくホテルの部屋のなかにまで侵入し、20年前に言われていたこととは違って読書の刺激ともなっている。テレビはたとえ仮想のものであれ、旅にいざなう。テレビやラジオのクイズはたいていの場合、楽園の目的地への旅行（「熱帯の島へお二人さまご招待」）があたるという趣向になっている。外出文化の主要な進展がどこにあるのかを見てみよう。それはバーやロックコンサート、もっと頻繁なところではレストランでの外食や両親や友人への訪問などであって、すべてこういう余暇活動は非常に強い社交性が特徴となっている。

　最後に、レジャー研究の最良の方法は、アメリカ人が「アウトドア・レクリエーション」に関する大規模な調査のなかで示した方法である。この調査は類似した諸活動のモノグラフィである。スポーツに関するものであれ、芸術やその他の活動に関するものであれ、それぞれの調査では四つの主要変数を知ることが大事である。

　　——割合。浸透率、リピーター率、頻度率は宗教から性別まで、スポーツからレジャーまで、すべての社会慣習を知る上で基本的なものである。ただこの場合は確率論的世論調査だけが信頼しうるし、これによってたとえばどのくらいのフランス人がサイクリングやスキーをしたか、あるいは少なくとも何冊の本を持っているかなどを知ることができる。これが浸透率である。リピーター率はその実践が放棄されたかどうかを示す。この観察はウィンタースポーツ市場にとってきわめて重要である。頻度率は明らかにその活動によって異なる。たとえば季節性（ウィンタースポーツ）を考慮しなければならない。毎年冬になると数回スキーに行くか、ないし1週間のウィンタースポーツ滞在をする人物が、平均的で安定した実践者である。

　　——愛好者のクラブ（スポーツ連盟のライセンス、映画クラブ、読書クラブなど）への「所属」は指標にはなるが、実践者の中の最も熱心な部分しか代表していない。しかし実は、望ましい指標というのは実際の実践者の推移なのである。

　　——家計支出における「余暇用の購入量」とレジャー項目の割合。最低

賃金（SMIG あるいは SMIC という略称で呼ばれる）では，最初から基準品目の一覧表の中に映画の座席券とかテニスボール代などの価格としてレジャー用支出が含まれている。国立統計経済研究所や消費調査研究資料センター（CREDOC）の未来予測研究によると，これからの 10 年ないし 20 年において最も増加すると見込まれる支出は保健費とレジャー費である。そして一大サーヴィス活動である観光はこの危機の時代にあって雇用を増加させる稀な分野のひとつなのである。そこにはレジャーの一般的な進展のしるしが多く見られるのだ。

しかしどんな形態の観光やレジャーが最も巧みにこうした状況を利用できるのだろうか。行動変化についての歴史的な見方ができないためにこれは難しい問題である。判定はどのようになされるのだろうか。全体的に見ると，収入が横這いか低下する時代にあってレジャーは第一の支出先ではない。フランス人はヴァカンスに発つ率が低下したり短期間になったりしているわけではないが，支出を減らそうとはしている。レストランでの外食や小旅行での移動，週末滞在などは増加する傾向にあるが，映画を見に行く回数は減っている。7 月と 8 月に同じ場所でヴァカンスを過ごすというのは過去の思い出になってしまった（それも少数のものにとって）のに対して，1 年に何回もヴァカンスに出かけるフランス人の数は増加している。たとえば 3 分の 1 のフランス人は 1 年に 5 回以上自宅を空けるが，彼らだけで移動数の 4 分の 3 を占めるのである[*5]。

観光の「絶好の未開拓分野」は，スポーツ用品やキャンプ用具などの製造販売に専門化した人々が以前から知っていた。たとえばトリガノ（兄弟），ヴィュー・キャンプール[(5)]，万年筆の後にウィンド・サーフィンに転身したビック男爵[(6)]，マウンテンバイクの製造に乗り出した自転車メーカー，ロシニョール[(7)]，ラフマ[(8)]，アディダス[(9)]，ナイキ[(10)] など。大きな観光地で売られている，今日言うところの「二次製品」の増加は，それらの製品の浸透がさらに「有望な市場」を創出しているという事実を証明している。

＊5　観光局の調査による。Cf. *Tourisme*, n° 9, vanvier 1997.

レジャー用の耐久消費財の購入増加は解釈が難しい。買い換え期間が長いからといって，必ずしも買い換えに無関心だとは言えないからである。車の新規登録数の減少は，一般大衆の関心が外出手段として常に重宝してきた自動車から逸れたということをまったく意味しない。別荘の総数はもはや1950年代から70年代のようには増加していないが，たぶん飽和状態にあるのだ。農村地帯における盗難のおそれが別荘増加に抑止的に働いている。流行のスキーリゾートや海水浴リゾートでは目をむくような地価高騰が逆の結果を招いている。しかし悲観的な結論にいたる前に，半ば放棄されたような昔ながらの村の古い農家を手に入れたいと強く願っているヨーロッパ人のことを考えねばならない。フランス南部のいくつかの県ではそういう物件に恵まれている。フランスやスペインの地中海岸への外国人の居住は絶えず増加している。イギリス人は，TGVがユーロトンネル[11]を抜けて地上に出るノール県やノルマンディー地方，ペリゴール地方などでますます別荘所有者となっているのだ。

　　——「時間と空間の特定」。全国規模の総合的なデータは不完全な指標である。その進展を特定し，証明できるようにしなければならない。長期的に見ると観光は芸術や文化などのレジャー活動に関して，さらにもっと正確に言えば文化や自然のモニュメントや景勝地を訪れることに関して最良の媒介である。

16世紀から2000年まで，旅行者，ついで観光客が見なければならないものを指し示す言葉は変化した。それと同時に世界中の特権者たちにとって，興味の範囲は地球全体にまで拡大した。16世紀から18世紀中葉までは教養ある旅行者，ついで若い紳士(ジェントルマン)は，彼らのいうところによると，まずは「古典古代」を見るために旅行した。それらは保存されたモニュメントや遺跡群，メダル記念館など，基本的に古代ローマ時代のものであった。古代という基準が文化と教育の基礎となり，同時にそれは中世への軽蔑となって現われた。中世の作品は無視されるか酷評された。18世紀にプロヴァンス，ついでイタリアを訪れたドゥ・ブロス高等法院長は「不格好に建てられたアヴィニョンの法王庁宮殿」や「憐れむべき趣味のヴェネツィアのサン・マルコ寺院」などに容赦なかった。こうした旅行者たちはまた，いわゆる古典的な規則を

遵守していさえすれば同時代の建築物に対しても好意的であった。そうした建築は古代の様式を模倣したが混同もした。パラディオやミケランジェロ，ル・ノートル[12]，レン[13]，スフロ，その他大勢の作品は，それを所有する幸運に恵まれた都市の中で賞賛された。20世紀末にヨーロッパの諸都市間に確立されている序列の大部分は，17世紀と18世紀の趣味を基準として定められたのだと考えることができる。民間の施設や宗教施設に始まり，眺望や王宮広場が特別な位置を占めている巨大な建築計画にいたるまでが賞賛された。しかしこのように訪問されるヨーロッパの範囲は19世紀まで西はピレネー山脈まで，東はエルベ川までに限られていた。

　しかしすぐに他の魅力が出現してくる。ルソーの称揚した自然という魅力，描く行為を生じさせる力を持つ景勝地の観賞に導くピトレスクの魅力。旅行者の視線，そしてロマン主義以降，観光客の視線はさらにいっそう逸話的となり感傷的（サンティマンタル）となった。スターンはこの「センチメンタル（サンティマンタル）」という形容詞を広めた。あとはロマン主義的な感情にまかせよう。観光客はある時には自分が抑制できる強い感情を探し求め，またある時には谷や滝や廃墟で優しい郷愁に浸るのだった。旅行者は18世紀までユニークで理解しがたい自然現象である「不思議」に引きつけられていた。世界の七不思議は，ドーフィネの七不思議のように実際のところ無数に存在した。19世紀と20世紀にはガイドブック類が自然や歴史，モニュメントなどの「名所旧跡」を並べ立てるが，その数は好きなだけ増やせるものの，それらの間の序列は定められている。ガイドブックは星の数を使用し，濫用にいたり，その記述の中で「旅行してまで行くのに値する」から「立ち寄るのに値する」，ついで「興味深い」にいたる段階的な形容を付け加える。

　知らず知らずのうちに，われわれは明確な基準に裏打ちされた「上位一覧」の序列へとやってくる。ある場所にもっとも入り込みが多いのは，固有の理由があるからである。そういうわけで少しずつ「遺産」という特殊な概念が現われるが，これは子孫に伝えられる家族の資産という法律的な意味から，それを所有する国にとって，人類全体にとって！，その保存が義務となるような貴重な自然や文化の場所を指し示す意味が派生してきた。1972年にユネスコでは111カ国によって世界遺産条約が採択されたが，これによって国

家は，普遍的な価値が認められた場所やモニュメントを保存する義務を負った。こうした場所を特権的なリストに加えるのはユネスコである。世界遺産のリストは1998年現在で552カ所に上り，世界中に広がっている[*6]。かつての共産圏諸国での世界遺産の数は少ないが，アメリカは多すぎるように見える。

以下に掲げる一覧の中で各人は驚きの理由を見つけられるが，過去の遺産と偉大な自然景観に対する適切な選択を認めるだろう。世界遺産の総目録への登録はかなりの切り札となる。それによって観光客が増加する保証が得られるのである。しかし保存問題も複雑になる。さらに，文化的な憎悪が含まれる戦争ではその場所が格好の標的とされてしまう。アンコール・ワットやドゥブロヴニク[14]は観光地としての名声を博していたのに，戦争から免れることはできなかった。実際はそれどころではなかったのだが。パリやローマが無防備都市宣言を行なった時に，ユネスコは存在すらしていなかった[15]。

世界遺産（1998年）
（ユネスコの登録リスト，国名の次の年代は1972年の世界遺産条約に加盟した年）[16]

ヨーロッパ
アイスランド共和国（1995）
アイルランド共和国（1991）　　ボイン渓谷遺跡群
　　　　　　　　　　　　　　　スケリッグ・マイケル
アゼルバイジャン共和国（1993）
アルバニア共和国（1989）　　　ブトリント
アルメニア共和国（1993）　　　ハフパットとサナヒンの修道院
アンドラ公国（1997）
イタリア共和国（1978）　　　　ヴァルカモニカの岩絵
　　　　　　　　　　　　　　　ウルビーノ歴史地区
　　　　　　　　　　　　　　　ナポリ歴史地区
　　　　　　　　　　　　　　　アマルフィ海岸
　　　　　　　　　　　　　　　アグリジェント遺跡
　　　　　　　　　　　　　　　サン・ジミニャーノ歴史地区
　　　　　　　　　　　　　　　マテーラの洞窟住居
　　　　　　　　　　　　　　　クレスピ・ダッダ

---

*6　文化遺産が435カ所，自然遺産が117カ所，複合遺産が20カ所。条約に署名した国と地域は152。

	シエナ歴史地区
	アクイレイアの遺跡と総主教聖堂バシリカ
	ヴィチェンツァ市街とヴェネト地方のパラディオ様式の邸宅
	フェッラーラ：ルネサンス期の市街とポー川デルタ地帯
	デル・モンテ城
	アルベロベッロのトゥルッリ
	ヴィッラ・アドリアーナ
	ピエンツァ市街の歴史地区
	サヴォイア王家の王宮
	パードヴァの植物園（オルト・ボタニーコ）
	モデナの大聖堂，トッレ・チヴィカとグランデ広場
	ポンペイ，エルコラーノおよびトッレ・アヌンツィアータの遺跡
	ヴィッラ・ロマーナ・デル・カサーレ
	スー・ヌラージ・ディ・バルーミニ
	ポルトヴェーネレ，チンクエ・テッレと小島群（パルマリア，ティーノとティネット島）
	パエストゥムとヴェリアの遺跡を含むチレントとディアノ渓谷国立公園とパドゥーラのカルトジオ修道院
	レオナルド・ダ・ヴィンチ作の「最後の晩餐」があるサンタ・マリア・デッレ・グラツィエ修道院
	カゼルタの18世紀の王宮と公園，ヴァンヴィテルリの水道橋とサン・レウチョ邸宅
	ラヴェンナの初期キリスト教建築物
イタリア共和国／ヴァチカン市国	ローマ歴史地区，教皇領とサン・パオロ・フオーリ・レ・ムーラ大聖堂
ヴァチカン市国（1982）	ヴァチカン・シティー
ウクライナ共和国（1988）	キエフ：聖ソフィア大聖堂と関連する修道院建築物
	キエフ・ペチェールスカヤ大修道院
	リヴィフ歴史地区
エストニア共和国（1995）	タリン歴史地区（旧市街）
オーストリア共和国（1992）	シェーンブルン宮殿と庭園
	ハルシュタット‐ダッハシュタイン・ザルツカンマーグートの文化的景観
	センメリング鉄道
	グラーツ市歴史地区
	ザルツブルク市街の歴史地区
	ワッハウ渓谷の文化的景観
オランダ王国（1992）	スホクランドとその周辺
	アムステルダムのディフェンス・ライン
	キンデルダイク・エルスハウトの風車群
	港町ヴィレムスタットの歴史地域
	D.F. ワォーダ蒸気水揚げポンプ場

		ドゥローフマーケライ・デ・ベームスター（ベームスター干拓地）
キプロス共和国（1975）		パフォス
		トロードス地方の壁画教会群
		キロキティア
ギリシャ共和国（1981）		アテネのアクロポリス
		デルフィの遺跡
		メテオラ
		ヴェルギナの遺跡
		テッサロニーキの初期キリスト教とビザンチン様式の建造物群
		ダフニ修道院，オシオス・ルカス修道院，ヒオス島のネア・モニ修道院
		アトス山
		エピダウロスの遺跡
		ロードス島の中世都市
		ミストラ
		オリンピアの遺跡
		デロス島
		サモス島のピタゴリオンとヘラ神殿
		バッセのアポロ・エピクリオス神殿
グルジア共和国（1992）		ムツヘタの都市・博物館保護区
		バグラチ大聖堂とゲラチ修道院
		アッパー・スヴァネティ
グレートブリテンおよび北部アイルランド連合王国（イギリス）（1984）		ジャイアンツ・コーズウェーとコーズウェー海岸
		ダラム城と大聖堂
		アイアンブリッジ峡谷
		ファウンティンズ修道院遺跡を含むスタッドリー王立公園
		ストーンヘンジ，エーヴベリーと関連する遺跡群
		グウィネズのエドワード1世の城郭と市壁
		セント・キルダ
		ゴフ島野生生物保護区
		エディンバラの旧市街と新市街
		ウェストミンスター宮殿，ウェストミンスター大聖堂と聖マーガレット教会
		カンタベリー大聖堂，聖オーガスティンズ大修道院と聖マーティン教会
		河港都市グリニッジ
		ヘンダーソン島
		ロンドン塔
クロアチア共和国（1992）		ドゥブロヴニク旧市街
		古都トロギール
		スプリット史跡群とディオクレティアヌス宮殿
		プリトヴィッチェ湖群国立公園

	ポレッチ歴史地区のエウフラシウス聖堂建築群
サン・マルタン島（1991）	
スイス連邦（1975）	ベルン旧市街
	ザンクト・ガレン修道院
	ミュスタイルの聖ヨハネのベネディクト会修道院
	ベリンツォーナ旧市街にある三つの城，要塞と城壁
スウェーデン王国（1985）	ドロットニングホルムの王領地
	ビルカとホーヴゴーデン
	エンゲルスバーリの製鉄所
	ターヌムの岩絵
	スクーグスシルコゴーデン
	ハンザ同盟都市ヴィスビー
	ラップ人（サーメ人）地域
	カールスクローナの軍港
	ルーレオのガンメルスタードの教会街
スペイン王国（1982）	コルドバ歴史地区
	ブルゴス大聖堂
	アルタミラ洞窟
	グラナダのアルハンブラ，ヘネラリーフェとアルバイシン
	マドリードのエル・エスコリアール修道院とその遺跡
	バルセロナのグエル公園，グエル邸とカサ・ミラ
	サンティアゴ・デ・コンポステーラの巡礼路
	オビエド歴史地区とアストゥリアスの教会
	サンティアゴ・デ・コンポステーラ（旧市街）
	アビラ旧市街と塁壁の外の教会
	テルエルのムデハル様式建造物
	古都トレド
	サンタ・マリア・デ・グアダルーペの王立修道院
	バレンシアのラ・ロンハ・デ・ラ・セダ
	セビリアの大聖堂，アルカサルとインディアス古文書館
	サラマンカ旧市街
	ポブレー修道院
	メリダの遺跡群
	ラス・メドゥラス
	歴史的城壁都市クエンカ
	セゴビア旧市街とローマ水道
	ガラホナイ国立公園
	ドニャーナ国立公園
	カセレス旧市街
	バルセロナのカタルーニャ音楽堂とサン・パウ病院
	聖ミジャン・デ・ジュソ修道院および聖ミジャン・デ・スソ修道院
	イベリア半島の地中海入り江の岩壁画
	アルカラ・デ・エナレスの大学と歴史地区

スロヴァキア共和国（1993）	ヴルコリニェツ
	バンスカー・シュティアヴニツァ
	スピシュスキー城とその関連文化財
スロヴェニア共和国（1992）	シュコツィアン洞窟群
チェコ共和国（1993）	プラハ歴史地区
	オロモウツの聖トリニティ碑
	テルチ歴史地区
	ゼレナー・ホラのネポムークの聖ヨハネ巡礼教会
	クトナー・ホラ：サンタ・バーバラ教会とセドレッツの聖母マリア大聖堂のある歴史都市
	レドニツェ - ヴァルチツェの文化的景観
	ホラショヴィツェ歴史地区
	クロミェーシーッジの庭園と宮殿
	チェスキー・クルムロフ歴史地区
デンマーク王国（1979）	イェリング墳墓，ルーン文字石碑と教会
	ロスキレ大聖堂
ドイツ連邦共和国（1976）	アーヘン大聖堂
	シュパイヤー大聖堂
	ヴィースの巡礼教会
	ヴュルツブルクの司教館，その庭園と広場
	ブリュールのアウグストゥスブルク宮殿と別邸ファルケンルスト
	ヒルデスハイムの聖マリア大聖堂と聖ミカエル教会
	トリアのローマ遺跡，大聖堂とリープフラウエン教会
	クヴェートリンブルクの参事会聖堂，城と旧市街
	ポツダムとベルリンの宮殿や公園
	ロルシュの王立修道院とアルテンミュンスター
	ランメルスベルク鉱山と古都ゴスラー
	ワイマールとデッサウのバウハウスとその関連遺産
	マウルブロンの修道院群
	バンベルクの町
	フェルクリンゲン製鉄所
	メッセル・ピットの化石遺跡
	ハンザ同盟都市リューベック
	アイスレーベンとヴィッテンベルクにあるルターの記念建造物
	ケルン大聖堂
	古典主義の都ワイマール
ノルウェイ王国（1977）	ウルネスの板張り教会
	ブリッゲン
	レーロース
	アルタの岩絵
ハンガリー共和国（1985）	ホローケー
	パンノンハルマのベネディクト会修道院とその自然環境

		ブダペスト,ドナウ河岸とブダ城地区
ハンガリー共和国と スロバキア共和国		アグテレック・カルストとスロバキア・カルストの洞窟群
フィンランド共和国（1987）		ラウマ旧市街
		スオメンリンナの城塞
		ペタヤヴェシの古い教会
		ヴェルラ砕木・板紙工場
フランス共和国（1975）		モン・サン・ミシェルとその湾
		シャルトル大聖堂
		ヴェルサイユの宮殿と庭園
		ヴェズレーの教会と丘
		ヴェゼール渓谷の装飾洞窟群
		フォンテンブローの宮殿と庭園
		フランスのサンティアゴ・デ・コンポステーラ巡礼路
		オランジュのローマ劇場とその周辺，凱旋門
		アルルのローマ遺跡とロマネスク様式建造物
		アミアン大聖堂
		フォントネーのシトー会修道院
		アルケ-セナンの王立製塩所
		ナンシーのスタニスラス広場，カリエール広場，ダリアンス広場
		ランスのノートル・ダム大聖堂，サン・レミの旧大寺院とト宮殿
		コルシカのジロラッタ岬，ポルト岬，スカンドラ自然保護区とピアナ・カランシュ
		ポン・デュ・ガール（ローマ水道）
		ストラスブール・グラン・ディル
		サン・サヴァン・シュール・ガルタンプの教会
		パリのセーヌ河岸
		ブールジュ大聖堂
		アヴィニョン歴史地区
		ミディ運河
		歴史的城壁都市カルカッソンヌ
		リヨン歴史地区
フランス共和国／ スペイン王国		ピレネー・ペルデュ山
ブルガリア共和国（1974）		ボヤナ教会
		マダラの騎士像
		イヴァノヴォの岩窟教会
		カザンラックのトラキア人の墓地
		スヴェシュタリのトラキア人の墓地
		ピリン国立公園
		古代都市ネセバル
		リラ修道院

	スレバルナ自然保護区
ベラルーシ共和国と	ベラヴェシュスカヤ原生林
ポーランド共和国	プーシャ／ビャウォヴィエジャ
ベラルーシ共和国（1988）	
ベルギー王国（1996）	ブリュッセルのグラン-プラス
	中央運河にかかる4機の水力式リフトとその周辺のラ・ルヴィエール地域やル・ルー地域（エノー）
	フランダース州のベギン会修道院
ボスニア・ヘルツェゴビナ（1993）	
ポーランド共和国（1976）	クラクフ歴史地区
	ヴィエリチカ岩塩坑
	ザモシチ旧市街
	アウシュヴィッツ強制収容所
	ワルシャワ歴史地区
	中世都市トルニ
	マルボルクのドイツ騎士団の城郭
ポルトガル共和国（1980）	アゾレス諸島のアングラ・ド・エロイズモの町の中心地区
	リスボンのジェロニモス修道院とベレンの塔
	マデイラ諸島のラウリシルヴァ
	バターリャの修道院
	トマールのキリスト教修道院
	エヴォラ歴史地区
	アルコバッサの修道院
	シントラの文化的景観
	ポルト歴史地区
	コア渓谷の先史時代の岩壁画
マケドニア共和国（旧ユーゴスラビア共和国）（1997）	オフリド地域の文化的・歴史的景観とその自然環境
マルタ共和国（1978）	ハル・サフリエニ地下墓地
	ヴァレッタ市街
	巨石神殿群
モナコ公国（1978）	
ユーゴスラビア連邦共和国（1975）	スタリ・ラスとソポチャニ
	コトルの自然と文化-歴史地域
	ドゥルミトル国立公園
	ストゥデニツァ修道院
ラトビア共和国（1995）	リガ歴史地区
リトアニア共和国（1992）	ビリニュス歴史地区
リトアニア共和国／ロシア連邦	クルシュー砂州
ルーマニア共和国（1990）	ドナウ・デルタ
	ホレズ修道院
	モルドヴァ地方の教会
	要塞教会のあるトランシルヴァニアの村落

ルクセンブルク大公国 (1983)	ルクセンブルク市
	その古い街並みと要塞化都市
ロシア連邦（1988）	サンクト・ペテルブルグ歴史地区と関連建造物群
	モスクワのクレムリンと赤の広場
	ノブゴロドの歴史的建造物群とその周辺地区
	キジ島の木造教会
	コミの原生林
	コローメンスコエの主昇天教会
	ソロヴェツキー諸島の文化・歴史遺産群
	セルギエフ・ポサドのトロイツェ・セルギー大修道院の建造物群
	ウラジーミルとスズダーリの白石の建造物
	カムチャッカ火山群
	バイカル湖
	アルタイのゴールデン・マウンテン

アフリカ

アルジェリア民主人民共和国 (1974)	ベニ・ハンマド要塞
	タッシリ・ナジェール
	ムザブの谷
	ジェミラ
	ティパサ
	ティムガッド
	アルジェのカスバ
アンゴラ共和国（1991）	
ウガンダ共和国（1987）	ブウィンディ原生国立公園
	ルウェンゾリ山地国立公園
エジプト・アラブ共和国 (1974)	イスラム都市カイロ
	アブ・メナ
	古代都市テーベとその墓地遺跡
	メンフィスとその墓地遺跡――ギーザからダハシュールまでのピラミッド地帯
	アブ・シンベルからフィラエまでのヌビア遺跡群
エチオピア連邦民主共和国 (1977)	シミエン国立公園
	ラリベラの岩窟教会群
	アワッシュ川下流域
	ファジル・ゲビ，ゴンダール地域
	ティヤ
	アクスム
	オモ川下流域
ガーナ共和国（19759	アシャンティの伝統建築物
	中西部地域のヴォルタ・グレーター・アクラの保塁と城郭
カーポ・ヴェルデ共和国（1988）	
ガボン共和国（1986）	
カメルーン共和国（1982）	ジャー・フォナル自然保護区

ガンビア共和国（1987）	
ギニア共和国（1979）	
ギニア共和国と コートジボワール共和国	ニンバ山厳正自然保護区
ケニア共和国（1991）	ケニア山国立公園／自然林
	シビロイ／中央島国立公園
コートジボワール共和国	タイ国立公園
	コモエ国立公園
コンゴ共和国（1987）	
コンゴ民主共和国（1984）	ヴィルンガ国立公園
	ガランバ国立公園
	カフジ・ビエガ国立公園
	サロンガ国立公園
	オカピ野生生物保護区
ザンビア共和国（1984）	
ザンビア共和国／ ジンバブエ共和国	ヴィクトリアの滝（モシ・オ・トゥニャ）
ジンバブエ共和国（1982）	マナ・プールズ国立公園，サピとチュウォールのサファリ地区
	大ジンバブエ国立遺跡
	カミ遺跡群国立遺跡
スーダン共和国（1974）	
セイシェル共和国（1980）	アルダブラ環礁
	メイ渓谷自然保護区
セネガル共和国（1976）	ゴレ島
	ニオコロ・コバ国立公園
	ジュッジ国立鳥類保護区
タンザニア連合共和国 （1977）	ンゴロンゴロ保全地域
	セレンゲティ国立公園
	キルワ・キシワニとソンゴ・ムナラの遺跡
	セルース・ゲーム・リザーブ
	キリマンジャロ国立公園
チュニジア共和国（1975）	チュニス旧市街
	カルタゴ遺跡
	エル・ジェムの円形闘技場
	イシュケウル国立公園［危機遺産］
	ケルクアンの古代カルタゴの町とその墓地遺跡
	スース旧市街
	カイルアン
	ドゥッガ／トゥッガ
ナイジェリア連邦共和国（1974）	
ニジェール共和国（1974）	アイルとテネレの自然保護区
	ニジェールのW国立公園
ベナン共和国	アボメイの王宮

マダガスカル共和国（1983）	ツィンギ・デ・ベマラハ厳正自然保護区
マラウイ共和国（1982）	マラウイ湖国立公園
マリ共和国（1977）	トンブクトゥ
	バンディアガラの断崖（ドゴン人の集落）
	ジェンネ旧市街
モーリシャス共和国（1995）	
モーリタニア・イスラム共和国（1981）	アルガン礁国立公園
	ウワダニ，シンゲッティー，ティシットとウアラタの古代集落
モザンビーク共和国（1982）	モザンビーク島
モロッコ王国（1975）	マラケシュ旧市街
	古都メクネス
	ヴォルビリス遺跡
	アイット‐ベン‐ハドゥの集落
	テトゥアン旧市街（旧ティタウィン）
	フェス旧市街
社会主義人民リビア・アラブ国（1978）	サブラタの遺跡
	クーリナの遺跡
	ガダーミス旧市街
	タドラット・アカクスの岩壁画
	レプティス・マグナの遺跡
中央アフリカ共和国（1980）	マノボ‐グンダ・サン・フローリス国立公園
南アフリカ共和国	グレーター・セント・ルシア湿地公園
	ロベン島
	スタークフォンテン，スワークランズ，クロムドライおよび周辺地域の人類化石遺跡
	オクラランバ公園／ドラケンズバーク公園

アジア

アゼルバイジャン共和国	バクー旧市街，シルヴァンシャー宮殿，及び乙女の塔
アフガニスタン（1979）	
イエメン共和国（1980）	サナア旧市街
	シバームの旧城壁市街
	古都ザビード
イラク共和国（1974）	ハトラ
イラン・イスラム共和国（1975）	チョーガ・ザンビル
	ペルセポリス
	イスファハンのイマーム広場
インド共和国（1977）	アジャンタ石窟群
	エローラ石窟群
	アーグラ城塞
	タージ・マハル
	コナーラクの太陽神寺院
	マハーバリプラムの建造物群
	カジランガ国立公園

	マナス野生生物保護区
	ケオラデオ国立公園
	ゴアの教会と修道院
	カジュラーホの建造物群
	ハンピの建造物群
	ファテープル・シークリー
	パッタダカルの建造物群
	エレファンタ石窟群
	タンジャーヴールのブリハディーシュヴァラ寺院
	デリーのクトゥブ・ミナールとその建造物
	スンダルバンス国立公園
	ナンダ・デヴィ国立公園
	サーンチーの仏教建造物
	デリーのフーマユーン廟
インドネシア共和国（1989）	ウジュン・クロン国立公園
	コモド国立公園
	プランバナン寺院遺跡群
	サンギラン初期人類遺跡
	ボロブドゥル寺院遺跡群
ウズベキスタン共和国（1993）	イチャン・カラ
	ブハラ歴史地区
エルサレム（ヨルダンによる申請遺産）	エルサレム旧市街とその城壁［危機遺産］
オマーン国（1981）	バフラ城塞
	バット，アル・フトゥム，アル・アインの遺跡
	アラビア・オリックスの保護区
	フランキンセンス・トレイル
カザフスタン共和国（1994）	
カタール国（1984）	
カンボジア王国（1991）	アンコール［危機遺産］
キルギス共和国（1995）	
サウディ・アラビア王国（1978）	
シリア・アラブ共和国（1975）	古代都市ダマスカス
	古代都市ブスラ
	パルミラの遺跡
	古代都市アレッポ
スリランカ民主社会主義共和国（1980）	聖地アヌラーダプラ
	古代都市ポロンナルワ
	古代都市シギリヤ
	シンハラジャ森林保護区
	聖地キャンディ
	ゴール旧市街とその要塞化都市
	ダンブッラの黄金寺院
タイ王国	古都スコタイと周辺の古都

	古都アユタヤと周辺の古都
	バン・チェン遺跡
	トゥンヤイ・ファイ・カ・ケン野生生物保護区
タジキスタン共和国（1994）	
トルクメニスタン共和国（1994）	
トルコ共和国（1983）	イスタンブール歴史地区
	ギョレメ国立公園とカッパドキアの岩窟群
	ディヴリーの大モスクと病院
	ハットゥシャ
	ネムルット・ダウ
	クサントス・レトーン
	ヒエラポリス・パムッカレ
	サフランボル市街
	トロイ遺跡
ネパール王国（1978）	カトマンズの谷
	ロイヤル・チトワン国立公園
	仏陀の生誕地ルンビニ
	サガルマータ国立公園
パキスタン・イスラム共和国（1976）	モヘンジョダロの遺跡
	タキシラ
	タッターの文化財
	ラホールの城塞とシャーリーマール庭園
	タフテ・バヒーの仏教遺跡とサライ・バロール近隣都市遺跡
パプア・ニューギニア（1996）	
バーレーン国（1991）	
バングラデシュ人民共和国（1983）	バゲルハートのモスク都市
	パハールプールの仏教寺院遺跡
	シュンドルボン
フィリピン共和国（1985）	トゥバタハ岩礁海洋公園
	フィリピンのバロック様式教会
	フィリピン・コルディレラの棚田
ベトナム社会主義共和国	フエの建造物群
	アロン湾
フィジー共和国（1990）	
ブルキナ・パソ（1987）	
ブルンジ共和国（1982）	
ベナン人民共和国（1982）	アボメの王宮
マレーシア（1988）	
ミャンマー（1994）	
モルディヴ共和国（1986）	
モンゴル国（1990）	
ヨルダン・ハシミテ王国	ペトラ
	アムラ城

ラオス人民民主共和国（1987）	ルアン・プラバンの町
レバノン共和国（1983）	アンジャル
	バールベック
	ビブロス
	ティール
	カディーシャ渓谷（聖なる谷）と神の杉の森（ホルシュ・アルゼツ・ラップ）
大韓民国（1988）	八萬大蔵経の納められたカヤサンヘインサ
	石窟庵（ソククラム）と仏国寺（プルグクサ）
	水原（スーウォン）の華城
	宗廟（チョンミョ）
	昌徳宮（チャンドグン）
中華人民共和国（1985）	万里（ワンリー）の長城（チャンチョン）
	明（ミン）・清（シン）朝の皇宮
	周口店（チョウコウティエン）の北京原人遺跡
	泰山（タイシャン）
	莫高窟（モーカオクー）
	黄山（ホワンシャン）
	黄龍（ホワンロン）の自然景観と歴史地区
	九寨溝（チウチャイゴウ）の自然景観と歴史地区
	秦始皇陵（チンシーホワンリン）
	武陵源（ウーリンユワン）の自然景観と歴史地区
	承徳（チョントー）の避暑山荘（ピーシュシャンチョワン）と外八廟（ワイパーミャオ）
	曲阜（チュイフー）の孔廟（コンミャオ），孔林（コンリン），孔府（コンフー）
	武当山（ウータンシャン）の古代建築物群
	峨眉山（オーメイシャン）と楽山（ローシャン）大仏
	平遥古城（ピンイャウグチョン）
	ラサのポタラ宮と大昭寺（ジョカン）
	蘇州古典園林（スゥツォグデンイェンリン）
	麗江古城（リジャングチョン）
	廬山（ルーシャン）国立公園
	頤和園（イホウイワン），北京の皇帝の庭園
	天壇（テンダン），北京の皇帝の聖壇
日本国（1992）	法隆寺地域の仏教建造物
	姫路城
	屋久島
	白神山地
	白川郷・五箇山の合掌造り集落
	原爆ドーム
	古都京都の文化財（京都市，宇治市，大津市）
	古都奈良の文化財

	厳島神社
オセアニア	
オーストラリア（1974）	カカドゥ国立公園
	グレート・バリア・リーフ
	ウィランドラ湖群地域
	タスマニア原生地域
	ロード・ハウ諸島
	中東部オーストラリアの多雨林保護区
	ウルル・カタ・ジュタ国立公園
	オーストラリアの哺乳類化石地域（リバスレー／ナラコーアト）
	クインズランドの湿潤熱帯地域
	西オーストラリアのシャーク湾
	フレーザー島
	ハード島とマクドナルド諸島
	マッコーリー島
ソロモン諸島（1992）	東レンネル
ニュージーランド（1978）	テ・ワヒポウナム――南西ニュージーランド
	トンガリロ国立公園
	ニュージーランドの亜南極諸島
北米・中米	
アメリカ合衆国	レッドウッド国立公園
	メサ・ヴェルデ
	エヴァグレーズ国立公園
	イエローストーン［危機遺産］
	独立記念館
	マモス・ケーブ国立公園
	グランド・キャニオン国立公園
	オリンピック国立公園
	カホキア墳丘州立史跡
	グレート・スモーキー山脈国立公園
	プエルトリコのラ・フォルタレサとサン・フアン歴史地区
	シャーロットヴィルのモンティセロとヴァージニア大学
	自由の女神像
	チャコ文化国立歴史公園
	カールズバード洞窟群国立公園
	ヨセミテ国立公園
	ハワイ火山国立公園
	プエブロ・デ・タオス
アンティグア・バーブーダ（1983）	
エルサルバドル共和国（1991）	ホヤ・デ・セレン遺跡
カナダ（1976）	ランス・オ・メドゥ国立歴史公園
	ナハニ国立公園

	州立恐竜公園
	カナディアン・ロッキー山脈公園群
	ヘッド・スマッシュト・イン・バッファロー・ジャンプ
	ウッド・バッファロー国立公園
	ルーネンバーグ旧市街
	アンソニー島
	グロス・モーン国立公園
	ケベック（歴史地区）
カナダとアメリカ合衆国	タッチェンシニ・アルセク／クルエーン国立公園／ランゲル・セント・エライアス国立公園と自然保護区，グレイシャー・ベイ国立公園
	ウォータートン・グレイシャー国際平和公園
キューバ共和国（1981）	オールド・ハバナとその要塞化都市
	トリニダードとロス・インヘニオス渓谷
	サンティアゴ・デ・キューバのサン・ペドロ・デ・ラ・ロカ城塞
コスタリカ（1977）	ココ島国立公園
コスタリカ／パナマ共和国	タラマンカ地方——ラ・アミスター保護区／ラ・アミスター国立公園
ジャマイカ（1983）	
スリナム共和国	中部スリナム自然保護区
セントクリストファー・ネイビス（1986）	
セント・ルシア（1991）	
ドミニカ（1995）	モゥーン・トワ・ピトン国立公園
ドミニカ共和国（1985）	サント・ドミンゴの植民都市
ニカラグア共和国（1979）	
ハイチ共和国（1980）	国立歴史公園——シタデル，サン・スーシ，ラミエール
パナマ共和国（1978）	パナマのカリブ海沿岸の要塞化都市：ポルトベロ―サン・ロレンソ
	ダリエン国立公園
	パナマ歴史地区とシモン・ボリヴァールのサロン
ベリーズ（1990）	ベリーズ・バリア・リーフ保護区
ホンジュラス共和国（1979）	リオ・プラターノ生物圏保護区
	コパンのマヤ遺跡
メキシコ合衆国（1984）	シアン・カアン
	古代都市パレンケと国立公園
	古代都市テオティワカン
	メキシコ・シティ歴史地区とソチミルコ
	オアハカ歴史地区とモンテ・アルバン遺跡
	古都グアナファトと近隣の鉱山群
	プエブラ歴史地区
	古代都市チチェン・イッツァ
	モレリア歴史地区
	古代都市エル・タヒン

	古代都市ウシュマル
	サカテカス歴史地区
	シエラ・デ・サンフランシスコの岩絵
	ポポカテペトル山腹の16世紀初頭の修道院
	エル・ヴィスカイノのクジラ保護区
	ケレタロの文化財地帯
	パキメの遺跡，カサス・グランデス
	トゥラコタルパンの歴史的建造物地帯
	グアダラハラのオスピシオ・カバーニャス
グアテマラ共和国（1979）	アンティグア・グアテマラ
	キリグアの遺跡公園と遺跡
	ティカル国立公園

南米

アルゼンチン共和国（1978）	ロス・グラシアレス
	イグアス国立公園
アルゼンチン共和国とブラジル連邦共和国	グアラニーのイエズス会伝道施設：サン・イグナシオ・ミニ，サンタ・アナ，ノエストラ・セニョーラ・デ・ロレート，サンタ・マリア・マジョール（アルゼンチン），サン・ミゲル・ダス・ミソオエス遺跡（ブラジル）
ウルグアイ東方共和国（1989）	コロニア・デル・サクラメントの歴史的街並み
エクアドル共和国（1975）	ガラパゴス諸島
	キト市街
	サンガイ国立公園
ギアナ（1977）	
コロンビア共和国（1983）	カルタヘナの港，要塞と建造物群
	ロス・カティオス国立公園
	サンタ・クルーズ・デ・モンポスの歴史地区
	ティエラデントロ国立遺跡公園
	サン・アグスティン遺跡公園
チリ共和国（1980）	ラパ・ヌイ国立公園
パラグアイ共和国（1988）	ラ・サンティシマ・トリニダード・デ・パラナとヘスース・デ・タヴァランゲのイエズス会伝道施設
ブラジル連邦共和国（1977）	イグアス国立公園［危機遺産］
	ブラジリア
	セラ・ダ・カピバラ国立公園
	古都オウロ・プレート
	オリンダ歴史地区
	コンゴーニャスのボン・ジェズス聖域
	サルヴァドール・デ・バイア歴史地区
ベネズエラ共和国（1990）	コロとその港
	カナイマ国立公園
ペルー共和国（1982）	クスコ市街
	マチュ・ピチュの歴史保護区

	チャビン（遺跡）
	ワスカラン国立公園
	マヌー国立公園
	リマ歴史地区
	ナスカとフマナ平原の地上絵
	リオ・アビセオ国立公園
	チャン・チャン遺跡地帯［危機遺産］
ボリヴィア共和国（1976）	ポトシ市街
	古都スクレ
	サマイパタの砦
	チキトスのイエズス会伝道施設

出所：ユネスコ世界遺産センター，7，フォントノワ広場，75352，パリ，07 SP．

フランスの上位観光地

　大部分の訪問者を受け入れているのは非常にわずかな数の格付けモニュメントやミュゼである。基本的な入り込みは夏の数カ月であるが，この事実はそうした入り込みが観光によるものであるということを示唆する。有料の入場者数は7月と8月の2カ月で，冬季数カ月間の数倍にも上る。私は1972年にこの事実の確認を行なった[*7]。このことは2000年についても妥当する。フランスに外国人観光客が増えればそれだけ，人出が多い場所とほとんどない場所との開きも大きくなるのだ。こうした条件のもとで，パリ居住者であってルーヴル美術館に入館した者のサンプリング調査をもとにして，芸術における公衆と非公衆を比較することは適切なのであろうか[*8]。実際，外国人や地方居住者は，パリ居住者よりも遙かに多くルーヴルをはじめとして首都のその他の名所を訪れる。しかし観光客となったパリ人は，自宅の近くにあ

[*7] *In Tourisme*, Seuil, p. 305.
[*8] これはピエール・ブルデューが *L'Amour de l'art* で行なったことである（ピエール・ブルデュー他『美術愛好：ヨーロッパの美術館と観衆』，山下雅之訳，木鐸社，1994年）。

って普段は無視しているそうしたミュゼに関心を持つのである。

　文化と観光は，最良の場合であれ最悪の場合であれ，緊密に結びついている。かくして多くの「決定責任者」は観光客のやって来る夏だけにしかミュゼやモニュメントを開館しない。場所毎に，また年毎に開館期間は変化する[*9]。すべては観光客次第なのだ。6月と9月の間に開催される特別展やフェスティヴァルについても事情は同じである。

　1989年に関係各大臣が集まって「文化・観光協定」が調印された[*10]。その目的はいわゆる「遺産」をより多くの観光客の誘引のために利用し，観光客にモニュメントやミュゼの収益性向上に貢献してもらうことにあった。ブロワ市長ジャック・ラング[(17)]とヴィール市長オリヴィエ・スティルヌ[(18)]の演説[*11]，そしてこの協定の前提となる事実は月並みな表現の羅列である。

　──「遺産を活性化しなければならない」（しかしながら観光客はよそから来る）。
　──「文化商品を提供」しなければならない。それが芸術や職人技にはほとんど関係していないのに「二次製品」という表現をしたものもあった。
　──大臣たちは次のような「共通意志」を宣言した。
　　▪ フランス文化が蔵する富に対して最大多数が簡単にアクセスできること。
　　▪ 文化的芸術的遺産を地域開発の梃子とすること。
　　▪ 文化をヨーロッパの重要な経済的所与とすること。
　　　フランスの豊穣な文化は観光開発にとって主要資源のひとつである。……この文化遺産という大きな側面に，あらゆる形態をとる同時代の創造が付け加わる（続いてその列挙と大臣が積極介入的な政策を採るという明言が続く）。文化は……外国でのフランス観光宣伝に格好

[*9] ガイドブックの実用情報ページをめくってみるだけで十分この間の事情はわかる。
[*10] この協定は1989年2月17日に調印された。
[*11] 大臣職の責務として，当時ジャック・ラング（ブロワ市長を兼任）は文化問題に熱心に取り組み，ヴィール市長のダニエル・スティルヌは観光問題に取り組んでいた。私は引用を組み合わせた。

の主要商品である。……しかしながらこのリストには隠されている部分がある。増大する関心が真に表明されるのは，非常にその数が限られてしまう文化的な場所に対してでしかないのである。……

　こうした意志が具体化されて，「歴史の道」や「パリ地域のミュゼ」，あるいは「フランスのミュゼ」，「フランスの庭園探訪」などに関する数カ国語版のガイドブックや折り畳みパンフレットの共同出版となった。

　こうした努力にもかかわらず，実際には適切な方法を欠いていたために，協定以前に確認されていたフランス各地の文化的格差は，相変わらず非常に明白なままである。相変わらず「人気過密の 25 のミュゼやモニュメント」，「フランス砂漠」（あるいは「知られざる美しきフランス」）というような見出しが見いだされるのだ。

　205 ページに掲げる表は鮮やかに対照を描き出す。実際，訪問者の大部分が集中するミュゼやモニュメントはいくつか存在する。大きなフェスティヴァルを開催する閉鎖的グループの中に，少しは新入りのフェスティヴァルが入ることもある。客は夏に提供されるスペクタクルの増殖にほとんどついて行くことができない。その一方でヴェゾンのフェスティヴァルのように，活動を停止したものもある。「外出文化」[*12] の進展はレストランやスポーツには有利に働いたが，芸術文化についてはほとんどそうではなかった。ミュゼや歴史的建造物の見学は，入場者割合から言うと停滞しているのである。もっと悪いことにそれらの客は相対的に高齢化していて「エリート主義的」である，などの観察も行なわれている。

　普及はいささかも自動的には行なわれないということを認めねばならない。1988 年夏に実施された調査によると，5％の「遺産訪問の常連」が観光地やモニュメントの入場者の 30％を占めているのに対して，ヴァカンス客の 60％は「諸遺産」関連商品の消費者ではなかった。地方のミュゼやモニュメントの有料入場者数を注意深く調査すると，特に停滞や後退が明らかである。県庁所在地のミュゼの大部分については，たとえこれらの町が幹線上に位置

＊12　Cf. *Les comportements culturels des Français*, 1990. この調査はドキュマンタシオン・フランセーズ社から出された素晴らしいものである。

していても（たとえばヴァランス[19]），入場者が1万人未満である。サルス城[20]はラングドック地方からの交通の便に恵まれているが，入場者数は減少している。同じく第一級の遺産であることを否めないシェーズ・デュー修道院[21]についても後退傾向が見られる。ケベックやその城壁，ルイスバーグ[22]などに観光客が大挙して押し掛けるのを目の当たりにしているケベックやアカディア[23]の人々は，ヴォーバン[24]が築城したブザンソンの城塞のように注目すべき「遺産の」紹介展示が観光目玉になっている場合においてさえも，現在のフランスが保存している多くの城塞には相対的にわずかな人々しか訪れないことに驚いている。

それほど稀ではない例外がある。ミュロル[25]，コルマタン[26]，グリニャンなどの城館，コンカルノーなどのミュゼは数年間で入場者数が50％も増加したり，3〜4倍に増加したりした。いずれの場合にもプロモーション戦略があったことが知られている。文化施設では売上高の3％から5％がプロモーションに支出されるのに対して，テーマパークが支出するプロモーションや宣伝の費用は，大きな慈善団体におけるのと同じく，収入の15％を越える。入場者数を増やしたミュゼやモニュメントには重要な変化が見られた。つまり団体切符やガイド付きの柔軟な見学（ニーム[27]やヴェゾン・ラ・ロメーヌ[28]のミュゼにおけるように），凝ったイベント，イメージやポスター類の更新，適切な観光案内板の設置などが行なわれたのである。

現代という超リベラルな時代とは相いれないように見えるが，最も活発な運営を行なっているのは国や地方公共団体である。民間身分の運営者は，長いあいだオートリーヴ[29]の場合がそうであったように，その観光地の評判にあぐらをかいていただけのように思われる。国（しばしば非効率的）よりもむしろ市町村や県といった地方自治体がモニュメントやミュゼの管理をする場合，その結果には目を見張るものがある。ドローム県がグリニャン城を買い取ってから10年間で入場者数は6倍に増加した。もはや城館の建物そのものに対してではなくて，生活の場としての城館（城館には家具が入れられ，祝祭が行なわれた）に対して，また「所有者」であったセヴィニェ侯爵夫人（彼女こそこの城館のポスターに登場している人物なのだ）を利用して，新たなイメージ戦略が取られた。ロマン[30]の履き物ミュゼについても同様に成功した。

このミュゼは公立であり，ヴァランスの昔ながらのミュゼの 5 倍の入場者を記録している。ロマンのミュゼは住民のアイデンティティ再確認にも役立っている。民族学者は「履き物文化というものがある」と言った。この地域の住民はそれを自分たちの遺産として感じ，訪問者や遠方や近在からの観光客はというと，二つの楽しみを味わうのだ。つまり「綺麗な履き物を買うというちょっとした出費」[*13]と，このミュゼを訪れるという文化的な関心である。

秋の一般無料公開の日々の非常なにぎわいは，「文化オペレーション」が可能であるということのもうひとつの証でもある。年々こうした成功は大きくなっている。普段は有料ないし一般見学が禁止されている場所（個人住宅や大統領公邸）の無料見学やガイド付き見学も行なわれる。これは住民にとっては自分たちの遺産を実感できる機会なのである。住民がこうした遺産を意識するのは，非常に小規模の町も含めて，都市レヴェルでも可能である。レジス・ドゥブレ[(31)]は「フランスでは毎日ひとつのミュゼがオープンする」と冗談を言ったが，とはいえこれはほとんど誇張ではない。次に必要なのは小学生以外の見学者を集めることだろう。確かに文化観光の発展はマーケティングの方法にはなじまないように見えるかも知れないが，「過剰と落ち込み，そして真正性に上手に対処する」という三つの要請を含んでいる。

過剰の例は，数から見ればきわめて限られた一部の遺産であり，これはすっかり聖別され，儀式化されている。そうした遺産には多くの，あるいは多すぎる見学者が押し寄せる。そうなるともはやメッセージを発することはできない。遺産への気遣いによって閉鎖にいたったり（ラスコー[(32)]），入場制限や人の流れを誘導したり（ヴェルサイユ），保護措置が取られる。すでにその場所の真正性は変質してしまい，そうした状況に対処するのは容易ではない。管理者や責任者は，たとえばボーブール[(33)]のように，その場所がすっかり変わってしまったと苦々しく確認するしかないのだ。

逆の例は，よく知られず，あまり訪れるもののないあらゆる遺産である。こうした状況の解決法はそうした場所を商品化し，新たな儀式的な場所に変えてしまうことだと信じるのは間違っている。そこから郷土会館やエコミュ

---

* 13　この二つのテーマを取り扱っている「丘陵のドローム県」のポスターを見よ。

ゼのような，ある種のやり方を前にしたわれわれのためらいが生まれるのである。その反対にマルケーズ[34]（ランド地方自然公園）やセヴェーヌ国立自然公園（これはまだ砂漠博物館のためのものではない）といった地方公園や国立公園の中に統合され，その土地のアイデンティティを体現する遺産は，生まれつつある観光客の流れの中に自然にはいることができる。

　こうした操作は真正性を保証する。ケベックの人たちはわれわれに文化主義的パラダイムとともに貴重な情報をもたらし，ケベックという町を保護する配慮とともに，地域のアイデンティティに対する彼らの考え方を示している[*14]。フランス人はずっと前から保護区域という考え方を発明しているが，それを土地利用計画（POS）[35]の再検討の際に取り入れることができるだろう。遺産区域内における枠組みの割り当ては無視しえぬものであり，文化観光の成功そのものが，歪曲や変質をもたらす可能性のあるすべてのものに対する警戒を促す。通常，自然についていわれていることは，そのまま文化についても当てはまる[*15]。例として加入基準が非常に厳しい団体「フランスの最も美しい村」[36]を挙げよう。

いくつかの観察

　資料不足とミュゼやモニュメントの訪問に影響するさまざまな景気変動などのせいで，量的な比較は困難である。
　しかしいくつかのめだつ点は挙げることができる。
　──「夏の入り込みのピーク」はいたる所で非常に顕著である。私はかつて『観光論』（206-207ページ）の中で50地点以上についてそれを明らかにしたことがある。入り込みのピークは常に非常にはっきりしていた。
　──「首都圏（とくにパリ・ヴェルサイユ・フォンテーヌブロー）の優位」

＊14　*Teoros* 誌の数号を参照。
＊15　上述の状況はジャック・カルティエへの私のインタヴュー報告の中にも部分的に窺える。以下を参照。*Le Patrimoine, atout de développement*, paru aux P.U.I., 1992, sous la diréction de Régis NEYRET.

フランスの上位入場者のミュゼとモニュメント（単位：1000）
（施設名の先頭のPは所在地がパリであることを示す）

	1964年から夏期平均	1968年7月＋8月	1987	1990	1993	1995
P ジョルジュ・ポンピドゥー・センター			7,200	8,267	7,995	6,311
P エッフェル塔	2,266	818	4,300	5,698	5,537	5,200
P オルセー美術館			3,800	2,000	2,579	2,083
ヴェルサイユ宮殿	1,122	432				
P ルーヴル美術館	1,081	418	3,000	3,416	4,919	4,700
P ヴィレット科学産業都市			2,720	5,000	5,300	3,543
P ピカソ美術館			1,000			
P 軍事博物館（アンヴァリド）			900	1,038	874	865
P 近代美術館	97				988	787
P モンパルナス・タワー				768		
P 凱旋門	408	154	502	727	787	870
シャンボール城	374	214	550	680	743	745
P サント・シャペル			501	640	635	582
P グレヴァン蠟人形館（モンマルトルとレ・アール）			515	579	583	
P ノートル・ダム寺院の塔	218	78	521		319	183
シュノンソー城			850			
フォンテーヌブロー城	256		500			
オー・ケニグスブール城	259	132	487			
モン・サン・ミシェルの僧院	452	292	574			
アゼ・ル・リドー城	182	90	350			
シュヴェルニ城			350			
ヴィランドリ城			250			
コンピエーニュ	93		230			
カルカソーヌ	118	66		200		
エグ・モルト	72	38		187		
イフ島の要塞	149	80				
レゼズィ	85	58		160		
ポー城	127					
P パンテオン	180	58				

資料：フランス・ミュゼ局。有料入場者と無料入場者合計。
Cf. Marc Boyer, *Le tourisme*, p. 206. Et *Le memento du tourisme*.

が非常にはっきりしている。50万人以上の観光客が訪れるほとんどすべてのミュゼやモニュメントは，1〜2の例外を除いて，パリ地域に位置する。

——首都圏に次ぐ第二の集客地域はロワール川流域の城館全体であり，シャンボール城やシュノンソー城[37]を訪れる観光客は100万人規模に達しようとしている。

——これらの二大集客地域以外では「文化観光」はほとんどめだつところを持たない。中世の城郭を19世紀に復元したオー・ケニグスブール城[38]の成功はまず第一にドイツ人観光客のおかげである。モン・サン・ミシェル[39]は例外的な魅力を持っている。つまりモン・サン・ミシェルにやってくる年間の見学者数（観光客の総数）は200万人を越えているのだ（僧院にまで登って入場料を払う観光客は少数であるが）。

——フランスの「大きな文化的魅力」は実際のところ，二つのグループに属している。ひとつはフランスのイメージを押し出し，世界的な名声を持つパリに位置する「必見（マスト）」グループである。統計によるとそうした場所は数百万人の客を集めている。エッフェル塔は常に象徴的であり，ポンピドゥー・センター[40]も驚くべき成功を見せ，ルーヴルとオルセーの二大ミュゼもその斬新さ（あるいは再生）で人気を集め，ヴェルサイユ宮殿（しかしトリアノンの見学者は50万人に達しないが）も避けて通れず，ヴィレット科学産業都市[41]も輝かしい人気を誇る。かつて加えてユーロ・ディズニーランドと名称変更をしたディズニーランド・パリもある。ユーロ・ディズニーランドはパークを名乗らなかった。パリを名乗ったということは，パリの魅力の総体の中にディズニーの世界を付け加えることなのだ。

2番目のグループはきわめて有名でありながら「入場無料の魅力」を持つものである。これもまたフランス全土に分散している。大部分は宗教的な行事に関係がある。ただ「ポン・デュ・ガール」[42]だけは例外で，この古代ローマの水道橋は，近代にはグランド・ツアーとあらゆる好奇心から行なわれる旅行に欠かせない「必見（ウィデンドゥム）」であったし，現在もそうである。この古代の水道橋をめざして1000万人以上の観光客がやってくるといわれている。これはたとえばニームのメゾン・カレ[43]，テュルビ[44]のアウグストゥス戦勝記念碑，ヴェゾン・ラ・ロメーヌのローマ遺跡などのようなローマ時代の

遺跡への有料入場者数とは比べものにならない。大勢の観光客の訪れる無料の有名な場所の大部分は，多少なりとも巡礼に関係する威信ある教会である。前述のモン・サン・ミシェルに加えて，1948年には100万人であった巡礼者が今日では1000万に達しようというルルド，パリやシャルトルやストラスブールにあるノートル・ダム寺院，パリのサクレ・クール寺院などを挙げねばならないのは明らかである。これらパリの二つの聖域（ノートル・ダム，サクレ・クール）を訪れる観光客は年間1000万人以上を数える。これらの例外的な名声は美術史家がそれらに認めた美点だけでは「説明」できない。あるいは大聖堂でもラン[45]やノワイヨン[46]，オーシュ[47]，アルビ[48]などに位置し，あまり観光客の訪れない大聖堂はまったく「価値がない」とでも書くべきであろうか。

——地方にある多くの場所，ミュゼやモニュメントは依然として年間5万人から20万人の観光客しか持たず，しばしば入場者数は増えていない。それは統計の示す人気のある場所に比べれば微々たる数である。比較的「人気のある」場所の中にはシャン・スュル・マルヌ[49]やヴォー（フーケの）[50]のような，イル・ドゥ・フランスにある城館，それに偉大なる南東地方からは数例しか挙げないとしても，ル・ピュイの大聖堂，ブルーの教会[51]，郵便配達夫シュヴァルの理想宮[52]，ヴィズィユの城館，クリュニーの修道院[53]，ボーヌの施療院(オスピス)[54]などがある。

——「文化観光はコントラストを維持している」。1989年に「文化・観光協定」が締結されたといっても，「いかなるバランスの回復」も見られない。格付けモニュメントとミュゼの大多数は夏の数日間を除けば相変わらず人があまり訪れないままである。その反対に文化行政の当局は，特にパリの非常に人気のある場所で過剰な人の流れを管理するのが困難になっている。そういった場所への入り込みは1990年ないしは1993年（どちらなのかは場合による）にピークを記録した。抑止的な要因は多いことを思い起こそう。ボーブールの閉鎖，エッフェル塔やルーヴル美術館，オルセー美術館，ヴェルサイユであるいはロワールの城館を前にした際限ない待ち時間，外国人観光客を突然襲うストライキなどが挙げられる。人気のある場所の飽和状態は外国，特にイタリアでも（ローマのシスティナ礼拝堂でもフィレンツェのウフィツィ美

術館でも）観察されている。

結　論

「見るべき事物は見られることを要求する」（M. エンツェンスベルガー）⁽⁵⁵⁾

　一方で過密状態，他方で閑散とした入り込み，このような診断は対応を待っている。それぞれの問題の解決は兆しが現われたらすばやく対応するしかない。迷惑な待ち時間の緩和には，間を持たせることが提案される（上映室，本の販売コーナーや複製の販売など）。他の場所に観光客の流れを誘導することも試みられたが，これは簡単ではない。観光宣伝が功を奏してその場所が有名になると，今度は飽和状態となるおそれが生じる。城館やシトー派僧院は，群衆が殺到するようにはできていないのだ。出発点からして多数の集客が目的の観光地ならば，常にアトラクションを更新して行かねばならない。それがポワティエのフュチューロスコープの場合であるが，非常に高くつくのも事実である。

　しかし正当化できない不都合は結果の中にある。それは上掲の M. エンツェンスベルガーの引用にあるように「観　　光」（サイト・スィーイング）の性質そのものの中にある*16。旅行は人々が一般的に言っているような無償の性質を持つものなのではない。多くのものにとっては訪れたり，見たりするという義務があるのだ。時代によってさまざまな言葉が同じ傾向を示すのに使われた。奇跡と「不思議」（ミラビリア）（中世において，さらに近代においても）は古代においてと同じく見られなければならず，古典主義時代の旅行者にとっては他の「必　見」（ウィデンダ）もそうであった。今日ではそれは「観　　光」（サイト・スィーイング）である。観光客は「何を見たらいいの」と問う人々となった*17。普通の時には眠り込んでいるこうした文化的な熱望は，ヴァカンスともなると目を覚ます。フランス人はそれを証明

---

* 16　M. ENZENSBERGER, *Culture ou mise en condition*, p.167.
* 17　観光バスでパリを訪れる観光客は，鼻をショーウィンドウにくっつけんばかりにして，絶えずこう繰り返すのだ，「何を見たらいいの」。Cf. R. QUENEAU, *Zazi dans le métro*.

している。1964年に行なわれたある調査[18]において、「近場でとてもしたい気晴らしは何ですか」という複数回答が可能な質問の中には「実行可能な気晴らし」が列挙されていた。回答のトップには、次のものが来た。
　　――「観光的なエクスカーションを行なう可能性」(61%)
　　――「歴史的建造物を訪れる可能性」(58%)
　それに続いたのが映画とレストランであった。最後に来たのがダンス(20%)とナイトクラブ(11%)であった。観光では知的・芸術的なレジャーが、少なくとも人々の言うところによると、大きな場所を占めている。見る、感嘆する、知る、教えられる、熟考するなどは希望であり、熱望なのだ。そうしたことは家計の犠牲を要求する義務として体験される。入場料は、家族全員ともなると無視しえぬ出費となる。さらにしばしば土産やその他のものを購入するとなればなおさらである。最初からしてガイドブックやカメラ、ビデオカメラなどを買わねばならなかったのに。これらは初期費用とでも言うべきものなのだ。さらにそうした出費に絵はがきの購入が加わる。一部は自分のため、一部は実際に出すために。写真のフィルムの上で、そこにいたという幸福を感じること、写真や土産や絵葉書などの証拠品によって、あの有名な場所に行ったのだということを保証することは、観光の典型的な慣習である。ピエール・ブルデューは『写真、平凡な芸術』[19]という題名にして正解であった。絵葉書を送るというきわめて観光的な儀式が始まってから1世紀以上が過ぎた。なんとすばらしい「指標」であろうか。この儀式は観光客の数以上に、彼らの感動の強さを数量的にあらわすのである。絵葉書が独自の消印を持っていたとき、私はそれを利用しようという気になった。それは1970年代であった。ローヌ・アルプ州での調査の結果は驚くべきものであった。私は『観光調査目録』[20]と『DATARアトラス』[21]に結果を発表した。

---

[18]　「フランス人のヴァカンス」に関するフランス世論研究所の調査。私は *Sondage* 誌の第2号の59ページでこの調査を論評している。調査対象の人々は複数回答が可能であった。
[19]　あまり知られていないが、ブルデューのこの著作(シャンボルドンなどとの共著)は非常に優れたものである(ピエール・ブルデュー『写真論――その社会的効用』、山県煕・山県直子訳、法政大学出版局、1990年)。
[20]　*Inventaire touristique de la région Rhône-Alpes*, n° 13. Études et Mémoires de CET d'Aix.

8月に販売された特別な小人形の数について，シャモニはローヌ・アルプ州のトップとなった。モンブランの麓で滞在や通過をしたものなら，誰でもこのことは知っているはずである。ローヌ・アルプ州内のあらゆる観光地は，宿泊収容力があまりないところでさえも，夏に[22]その小人形の非常に驚くべき売り上げを記録したのであった。1年の内の10カ月間はまったく小人形が売れないようなもっとも小さな市町村でさえ，夏にはこうした拡大した観光の余波を受けたのであった。

　文化という語をそのエリート主義的な意味において捉えるならば，それは観光すべてではないのは明らかであるが，しかし文化は観光の中で大きな場所を占めている。住民の社会層によって変化するが，文化的動機は上位の職業カテゴリーにおいて強く見られる。高齢者においては高い比率だが，パリ居住者においてはそれほどはっきりしたものではない。文化的動機は週末よりもヴァカンスにおいて強く見られる。週末の移動について訊かれたリヨンやサンテティエヌの住民は，動機として気晴らしや子どもたちの外出（50%），両親や友人に会うため（42%）などを挙げたが，「モニュメントや名所に行くため」という答えはわずか3%にすぎなかった[23]。

　芸術的・文化的・観光的な動機（これら3種類は重なり合う）は，基本的にはある種の目的地について出現する。フランスでは，ロワール川流域の城館やパリ，アルザスなどはきわめて高い名声を得ている。外国ではエジプトやギリシャ本土，イタリア，マルタ島，ヨルダン，いわゆる「帝国都市のモロッコ」[56]など，これらの場所はとりわけ歴史や芸術の愛好者にとって旅行地として思い描かれる。扱われているトーンの違いを知るためには，ツアーオペレーターのカタログで，海や山，娯楽などといった典型的なヴァカンス用パンフレットの頁と見比べるだけで十分である。こうした文化観光は「芸術と人生」[57]や「クリオ」[58]といった専門化したツアーオペレーターが開発

---

* 21　*Atlas DATAR* Rhône-Alpes 1971-74, 20 fasc. cartes 261-262. Bulletin du Centre d'Histoire économique et social de la Région lyonnaise の 1982 年の第 4 号の中で，私はこの方法を解説した。
* 22　Marc Boyer, *La vente de figurines postales en août*. Carte *Atlas Rhône-Alpes* de la D.A.T.A.R.
* 23　CIVAM の調査で，その結果は *Les Cahiers de O.R.E.A.M.* の 1968 年の第 6 号に掲載されている。

してきた領域である。この点において彼らはエリートが観光客だった世代の慣習を受け継いでいる。そうした目的地のイメージがどのようにして形成され，部分的にどのように固定されたのかを理解するためには，ロマン主義時代の偉大な旅行者たちや彼らの物語，著名なガイドブックのシリーズの誕生などにまで遡らねばならないだろう。

イタリアの例

　イタリア，好奇心あふれる旅行者が最も古くから訪れたこの目的地は，現代まで文化観光のモデルとして健在である。未来を見据えたモンテーニュの位置する16世紀から20世紀初頭まで，この国は最大の観光客・旅行者を受け入れてきた。20世紀末，イタリアは観光収入[*24]においても外国人観光客数[*25]においても世界のトップグループに属している。しかし地理的にひとつの国となったイタリアは，そのイメージも変えた。イタリアはそのイコンを取り替えたのである。グランド・ツアーのイギリス人や，バーネット[(59)]からモンテスキュー[(60)]，ドゥ・ブロス高等法院長にいたる啓蒙時代の旅行者にとって，イタリアは基準であった。なんといってもイタリアには永遠の都，古代の首都であるローマがあるからだった。旅行者たちがフランスから始まってイタリアに達する以前に訪ねるすべての所は，古代ローマ人が残したすべてのもの，そしてミケランジェロからパラディオにいたるルネサンス期のイタリア人たちが回復したものに対する驚きと熱中を準備するものとなった。

　ロマン主義がすべてに影響した最初の変化が18世紀末に始まる。イタリアは偉大な異国趣味となり，非常に強い文化的感動を呼ぶ国となった。古代性そのものがすでに過去への回帰である。法王のイタリアはある種の中世を蘇らせる。ルネサンス以来，イタリアは芸術の領分となった。イタリアは愛の国，そしてあらゆる形の麻薬から毒薬まで，密議から策謀_{コンビナッツィオーネ}までを含

---

* 24　1995年にイタリアは外国人観光客2500万人を得たが，これはアメリカ合衆国に次ぎ，ほとんどフランスと同じなのである。
* 25　イタリアはこの項目については4番目である。イタリアの上位にはスペインが来る。出所は世界観光機関。以下を見よ。*Memento du tourisme*, 1997, pp. 16-17.

む陰謀の国となった。旅行者はロミオとジュリエット[61]を思いだして感動し、ヴェネツィアの夜[62]を追体験し、フィレンツェ[63]からパルマ[64]にいたる小国の宮廷生活に、そしてその君主たちのマキャヴェリスムに夢中になる。サド[65]とカラッチョーリ侯爵[66]、シャトーブリアンとゲーテ[67]、バイロン[68]とシェリー[69]、スタール夫人[70]とジョルジュ・サンド、ラマルティーヌ[71]とミュッセ[72]、ゴーゴリ[73]、若きフロベールなどがそうしたさまざまな動機を胸にイタリアを駆けめぐった*26。

　このように多彩なイタリアにスタンダールは夢中になった。チヴィタヴェッキア[74]のこのフランス領事はイタリアをよく知っていた。何冊ものイタリアガイドを書いたほどである。スタンダールは次の順序でイタリア旅行の楽しみを列挙している。

　　1　甘く澄んだ空気を吸えること。
　　2　すばらしい景色を眺められること。
　　3　束の間の愛人をもてること（ここで英語を使ったのは不躾をさけるため）。
　　　　〔トゥ・ハヴ・ア・ビット・オヴ・ラヴァー〕
　　4　美しい絵画を見られること。
　　5　美しい音楽を聴けること。
　　6　美しい教会を見られること。
　　7　美しい彫像を見られること。*27

　1846年に行なわれたフロベールの2回目のイタリア旅行には新たな変化が現われる。イタリアは芸術と歴史の土地、もっと正確に言うとミュゼと文化の国となったのだ。確かにこのイメージは強力だが、単純ではある。イタリアはもはや許されない愛の避難所という評判を持っていない。イタリアは「新婚旅行の国」となったが、これはムッソリーニ[75]の怒りを買った。二つのイタリア、つまりもはやヴァチカンにすぎない法王のイタリアと、新たな帝国を自任する王国[76]のイタリアが対立するが、両者とも偉大な過去を基準としているのである。

---

*26　Marc BOYER, *Il turismo...*, 1987, Gallimard-Electra はこうした「証言と資料」の章を含んでいる。
*27　スタンダールから姉妹のポーリーヌとゼナイドに宛てた書簡（1827年10月10日付）。

1960年から1970年にかけて，イタリアを来訪した外国人旅行者に対する調査が行なわれ[*28]，イタリア旅行における芸術や歴史，宗教という動機の強さが証明されたが，そういう動機に加えて気候，その「温暖さ」も挙げられるだろう。とはいえイタリアはアルプス山脈の最大部分を持ち，最も長い地中海岸を所有し[*29]，注目すべき温泉リゾート群を持っている。イタリア旅行は都市と観光地への旅行として捉えられている。イタリアを非常に愛したヴァレリ・ラルボーは，しかしながら飽き飽きしてこう書いている。「町また町の連続だ」。

　20世紀末，もはや文化的・宗教的な動機だけが唯一のものではなく，また優勢でもない。イタリアは最初のミュゼ，そして美しいモニュメント群という当然受けるべき名声の犠牲となったのである。

---

*28　旅行代理店に委託されたENITの調査。質問表は動機と滞在場所を尋ねていた。
*29　イタリアでは海への自由なアクセスについて，フランスのようなコルベール的規則が見られないというのは事実である。イタリアでは砂浜の大部分がプライベートビーチ化され，したがってそこへのアクセスは有料である。

第 2 章

内容と行動

　スイユ社から刊行した私の『観光論』[*1]の第10章は「さまざまな観光形態の社会文化的な内容」という章名であったが，これは好評を博した。その章を増補改訂してここに再録する。前章までに観光の特殊性は明らかにできた。観光の内容とは社会文化的であり，その歴史は区別の発明と社会的毛管現象による模倣との間で揺れ動き，弁証法的である。観光客数は顕著な増加を示したが，だからといって観光の統一性が弱められたわけではない。20世紀末，マス・ツーリズム（とはいえ，思われているほど大量ではないのだが）は[*2]，季節的なリズムで生起し，観光地が必ずしもリゾートではないとしても限られた時期と空間を持ち維持し続けている[*3]。観光の季節的性格は否定しようがない。「いわば季節性は観光の原罪なのである」[*4]。

　さまざまな観光客を数え上げて記述し，非常に幅のある需要を論証し，どうせ衒学的になるならばと「将来有望な未開拓分野」まで探そうとするのが

[*1]　Marc BOYER, *Le Tourisme*, Paris, Seuil, 1972.
[*2]　これについては後述する。
[*3]　19世紀におけるあらゆる滞在は，2000年にも相変わらず存在している有名リゾートで行なわれていた。多くはその名声を大きくした。ニースやパーム・ビーチ，アルメリアなど，いくつかのリゾートはレジャーのための海岸都市連合を形成しながら，徐々に拡大していった。もっと詳しく見ると，農村観光はこれほど拡がっていない。農村観光は，サヴォワやペリゴールなどの有名な州では非常に盛んである。宿泊施設と市町村は，ジットゥ・ドゥ・フランスやロジ・ドゥ・フランス，グリーン・リゾートなどさまざまな品質保証システムに組み込まれている。自然遊歩道には番号が付けられ，GRという略称で親しまれている。

普通になっている。ユーモラスなやり方で，ギ・ゲ・パラはラ・ブリュイエール[(1)]ばりに観光客の人物描写(ポルトレ)を描き*5，ジャン・ディディエ・ユルバンは「観光客の物語」を語る。さまざまな儀式を語る彼のアンソロジーからは，観光客とは常に軽蔑されるものだということが伝わってくる。この観光客という語は軽蔑的な含意とともに生まれ，今もってそうあり続けている。しかし観光客の移動という群衆的な性格は，観光客をたんなる商品に変えてしまうマス・ツーリズムの結果なのではない*6。2000年にはパック旅行は移動のわずかな部分を占めるにすぎない。歴史的に動物の群の移動との比較は非常に早くから現われている。18世紀中葉のローマについて，ドゥ・ブロス高等法院長はこう書いていた。「イギリス人はアリのごとくここに蝟集している」。18世紀末，モジンスキー伯爵は南仏で避寒するイギリス人を燕と同一視している。

　事実はこうである。18世紀の稀な旅行者たち，19世紀の貴族の観光客たち，20世紀のますます多くなるヴァカンス客たちは，同じ理由から同じ場所（それはたんに多くなるだけ）へ移動しているにすぎないのだ。出発も同時期なら帰宅も同時期に行なわれることが多くなっているにすぎない。特に彼らの宿泊方法や活動の様態の多様性においてそうである。こうした多様性を記述したからといって，説明にはつながらない。「マーケティング」の厚かましい言説は「未開拓分野」，特権的なターゲット，つまり最も銀メッキをしている観光客というターゲットを見つけようとする傾向がある。ヨーロッパ風の装いをした北米の「行動主義」は社会様式を列挙するにいたる。気質は保守的か冒険好きか，感覚的快楽を好むのか禁欲的か。こういうことがレジャ

---

*4　私はしばしば繰り返されるこの表現を生み出してしまったという過ちを受け入れる。「観光現象の季節的性格」に関する大部の共著（*Le Caractère saisonnier du phénomène touristique...*, Acte du Colloque de Nice, 1962, publiés à Aix, 1963, 411p.）のなかにこの表現を封印しよう。だがこの著作は絶版となってる。

*5　G. ゲ・パラはラ・ブリュイエールの人物描写（ポルトレ）を真似て *La Pratique du tourisme*, Economica (1985) を出した。そう信頼できるというわけではないが，刺激的である。作者は観光事業に携わるリビア人。

*6　Jean-Didier URBAIN, *L'idiot du voyage. Histoire du touriste*, Plon, 1991. 同書の第1部「軽蔑の歴史」は，観光客はグロアガンが『ルタール・ガイド』を売りだした対象である現代の「羊たち」にはならなかった，という点を除けば賛成できる。

ーやスポーツ，観光における行動と選択を決定するというわけである。上級コミュニケーションセンター（CCA）はその「導師」であるベルナール・カトゥラとともに，そのヴィジョンが何に基づいているのかを述べないで，彼らのヴィジョンを押しつける傾向にある。

経験主義的なカタログではその意味も進展も述べることができない。それは慣習を記述するが，変化の原因も将来展望も説明できない。旅行における3時期（前，最中，後）を区別しなければならないだろうか。「観光の再生」[*7]を云々するならば，そして参加の観光や真実，美，本物への回帰などを擁護するのならば，好奇心，発見，顕示的消費などの大きな動機を見つける必要はないのだろうか[*8]。

旅行の3時期

ひとつの旅行は三つの旅行，3段階の思考からなる。それはまず望み，予感し，出発前にしばしば無意識的にいざなわれたものである。ついでそれは現地で見られた事物である。そして最後にそれは戻ってから心に残るもの，そうした体験としてわれわれの中に真に残り続けるものである。

想像された旅行，現実の旅行，延長された旅行（思い出によって）という3種類の旅行は3種類の文学に対応している。

　　——旅にいざなう文学。16世紀と17世紀に出版され，DescriptionとかItinérairesとかの名称を冠した膨大な量の旅行記は好奇心を呼び起こした。初期のガイドブック（グランド・ツアー用の）は人間形成という目的において旅行を勧めていた。地理学は土地の記述として誕生し，人間は自分を発見する技術にいざなわれた。

　　——旅行者と同行する文学。ガイドブックは携行サイズ（いわゆるポケ

[*7] 私は1972年の著作の結論（「観光の終焉に向けてか，観光の再生に向けてか」）でこのことを語っている。私はその結論の方向と同じ考えである。
[*8] *Invention du tourisme* の結論を見よ。「本物であること」の方向に観光戦略を定めた諸県，特にオートザルプ県の決定的な例も見よ。

ットガイド）となり，限られた言葉で旅行者が現地で必要とする正確な情報をまとめねばならない。18 世紀末のガイドブックはすでにこの機能を果たしていた。ロマン主義とともに初期の偉大なガイドブックシリーズが生まれる。それらはすべて独自の大きさ，記述方法，分類（星やアステリスク）などを持ち，それに忠実であった。手慣れた観光客は現地でたやすく道筋や見たいと思う場所を見つけ，読まねばならない記述を見つける。

——旅行後の文学。旅行者は旅日記を記しながら印象を固定し，思い出を長らえさせる。この種の文学は他のどんな文学よりも真実の感情を明らかにする。

旅行はまた次のような方法によっても延長される。

——ガイドブックの余白や差し込まれた紙片に記されたメモによって（現代のある種のガイドブックの中には空白の頁を用意しているものさえある）。

——旅先からの書簡によって。手紙の相手に秘密を打ち明けるように，旅行者が印象を託した絵葉書というすでに古典的な成功例がある。

——旅行を物語る写真や映画は，旅日記のオーディオヴィジュアル版である。印象は友人や両親に，常に注釈を伴いつつお披露目される。

第 1 期：想像された旅行

　未知のものを発見しに出かけた旅人など決していなかった。この点に関して例外は存在しないし，とりわけインドに到達したと信じたコロンブスについてもそうである。自然は空虚の恐怖に満ち，古代の地図では空白にしなければならなかった区域には怪物が棲息していたか，でっち上げられた架空の王国が位置していた。旅が冒険的になればなるほど，出発前の想像の領域が大きくなる。旅は未知のものの発見以上に夢の追求だったが，たいていの場合は気分転換に終わった。断絶を保証された旅人は出発前にその感覚を味わう。旅行代理店はそうした資料の大切さに気づいている。代理店は進んで次のようなスローガンを用いる。

「旅行を売る，それは夢を売ること」

　ある会議でオーストラリアのファーヘイ博士は次のように述べた。相手に売るのを夢見るという考えからは出発しないように。相手が買いたい夢という考えから出発するように。そしてこのモデルにしたがって商品を小分けするように。相手の夢に近づけば近づくほど，市場はよりよいものとなり，夢を語りにやってくる人々の数も多くなるのだ。

第2期：体験された旅行

　旅行の豊かさや感じられる喜びについてはすべてが書かれた。好きなものを見るという感情的な喜び，知るという知的な喜び，さまざまな人間に出会うという興奮。

　証言の質は証人の質にかかっている。観光旅行によって旅行者は自分自身が何者なのかを知る。旅行者は自分のうちに他の性格，おそらくは異なった感受性を発見するだろう。おそらくそれは幻想であるが，なんと心地よい麻薬だろうか。「他人の頭を使って自分の頭を磨く」(モンテーニュ『エセー』1巻，25章)。

　18世紀にはニュージェントやデュタンスなどのイギリス人たち（しばしば亡命したユグノー[2]）が『ザ・ツアー』とか『ザ・グランド・ツアー』とか呼ばれたガイドブックにおいて，貴族の子弟が旅行するメリットを列挙している。旅行は知識を広げ，教えられたもの，そして旅行者が実際に見るものを確認する機会を与え，偏見を遠ざける。19世紀にロドルフ・テプファーやテプファーを模倣した教育者たちは，デッサンを添えて彼らなりの『ジグザグ旅行記』を著した。だから若者は旅行後も自分たちが体験したものをそういう旅行記の中に見つけることができたのである。

　20世紀は皮肉たっぷりとは言わないまでも，ともすればもっと批判的になる。われわれは先に「観光客」を指し示す安易ないくつかの表現を挙げた。彼らの「旅行はズボンを型くずれさせ」(A.ファンキルクロ！) 何ももたらさない。見ることさえ知らない彼ら観光客は，いったい何を心に留めることができるというのだろうか。

　しかし本当に確信を持ってそういうことが言えるのだろうか。つまり科学

第2章　内容と行動　　**219**

的に観光客の訪問行動を研究し，彼らの「観光活動(サイト・スィーイング)」を評価することはできないのだろうか。いくつかの調査は存在する。私自身ヴェゾン・ラ・ロメーヌで6回調査したことがある*9。その調査は旅行後に行なわれた旅行者への質問という形式であったが，わかったことは彼らの大部分はすでに旅行前に非常に強い動機を持っていたということである。彼らは十分な時間を持ち，しばしばガイドブックを携行していた。たとえばケベック人がモントリオールのモン・ロワイヤルで行なったような方法を使ってよりよい分析をすることができるだろう。観光客に気づかれないように，きわめて具体的に彼らの行動を観察するようなやり方で撮影や録音をするのである。このやり方は操作的である*10。というのも訪問地における非常に具体的な特殊設備を暗示するからだ。そうした方法は行動主義のアプローチを実際に適用するというメリットを持つ。

第3期：延長された旅行

　旅行から戻れば旅行が終わるのではない。家に戻るや心機一転して旅行を綺麗さっぱり忘れ去るという趣味ないし勇気を持つものはほとんどいない。大部分のものは自分の家でもまだ何かぎこちなく感じ，思い出を楽しむ。旅行の印象を語る必要があるのだ。

　今日では旅行のこうした延長は社会に溶け込んでいる。18世紀と19世紀の旅日記は自分の内面に関わるだけで，それを読むものも自分や近親者以外にはいなかったのだが，20世紀後半ともなるとヴァカンスから戻れば，あらゆる種類の顕示的な活動が待っている。日焼けのあとを見せびらかしたり，撮った写真を持ち歩くなどということは，やはりヴァカンスを延長しているということなのだ。ヴァカンス先で撮ったフィルムの上映会の組織は，明らかにこうした社交的なレジャーの最も洗練された形態であるが，延長された旅行は労働環境にいたる日常生活の中にも入り込んでいる。誰でもそういった観察ができる。夏の終わりに仕事仲間や隣人と話をするとき，「いいヴァ

---

* 9　Marc BOYER, "Tourisme et culture, six enquêtes à Vaison-la-Romaine", 1984-85 in *Cahiers d'Histoires*, 1987, nº 2, pp. 142-173.
* 10　遠隔監視に似ているこの方法は，自由の尊重という問題を提起する。

カンスを過ごしましたか」とか「どこにお出かけでしたか」などという問いかけ以外のことができるだろうか。その後は思い出話をお互いにするのだが，たいていの場合にそれは過ごしてきたばかりのヴァカンスについての，お互い自分勝手な独白なのである。だがオフィスや役所での仕事再開の日々において，他の話題はあるのだろうか。

あるやり方やある場所でのヴァカンスを「普及させる」ためには，このような思い出話の交換はマスコミよりももっと力を発揮する。観光に関する多くの調査が示しているように，「両親や友人がそれを話しているのを聞いたことがある」という答えは「ラジオやテレビ，ジャーナリズムを通して」とか「個人的に見つけて」などという答えよりもはるかに多いのである。過ごしたヴァカンスについてかくも熱心に自ら進んで語りたがるというのは，おそらくはそこにこそ本当の喜びを感じているからなのだ。不愉快な思い出は薄れる。そして調査員が現われると，そのとき彼は「満足」を語り始めるのである。

しかし心の奥底では，旅行者はもっと複雑な印象を感じている。それは退屈なヴァカンスには飽きたという印象であり，「家に戻ってほっとしている」とか「やっぱり家が一番」などの答えにつながるのである。外国や遠方に旅行したものはホームシックを感じるが，しかし彼らにはしばしば偏狭な郷土愛が表出しているジョアシャン・デュ・ベレ[(3)]の才能が欠けているというべきであろうか。彼は「言うまでもない。フランスに勝るものなし」とまで言っていたのだ。

旅行に必要な自由についてはすべてが言い尽くされた。しかし多くの旅行者がヴァカンスに発つのは自分自身から逃れるためであって，他者や他の事物を見いだしたり発見したりするためではない。絶えず不満をくすぶらせている彼らの傷ついた魂は，旅行から幻想しか持ち帰れない。

「旅から引き出せるものを知りたい」とボードレールは叫んでいた。

すでに多くの旅行をした他の人々は無感覚になるか，あるいはそういう様子を装いたがる。スノビズムとは差別化の過程であるということをヴェブレンによって十分に理解したものは，ある程度の「ステイタス」を持つこうした人々の態度に驚かない[*11]。彼らにとってイタリアやスペインを発見する

などというのは流行遅れなのであろう。彼らは「すでに見たもの(デジャ・ヴュ)」しか見つけられない。倦怠は進歩に飽き，なにも望まない人々を待ちかまえる。旅行の企画会議の出席者たちは「どこに行くべきか」というこの困難さを承知している。ほとんどあるいはまったく知られていない場所は参加者の意気をくじいてしまう。有名すぎると，そういう場所はすでに行ったことがあると思われ，魅力を持ちえない。ローマ，パリ，シカゴなどおそらくいくつかの場所が「順調に伸びている」。しかしニースやドーヴィル，ヴィシー，ブリュッセルはどうなのだろうか。新たな目的地（プラハ，ブリュッセル）はその位置に長くはとどまれないだろう。

　パレス風ホテルや豪華列車，クルージング，大型旅客機などの常連にとって旅行はほとんど断絶とはならない。彼らは常に同じ環境を見いだすのだから。ビジネス旅行，研究旅行，会議など遠方への移動は彼らの生活のリズムとなっている。彼らは同じ飛行機で運ばれ，同じような空港に着き，同じタイプのホテルに宿泊する。旅行を延長するというのは考えられない。彼らの喜びはアクシデントを心配しなくてもいいという，まさにこの安心感に結びついているように見える。

　この類似性は国際的な大規模ホテルチェーンの広告のテーマにさえなっている。たとえばヒルトン・ホテルは「わたしたちのどのホテルも小さなアメリカなのです」といっている。

　帰宅に際しても，あちこち飛び回って同じような世界をそこかしこに見いだす裕福な旅行者にとっては，ありうべき幻滅というものは存在しない。彼らは出発点を離れさえしないのである。ブーアスティン[4]はその間の事情を完璧に描いている。

> 私はカリブ・ヒルトンとイスタンブール・ヒルトンに泊まったが，この二つともアメリカのモダニズムと消毒法の見本であった。この二つのホテルはアメリカン・エアラインの2機の飛行機と同じくらいその構想と

---

* 11　Cf. Th. VEBLEN, *Théorie de la classe de loisir*, 1ᵉʳᵉ éd. 1899, trad. fr. 1970, Galllimard. ユーモア作家ダニノスか，あるいは San ANTONIO の *Le Standing* ないし *Les Vacances de Berrurie* も参照できる。

内装において同一であった。窓から見える光景を別にすれば，どこにいるのかもわからないのだ。本当はそこにはいないのだという快適な感覚を感じることができる。注意深く濾過され，調合された雰囲気さえもがまだアメリカにいるのだということを証立てているのだ。*12

　こうした画一性は，観光客が「旅行を延長する」ために購入する「土産」のなかに見いだされる。役に立たないものの中にあって，そしてこの点で「芸術作品」でもあるもののなかにあって，フランスの家庭の居間に置かれたり架けられたりしているそうした土産，つまり有名観光地の極彩色の写真や観光地名が刻まれている木製や銅製の土産（皆に，さしあたっては家族に，ニースやエッフェル塔などへの成し遂げられた大旅行を思い起こさせる），そうした土産以上にもっと広まっているものはあるのだろうか。おそらくそれは宗教がらみのものより多いだろう。しかしそうした研究は，写真ほどには社会学者の興味をそそらない。問題となるのはたんなる産業であって，その製品（普通は醜悪）は観光コラムニストの憤激を引き起こす程度である。

　確かに，土産物やヴァカンスを延長するような話の平凡さを皮肉ることから始めて，文化的な重要性を持たないからといって現代人の旅行を非難する皮肉にいたるというのは容易ではある。皮肉は写真や彫り物の土産を持ち帰る「ヴァカンス客」に向けられるが，ヴェブレン流の「有閑階級」の現代版についても容赦はしない。ヒルトン・ホテルを定宿とする裕福なアメリカ人と，ビート族風の若いヒッチハイカーは，旅行となるとその外見にもかかわらず多くの共通点をもっている。彼らはめだつことを願うが，旅行するといたる所に同類しか見いださず，したがって旅行先の国との本当の接触ができない状態に自分を置いている。そうなれば旅行とは何だろうか。麻薬のようなものなのだろうか。それならばなぜ依存ではなくて延長について語らねばならないのだろうか。

---

*　12　BOORSTIN, *L'Image ou ce qu'il advient du rêve américain*, Paris, Juliard, 1963.

発見の観光

　この発見の観光という表現が一般的になる前からこの種の観光を実践する観光客は存在した。彼らはその自由さにおいてそれと知られた。彼らは時間と自由な精神，外に開かれた目をもっていた。彼らは驚嘆し，感嘆し，味わった。彼ら先駆者の特徴となるのは踏破された距離ではなく（この種の観光形態の初期の実践者は探検家なのではない），「自由な」態度であって，たとえば気の向くままに馬を進めたモンテーニュの態度や徒歩で歩き回ったルソーの態度なのである。この種の観光形態についてルソーからテクストを集めることもできるだろう。

　　私がその記憶を失ってしまった人生の細部において，私が最も後悔しているのは旅日記を付けなかったということである。こういってよければ，私は一人でしかも徒歩で旅行したとき以上に考え，存在し，私自身であったことはなかったのだ。……私は気の向くままに歩き，好きなときに立ち止まった。……晴れた空のもと，美しい国を急がされず徒歩で旅行するということ，そして旅程の終わりに楽しいことを持つこと。これこそが私の趣味の中に最もあるものを実際にあらゆる方法で味わうことなのだ。＊13

　『ある旅行者の手記』を書くときに touriste という新語を初めて使用した作家スタンダール[トゥーリスト]は，ぶらつくことを知っていて，ミュゼに出かける折りなどの町中の光景を好んでいた。

　　マルセイユ，1837年7月13日
　　　昨日書いた小さなことから気がついて，私は町中をぶらぶらと楽しく

＊ 13　Cf. J.-J. ROUSSEAU, *Les Confessions*, livre IV, éd. Firman-Didot, Paris, 1930, pp. 151-159. （ルソー『告白』，桑原武夫訳，岩波書店，1965年）。この第1部は1765年から1767年にかけて執筆され，1778年にルソーが没してから4年後の1782年に出版された。

歩き回った。それは間違いなくパリから遠く離れているときに時間を使う最良の方法なのだ。

　非常に多くの，変わった，ちょっとしたことに驚かされるが，それらは忘れがたい記憶となる。

　ロンドンではロンドン塔やウェストミンスター寺院の墓地などの名所巡りに1日使ったが，これは死ぬほど退屈で何も得るところはなかった。こうした名所や墓地などはほとんどどこでも見られるものに似通っている。1日の中にはイギリス人の社会的な，あるいはむしろ反社会的な習慣に関する，無数の面白い細部が詰まっている。したがって田舎のミュゼや俗悪なゴティック式の教会，馬鹿どもが「名所」と呼ぶあらゆるものを見に行くことを擁護するのは，私の肉体でしかない。私にとって興味深いのは町中で起こることであり，その国の人にとっては何も興味を引かないように見えるものなのである*14。

　スタンダールから1世紀以上たっても，現代の作家たちは忙しい観光客を告発し続けている。たとえばクロード・ロワ[5]はモニュメントやミュゼを訪れる観光客の癖を批判している。

　忙しい旅行者。彼の面の皮は，ワッペンをべたべた貼ってある豚皮製のスーツケースほどにも厚い。

　旅行術の二つの黄金律は（明らかに）お互い矛盾している。最初は，よそでは何事も自宅にいるときのようにはしないことということ。2番目は，旅行している土地の人々と同じように暮らすということ。

　自宅にいるときは決してルーヴル美術館やルノー公団に足を向けないのに，外国ではミュゼに行ったり工場見学をしたりするのに熱心になるというのは滑稽である。同様に自宅から1万キロも離れたところでフライドポテト添えのステーキやそれに似たものをほしがるということもま

---

* 14　Cf. STENDHAL, *Mémoires d'un touriste*, éd. Carmann-Lévy, Paris, 1953, p. 293.（スタンダール『ある旅行者の手記』，山辺雅彦訳，新評論，1983年）．

た馬鹿げている。*15

　20世紀末に発見の観光は，長距離（「しかし飛行機ではもはや距離というものはない」）や速さ（ニューヨークや東京は「パリから数時間」であることが自慢される）を要求する名所見学旅行に変質したように見える。一言でいうと，発見というのは異郷を必要とする。旅行者は異国情緒ないしはそう信じるものを追い求めるのだ。
　第2次世界大戦直後，ヨーロッパ人にとってこの異国情緒なるものは新世界の衣装をまとっていた。シモーヌ・ドゥ・ボーヴォワール(6)は1947年に毎日アメリカを発見していた。
　ついでラテン・アメリカや地中海岸のアフリカ諸国よりもはるかに，ブラック・アフリカや東南アジア，オセアニアなど第三世界が，正確には第三世界の中のいくつかの国が知られるようになった。東欧諸国，社会主義諸国も絶えざる好奇心を惹き続けた。1917年の革命から数年たっても，この「東からやってきた偉大な光」（ジュール・ロマン(7)）は不可思議であった。アンドレ・ジッド(8)は見に行きたいと願った。結論が曖昧ながら彼は『ソヴィエト紀行』を修正した。旅行の関心は自然の発見なのではなくて，人間の発見にあるということが断言された。
　フルシチョフ報告のあと，西欧からの旅行者は「雪解け」の恩恵を被った。バトリのクルージング（1957年）の参加者の後には多くのものが続いたが，彼らはジッドのように判断したがった。ジャン・マラビニはそうすることは困難であることを巧みに述べた。

> 雪解けが近づいた春を感じて，あるものはソ連を「シロアリの巣」と定義し，他のものは「輝ける大地」と言う。……ソ連は，各人が持ち寄ったものしか見つけられないスペインの宿屋のような所ということなのだろうか。*16

---

* 15　Claude Roy, *L'Obervateur littéraire*, 16-VII-1959.
* 16　Jean Marabini, *L'U.R.S.S.*, éd. dy Seuil, Petite planète, 1959.

たぶんたんなる写真家である方がましなのだろうか。ロラン・バルトはバトリの旅行者を俎上に載せ、カメラを持って「結論を出すつもりがなくても注意を向けられる中立的な土地」である「町中」にしか関心がない「無邪気な観光客」を笑いものにしている*17。しかし観光客がカルティエ・ブレソン(9)の才能にはとうてい及ばないとはいえイメージの狩人になるとすれば、なぜアメリカや旧ソ連に出かけて、手つかずの自然に浸らないのだろうか*18。今日西欧人は「西欧文明から抽出された」*19、新たなエキゾティズムの誘惑に曝され、民族学者を気取っている。確かにそういう旅行者は文化人類学は知らないだろうが、彼らの折衷主義と一種の「文化的追放状態」(バランディエ(10)の表現) は「彼らを常に自分たち自身の社会に対する検閲者の立場においているのである」。

バランディエは民族学的な使命およびエキゾティックな旅行(たとえばインドへの青年の旅行)へのいざないの起源に、「ある不満、根本的に異なる存在様式にすがりたいという欲求」があることを明らかにした。たとえ職業に打ち込むことによって、同じような企ての空しい性格が明るみに出されるとしても、それによって批判的な能力が研ぎすまされるのである。

以前にモンテーニュが「残忍な風習の洗練を」称揚したのは、「社会のある種の弱点を告発し、自然という偉大で力強い母親の法則を思い起こさせるため」であった。モンテーニュはディドロ(11)が自然人を理想化して慣習と風習を批判した際に繰り返した手法を使用している。この手法は、ルソーが明らかな悪の向こう側に「人間社会すべての基礎」を探求する際に非常に有効となるだろう。「数世紀にわたって驚くべき連続性がはっきりと存在する。野生ないし始原のものを模範として据えることはたいていの場合、改革者たる思想家の議論の中に、さらには革命家の議論の中にも現われていたのである」。

---

* 17　Roland Barthes, *Mythologie*, éd. du Seuil, Paris, 1965, p.147.（ロラン・バルト『神話作用』、篠沢秀夫訳、現代思潮新社、1967 年）
* 18　Cf. Cl. Levy-Strauss, *Tristes tropiques,* Paris, 1955, p. 88.（クロード・レヴィ・ストロース『悲しき熱帯』上下、川田順造訳、中央公論社、1977 年）。
* 19　Georges Balandier, *Afrique ambigue,* 1962.(G. バランディエ『黒アフリカ社会の研究』、井上兼行訳、紀伊国屋書店、1983 年)。

1968年とその後の数年間には，科学というよりも生活様式，倫理としてのエコロジーの発展が見られた。ルソーが復活したのだ。田園は当局の努力にもかかわらず滞在目的地としてはどうしても成功しなかったのに（田園には貧者のヴァカンスというイメージがあった），今や田園は「緑」のイメージに彩られたのだった。田園は各種ハイキングの行なわれるグリーン・ツーリズムの空間となった[*20]。フランスの中で最も過疎化の進行していた部分はもはや「フランス砂漠」[*21]という断罪の憂き目にあうこともなく，発見に満ちた遊びの空間となったように見える。国立公園法（1963年），地方自然公園設置のための政令（1970年）など次々に取られた措置は，観光活動と発見の場所でもある休養と保護の区域を作り出した。イタリアのグラン・パラディーソ山群[(12)]から続いているラ・ヴァノワーズ[(13)]は最初の国立公園である。その後，エクラン[(14)]，メルカントゥール[(15)]，セヴェーヌ[(16)]，ピレネー[(17)]などの山岳公園や，ポール・クロ[(18)]のような半海洋公園が続いた。公園という品質保証の肩書きはますます多くの観光客を惹きつけたが，公園中央部で許可されるのは必然的に徒歩のみであり，また狩猟や釣り，摘み取り，キャンプなどの禁止区域も設けられた。しかし公園の周辺地域では，サヴォワのバロック街道[(19)]という顕著な例外を除いては，ほとんど特別な観光誘致活動は見られない。地方自然公園は大いに発展している。1997年現在，地方自然公園は国土面積の10％を占めている。地方自然公園はまた説得や稀には禁止措置によって，動物相と植物相の保護区域でもある[*22]。「大胆な保護」と細心の整備について語られた。この種の公園内では伝統的な諸活動，特に職人仕事の保護や復活が確約された。普通であれば雇用が失われてしまったであろう区域において，雇用が創出されたのである。地方自然公園は森林の開放や自然発見などによって都市民の休息に役立っている。公園はまたハイキング公園というコンセプトさえ取るようになる。そこではすべてが散

---

* 20　番号を付けられ，標識が整備され，避難所の設けられた自然遊歩道（GR）はますます増加し，ますます多くの人々を引きつけている。
* 21　このため，J. GRAVIER, *Pris ou le Désert français* (1947) は，実際はそんなことはないのだが，遠いものになってしまったように見える。
* 22　ブシャルドー政令によって自然保護区となったヴェルコールのグラン・プラトーのように，あるいはカマルグ湿原の只中にあるバルカレス区域のように。

策のために構想されているのである。またアトラクションのある公園づくりという方法も見られる。たとえばノール州の諸都市圏から近いサンタマン・レゾー公園[20]である。オランダのクレラー・ミュラー美術館[21]のような外国の大きな成功例（6000ヘクタールに及ぶ広大な保護森林の中での散策を求めて，そしてファン・ゴッホの世界最大のコレクションの観賞に，数十万人の観光客がやってくる）を模倣して，フランスの地方自然公園は森の家やハーブの家，湿原の家，鉱山博物館などを開設している。徐々に地方自然公園はそうした取り組みを増やしてきた。州当局もそうした利益に気づき，グランド・シャルトルーズ公園[22]のような新たな地方自然公園を設置した。環境大臣が地方自然公園の監督後見を行なうが，公園という肩書きを撤回することもありうる（たとえばマレ・ポワトヴァン[23]のように）。

発見の観光を論じた折り，私はマルク・オージェ[24]に出会った。彼の本の表紙にはそういう方向が書かれてある。

> しかしながらこれらの観光客を動かすもの，それはおそらくわれわれがもはや行ないえないであろう「発見」旅行へのノスタルジーなのだ。とはいえこの旅行は今日，都市の虚構の中で一般化されたステレオタイプに終わってしまう懼れがあるのだが。

子供時代のノスタルジー。セギュール伯爵夫人[25]を読んだものは「ヴァカンス＝田園という等式」*23 を信じてしまうが，実際には当時，ほんの一握りの人々だけが田園滞在（ヴィレジアチュール）を行なって田園を味わっていたのである。これはロマン主義時代の人々の旅行の理想化であるが，彼らもまた田園という神話に包まれた目的地に旅立ったのであった。「徒歩旅行者のレトリック」が「ひとつの魂しか持たない都市」への哀惜に現われているが，その一方，都市の散歩者は例外でしかなかった*24。19世紀の「有閑階級」*25 は都市近郊の森（ブローニュのような）や避寒都市の大通り（ニース），海水浴リゾート（ブライトンからドーヴィルにいたる），温泉町（バーデン・バーデン）などで，むし

---

* 23　Marc AUGÉ, *op. cit.*, p. 10.

第2章　内容と行動　　**229**

ろ無蓋四輪馬車(カレーシュ)に乗って顕示的な散策を行なった。多くの社交的な儀式があったのだ。

　現代の民族学者のペシミズムは，短い調査旅行から持ち帰った紋切り型に原因がある。M. オージェはディズニーランドやセンターパーク[(26)]，モン・サン・ミシェル，ルイ2世の城館などを調査対象に選んだ。しかし彼はステレオタイプしか持ち帰らなかった。ノスタルジーでは異なった過去は再構成されない。「2030年夢の都市」[*26]の予測は少しも未来のものではない。歴史家は思考とプロセスの不変性，進展の遅さなどを知っている。彼は「発見の観光」を不可能なものとしてではなく，「困難なもの」[*27]として語るだろう。昨日と同じく今日も歴史家は，観光客を馬鹿にしながら自分たちは「新しい観光客」なのだと主張する人々の誇張を正す。そういう人々の耳触りのいい言葉は信用できない。

　章末の練習問題(イン・フィネ)。以下の表現の作者がおわかりだろうか[*28]。他の著者も引用できるだろうか。
　　　──「旅　行　者(ヴォワイヤジュール)＝年取った窃視者(ヴォワイユーラジェ)」
　　　──「ヴァカンスの価値，それは価値(ヴァカンス)がないことである」
　　　──「社交界(モンド)の慣　習(ユザージュ)は世界(モンド)を消　耗(ユズーレ)させる」
　　　──「観光客，雑多な感覚の斡旋者」
　　　──「旅行者，旅行している，旅行した」（この表現にひとつの意味を見いだすように）
　　　──「観光＝絵はがきに還元された世界の象徴的な占有」

---

*24　この表現は次の著作からである。Michel de Certeau, *L'invention du quotidien*. マルク・オジェはモンペリエについてはヴァレリ・ラルボ，マジャンタ大通りについてはアンドレ・ブルトンなど幾人かの作家を引用している。オジェは2人のノルマリアンにパリを散歩させるジュール・ロマンや，それに，フランソワ・ミッテランさえ引用できただろう。

*25　ソースティン・ヴェヴレン（1899）の表現。

*26　マルク・オジェの著作の最後の部分のテーマ。

*27　私の反証の有効性を判断するためには『不可能な旅行』をはじめ，私が批判の対象としている他のエッセイストたちを読まねばならない。J.-D. Urbain, Paul Virillo, les collaborateurs du nº 248 du *Monde de L'éducation*, 1997.

*28　以下の表現の作者は順番に，ピエール・ブルデュー，A. ファンキルクロ，J. ラカリエール，エドガル・モラン，ヴィクトル・スガラン，N. トゥリュオン。

観光客の 4 類型

　いわゆる先進国における現代人の行動は 4 類型に分けられる。活動を好むものがいる一方で休息を求める集団がいる。価格と品質の釣り合った関係を求める理性を特徴とする消費者は，顕示による地位を熱望する人々の対極に位置する。それはなぜだろうか。今後の数節は（現象外部の）大規模で外在的な変数（たとえば年齢，職業カテゴリー，居住地）という領域を扱う。私の以前の著作[*29]は分類の一貫性ということを主張していた。ヴァカンスに最も出かけ，最も長く，最も頻繁に，最も遠方に行き，より高級な宿泊施設に泊まるのは常に同じ人々だった。そしてそれは今日でも真実なのである[*30]。しかしそうした相違はまた，多様で対立さえする生活様式や文化内容を覆い隠してもいるのだ。

　下位モデルは休息である。これは「疲労」に他ならない「労働」との対立において意味を持つ。休暇は体力の回復，「労働力の回復」（マルクス主義の言い方）を可能にする中断である。労働者である（あるいはそうだった）人々はまず労働時間の削減，三つの 8 [*31] を求めた。ついで週末と年末の休暇を求めた。フランスで彼らは 1936 年に週 40 時間労働制と有給休暇を，万人に適用される方法で獲得した[*32]。しかしそれはヴァカンスの獲得ではなかった[*33]。当時の現実は慎ましいものだった。しかし 36 年の神話は現実を誇張した[*34]。2000 年には先進工業国で農民や労働者の大部分が，本質的な文化

---

* 29　1972 年の *Le Tourisme* の第 1 部の本質は「フランス人のヴァカンス」の記述である。
* 30　知りうる限りにおいてであるが。比較できるデータのシリーズが必要だろう。ところが国立統計経済研究所の実施していたフランス人の年次ヴァカンス調査は 1991 年に廃止されてしまった。
* 31　8 時間の労働，8 時間の睡眠，8 時間の余暇。これがメイ・デイ，つまり国際労働祭の主要要求であった。
* 32　週 40 時間労働制は民衆連合の綱領に含まれていた。万人のための有給休暇法案は 10 年以上も議会で店晒しになっていた。
* 33　Cf. J. Viard, *Penser les vacances*.
* 34　*Le mouvement social* 誌の有給休暇特集号（1990 年，150 号）を見よ。この中にマルク・ボワイエの「1936 年とフランス人のヴァカンス」が収められている。

的欲求としてのヴァカンス出発を内在化していない，ということが確認できる。ヴァカンスに発つ者の大部分は常に大都市住民である。「下位モデル」の集団の中には，ずっとヴァカンスに行かない人々や，2〜3年に1回しか行かない人々，行くとしてもヴァカンスをまず休息の時間と捉える人々が入っている。彼らの目的は，彼らがヴァカンスに行かず自宅にとどまったであろう時とあまり違わない。休養したりぶらぶらしたりするために，より快適な心理的条件を得ることをたんに望んでいるだけなのだ。息抜きの機能（デュマズディエの三つのDの中のひとつ）によって，またある種の気晴らし（釣りは二つの機能を組み合わせる）を含みながら，そしてわずかに人間的成長（ある種の観光地訪問など）の部分も含んで，明らかにこのグループは下位モデルに入る。ヴァカンスに行くため，これらのカテゴリーの観光客たちは各人の滞在方法の選択を迫られる。つまり両親や友人の家に泊まるのか，すでになじみとなった貸家民宿を借りるのか，友人たちが勧めた小さなホテルに泊まるのか（中央山岳地帯），さらにはキャンプやオートキャンプにするのか。最後の宿泊方法では彼らは日常生活を組み立て，予算を自由に振り分けられるが，このことはトランプやペタンク[27]の試合などの日常的なレジャーを可能にする。雨の多い夏だったらという問いに対しては，特にテレビを持ち込むことを考えている場合，彼らは他のカテゴリーの人々ほどうろたえない[*35]。この最初のヴァカンス・モデルは，観光の大きな市場の外に位置している。彼らは休暇村や家族休暇施設など[28]をほとんどまったく知らない[*36]。そして観光事業者たちは彼らの持つ潜在性を過小評価している。

二つのエリート的モデル

「顕示的消費」という表現はソースティン・ヴェブレンに由来する。この表現は「有閑階級」を特徴付けるが，これは1929年の世界大恐慌まで西欧

---

*35　1997年の6月〜7月に聞かれた話。
*36　いくつかの調査がこのことを証明している。家族休暇施設（MFV）やVVF（Villages, Vacances, Familles）は，非営利団体という法的身分とイメージ不足に悩んでいる。

文明が知っていた永遠の観光客であるランティエを意味している。この表現は，現代人に関して言うと，普段は支出を抑えているがヴァカンスで自宅を離れるや際限なく浪費する，あるいは少なくともそうしていると信じさせたいと思う労働者である。われわれの同時代人はヴァカンス費用について訊かれると答えに窮してしまう。知らないか，知りたくないか，数えたことがないのだ。「そんなことをすれば，それはもうヴァカンスじゃない」。

　ヴァカンスについては模倣がきわめて大きな役割を果たしているということはすでに見た。ユーモア作家はそれを理解した（ダニノスの『何が何でもヴァカンス』を再読のこと）。いわゆる上流の社会階層，「スター」における余暇の様式はその他の人々によって模倣される。スノビスムや他人に差をつけたいという気持ちが，観光のいわゆる「ハイクラスな」行動の基礎にある。余暇を通して，また余暇においてこそエリートあるいはそう自任している人々は，自分たちの優越性を表現したいと思うのである。それを信じること，それを信じさせること，これこそが社会的身分を求めるこの少数派のねらいなのだ。この少数派は観光の実践において支配的な論理をもっている。自制心，スポーツや文化・芸術活動における卓越，自分には強制されることのない関係による支配，制限されることのない支出のコントロール。贅沢や品質の追求はヴェブレンが予感していたように浪費にいたることもあるが，必ずしもそうなるとは限らない。このエリート的なモデルにしたがう観光客は近代に背を向け，ヴァカンスにおける無活動やたんなる楽しみを拒否する。彼らはまた大多数のリズムと選択も拒否する。8月に地中海に出かけるなどはもってのほかで，壁に遮られたプール付きのヴィラで過ごすのである。オフシーズンが評価され，最も評判の高いスキーリゾートから熱帯地方まで，例外的な目的地に向かう夏以外の移動もまた高く評価される。活動が中心となる彼らの旅行と滞在はある美学，とりわけ倫理に対応している。彼らは観客としてザルツブルク音楽祭のような著名なフェスティヴァルを選ぶ。またスポーツ活動として18ホールのゴルフ場を頻繁に訪れ，アフリカで狩猟をし，海洋で大型魚を釣り，困難な登山やその他すべての個人的な冒険に乗り出す。明らかに彼らの行動は合理的な根拠を欠いている。それどころかその反対でさえある。彼らは観光商品の控えめな消費者ではない。彼らは自分の財産を

誇示し，またそう見せかけることで他人を欺きさえする必要性を感じているのである。彼らが赴くのは莫大な賭金のグランドカジノ，高価なテーブルのレストランである。彼らの観光文化は顕示によって行なわれる。彼らは少しも異文化に適応しようなどという気遣いを見せない。その反対である。平静さを失わないこと，それは傾向以上のもの，「自分と向き合う」のを望むときには必要であり，マス・ツーリズムには混じらないのである。

　伝統的なエリートモデルはそのために，パレス風ホテルや豪華ホテル，ハイクラスのヴィラなどが密集し特別な価値を持つ，古くから声望の高いリゾートを選択する。こうした観光客はヴァカンスでも都市と同じく，伝統の相続人であり続ける。彼らは自分たちが奉仕されることを，しかるべく奉仕されることを知っている。遙か以前から地元の諸集団はサーヴィス担当の小さな社会に変形してしまっている。20世紀中葉まで彼らはそう断言するのを好んでいた。菓子屋でも理容店でも仕立屋でも，その看板の上に「X陛下御用達」，「Y陛下御用達」などと書かれてあったのである。あらゆる観光用インフラは最も気難しい人々をも満足させるように作られていた。正式にリストアップされた設備の各要素は格付けの基準となった。証拠を想起しなければならない。ホテル，キャンプ場，貸別荘，レストランなどは，その料金によって格付けされた。五つ星クラスはすべてを揃えていた。そうした星や麦の穂やフォークなどの格付けの目印は，格が下がるにつれて一つずつ減らされていく[29]。デラックスとは言わないまでもハイクラスなこのような観光は，標準的なモデルで花開いた。どの国でもパレス風ホテル，カジノ，豪華レストランなどは，ほとんど交換可能なほど似通っていた。そこには嫌な出来事などありえなかった。というのも不意の出来事は何も起こらないように作られていたからであった。こうした大ホテルや面白みのない場所しか知らない旅行者は，地元民から隔離されたところで無感覚になっていく。彼らが世界一周をするのは，世界を見いだすためではなくて，彼ら自身から逃れるためなのだ。この「逃避の観光」は，本当に新しい場所へは連れて行かない。大型客船でさえ，彼らを運ぶ豪華列車でさえ，彼らを迎え入れるパレス風ホテルでさえ，こうした観光の環境は不変である。そうした人間を指し示すためにもう50年以上も前にアルベール・フラマン[30]は「パレス風ホテル常連」

という語を発明した*37。

　顕示的消費はヴァカンス用邸宅でも際立っていた。コート・ダジュールとスキーリゾートはその華々しい例を示している。アニエス・ヴァルダ監督[31]の驚くべき中編映画『海岸の方へ』*38 を繰り返し観て，フランスの地中海岸の新たなリゾート（ポール・グリモー）や豪華なスキーリゾートを訪れねばならないだろう。そういったスキーリゾートは群衆が押し合いへし合いする大衆的リゾートになることを望まず，またその建築は大衆とは別の世界（アヴォリアズ，フレーヌ[32]，ラ・プラーニュ[33]）のものなのだ。そういうところではどこでも同じ差別化のプロセスが見られる。それはまた1947年にジャン・コクトー[34]がモルズィーヌ[35]に滞在して『美女と野獣』を撮りながら退屈していた時に感じたことでもあった。というのもコクトーは本当に山岳やスキーを理解できなかったからであり，かつての裕福な社会層の贅沢と教育を模倣する「新たな社会」とは何の共通点もないと感じていたからだった*39。

　このエリート的な古いモデルは創意に富むものではない。これは観光の諸形態を保存しているが，その観光とはますます時代遅れとなるように見えるものなのである。裕福でやや年配のこれらの観光客は，かつて定着した栄光を知ってはいるが，定着しつつある栄光については知らない。彼らのお気に入りのリゾートは陳腐化するおそれに曝されている。カンヌのように抵抗したいくつかのリゾートもあったが，モントルーのように凋落したヴィクトリア朝時代のリゾートも多かった。観光の新たな歴史が作られるのはそうしたリゾートにおいてではない。

　ジェラルド・ラゴネ*40 がまさに感じていたように，このエリート的なモ

＊37　Albert FLAMENT, *Palaces et Sleepings*, 1907.
＊38　このカラー映画は1958年にアルゴス社によって製作された。海岸は「辺鄙な場所」としてと同時に「社会学的現象」としても扱われている。描き方はブルー・ガイド風というよりもプティトゥ・プラネット・シリーズに近い。つまりそこでの冗談は笑えないのである。アニエス・ヴァルダはこの映画の主要場面のイメージとテキストの入った本を出した。
＊39　二つの理由で興味深いこのテキストは次書にある。Jean COCTEAU, *La Difficulté d'être*, chap. I, "De la convesation", pp. 13-15, éd. du Rocher, Monaco, 1957.（ジャン・コクトー『ぼく自身あるいは困難な存在』，秋山和夫訳，筑摩書房，1996年）。

デルは「貴族的な分離」が特徴である。われわれはその保守的なケースを見たばかりであるが，これには他の面もあり，常に更新される発明によって社会的区別が維持されることになる創造性に満ちている。「道を切り開くもの」，つまりゲートキーパーは流れに逆らって進むが，さまざまな歴史的著作は彼らを特筆している[*41]。たとえばスモレットとイギリス人たちは冬の南仏というそれまでのシーズンとはまったく異なるシーズンを作り出したが，この長く続くシーズンは長いあいだ社交界のものではなかった[*42]。独創性は，地上のエデンとでもいうべき町に10月から4月までという長期にわたって滞在することであった。個人的な冒険に彩られたアルプス登山もまた，それまでの文化には見られなかった文化として登場した。危険を無償で引き受け，初登頂者には成功の栄光が与えられるということによって，19世紀のこのきわめてイギリス的な社会的区別がなされたのだった。それはまた1925年代以降にジュアン・レ・パンにおいてアメリカ人たちが夏の地中海を売りだしたときに見られた価値の逆転でもあった。またはるかにもっと自由に夜を楽しむという方法なのでもあった。

2000年の「観光の新たなエリートモデル」の特徴では消費の少なさがめだっている。それは近代性と陳腐な旅行という二つを拒否する表現である。このマージナルな文化では，新たな種類の観光客はほとんど支出しないか，少なくともそう思われている。遠方の目的地（マス・ツーリズムには知られず，したがってチャーター機も飛んでいない）であればあるほどいっそう高価となる移動費を別にすれば，宿泊費や食事代はわずかである。この種の観光客は，自宅にいるときよりも出費が少ないと主張できる。これらの旅行者たちは明らかに自分のことを観光客であるとはいいたがらないが，自宅に戻ってからはそれを自慢するのである。中央山岳地帯の広大な部分（たとえばタルヌ渓

---

* 40　Gerardo RAGONE はナポリの大学教授で，共著 *La Méditerranée comme système touristique complex*，および *Siciologia urbane et rurale* 誌（1988年，第26号，pp. 59-68.）において，おそらく初めて三位一体型の観光モデルを提起した人物である。
* 41　特に私の博士論文 *L'Invention du tourisme dans le Sud-Est*, unversité Lumières-Lyon II, 1997, 2360p. と，*L'Invention du tourisme*, Gallimard, 1996 を見よ。
* 42　ニースとイエールで1763年以降に出現した南仏での避寒滞在（主要な目的は散策であった）は，19世紀中葉から徐々に社交的なシーズンになっていった。

谷以外のロゼール県域）は，冬はノルディック・スキー，夏は馬や驢馬に乗ったものも含むハイキングを行なうこれらエリート層に高く評価されている。東欧諸国の多くも，沿岸部の別荘などによってコンクリート化されていないので同様の高い評価を受けている。したがってこの点からすると黒海は失格であるが，ホッジャ[36]がまだ生存中であったときに，ナジェル社がそのガイドブックを出した（というのも空白部分を埋めねばならなかったからだが）アルバニアはこの例に当てはまるかも知れない。こうした新たなエリート層は次々に，バレアレス諸島では最も小さいイビサ島，ギリシャの島々などを贔屓にした。そうした島々を訪れる人々が多くなると，今度は他の島を見つけることが問題となった。そうした新たな島々では，白や青に塗られた小さな家で「おかみさん（マムニアス）」に甘やかされる民泊が最新のシックなのであった。それらの島々への交通の便が悪いことは，そこでこうした例外的な観光を楽しめるという保証ともなった。異文化への適応を拒んだかつてのエリートモデルとはまったく対照的に，その継承者たる新たなエリートたちは，このように地元住民に立ち混じり，最大限に接触を楽しむことを望むのである。

　ヨーロッパ以外のこれらの目的地や，新たな目的地でのヴァカンスの流行は，町のクラブとかプール付きのホテル，花に飾られた観光用マンションなどといった，この20年来，3Sないし4S[37]の内容をともなって大いに発展しているものとはまったく異なっている。そうではなくて新たなエリート観光客は，たとえばカザマンス峡谷[38]のように，内陸に入り込むのを好んでいる。あるいはインドからヒマラヤの麓に達するものもいれば，ネパールやラダク[39]の峡谷に達するものもいる。レユニオン島[40]ではこれらの新たな観光客は危険でもある海岸に押しかけることはなく，ハイキングをしたり周囲を山に囲まれたマファトゥの圏谷（カール）を見物するのだ。

　しかし少数派であるこれら新たな観光客は，都市に居住する文化程度の高い富裕層出身で，比較的若いが，場所の発明の大いなる支持者であり，あらゆる新奇なスポーツ，とりわけカリフォルニア的なスポーツの実践を最初に広める人々なのである。彼らの選択は少しもマーケティングの需要には負っていない。彼らは消費者でも観光客でもないし，自分たちをそう思い込みもしない。彼らを「バックパッカー（ルタパール）」と呼ぶことは彼らの気に入るだけである

が，フィリップ・グロアガンは，質が高くていわゆる低価格の宿泊やサーヴィスの紹介はまさに彼らが望んでいることなのだということを理解した。それに彼らはそうした手段を得るためにお金を払うことはおそれなかったのだ。しかし彼らはそうしたものが「穴場」であり，彼らが別れを惜しむ地元民のように，少ししか知られていないということを納得したがっている。彼らは「限界効果」を知っているのだ。

　最後，4番目の観光行動モデルは「合理性モデル」である。この「平均的」モデルは顕示的消費を行なうエリート観光とも，新たなエリート層による低消費で反文化的な観光とも異なっている。この観光行動をとる人々は経験豊かな消費者なのだ。彼らの生活は，時間や金銭，楽しみを上手に管理するという論理にしたがっている。余暇も観光もその論理から逃れることはできない。こういう合理的な観光客はヴァカンスに行くかどうか，どこにそしてどのくらいの期間行くかを決定する前によく考える。彼らは資金を準備する。いかなる決定もたんなるひらめきだけではなされない。彼らに夢を売りつけることはできない。

　彼らは利点と不都合を天秤にかける。したがって家の内装を調えたり改装したりするために，ヴァカンスに行くのを諦めることもできる。予測しうる費用に応じて，両親や友人の家にヴァカンスに出かけるのか，それともたんに別荘に出かけるのかを選ぶことができる。とはいえそれがオートキャンプでない限り，一番心地よく過ごせるのは別荘や親の家ではないのだろうか。彼らはこうした投資が何人以上から，そして何日間のヴァカンスから利益を生むのかを十分に計算する。こうした種類の観光客は「すべて込み」の滞在方式や一部食事付きの宿泊施設，1週間単位の賃貸マンションなどを好む。

　彼らにとって問題なのは「べらぼうに高い勘定」，受け入れがたい不便やあらゆる不愉快な不意打ちを避けることである。したがっていったん満足すると，この種の観光客は簡単に常連化する。彼らにとってヴァカンスとは，自分に高い地位を与える目的でもないし，日常生活の安全性を断ち切ることでもない。彼らはアドリブや失望をおそれる（「いったい全体どうなってるんだ」）。旅行するとしても，それはもはや退屈するためではない。時間と費用に見合った感動や訪問が必要なのだ。彼らの嗜好にしたがって，彼らに好都

合な条件のもとで各種の活動を，さまざまな興奮を，しかも危険なしで提供する方法が求められるのだ。彼らは「濃縮された気分転換」を求める。これは「ツアーオペレーター」のパンフレットが提供しているものなのではないのだろうか。彼らは出発前にそういうパンフレットを比較し，あらゆる要素を天秤にかけることができる。

　このような非常に都市化したポスト産業社会の潜在的な観光客は，「限界費用」という言葉で考えることに慣れている。

　結局，合理性というものはほとんどあるいはまったく移動しない観光というものを作りあげるのではないのだろうか。たとえばベネルクス三国（特にオランダ）の国民は非常に熱帯地方を好む。しかし熱帯への旅行は高価で長期にわたる。恐るべき未知のものもいる。最近は彼らを満足させるために，特にベルギー・オランダ国境の閉山された炭鉱地帯のケンペン地方において，熱帯風ウォーターパーク[41]が増えている。すべてのオランダ人を熱帯の空のもとに運ぶより，自国で熱帯風の雰囲気を安い料金で彼らに提供するほうがいいのではないだろうか。そこの水は熱帯と同じように熱く青く，植物もまたエキゾチックで，週末やもっと長い期間滞在できるのだ。この方式はヨーロッパの他の国にも広がった。ウィーンにも独自のものがあるし，フランスも同様である（アクア・ブルヴァール[42]）。

　ヴァーチャルな旅行，コンピュータ上でヴァーチャルなミュゼを見学するというのは，実は合理的な答えではないのかと自問することさえできるだろう。

　このモデルの平均的な観光客は，「競争力のある観光商品」を市場に送りだす「観光事業者」にとって「特別なターゲット」である。こうした言葉遣いそのものが示唆的である。マーケティングの教授たちの誤りは，一部の行動が全部の行動であると信じてしまうことにある。このモデルは，増加しているとはいえ少数派をもとにした結果でしかないのだ。ところでそれはいったい誰なのだろうか。ヴァカンスに発つという決定において，合理性の占める部分がどのくらいのものかを示すデータはない。われわれはたんに，ヴァカンスに発たない人々の大多数はそういった質問を受けないという，フランス世論研究所の調査しか知らない。この平均的なカテゴリーの人々は（ただ

イメージだけを頼りにする公衆のおかげで）パック旅行を選択する人々の大部分を占め、また遊園地やテーマパークの訪問者や滞在客の多くも占め、さらにさまざまな気晴らしや恒常的なイベント、お買い得なショッピングなどが混在している巨大市場の方に長距離移動する人々でもある[*43]。

内容と社会様式

　モデル別の類型論は「対立グラフ」によって効果的に理解できる。以下のグラフは星形の図柄の上に白と黒、いっぱいと空（から）のように対立する言葉を配置したものである。これは上級コミュニケーションセンター（CCA）が社会様式を利用して作成したが、私は観光活動に置き換えて提示する。何が最初かはわからない[*44]。それはどうでもいい。方法が異なっているのである。

　ボワイエ・モデルでは対立する用語は刺激とともにヴァカンスの内容を記述する。それらは円を描く。円周上にある用語の位置は近接の用語との相互関係にあり、歴史的文化的な論理にしたがう。このことは上位、下位、右、左という他の半分を際立たせる〔次ページの図〕。

　下半分では観光の「パターン」[*45]は伝統的である。それらはすでに19世紀のエリート的な時期に存在していた。上半分のパターンは現代的である。2000年に近づくほどそれらは発展するように見える。右と左のそれぞれの半分は文化・自然という対立をあらわす。左側のパターンはエリート的で、

---

* 43　北米ではアウトドア・レクリエーション（往復で100マイル以上）に関する調査には「ショッピング」という調査項目を含んでいる。中距離の移動の15％から20％は、このショッピングという動機に対応している。そして今や長距離の移動でもこの動機が出現している。チャーター機は大量のアメリカ人をミネソタのショッピング・モールに吐き出しているのだ。（訳注：このショッピング・モールはミネソタ州にある全米一の規模を誇るモール・オブ・アメリカのことで1992年開業。）
* 44　私は1986年ボローニャ大学でこの内容を紹介したが、このことは *Siciologia urbane et rurale* 誌や、次いで C.H.E.T. d'Aix のノート（1987, C144, 37ページ）での執筆につながった。
* 45　「パターン」とは、モデルあるいは型紙を使う婦人服の仕立屋が理解している意味においてである。

観光の内容
マルク・ボワイエの円環グラフ

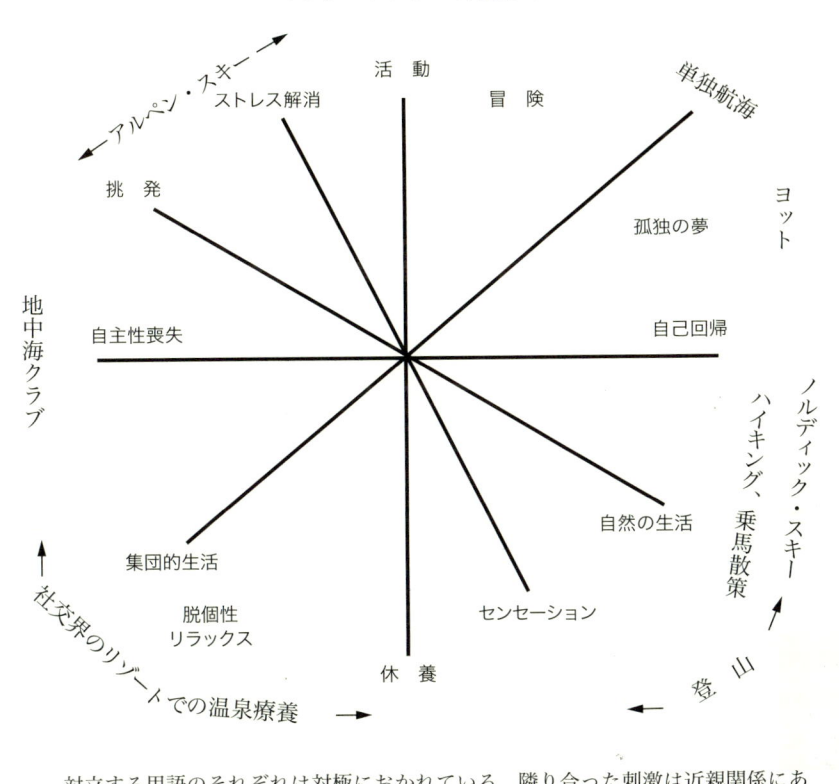

```
         アルペン・スキー↗    活動    冒険   単独航海↘
              ストレス解消              ヨ
         挑発                  孤独の夢   ッ
                                          ト
地
中   自主性喪失              自己回帰
海                                              ノ
ク                                              ル
ラ                                              デ
ブ                                              ィ
                                                ッ
         集団的生活           自然の生活         ク
                                                ・
       脱個性              センセーション        ス
       リラックス                              キ
    ←社交界のリゾートでの温泉療養→  休養  ←登山↖  ー
                                          ハイキング、乗馬散策↗
```

対立する用語のそれぞれは対極におかれている。隣り合った刺激は近親関係にある。読者はサークルの周囲にそれに対応すると思われる観光のタイプないし流行を配置できる。いくつかの例。

　上半分：「非常に現代的な」観光パターン
　下半分：「すでに19世紀に」存在していたパターン。
　左半分：「エリート的」パターン（西欧と「地中海」）。
　右半分：「自然回帰主義者」ないし自然主義者のパターン（北米，スカンジナヴィア，部分的に中欧）。

第2章　内容と行動　241

第一の使命として社会的区別を有利にするような観光の諸形態を含んでいる。観光の輝きはリゾートや，洗練された高価な施設で見られる。その反対側の右半分は単純な構造である。それはひとつの観光であり，野生(ワイルダーニス)とは言わないまでも保護された自然や身体的努力を求めるレジャー的移動である。

　既存の観光形態と観光地と表示されているパターンとの間に対応関係を結ぶことができる。左半分は基本的にはフランス人とイギリス人（送り出し側）が実践するヨーロッパ側地中海における観光（社会的区別）に合致している。右半分は自然主義的さらには自然回帰主義的モデルであり，ゲルマン諸国やスカンジナヴィア諸国の観光，さらには北米の観光にもいっそう関係している。

　CCAとベルナール・カトゥラはアメリカの行動主義学派の概念を採用して，対立用語から始めた。これらの対立用語は調査標本となった人々が，次のような種類の質問に定期的に答えた基本的な質問票が元となっている。「あなたは神を信じますか」，「自分を幸福だと思いますか」，「あなたのお子さんはあなたよりも幸せだと思いますか」，「人々はかなり自由を乱用していると思いますか」，等々。これによって保守的とか冒険好きとかの傾向が現われるのである。CCAはまた1986年以来，回答選択式の質問を行なっているが，その調査で人々はいくつかのタイプのヴァカンスのなかから，どれが一番のお気に入りかを答えねばならなかった。所属とクロスさせるとこれらの回答は次ページのような図となった。

　広告業者間の熾烈な競争によって，CCAは調査の方法や回答を秘密にせざるをえなかったが，その結論だけはグラフの形で公にできた。記されているヴァカンスの様態は象徴的な価値を持つ。GMと呼ばれる地中海クラブの滞在(ジャンティ・マンブル)客はたんに地中海クラブとVVF[43]を分かつだけではなくて，この用語の喚起するスタイルをも意味する。

　CCAは証明を行なうことができなかったので，その結論の価値についてわれわれに疑念を抱かせた。禁欲的とか統率とかはなんと美しい表現であろうか。しかしどのようにしてそれを認めることができるのだろうか。冒険主義とか保守主義の傾向があるとすれば，どのようにしてそれを知ることができるのだろうか。高い・安い，活気ある・静か，などの簡単ではっきりした

用語を使って，場所を四つの面を持ったグラフに同定することができる。たいていの場合，自動車や洗剤のブランドについてわれわれが抱くものは，スイスやイタリア，オーストリアなどさまざまな国に拡大しうる。それはイメージの追求である。

ここでCCAは困難に直面する。自動車の場合と違って，問題なのはそのブランドを知っている潜在的な購入者ではなくて，きわめて不確かな消費者であって，この消費者というのは，挙げられる国名を知らなかったり，とりわけ金銭上の拘束がなくなればたんに心理的な性癖に突き動かされたりする。その結果，この分類が正確に機能するのは，たとえば「地中海クラブ」の客

1986年にCCA（上級コミュニケーション・センター）の行なった観光客の分布概念図
各スタイルによる細分化

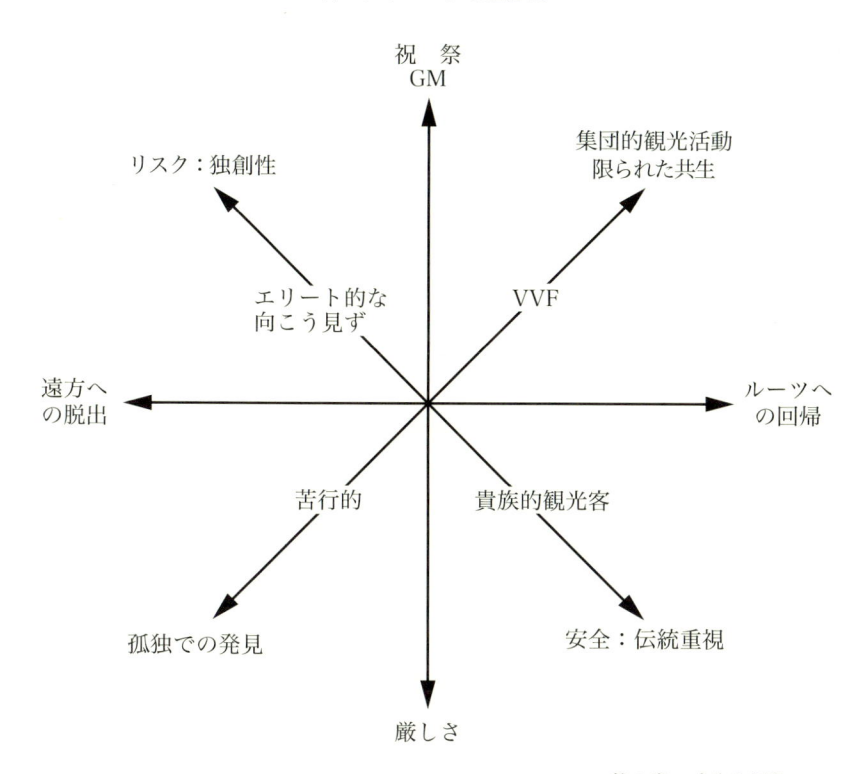

祝　祭
GM

集団的観光活動
限られた共生

リスク：独創性

エリート的な
向こう見ず

VVF

遠方への脱出

ルーツへの回帰

苦行的

貴族的観光客

孤独での発見

安全：伝統重視

厳しさ

第2章　内容と行動　243

とか，しっかり組織化されたシステムの中で気晴らしや祝祭，注意深くガイドされる冒険などを選ぶ「ヌーヴェル・フロンティエール社」[44]の周遊客のような，きわめて典型的な客層においてだけということがわかった。たとえば60年代の3S(海(sea)，太陽(sun)，砂浜(sand))ないし4S(＋セックス(sex))のような簡単な象徴とともに提供される観光商品の客層を絞ることは困難である。客の要望と実質的内容の適合はイメージの固定にかかっている。広告業者を代えなければ変化は困難になるのだ，ちょうど1986年に地中海クラブがそうしたように。あるいは社長や営業政策，所有者の資本家をすべて総替えすることである。2000年頃にはこのことは観光の大部分の「大企業」で起こることであり，アネッリ（フィアット）[45]とかアコール[46]などのグループの周りにいっそうの集中が進み，航空会社の再編なども見られる。もはや客層の変化や資本の変化，職業の「再結集」（この表現はあまりにも安易に使われている）などという表現によって，何が説明できるのかがわからなくなってしまっている。

第 3 章

ヴァカンスに行く人々と行かない人々

はじめに

　大部分の観光関連データは疑わしい。出典を明示している場合でも，そしてその出典が世界観光機関（UNWTO）のように権威あるものであろうとも，だからといって信頼の証を与えてくれるというわけではない。私がここで述べる方法は独自のものである。観光関連の他の著作にはほとんど見られない。そうした推定のいくつかを例としてみてみよう。

　1　世界観光機関と経済協力開発機構（OECD），ヨーロッパ連合（EU）は宿泊数と支出について「いわゆる国際観光客の入国数の総合」を行なっている。場合によっては「専門家」（？）が年々起こる小さな変化について説明を加えることもある。そういう説明は，指標の変化に由来するものではないというのは確実なのだろうか。実際各国は独自の計算方法を持ち，改善のためにそれを修正できる。全体的な結果というのは大きな規模に達する。その後の数年間に確証されるであろうことを注意深く見守らねばならない。したがって景気変動についての観光研究所の予測は危険に満ちている。おそらくフランスは外国人観光客が世界で一番訪れる国であり，またアメリカ合衆国は外国人観光客による支出が一番大きい国であるということを言うだけにとどめざるをえないだろう。計数の誤りから生じうる年毎の小さな変化を云々するのではなく，こうした順位となった理由を問わねばならないのだが，それは行なわれないのだ。

2 「観光客(トゥーリスト)」という呼称の曖昧さ。既存の統計は，自国において観光活動を行なう自国民は計数のうちに入っていないということを，明示的には述べていない。そういった統計が世界規模で行なわれても，通過旅客を別個に集計する場合には正確ではないし，さらにヴァカンスで海外の自国領土へ行く自国民（たとえばアンティル諸島へ行くフランス人，ハワイへ行くアメリカ人）がどこで計数されたかも正確ではないが，これは無視できる問題ではない。最後に（もっと巧い言い方があるだろうが），国籍がどこであろうとフランスに居住しているすべてのものはフランス人と呼ばれ，フランス国籍を持っていても外国に居住するものはすべて外国人と呼ばれるのである。この指摘はフランスに当てはまるが，他国すべてがそうであるというわけではない。こうした観察によって，国際観光に対するフランス人の多少なりとも強い嗜好（ヴァカンスを取る100人のフランス人の内，およそ15人が「外国を選ぶ」という）に関する習慣的なコメントを相対的に見ることができるのだ。この割合はほとんど変化していないが，もともと外国籍だったり，帰化した人々（ポルトガル人，イタリア人，マグレブ諸国民）のなかで「母国に帰省する」人々がどのくらいの人数に上るのだろうか。動機の混在を避けるためだけにでも，そうした数字は知りたいものである。

3 「比較調査が稀なこと」。定義や調査標本，手法などを同じにして数カ国で一斉に実施される調査は，ほとんど行なわれていない。こうした限定的な調査は同じ条件では二度と実施できない。そういうわけで特に1986年にECが当時の全加盟国12カ国で行なった『ヨーロッパ人とヴァカンス』という調査（各国でおよそ1000人の調査標本と同一の質問）が高く評価される。

4 フランスはその立派な「傾向調査(トレンド)」を失った。フランスの有利さは1957年以来，国立統計経済研究所[*1]がヴァカンスについて一連の確率論的サンプリング調査を行なってきたという点にあった。調査は常に同じ方法で行なわれた。サンプルは居住カードから無作為に抽出され，同じ質問票，冬期7カ月と夏期5カ月（5月から9月終わりまで）という同じ区分，「ヴァカンス滞在」についての同じ計算方法（住居以外で過ごされる最低4泊以上の宿

---

*1　INSEE, *Études et conjonctures*（『調査と景気動向』）に結果を掲載。

泊）を使って行なわれた。他のどの国も，このような質の高いまとまった情報を提示することはできなかった。したがって1972年の私の著作『観光論』がほとんど半分近くの頁をフランス人のヴァカンスの記述に割いているのは，たんに「お国自慢」だけからではないのである。ところが1991年以来，国立統計経済研究所は夏期と冬期に行なっていたこれら二つの調査をやめてしまったのだが，これは調査を民間のフランス世論調査会社に委託する方を選んだ観光局のミスであり，この会社は調査方法をより費用のかからない割り当て標本方式に変え，それ以来，住居以外で1泊以上を過ごしたあらゆる旅行者を対象とする「観光移動調査」を行なっている。統計学者は毎週末のような短い移動も含めるので，その結果，ヴァカンス出発の全体数や滞在数がめだって増加するということになった。しかし貴重な比較方法を奪われて，ヴァカンス（4泊以上）出発率がどのように変化したかが把握しにくくなってしまったのである。ただわかるのは，個人的な動機を持つ100の滞在の中で54が短期滞在（3泊以下），46がヴァカンス（4泊以上）だということだけである[*2]。

観光欲求とヴァカンスに行かない人々

数々の著作で語られているのは20世紀末の「観光の爆発」であり，これには受け入れ側の土地の人口を一気に増加させる侵略の大波についての記述が伴っている。それぞれの学問領域（地理学，経済学など）にしたがって，著者たち[*3]は大規模な移動，指数関数的増加を見せる経済現象，ほとんど義務となったヴァカンスという欲求の出現などを強調する。そうすると観光はそれがなければ大きな欲求不満を引き起こす「必要物(ニード)」ということになるだろう[*4]。

いわば明白な証拠で決着をつけるためには検証が必要とされる。観光は捉

[*2] 観光局が毎年出している *Memento du tourisme* を参照。
[*3] 彼らの名前を列挙するとすればあまりにも長くなってしまうだろう。本書の書誌には主要人物を載せている。

えるのが困難な現象であり，それを扱う統計は大雑把である*5。欲求という概念も大変曖昧である。厚かましくもすべてを単純化するマーケティングの方法は商品需要を見るが，そこにはむしろ熱望，地位への欲望，顕示の探求が存在するのだ。2000年においてさえもこの観光という現象はそれに関わる人間の多さにもかかわらず，観光史家の描く性格を失わないだろう*6。「ザ・ツアー」や「ザ・ツーリスト」が誕生して以来，観光行動は社会的区別を目標としてきた。文化的な実践（クラシック音楽，オペラの鑑賞，ミュゼなど）の大部分と同じように，観光は社会的区別の一助となっているのである。

　エリート層によるこうした旅行と美しい場所の占有化に対抗して，「進歩的」政治指導者と組合活動家は労働時間削減要求を「ヴァカンスの獲得」の方へ，そして豊かな余暇の内容であったスポーツ・芸術・文化・観光といった諸活動の獲得の方へスライドさせた。要求され，多くの場合勝ち取られた範囲を見分けなければならない。つまり週48時間労働，ついで40時間労働，女性と子どもに対する夜間労働や過酷な労働の禁止，それに有給休暇をほんの少し*7，その一方で1936年という背景において獲得され，「民衆的(ポピュレール)」と形容された便宜を得る機会などである。たとえば人民戦線(1)は民衆休暇切符，民衆スポーツ免状，民衆映画，民衆演劇などを創設した。民衆飛行局さえ存在したのである。1945年の第1期経済計画は民衆観光委員会を含んでいた。各種非営利団体が誕生して，国民の中に観光欲求を生じさせた。それらの団体はフランス民衆観光連盟とか，「観光と労働」協会などと称したが，両者とも今日では存在していない。

　50年代から民衆的という表現は「社会的(ソスィアル)」という表現にその場所を譲った。新たな非営利観光団体は一般的な観光，あるいは青年や家族といった個別的

＊4　スイユ社から1972年に出された私の *Le Tourisme* の最後の章では，観光に関する欲求不満を扱っている。

＊5　上記著作の「前書き」と次書を参照。Pierre Py, *Le Tourisme, un phénomène économique*, La Documentation française. 同書の第1章は「観光を理解する困難さ」と「統計の不備」を述べている。

＊6　次書を参照。Marc Boyer, *L'Invention du tourisme*.

＊7　有給休暇は民衆連合の綱領に含まれていなかったし，1936年に工場を占拠した労働者たちの直接要求に掲げられてもいなかった。しかしこの法律自体は10年来準備されてきたものであった。

な観光の欲求を満たすべく心を砕いた。親たちは1日中何もしないで子どもたちと一緒にヴァカンスを過ごすことを望んでいた。ソーシャル・ツーリズムに関心を寄せる国の当局はこの呼称（ソーシャル・ツーリズム）を使用したばかりではなく[*8]，ヴァカンスに発つことを望む人々に個人援助を行なったり，非営利観光団体に組織援助を行なった[*9]。もはや金銭的な問題がヴァカンスへの障害とならないこと，そして特にヴァカンスのあいだ一家の母親など成人の家事負担を少なくすることをめざして，観光の扉を開こうという野心を持った専門的な組織が設立された[*10]。

　20世紀末，非営利観光団体は多くの難問を抱えている。それは書くのも難しいほどの歴史である。ヴァカンスの欲求（1960年頃，2人に1人のフランス人はヴァカンスに行かなかった）と，それを可能にする条件（ソーシャル・ツーリズム用の20万ベッドが供給された）との間の懸隔を問題とする団体もあったが，そういう非営利観光団体にとってソーシャル・ツーリズムは「緊急問題」であった[*11]。他の非営利観光団体（というより時期的に1980年代以降の非営利観光団体）は組織運営が困難になり，高い稼働率を求められているが，知名度の浸透が課題となっている[*12]。非営利観光団体はまた，団体加入者が消費者としてのメンタリティを持ち，ますます多くの要求を出し，もっと

[*8] ベルギーとフランスを含む数カ国はソーシャル・ツーリズムに関する中央政府の部局を持っている。1950年以降のフランスの経済計画では「ソーシャル・ツーリズム」という項目が立てられている。さまざまな取り組みが，ブリュッセルに本部を置く国際ソーシャル・ツーリズム協会（BITS）内部で比較検討されている。

[*9] これらさまざまな措置は数カ国で単独ないし総合的に実施された。つまり国によって，あるいは各種金庫（フランスでは家族手当金庫，退職者金庫など），あるいは農村観光とソーシャル・ツーリズムの発展を関連づける地方自治体によって。たとえばSOMIVALを挙げることができる。以下のような新しい非営利観光団体は典型的な用語を使っている。OCCJ＝「青年キャンプ活動機構」，UCPA＝「野外活動センター連合」，VVF＝「ヴィラージュ・ヴァカンス・ファミーユ」（村・休暇・家族），LVT＝「レジャーと観光」。

[*10] 当時，非営利観光団体は，ヴァカンス客の収入という基準によって滞在料金を調整した。

[*11] Cf. Y. RAYNOUARD et DANGER, *Tourisme social, état d'urgence.* イヴ・レヌアールはレジャー施設の専門家で，CECORELの設立者である。

[*12] 非営利社団に関する1901年法は非営利団体に広告を行なうことを禁止している。2000年の今日，それはハンディキャップとなっている。

第3章　ヴァカンスに行く人々と行かない人々

快適な設備を欲するようになったという事態にも直面した。家族休暇施設と休暇村は老朽化し，今や商業的な休暇村が同等のサーヴィスを提供するようになった*13。ソーシャル・ツーリズムと呼ばれるこの分野は，優遇税制の恩恵に浴しながらも，ヴァカンスに発たない人々にヴァカンスを近づけるという当初の使命を知らず知らずのあいだになおざりにしていった*14（「老人世代」だけは別で，彼らは「ハイシーズン」以外にやって来るという利点を持っているので，稼働率の向上に貢献した）。

しかし2000年が近づくにつれて，これがソーシャル・ツーリズム，さらには民衆観光の終焉なのではないかということについて自問できるようになった。ソーシャル・ツーリズム団体の運営する休暇村や家族休暇施設の利用者は，今やフランスの社会構成をそのまま反映しているのである*15。彼らは商業的な休暇村に滞在もすれば，キャンプもするのだ。結局，特殊な公衆というのはもはや存在しないということになるのだろう。われわれはヴァカンスの欲求が満たされる，あるいは購買力の上昇や経済危機の緩和がありさえすればヴァカンスの欲求が満たされる「マス・ツーリズム」の時代に入ったのではないのだろうか。1975年頃，観光相P. デュマは「万人のためのヴァカンス」を予告していた。1981年のミッテラン大統領(2)誕生時の恍惚状態の中で，自由時間相アンリは，いくつかの小さな措置を講じるだけで今すぐにでもそういう状態に到達できると断言していた。最も適切なものは休暇小切手制度の創設だったが，この効果が目に見えて感じられるのは，2000年を待たねばならないだろう*16。

---

*13　VVFを含むいくつかの非営利観光団体は，精力的に運営を続けている休暇村の改修計画を練っている。

*14　何種類かの調査の示すところによると，ヴァカンスに行かない人々の大部分は休暇施設の存在や，自分たちがヴァカンス援助を受けられる可能性などを知らない。

*15　Cf. A. Guigbard, V.V.F., coll. Que sais-je? あるいは現在のVVF会長エドモン・メールの各種報告書を参照。エドモン・メールは，ヴァカンスの間，VVFの休暇村では，仕事の場所や自宅の場所に関係なく，あるがままのフランス社会の姿が見いだされるということを肯定的に述べている。

*16　フランスを含む数ヵ国で普及しているこのシステムでは，勤労者が毎月積み立てを行ない，雇用主が積立金額に上乗せをする。そのようにボーナスのついた休暇小切手はヴァカンスの交通費やヴァカンス費用を支払うのに使用される。しかし長いあい

今日では失業と犯罪という他の緊急案件が出現している。ヴァカンスの権利はこの世紀末にはいかなる政治綱領の中にも記載されていないし、労働時間削減が推奨されているのは個人の自己実現のためではなく、雇用創出の手段としてなのだ。しかもこの労働時間削減自体、大いに議論の的となっている。1860年から70年にかけての時期と1936年（週40時間法）との間に行なわれた労働時間の大幅な削減（週の労働時間は3分の1強が削減された）は、労働生産性をわずかに上昇させただけだということを大勢に抗って想起させるような人物は存在しない。それにひきかえ、1936年と今日の間に労働時間は1時間削減され39時間となったが、労働生産性は驚くほど上昇したのである。最近は1936年や46年に多く見られたようなユートピア的な取り組みは非常に珍しくなった。たとえば1982年に地中海クラブの経営責任者ジルベール・トリガノは、郊外に住む青年たちをヴァカンスの間アルデシュ[(3)]に滞在させるということを思いついた。これは成功をおさめたが、あとが続かなかった。その反対に、児童合宿（コロニ・ドゥ・ヴァカンス）[(4)]が最も効果的な時代なのに、児童合宿の凋落に対して誰もが沈黙を守っている。

ソーシャル・ツーリズムの精力的な闘士であるアルチュール・オロ[*17]が1997年に次のように宣言したとき、彼は曖昧になっているように見える。

今日では今までよりももっと多数のものが観光から排除されている。仕事がないこと、決まった住居を持たないこと、あるいはヴァカンスがないこと、これらはいずれも同じ社会的排除なのである。

歴史的な余暇省の政務次官レオ・ラグランジュ[(5)]が次のように宣言してから60年が過ぎた。「われわれは労働者やサラリーマン、農民、失業者たちが余暇のなかに彼らの尊厳の意味を見いだすことを望む」[*18]。2000年は、多

だ、行政機関と小企業はこのシステムの適用を受けられなかった。
* 17 祖国解放時にベルギーの社会主義者の指導者であったアルチュール・オロは30年にわたってベルギーの観光局長であった。彼は国際ソーシャル・ツーリズム協会の設立者であり、その協会において本文で次に述べる宣言を行なったのだった。それ以外にエドモン・メールは作家であり、ボルドー大学博士でもある。

少なりともユートピア的な熱狂や，成長の恩恵についての安易な確信などを遠ざけてしまった。万人のための観光は危機と「経済的恐怖感」に襲われた。1945 年と 1980 年の間にはラジオとテレビが大いに普及した。それらのメディアにとって，非公衆というものは実質的に存在しない[*19]。視聴時間は増加し続けている。レジャー設備一式（ラジオ，テレビ，カセットステレオ，自動車も含めて）も家計支出の中で増加し続けている[*20]。2000 年にはそれは「マス・レジャー」を実現する方法であり，1960 年代にデヴィド・リースマン[(6)]が予告した「マス・カルチャー」の方法なのである。

　統計はたとえ不完全なものであろうとも，観光は 2000 年まで連続上昇を続けなかったということを示している。1980 年以来，停滞ないしきわめて遅々とした進展が見られるだけである。「膨大な非公衆」が残っている。最も恵まれた状況でもヴァカンス出発率は 80％で頭打ちとなっている。1980 年以前においても最も恵まれた階層ではこの数字に達していた。小国ながら非常に豊かなルクセンブルクは，確かに 80％という最高のヴァカンス出発率を誇っているが，もはやそれ以上に伸びてはいない。最も有利な職業カテゴリーである上級管理職や自由業，ないしはパリやロンドンなどの大都市居住者は最高で 80％から 85％であり，一時的な後退さえ示している。

　もっと考察を進められるだろう。この点に関してヴァカンスに発たない人々の動機についての細かく継続的な調査が必要だろう。残念なことに，ヴァカンスについて世論調査を行なう立場にある当局は，行かないと答えた人々に対する 2 番目の質問を準備してこなかった。われわれはヴァカンスに発たない人々について，きわめて少数の部分的な調査しか参照できないのだ。それによると，ヴァカンスに行かない人々の 3 分の 2 はたまたまそうであったように見える。つまり 2 年に 1 回，あるいは 3～4 年に 1 回はヴァカンスに行くのである。彼らのさまざまな回答は「その習慣がない」，「資金不足」，

[*18] Cf. RAUDE et PROUTEAU, *Le Message de Léo Lagrange*. レオ・ラグランジュはノール県選出の下院議員で，人民戦線内閣の一員であった。1940 年の戦争で戦死したが，彼の精神はピエール・モーロワの設立したレオ・ラグランジュ協会に生きている。

[*19] 資金不足でヴァカンスに行けなければテレビは欠かせないものとなるが，上流階級ではテレビを無視するものもいる。

[*20] レジャーに関するさまざまな調査を参照。

「職業上の理由」（一般的にこれは確証されていない），「行きたくない」，「健康上の問題」などを列挙している。20世紀末にわれわれの先進社会は観光から排除された人々と観光にアレルギーを示す人々の両方を含んでいると確認することは，おそらく現実を歪曲して解釈するということにはならないだろう。このように「観光を拒否する人々」は社会のあらゆる階層の中に存在する。政府当局や大観光企業の経営者たちは，こうしたヴァカンスに発たない人々を潜在的な客層にしようという努力をあまり払ってこなかったということを確認しよう。ただし「老人世代」を除いてであるが。

いくつかの調査の結果によってわれわれの話を例証しよう。1963年に行なわれたフランス世論研究所の調査は，3年以上ヴァカンスに行っていない人々を対象にし，彼らの自由回答を集めているという利点がある。それらの人々の挙げた理由というのは非常に集中している。資金不足と職業上の労働は二大障害として現われ，その他主要な理由としては健康と年齢が挙げられている。

1960年頃，フランス人の各社会階層の相違というのは大変に大きかった。労働者やサラリーマン，子沢山の家族にとって大きな問題は資金不足であった。商店主にとっては職業的な拘束であり，当時は店を閉めるなど考えられもしなかった。農業者は以上の二つの理由を挙げているが，当時は彼らの中でヴァカンスに発つものはほんのわずかであり，ほとんど誰もが自分の代わりの農業者を頼もうとは考えなかった。

「栄光の30年」の最中でもフランス人の半分弱が相変わらず観光には縁遠かった。彼らはヴァカンスに発たなかったが，それをあまり気にはしなかった。当時彼らの20％だけが「結局ヴァカンスに行けないというのはとても悲しい」と言っていた。当時はフランス人の47％がヴァカンスに発たなかったので，そうした「欲求不満の人々」は全体の10％もいなかったということになる。当時のヴァカンス出発率は職業や所得水準，居住市町村の人口規模，居住地域などによって大いに異なっていたが，ヴァカンスに発たないことに対する欲求不満は各階層で低かった。もっと正確に言うと，ただ18歳から34歳までの人々とパリ居住者だけが，ヴァカンスに発たないことを平均以上に気に病んでいた。

国立統計経済研究所の調査はまた，ヴァカンスに発たない人々の増加も示している。それは貧しい人々だけに見られるものではなくなっているのだ。いくつかの調査がその変数を明らかにしている。庭付き一戸建て住宅という住環境に暮らす人々は一般的にいうと平均以上に裕福であるが，平均以下の出発率である。その地域の住環境が重要なのだ。あまりヴァカンスに行かないフランス人の中には，貧しいリムーザン地方の住民だけではなくて，豊かな住環境を持つアルザス地方の住民や，地中海地域の住民も含まれる。彼らの中でたった10％だけが欲求不満を感じていると言っている。その地域の住環境の魅力もまたヴァカンスに行かない理由となるのだ。

　環境の重要性を確認した上で，第7期経済計画[7]の観光委員会は，出発率の停滞やさらには後退を引き起こしている都市生活の質を大幅に改善するという，長期のシナリオを描いた。しかしながら，こうした予測の実効性を検証しようとは考えなかった。同様に「郊外」（都市ではなく，もはや田園でもない）の住民という多数を占めるようになったカテゴリーについて別に調査することも行なわれなかった。2000年にはあらゆる「郊外型」市町村で何が起こるのだろうか。その答えは心理的な変化のなかにある。働く町に近いところで庭付き一戸建ての個人住宅を選択したこれら元都市住民は，「自宅にいることで楽しむ」ことを望み，ほとんどヴァカンスに出かけない。しばしば住宅ローンの支払いに四苦八苦し，自分たち自身マイホームの維持管理に追われている彼らは，ヴァカンスを選択する自由をほとんど持たないのである。

　「ヴァカンスに行かない人々はそれがとても高くつくので行かないのだ」というような表現の表わす，非常に習慣的な見方も知られている。諸調査はあまりにも安易に，ヴァカンスに発たないこととヴァカンス費用の問題との間に暗黙の関係を措定しているが，現実はもっと複雑である。最初に，ヴァカンスに行くのにたいした障害はないがヴァカンスには行かないと決めている人々がいる。彼らは1979年のフランス世論研究所の調査によるとヴァカンスに行かない人々の38％を占めている[*21]。「障害がある」と答えた59％の人々については，彼らの動機は実にさまざまである。障害という言葉も曖昧で，きわめて多様な状況を含んでいる。農業者の言うところによると，彼

らは最も「障害」を抱えている（68％）。しかし彼らは一時的にせよ農地を他人に任せようとは考えていない。同じく「障害がある」と答えた68％の上級管理職もヴァカンスに発たない。そうした障害がなくなれば彼らは普通そうしているように，実際にヴァカンスに発てるだろう。しかし無業者の2人に1人（47％）がこうした理由を挙げているのは興味深い。

1979年の同じ調査でヴァカンスに発たない人々の4分の1が「十分な資金がない」という理由を挙げていた。また他の4分の1（特に農業者と商店主，自由業）は「職業活動」を挙げ，18％が「健康問題」にチェックを入れている。この限定的な質問票を使った調査は複数回答ができない。記入式であれば質問表はたぶんもっと多様な答えを見いだしただろう。それでもヴァカンスに発たない人々の4分の1強が障害として挙げているのは，以下に見るように，むしろ出発へのブレーキないし「観光という嗜好の欠如」の証しであるような理由である。

　　――行きたいという欲求を感じない（8％）
　　――自宅にとどまるほうがいい（4.5％）
　　――その習慣を持たない（4％）
　　――他の計画がある（4％）
　　――どこに行けばいいのかわからない（1％）
　　――ガーデニングや動物の世話をしたい（5％）
　　――子どもの年齢（1.6％），老人介護（1.9％）

明らかに犬猫の世話の方が老人介護より幅を利かせている。ブラックユーモアのある観察者であれば，毎年夏には赤ちゃんとおばあちゃんが高速道路の駐車場に置き去りにされている，などというだろう[8]。

当時ヴァカンスに発たなかったフランス人の大部分は，それほど欲求不満を感じたり，ぎこちなく思ったりはしていなかった。習慣的だからなのだろうか。彼らはそう認識している。79％が，彼らにとって「ヴァカンスに行かないというのはむしろ普通だ」と答え，たった20％だけが「それは例外的だ」

＊21　フランス世論研究所の調査は，ヴァカンスに行かない人々を対象に，1028の質問表をもとにして行なわれた。「回答なし」も若干存在した。Cf. n° 28-1980. *Regards sur l'économie du tourisme*.

と答えている。農業者にあっては，習慣的にヴァカンスに発たない人々は91%に上る。

これらのデータから，本当に決然たる決定というものがあるのだと結論しなければならないのだろうか。その答えは外見ほど簡単ではない。1979年の調査と他の調査はその答えを出そうとしてきた。1979年に「行く予定ですか，行かない予定ですか」という質問を受けた，ヴァカンスに行かない人々のうち，結局「行かない」という決定をしたのは25%にすぎなかった。残りの4分の3にとって自宅に留まるということは自明のことであった。当時ヴァカンスに発っていた半分強の人々（53%）については，ヴァカンスに行くという決定はかなり前から行なわれていたので，かなり断固としたものであった。

	%	累積%
6カ月前以上から	32	32
6カ月から3カ月前に	24	56
2カ月前に	12	68
1カ月前に	11	79
2〜3週間前に	8	87
数日前に	12	99

明らかにヴァカンスに行く人々の4分の3はヴァカンスの場所や日時，方法などについて「ほとんど了解」している。しかし残りの4分の1についてはどうなっているのかがわからない。彼らは出発しないのだろうか，それとも別に出発するのだろうか。もっと最近のいくつかの情報では，この20年来，決定を遅らす傾向が大変強くなってきているという。多くの出発は，その決定が出発当日のほんのわずか前に行なわれる。こうしたにわか仕立ての出発を生む背景は，キャンプやオートキャンプの成功，常にトップを占める柔軟で経済的な宿泊方法である両親や友人宅での宿泊などである。結局この20年来，「ツアーオペレーター」は「ブランド名を外した」旅行を低価格で提供することで適応を図ってきた。そして皆がそれで利益を得たのであった。

こうした考察の結果は，懐疑とはいわないまでも，慎重さを求めるにいた

る。ヴァカンスに発たない人々に，彼らの願いないし後悔を質問することにはたして本当に大きな利益があるのだろうか。シーズンの傾向を知るためにホテルや休暇村，キャンプ場の予約状況を頼りにできるのだろうか。観光を長期の視点で捉え，出発率の進展を考察するほうがいいのではないのだろうか。

ヨーロッパ人のヴァカンス

　私の以前の著作『観光論』[*22]はただフランス人だけを論じていた。2000年にはヨーロッパ人のヴァカンスについて述べるのが適切であろう。ヨーロッパは他の大陸と比べて，最初の観光客送り出し地域であり，最初の受け入れ地域でもあるからである。フランスはヨーロッパの中心にあって世界有数の送り出し国（63％がヴァカンスに発つ）であり，世界一の受け入れ国でもある。フランスにやってくる外国人の87％がヨーロッパ人である。ここにこそヨーロッパ人のヴァカンスを取り上げる理由がある。1986年に当時12カ国であったECは無作為の調査を行なったが，そこで使われた質問票は，1985年に15歳以上のヨーロッパ人を対象として行なわれたヴァカンス調査とおなじものであった[*23]。これら2億5000万の「成人の」ヨーロッパ人は四つの大きな集団に分けられた。

　　——「常にヴァカンスに行かない人々」は5330万人，すなわち21％。1984年も85年もヴァカンスに行かなかったこの人々は，86年も自宅で過ごすだろうと答えていた。
　　——「たまたまヴァカンスに行かなかった人々」は5840万人，つまり23％。1985年にはヴァカンスに行かなかったが，84年にはヴァカ

---

* 22　Marc Boyer, *Le Tourisme*, éd. du Seuil, 1972.
* 23　EC委員会交通局『ヨーロッパ人とヴァカンス』1986年，106ページ。1986年の3月から4月にかけて1カ国あたりおよそ1000人の割合で（ルクセンブルクはそれ以下），1万1840人の成人を対象に質問が行なわれた。こうした規模と信頼性のある調査は最近では行なわれていない。

ンスに行った，および／あるいは 86 年にヴァカンスに行くだろうと回答した。
　——「1985 年に 1 回ヴァカンスに行った人々」は 9400 万人で，37％。
　——「1985 年に 2 回以上ヴァカンスに行った人々」は 4830 万人で 19％。
　各国で出発率には大きな開きが見られる。EC は，そうした不平等は収入の違いによると考えていた。後に掲げるグラフ[9]は出発率と，住民 1 人あたりの国内総生産という伝統的な関係を関連づけている。ただ 1 国フランスのみが収束線上に位置している。スペイン，デンマーク，ルクセンブルク，ドイツ（当時は西ドイツ）などは合理的な位置に近い。他の 7 カ国は遠く離れている。このことをどう説明すればいいのだろうか。なぜフランスの近隣諸国のベルギーやオランダ（生活水準も規模も同じような国）がかくも異なる出発率となるのだろうか。「オランダ人は安く旅行するチャンピオンだから」などといっても説明にはならない。だがイギリスの出発率の高さを，この国のかつての旅行の伝統に結びつけ，地中海諸国とアイルランドの出発率の低さをそうした習慣のなさ（最近までこれらの国では裕福な人々のみがヴァカンスに出かけた）に結びつけるのは間違いではない。
　ヨーロッパ規模の調査は，国立統計経済研究所の調査によってフランスについて知られていたことを確証した。つまり人口という大規模なカテゴリーの直接的関与である。どの国であれ，この人口という変数は最良のファクターである。人口が社会構成を反映する場合は「重い」と表現され，人口が余暇という現象から独立している場合は「外性変数的」と表現される。人口はたいへん重要であるが外的なものである。したがって観光の観察者は，観光における大きな傾向を想起するときに心理的な誘惑に陥ってはならない。こうした必要な注意をすれば，社会様式によるアプローチ（B.カトゥラのモデル）を絶対視してしまうことが避けられる。
　十分に説明的な変数は「戸主の職業」である。戸主の職業は経済的な相違と文化的な相違を同時に含んでいる。いっそう多く，何回も，威信あるヴァカンスの形態やより高価な宿泊施設を選ぶ人々は，最高の収入を得る人々であるとともに，高等教育を受け，顕示的な地位の獲得に汲々とする人々である。すべてのヨーロッパ諸国で，それは上級管理職（85％の出発率）であり，

自由業（82％）である。それに続くのはサラリーマン（71％），小商店主と職人（56％），労働者（51％），退職者（44％），農業者と漁業者（25％）である。しかし「上位」と「下位」のカテゴリー間の相違は国によって非常に異なっている。出発率は「平等主義的な」国々（デンマーク，オランダ，ルクセンブルク，イギリス）でもほとんど2倍の開きがある。両者の開きはその他のヨーロッパ諸国，特に地中海諸国（1985年に農業者の集団はまだ「ヴァカンス文化」に達していない）では4倍，さらには5倍になっている。

　「年齢」が決定的だとアプリオリに信じられている。この論法は伝統的である。ヴァカンスの欲求は年とともに少なくなり，健康問題という厄介事が70歳以上の人々にとってますます増大する障害となる，というわけである。しかしことはそれほど単純ではない。まず，カーヴは子供時代以来コンスタントに減少しているのではない，という確認をしなければならない。このカーヴは二つの頂点を持っている。ひとつは「ティーンエージャー」，もうひとつは30歳から40歳の年代であり，20歳から30歳の年代のとりわけ低い出発率を間に挟んでいる。40歳以降，このカーヴは低下するが，徐々にであり，「高齢」になって初めて激減する。状況は各国で異なる。ドイツとイギリスでは，高齢者はほとんど若者と同じくらいヴァカンスに発つ。相違は地中海諸国で顕著である。高齢者はヴァカンスに発つ習慣を持たなかったし，今も相変わらずそうなのである。一般的にすべての国で高齢者の曖昧な態度は，20年か30年の間，彼らがヴァカンスに行っていないという事実を示すものである。世代交代につれて，50歳以上の人々の出発率は上昇している。すでに1985年にそれが観察されているし，2000年にはさらに観察されるだろう。まずこの大きな，だが新たな事実が問題となる。つまりヨーロッパのいくつかの国ではこれからある種の人口層が退職年齢を迎えるが，彼らは常にヴァカンスに出かけていた集団なのだ。彼らはヴァカンスに発ち続けるだろう。同時にある種の回復現象も現れる。つまり退職した労働者が，企業委員会や非営利のソーシャル・ツーリズム団体の刺激を受けて，最初のヴァカンスに発つのが見られるのだ。

　ヨーロッパ全域で妥当するもうひとつの変数は居住環境である。大都市圏はどこでも出発率が高いことが確認されるが，出発率は農村部において居住

市町村の人口が少なくなればなるほど低くなるのである（とはいえ決してゼロにはならないのだが）。たいていの場合，観光とは都市居住者の移動なのだ。しかしこれは根本的なものではない。というのも（パリ，ロンドンなど）大規模首都の居住者の少なくとも5分の1はヴァカンスに発たないからである。しかし農村部の市町村における出発率は急速に上昇している。その割合はフランスで1970年には17％であったが，1993年には44％に達している。こうした基本的データはさらに「居住タイプ」によって補強される。どこでも一戸建て住宅に住んでいるヨーロッパ人は，居住場所が農村であれ都市や郊外であれ，それほどヴァカンスには行かないのだ。

　ペットも出発を妨げる軽い理由になる。このことはいくつかの調査から明らかになったが，問題も引き起こした。この25年来，ペット問題は犬や猫を散歩させることが好きな飼い主はほとんど気にしなかった。家庭における「子どもの存在」の方がもっと強い理由である。調査によると「子どもが多ければそれだけ多くヴァカンスに行く」という通俗的見解は斥けられる。違いを見分けなければならない。つまり1985年において，

　　——「子ども2人の家庭」という社会層が最も出発率が高い（60％）。
　　——「1人っ子ないしは子どものいない家庭」の出発率は56％である。
　　——「3人以上の子どものいる家庭」は明らかに出発率が低く，わずか
　　　　44％にとどまる。

ここで子どもというのは15歳未満の未成年である。そうした家庭の決定が全体を代表するとは考えられないが，費用の問題が関係するだろうと想像することはできる。

　出発率は性別では変化しない。1957年から1970年にかけて観察されたことは相変わらず正確である。社会学者たちはこの男女平等に驚かない。しかし私が1972年に書き，2000年にも態度を変えていないのは，こうした状況は驚くべきことだという認識である。というのも，女性は男性よりも収入が低く，平均して男性よりも高い年齢にあるからである。したがって女性は男性よりも出発率が低いというのが論理的であろう。もし女性が不平等な変数にもかかわらず男性と同じくらいヴァカンスに発つとすれば，それは女性の間に男性よりももっと強い観光欲求の普及が見られるからである。

「1年に何回もヴァカンスに行くこと」はヨーロッパ諸国の間では同じ比率では見られない。1986年の調査では自宅を離れた4日以上の滞在しか対象とならなかったので，たんなる週末滞在は省かれていた。主要ヴァカンスと「2次的ヴァカンス」が問題となるのだ。ここではフランス居住者が主要な役割を演じる。つまり1985年に2回以上ヴァカンスに出かけたのはフランス人の27％（ヴァカンス出発者全体の58％）を筆頭に，デンマーク人とオランダ人（出発者全体の24％）がそれに続き，イギリス人（同21％），ルクセンブルク人（同20％）という順であった。その他の国々（ドイツを含む）はヨーロッパ平均（19％）以下である。このフランス人の突出は説明しがたい。しかしこれはますます強くなる傾向なのである。確かにフランスの学校休暇のスケジュールは有利な状況を作り出している。しかしそれはいわゆる原因といったものではない。明らかにいくつかの切り込み口を見つけられる。たとえば2月におけるウィンタースポーツというヴァカンス週間の成功，休日に挟まれた平日を休日とすることの増加がさらに長い休日の連鎖を作り出すこと，大移動の時期に見られるある種の道路での交通渋滞の深刻さなど。

　ヨーロッパ規模の調査は「ヴァカンスに発たない人々」の理由に関心を寄せている。回答選択式の質問は複数回答を認めている。「資金を持っていない」という回答は最も多く挙げられた（44％）。資金不足という問題はポルトガル人やギリシャ人，アイルランド人といったヨーロッパの最貧国民，かつ最もヴァカンスに発たない国民のなかで最も強く感じられている。ヴァカンスに発たないヨーロッパ人の22％が申し立てるのは「自宅にいるほうが

ヴァカンスに発たなかった人々の挙げた理由（1985年）

理由	％
自宅にいるほうがいい	22%
職業上の理由で留守にできない	16%
資金がない	44%
特別な理由	22%
（健康状態悪化，引っ越し，家族のためなど）	
テロ活動への不安，治安の悪さ	1%
その他	6%
答えない	4%
合計　　（複数回答が可能なために合計は100％を越える）	

いい」という回答である。この動機はベルギー（32%）やデンマーク（38%），イタリア（30%）などにおいてより強く挙げられているが，だからといってこの諸国が正当な根拠を持っているというものでもない。フランスやギリシャ，スペインと並んで，イタリアはヨーロッパ平均（16%）よりも高い割合で「職業上の理由」を挙げている国なのである。「地中海複合体」について語るべきなのであろうか。

外国でのヨーロッパ人のヴァカンス

　1985年にヨーロッパ人は，主要ヴァカンスの32%，2番目のヴァカンスについては25%を外国で過ごした。以来その割合は増加しているが，ヨーロッパ諸国間の相違がなくなったというわけではない。ただイギリス人のみがヨーロッパ平均に位置し，フランス人（当時は16%で今日は18%）とヨーロッパの地中海諸国民は，明らかにやや自国内でヴァカンスを過ごす傾向にある。北欧諸国民はその反対に，ヴァカンスともなると大挙して国境を越える。
　これにはこの章のはじめで述べたように注意が必要である。つまり対象となったのはその国民であれ外国人であれ，その国に居住する人々である。こ

外国で過ごされた主要ヴァカンスの割合（1985年）

ルクセンブルク人	94%
オランダ人	64%
西ドイツ人	60%
ベルギー人	56%
アイルランド人	51%
デンマーク人	44%
イギリス人	35%
フランス人	16%
イタリア人	13%
ポルトガル人	8%
スペイン人	8%
ギリシャ人	7%
各国平均	32%

のように定義されてしまうと，たとえば外国でヴァカンスを過ごすいわゆるフランス人のなかには，夏に「帰省」するポルトガルやマグレブ諸国の出身者が含まれる，ということになる。同じことがドイツについてもいえるのだが，ドイツではシチリアやユーゴスラヴィア，トルコなどからの出稼ぎ労働者が，夏に彼らの母国へ戻るのである。1985 年において，ヨーロッパ人の「外国でのヴァカンス」の 3 分の 2 は EC 加盟 12 カ国内で過ごされている。3 分の 1 弱の目的地は残りのヨーロッパ諸国である（ソ連とトルコを含む）。数％が世界各地に発つという絶対的な少数派を形成している。この場合，主流となるのは北米へ向かう，主としてイギリス人やアイルランド人である。

　1985 年のヨーロッパ人のヴァカンス調査は，それ以来われわれが得たあらゆる情報を確かなものとする「ニュース速報」のようなものであった。そしてこの調査はまた，当時は EC 未加盟の 3 カ国[10]や，現在も加盟していないスイスやノルウェーのような国についても妥当する。外国でそれほどヴァカンスを過ごさない人々（地中海諸国），外国への出発率が平均的なイギリス人，北欧人（外国へのヴァカンス出発がほとんどいつも多数を占める），これら 3 種類の国民いずれもが向かう主たる目的地はヨーロッパ域内である。長年にわたって積み重ねられてきたこのようなヴァカンス習慣は，ヨーロッパ

国民	外国へ旅行したことのある割合	旅行国数の平均
ルクセンブルク人	99%	5.3 カ国
オランダ人	96%	4.5 カ国
ベルギー人	93%	3.9 カ国
西ドイツ人	91%	3.4 カ国
デンマーク人	90%	3.5 カ国
フランス人	79%	2.9 カ国
イギリス人	75%	3.5 カ国
アイルランド人	73%	2.2 カ国
ポルトガル人	53%	1.8 カ国
イタリア人	46%	2 カ国
スペイン人	38%	1.9 カ国
ギリシャ人	24%	2.3 カ国
ヨーロッパ人平均	69%	3.11 カ国

人の多くにヨーロッパについての確固たる認識を与えるにいたった。

1985年の質問表では、どのくらいのヨーロッパ人がすでに外国へ行ったことがあるのか、そして彼らはどんな国を訪れたのかという質問項目があった。前ページの表はその結果を表わしたものである。

フロイト[(11)]は欲望原則と現実原則という二つの原則を提案した。ヨーロッパ各国を、その国を実際に知り、また訪れたいと思うヨーロッパ人の数にしたがって位置づけることができる。実際1985年の調査は、調査対象となった人々に今までにどんなヨーロッパの国を訪れたか、そして「(自国以外で)最も行きたい、あるいは再び訪れたい国を3カ国」挙げるように求めていた。実際に訪れた国と最も魅力的な国との間には、329ページのグラフで見るように、明らかに違いが見られる。

希望／認識

3分の2以上のヨーロッパ人が、生涯に少なくとも1回はヨーロッパの他の国を訪れている。平均して3.11カ国である。フランスがもっとも知られているが (34%)、それに続くのはスペイン (30%)、イタリア (28%) である。これら3国はアメリカ合衆国とともに、毎年、ますます多くの外国人観光客を引きつける「四極」を形成している。もっともよく知られているのはベネルクス三国、フランス、ドイツ、スペイン、イタリアといったヨーロッパの中心に位置する国々であり、アイルランドからギリシャにいたる周辺の国々はそれほど知られていないということが観察できる。魅力的な国々の上位には間違いなくギリシャが最初に位置し、ついでフランス、スペイン、イタリアという、受け入れに関して代表的な国々が位置する。ギリシャは大きな潜在性を持っているのでたいへん有利である。平均に近い国々は、たんに自国の地位を保つことに敏感にならざるをえない。平均よりも遙か下の国々(特にベルギー)は明らかにイメージ不足という問題を抱え、広報活動の努力が必要となる[*24]。

---

*24 広報戦略については次を見よ。*Communication touristique*, coll. Que sais-je?

出発率の現在

　観光に関する学問は比較を基礎とせざるをえない。われわれは20世紀末の，ヨーロッパのすべての国と世界の主要送り出し国の出発率を，1985年のEC加盟12カ国対象の調査と同じほどの信頼性でもって知りたいものだと思う。しかしそうした状況にはない。以下に挙げる推定は，近似的な性格をいっそう際立たせるためにわざと小数点以下を省略してある。少なくともEUと世界の主要国を含んでいる[*25]。

1995年頃のヴァカンス（4日以上の宿泊）出発率

ルクセンブルク	80%	オーストリア	62%
ドイツ	78%	フランス	62%
スウェーデン	76%	イギリス	60%
デンマーク	71%	アイルランド	60%
オランダ	69%	イタリア	54%
フィンランド	65%	ギリシャ	48%
ベルギー	63%	ポルトガル	29%

　ポルトガル人を除く南欧人，アイルランド人，ベルギー人は1985年には後れをとっていたが，それ以来急速な進展を見せている。ヴァカンスが急速に拡大しているのである。イギリス人，フランス人，そして一般的に北欧人は戦後の経済成長期（栄光の30年）に観光の大「躍進」を経験したが，それ以後の出発率はわずかの伸びで，停滞さえも見られる。2000年には「1人あたりの」収入と出発率との適合性を得ることになろう。「ヨーロッパのその他の国々」の分類がそのことを確証する。

　——スイスは83％（世界一）。
　——ノルウェイは72％。
　——ハンガリーは45％，チェコ共和国，ポーランド，スロヴェニアが続く。

[*25]　出所：世界観光機関・フランス会館，*Plan marketing*, 1997.

ヨーロッパ以外の諸国の推定

　ここに挙げるのはヨーロッパ以外の大陸のいくつかの国であるが，それらの国のヴァカンス出発率は非常に高いのでこうした推計が可能になった。
　　──オーストラリア，73％。
　　──台湾，70％。
　　──カナダ，63％。
　　──アメリカ合衆国，43％。
　　──メキシコ，38％。
　　──韓国，34％。
　　──アルゼンチン，15％。
　　──南アフリカ，8％。
　外国への出発が限られた率にとどまる国や地域としては，
　　──香港，46％（領土外への出発）。
　　──イスラエル，39％（イスラエル以外）。
　　──日本，4％（日本列島以外への旅行やヴァカンス）。
　したがってヴァカンスに発つ割合が高いのは，オーストラリア，ニュージーランド，カナダ，南アフリカの白人社会（出発率8％），イスラエルなど，国家の起源からしてヨーロッパの文化モデルを引き継いでいる国々の住民である。同じような傾向が大陸中国に帰省する中国系の国や地域（台湾，香港，アメリカ系中国人）について観察できるが，それらの人々は中国を訪問する人々の流れの基本的な部分を構成している。アメリカ合衆国と日本の逆説的な状況はよく知られている。アメリカ合衆国では休暇はわずかしかなく，人口のかなりの部分が貧困水準以下にあるが，ヴァカンスという現象（4泊以上）はあまり体験されていない代わりに，週末滞在が大いに実践されている。ほんの少数の人々だけが（飛行機で）かなり遠方への，そして高額の出費を伴う旅行に行くことができる。日本人はというと長いあいだヴァカンスを知らず（この言葉と事柄の両方について），自国内の短期の旅行で満足していた。今日彼らは広大な世界中のあらゆる有名な場所を求め，遅れを取り戻しつつある。日本人についての情報は外国でヴァカンスを過ごす割合に関してだけ

だが，それでもこの 4% という数字は全体としてみればかなりのものであるし，しかも急速に上昇している。これはまたかなり長期の滞在を意味し，受け入れ地域では非常にめだつのである。

フランス人のヴァカンスとその進展

　われわれはフランス人（というよりフランス居住者）のヴァカンスを，ヨーロッパという背景の中に位置づけたところである。その中でフランスは中位の位置を占めている。フランス人の出発率は高いとはいうものの，主として北欧諸国の出発率には及ばない。外国への出発率は 20％未満であって，ヨーロッパの半数以上の国よりも低くなっている。しかしフランスは，1 年に何回もヴァカンスに発つという一番の記録を持っている。そこにフランスの特徴が現われている。

　国立統計経済研究所はこの 40 年来，フランス人のヴァカンス調査を続けている。そのおかげでかつての常識は消え去った。今日ではフランス人について少なくとも次のことがわかっている。

　──どんな変数も，収入という変数でさえも，それひとつだけでは十分な説明とはならない。

　──居住環境は非常に妥当な要因であるが，これには二面がある。居住市町村の規模と居住タイプである。「市町村の規模が大きくなればそれだけ出発率が高くなる」のと同時に「庭付き一戸建て住宅の所有者は，集合住宅の居住者よりもヴァカンスに発たない」のである。フランスでもその他のヨーロッパ諸国でも，かつてと同じく現在も，このような 2 種類の顕著な対立は緩和されつつある。出発率は 80％で頭打ちとなり，農村居住者の出発率が他の地域の居住者の出発率よりももっと急速に上昇している，ということがどこでも観察されている。

　──年齢，家族構成，地理的状況（どの地域に住んでいるか）などは，どの国でもヴァカンスに影響を及ぼす。たったひとつの因果関係だけが問題となるのではない。そういった直線的な因果関係は存在しない。たとえば「高齢

になればそれだけヴァカンスに発たなくなる」というのは，だんだんと弱まっていくヴァカンス欲求というものを信じさせるが，ことはもっと複雑である。

　──夏に主要ヴァカンスが集中するのは，ヨーロッパすべてに共通する特徴である。どこでも7月と8月は最も多くの人々がヴァカンスに発つ月である。フランス以北の国々では5月と6月，それに9月によりよく分散が行なわれている。しかしイタリアの方がフランスよりももっと「8月にヴァカンスに発つ」傾向にある。したがって7月14日と8月15日[12]の間にヴァカンスが集中するというのは，フランスの専売特許ではないのだ。2番目の確認事項は，演説や誘引策，さまざまな措置にもかかわらず，フランスでは夏期におけるヴァカンス分散は成功していない，ということである。しかし（法定で）5週間の有給休暇を持つ唯一の国であるフランスは，他のどの国よりも巧みに夏期以外へのヴァカンスの移転に成功している。2番目のヴァカンスの成功は確かにフランス的な特徴である。夏の移動の流れの顕著な増加や，ヨーロッパに占めるフランスの中心的位置にもかかわらず，ときとして予想される交通マヒは起こっていない，ということが毎年夏になると確認される。警察の交通渋滞警報が赤になるのは7月と8月の3日間ないし4日間だけで，あとはオレンジの注意報だけである。2000年の観光は都市民の夏の大移動には還元されない[*26]。農村居住者がこの動きに加わり，ある種の冬の移動はさらにもっと集中しているように見える。というのもそうした冬の移動は，夏期よりも時間と空間においていっそう集中するからである。その結果は「タランテーズ地方[13]の交通渋滞」で頂点を迎えることとなる。

　──自動車は1960年代からヴァカンスのために最も利用される手段となった。現在もその状況に変わりはない。1964年にはフランス人の78％が自動車でヴァカンスに発った。1995年にもその割合は同じである。1％から2％のキャンピングカーと，3％から4％の観光バスが自動車の優位をさらに強化している。飛行機の割合も増加した。ヴァカンスに飛行機を使うフラン

＊26　以下は特徴的な研究。Françoise CRIBIER, *La Grande Migration d'été des citadin de France*, 1969, 2 vol.

ス人は 1964 年には 1％にも満たなかったが，1995 年には 5.5％に増加している。列車利用は衰退した。おそらく 1936 年には列車利用が優勢であった。だが 1964 年にヴァカンスでの列車利用は，もはや 16％しか占めていなかった。1995 年には 10％を切っている。フランス国鉄が積極的な料金政策でこうした衰退傾向に歯止めをかけようとしているのは適切である。

　本質的なこと，つまり数量的なことに戻ろう。20 世紀後半の観光は非常に変化したが，それはたんに観光客数が大幅に増えたからであった。フランス・ツーリング・クラブが誕生した 19 世紀末以来，観光客数は 50 倍，ないし 100 倍に増加した。統計がないので正確なところはわからない。しかし 20 世紀半ばまで，観光促進をめざした国家の有意義な活動は存在しなかった[*27]。フランス・ツーリング・クラブ以降，資金的な困難にもかかわらず非営利団体の活動が旅行という嗜好を，フランスを知りたいという欲求を生じさせた。このように観光は徐々に普及していった。20 世紀末には国境の壁は崩壊した。とはいえ国境通過手続きは 1914 年以前にも存在しなかったのではあるが。フランスはその恩恵を一番受ける国となった。フランスは世界に，主としてヨーロッパに開かれることで，あらゆる国の中で最も多く外国人の訪れる国となったのである。2000 年に外国人観光客は 7000 万人に達するだろう[(14)]。フランスでは自国民の滞在数よりも外国人の滞在数の方が多くなる。フランス人の滞在期間の方が長いというのは事実である。ヴァカンスに際して自国を好むフランス人（人口の 5 分の 4）は「安定的な」客層を形成している。観光インフラはこうした客層を当てにしている。ところで長らく 4000 万人台で停滞していたフランスの人口は 1945 年以来増加に転じている。6000 万人になろうとしているのである[(15)]。そして 1932 年には農村居住者が多数であった人口構成は，都市居住者が圧倒的となった。その他のことも同様で，フランスが人口増加と脱工業化時代の都市文明の時代に大きく入ったということは，フランス人観光客数の目覚ましい増加を説明するものである。20 世紀前半，観光客の増加はブルジョワジーによる貴族階級の

---

*27　私は 1978 年の世界社会学会議での報告で，こうした自由主義国の不在について強調したことがある。この報告は次書に収録されている。*Loisirs et Société*, Presses Univ. Québec, 1980, vol. 8, pp. 48-82.

模倣，ついである種の労働者層（公務員，鉄道員，サラリーマンなど）における普及といったように，社会的毛管現象による模倣という形を取った。1936年の有給休暇は実際の重要性というよりも，象徴的な価値をいっそう強く持っていた。大規模な発展は戦後に始まった。抑圧された戦時中の年月の埋め合わせを狂おしいほどに求める欲求は 1945 年以降に，まだ貧しかったフランス人をヴァカンスの方向に押し出した。彼らは故郷の家族や友人の家に向かったのだが，そこではまだ血縁や地縁は濃かったのである。彼らは野生の趣などない自由キャンプに熱中し，米軍放出物資を買い求め，トリガノ（地中海クラブ）や「ヴュー・キャンプール」や「ユットゥ」などの観光商品を買った。特にルノー[(16)]は 4 C V（キャトル・シュヴォー）を，シトロエン[(17)]は 2 C V（ドゥー・シュヴォー）を世に出す一方で，ドイツではフォルクスワーゲンが，イタリアでは小さなフィアットが増産されていた。

　フランスはこうした急速な進展を追跡する世論調査を行なってきたという利点を持っている。最初は 1951 年から 1961 年にかけて行なわれ，10 万人以上が居住する都市の住民を対象にしていた。1961 年からは毎年の実施となった。常に 4 日以上のヴァカンス滞在という同一の基準が用いられた。しかし夏期（5 月から 9 月までの 5 カ月間）と冬期（10 月から 4 月までの 7 カ月間）の区別が，ウィンタースポーツ・ヴァカンス（必ずスキーなどをしなければならないというわけではないが，滑降スポーツのリゾートで過ごされる）という特殊な観光形態の出現とともに導入された。

　次ページのグラフによって，対照的な進展を辿ることができる。

　1951 年には都市に居住するフランス人の内，2 人に 1 人がヴァカンスに発った。それは大量のヴァカンス出発がパリやその他大都市に限られた 1936 年よりも，はるかに多数であった。1958 年にヴァカンスに発つものは全人口の 3 分の 1 に達した。観光客はあらゆる社会階層に見られ，小さな町からもやってきた。しかしヴァカンス出発は不平等だった。そしてこのことは揺籃期にあった第五共和制にとってはスキャンダルだった。政策はソーシャル・ツーリズムの必要性を説いていた。有給休暇の期間は 3 週間に（1956 年），ついで 4 週間に（1969 年）延長された。続々と誕生した非営利観光団体がそれぞれ滞在方法を改善した。1958 年に VVF が誕生した。フランスの観光が

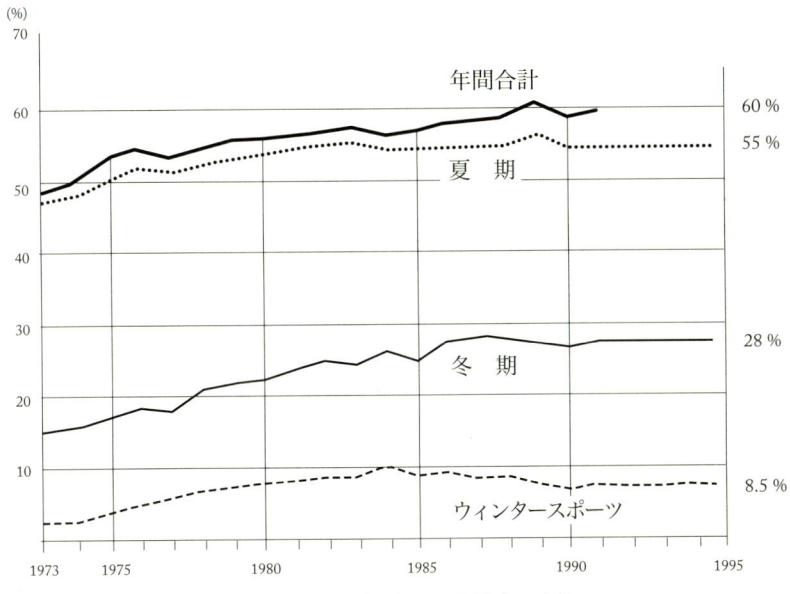

フランス人のヴァカンス出発率の変化

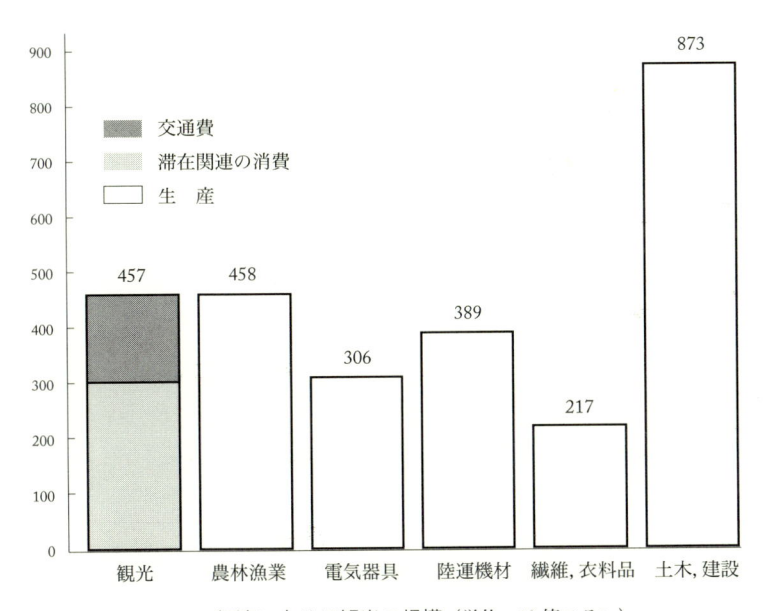

フランス経済に占める観光の規模（単位：10億フラン）

第3章　ヴァカンスに行く人々と行かない人々

めざましく発展したこの時期に，1968年という二面を持った年が位置する。つまりこの年は大量消費（観光も含まれる）に抗議する「5月革命」（「敷石の下には砂浜がある！」[18]）と，ウィンタースポーツ・ブームを招来したグルノーブル冬季五輪の年なのであった。

　1974年にフランス人はヴァカンスに発つ者が50％という象徴的な一線を越えた。当時，1年を通して（実質的には夏に），2人に1人のフランス人がヴァカンスに発ったのである。1961年から1976年までフランスのヴァカンス出発率は37.5％から55％に上昇した。こうした「躍進」は第五共和制の急速な離陸に続いた。このように増大する出発率は，「栄光の30年」のヴァカンスに対するわれわれの答えであった。石油危機や経済危機が，タイムラグを伴ってこの進展を緩やかにしたが，急激な停止にはいたらなかった。ヴァカンス出発率は1989年にその頂点に達したが（61％），この年はフランス革命200周年であった。

　冬期ヴァカンスへの出発はいっそう力強い上昇を記録した。ほとんどゼロの状態からの急上昇であった。南仏の冬のシーズン，19世紀のエリート観光の「大シーズン」は，第1次世界大戦後の諸帝国の崩壊と1929年の世界大恐慌，それに（若年の）ランティエの全般的な消滅とによって，致命的な打撃を受けた。冬のヴァカンスは2番目のヴァカンスとして再生し，短期ではあるが1年を通して何回も経験されるものとなった（ヴァカンスに2回以上行くのはフランスの特徴である）。冬のヴァカンスは万聖節やクリスマス，2月や復活祭などの時期の学校休暇にあわせて過ごされる。冬のヴァカンスは実践されるスポーツ（ウィンタースポーツ）によって，あるいは遠方の目的地（熱帯の太陽）によって，他人に優越する顕示的な方法として選択されている。1973年に冬のヴァカンスを過ごしたのは15％のフランス人だけだった。それが10年後の1984年には26％となった。それ以来この割合はわずかに上昇している（1995年で28％）。

　ウィンタースポーツは冬のヴァカンスの中で最もメディア化された形態である。テレビやラジオの番組担当者は，ヴァカンス出発は大量であり，アクセス道路の交通渋滞がその証明であるという印象を与えている。同時期に起こるこの移動は，1週間単位で宿泊施設を予約するという慣習によって，そ

して北アルプス地方が主要目的地（滞在の3分の2を占める）となることによって，実際にフランス観光の中で占めているウィンタースポーツの本当の影響に釣り合わない重みを，2月の混雑に対して与えている。実際10％に満たないフランス人がウィンタースポーツ・ヴァカンスを取るだけなのだ。しかし1984年にこの割合は10％を越えた（とはいえその10年前の1973年には3％ほどであったのだが）。ここで二つの疑問が起こる。なぜ3倍以上というような急激な上昇が起こったのだろうか。そしてそれ以来停滞している理由は何だろうか。グルノーブル冬季五輪（1968年）が，ある種のスイッチを入れることができた。つまりウィンタースポーツのフランス人選手は非常に有名になったのだ。「雪の計画」は1964年に開始された（スキーリゾートのラ・プラーニュが造成された）。2ダース以上の機能的なスキーリゾート（開発業者が販売業者でもある）が，きわめて集中した地域において，スキー可能な広大なゲレンデから始まってスキーヤーの望みうるすべてのものを提供したのだった。このシステムは十分にこなれたもののように見えた。つまり数平方メートルの宿泊専有部分を持つマンション，ときとして複数（共同）所有制のマンション（スュペルデヴォリュイ[19]で始められた方式）などが計画段階から販売されたが，これが新たな計画の資金調達手段なのだった。だが，なぜこのシステムは破綻したのだろうか。幾冬にもわたって雪不足が続いたことが原因だとされた。裕福な客層は大衆的スキーリゾートで押し合いへし合いするのを避けるために，「統合型リゾート」に見向きもしないという示唆もあった。実際フランスではメリベルのような山荘風のリゾートはよく持ちこたえたのである。もっと古くからあってあまり機能的ではないスイスやオーストリアのリゾートも，落ち込みは経験しなかった。太陽の目的地と呼ばれる熱帯との競争が問題だった。アルペン・スキー（ノルディック・スキーではない）のための支出という顕示は，限界効果を作り出した。フランス人の大部分は，ウィンタースポーツは自分たちのものではないと考えている。パック料金は高価で，宿泊費も高く，個人用装備は豪華ではあるが常に時代遅れとなるおそれに曝されている。多くの抑制要因が存在する。

　いずれにせよアルペン・スキーの大衆化は起こらなかった。ただ上位の社会層と中位の管理職だけが，25％以上の出発率でスキーに出かける。スキー

が自らに与えようとした，非常に競争力があるというイメージもまたその普及を妨げた。50歳以上になるとウィンタースポーツの実践者数は急激に減少する。スキーの愛好者は女性よりも圧倒的に男性の方が多い。

　ウィンタースポーツ・ヴァカンス（同じくウィンタースポーツ用施設や，雪不足にいっそう曝される中高度の山岳リゾート）のこのような停滞は，非常に多額の投資にもかかわらず利益を上げられなかった分野を直撃するカタストロフの原因となったかも知れない。しかし多くの場合，破局は避けられた。主として近隣諸国からやってきた大量のスキーヤーのおかげである。彼らは今日ではあらゆる大規模リゾートで多数派を占めている。スキーリフトの製造企業はゲレンデに人工降雪機を設置し，山の上までゲレンデを拡大した。最後に国が介入した。そして多くのスローガンのもとで売り出された騒々しいリゾートには終止符が打たれた。国が補填し，「山はあなたに得をさせる」という類のキャンペーンが繰り広げられた。

　ウィンタースポーツ・ヴァカンスは典型的な性格を持っている。温泉療養やタラソテラピー，気候療法の研究もまた同じ結論に達する。ほとんど単一活動が支配的なあらゆる観光リゾートは，その市場が相対的に小さいだけにきわめて危機に弱い。そこから期待できる利益によって魅力的なリゾート，唯一の「仕事」しかないリゾートというのは慣習と嗜好の変化に脅かされるのである。料金引き下げは容易ではない。というのもスキーリゾートや温泉療養リゾートは，多額の投資にあえいでいるからである。また料金引き下げはおそらくは良策ではない。というのも観光というものは社会的区別の発明によって進展するものなのだから。現在各人は，地中海クラブのような大きな観光組織の変化を心にとどめている。ヴァカンス出発率が順調に伸びていた時代にはすべてが簡単だった。1980年以降，特に1990年から，それまで順調に伸びてきた観光は，一方の進展が他方の犠牲においてなされるような，困難が持続する時代に入ったのである。

第 *4* 章

送り出し側と受け入れ側，世界の観光フロー

　この最終章では 2000 年代に入るにあたっての決算が行なわれる。観光の進展は世界観光機関の推計によると，1960 年から 2000 年にかけてその規模が 10 倍となった。1960 年（ほぼ信頼できる最初のデータが得られた年）には国境を越えた「国際観光客」は 7000 万人であったが，それが 1995 年には 5 億 6600 万人となった。これは国境を越えた観光客についてだけである。ところで自国内にとどまる国内観光客はその 2 〜 3 倍の数に上る[*1]。

　第一印象は観光が世界規模となったということである。今日世界のほとんどすべての国が観光客を受け入れている。だが国によって受け入れに大きな相違が見られる。観光客の送り出しについてはさらに多くの相違が見られる。つまり前章で扱ったヨーロッパ諸国ではヴァカンス出発率が 30％から 80％の間なのに，開発途上国では，ヴァカンスに発つこと自体がまったくあるいはほとんど知られていないのだ。

　逆説的な状況がある。つまり一方で第三世界の国々は世界の人口増加の主要部分を占めているのに，他方でほとんど人口が停滞している「金持ち国家」が観光躍進の原因となっているのだ。データから見ると，1950 年に地球の人口は 25 億人であった。それが 2000 年には 60 億を越えると見られている。まず開発途上国で死亡率の低下が見られた。出生率の減少（どの国でもとい

[*1]　このことについては第 3 章を参照。ヨーロッパでは国内観光と国際観光の割合は 2 以上対 1 である。

うわけではないが）がタイムラグを伴って続いた。人口増加の長い過渡期には非常に大量の自然増が見られる。そうした国々ではヴァカンス出発率が限りなくゼロに近く、観光発展の原因とはならない。

重要なのは「金持ち国家」だけであった。この国々は1940年から1960年頃までにベビー・ブームを経験した。それから出生率が低下し、どの国でも出生数が死亡数に追いつかないという、今日の状況に立ちいたっている。しかしこの国々の人口はわずかにあるいは一時的に増加している。それは戦後の出生率の急速な増加がタイムラグを伴って現われている結果にすぎない。それはまた差し引きでプラスの移民数（この国々は移民を受け入れている）と、寿命の延び（恵まれた国々では平均寿命は4年ごとに1歳延びている）との結果でもある。ところで最近の移民はヴァカンスに発たない[*2]。だが先進国では高齢者が観光客の真の予備軍となっている。この50年来、観光客数増加の主たる要因は、地球の4分の1の特権的な国々における観光の普及であった。この10年来あるいは20年来のヴァカンス出発率のほとんど停滞状態は、現代観光から観光の特徴である需要の弾力性を奪う結果となっている。

世界観光機関の楽観主義はおめでたい限りである。21世紀の最初の3分の1の時期において観光客数が3倍に増えるという予測は外れるおそれがある。観光が「平和へのパスポート」になるという希望については、ユーゴスラヴィアから中東にいたる現実によって否定されているように見える。市場経済の世界制覇も国境検査の自由化も、そのあとに確実に続くべき結果をもたらさなかった。しかし青年や精神的な力に期待することはできる。たとえば観光はテゼ[(1)]で毎年開催される世界教会運動センターの集会やルルドへの巡礼、世界青年の日[(2)]などにおいて、実際の役割をになっているのである[*3]。

[*2] あるいはヴァカンスは「帰省」という形を取る。しかし総合的な国境調査は、入国であれ出国であれ、「真の観光客」か「偽りの観光客」かを区別しない。

[*3] ローマ教皇パウロ6世は「観光は平和へのパスポート」というテーマで会議を開催した。それは敬虔な祈りの集大成であった。同じくヨハネ・パウロ2世によって得られた成果は（1976年の夏のパリのように）、その豊かさによって驚くべきものだった。

世界の大部分は観光客の送り出し国ではない。
それらの国は送り出し国になれるだろうか

　出現しつつある市場に言及する，ある種の「マーケティング」理論は失敗するおそれがある。「フランス会館」は中国に事務所を開設しようとしている。そのわけはアラン・ペイルフィット[3]が予告したのち，中国は目覚めたからである。観光客になるという欲求ないし憧れは，社会や文明の進展につれて出現する。ヨーロッパで起こったことは，ありうべき相違は別として，実際によそで起こる可能性がある。ただしそのときは中国やインド（あるいは他のどんな国でも）が「新たな人口均衡状態」（それほど多くない出生と少ない死亡率）に達したときであり，その国なりの産業革命を達成したときであり，ポスト産業社会の入り口に足を踏み入れたときなのである。

　すべては進展の中にある。レジャー，観光はそれだけ別に他よりも早く進展する分野というわけではない。問題となるのが経済であれ人口であれ，レジャーであれ文化であれ，人類の各世代は（オーギュスト・コント[4]にふさわしい用語を使うと）それぞれ理想モデルを持っている。次ページ以下の表に示すのがその理想である*4。

　この表からまず指摘できるのは，2000年には地球の人口の半分以上（少なくとも40億人以上）がヴァカンスの欲求を感じていないし，いかなる形でもそうした資金を持ってないということである。しかし同時に次のことも忘れるべきでない。つまり伝統的な前産業型の社会（大部分が農村型に属する第三世界も多くはこうした段階である）は非常に格差のある社会階層から構成されていて，ほんの一握りの特権階級が多くの富を独占しているのである。ブルネイ[5]のスルタンやアラブの首長たちの場合のように，石油のような大きな価値を持つ原材料の所有によって，こうした前代未聞の富がもたらされて

＊4　この表は *Sociologia urbana e rurale* 誌の第26号（1988年）の中に「複合型社会における観光の価値と重要性」と題して収録されている。この表はアステリオ・サヴェリによって次の雑誌に再録された。*Sociologia del turismo*, p. 178 *sq.* ついにフランス語版をここに示すことができる。

諸文明の理想モデル

	前産業期	産業期	ポスト産業期

1　経済

技術	原始的技術	中間的技術	新技術
生産	動物や人間の力を補う技術（延長された道具など） 直接のエネルギー	機械化。直接のエネルギー，蒸気機関，ついで電気，内燃機関。分刻みのノルマに追われて仕事をする人間（テイラー・システム）	科学時代 上位神経組織を補助する機械（サイバネティック） 電子工学 核エネルギー
	居住場所で 利害をともにする共同体内部の緊張 同業組合	企業内の対立，階級対立の場所 プロレタリアに対立する生産手段の所有者	計画経済の組織ないし市場メカニズムの介入による間接的な対立（アラン・トゥレーヌ） テクノクラート集団（ガルブレイス）
	生産力のきわめて緩慢な進歩：馬による牽引，軸による舵，風車など	産業と運輸における人間の労働生産性のきわめて急速な増加	先進諸国の農業と一部サーヴィス業の「生産性」のきわめて大きな増加：そこから労働時間の削減が起こる（フラスティエ）
破壊	「手作りの」刀剣類と「緩性」火器 封建領主の軍隊，あるいは傭兵	殺人用攻撃兵器（戦車，軍用機） 可及的電撃勝利，あるいは防衛が攻撃と均衡する徴兵制軍隊	大量殺人さらには徹底的な殺戮のための化学兵器，原子力兵器，生物兵器 非常に専門的な軍隊
交易と分配	生活必需品の経済；地域的な交易；店，市 高い価値を持つ生産物についての貿易（シルクロード） 交換される金属貨幣	交換と信用による経済 計算貨幣，金本位制，代表貨幣 銀行，百貨店，支店，証券や商品についての国際取引所	豊かな社会（ガルブレイス） 国際的な独占あるいは寡占 都市周辺のスーパーマーケット，ハイパーマーケット 小型情報ネットワークシステム
消費	家族あるいは居住地の住民による自家消費	大量消費；社会様式による相違 カウンター・カルチャーと異議申し立て	大量消費；社会様式による相違 カウンター・カルチャーと異議申し立て

	前産業期	産業期	ポスト産業期
2 社会			
社会構造	ほとんどが農村人口で第1次産業に従事する（農業）	産業社会；第1次産業の衰退と第2次産業の興隆	ポスト産業社会（アラン・トゥレーヌ）ほとんどの労働人口がサーヴィス産業（フラスティエ）
移動性	1カ所での活動と放浪の混合	都市生活 都市は徐々に拡大し，都市 - 世界として組織化される（フェルナン・ブローデル） 農村への脱出，外国への移民	巨大都市——郊外型社会——再都市化
社会階層	ごく少数の特権者（大土地所有者） 社会秩序とカースト 例外は都市——城壁	労働者階級の興隆と「勝ち誇るブルジョワジー」（モラゼ）	分裂し，ついで復権する中心 支配的な中産階級と少数派
精神的・道徳的・政治的構造（マックス・ヴェーバー）	伝統的 慣習的・階級制度的権力 共同体，地域，あるいは国の中ではひとつの宗教	内部志向 国家の合法的権力 代議制民主主義 非宗教的態度と寛容	他者志向的（リースマン） カリスマ的権力 劇場型政治；組織的テクノクラシー，制度の外観や習慣の衰退 信仰覚醒と自然な宗教的感情：イスラム教原理主義の高まり
3 家族，教育，人口，健康			
年齢構成と人口動態	高い出生率と死亡率 飢饉と疫病で人口バランスが保たれる 全人口の半数以上が20歳未満 「老人」の支配と「先祖」崇拝	出生率低下に伴う死亡率低下，人口動態の変化 「白人」人口の超過 成人の優位	新たな「人口均衡」； 低い出生率と死亡率； 実際は人口減少の危機（先進地域で） 世代間の軋轢 若さの神話的価値と老人世代の増加
家族の地位	大家族，しばしば長老 女性は支配される 仕事の分業（女性用の仕事はない）	緊密な家族，長老の限界 子供は王様	しばしば別居の家族あるいは片親の家族 権力の多様性 女性自立への歩み 自主的な文化的，しかし10代は金銭的に依存する（20歳過ぎまで）

	前産業期	産業期	ポスト産業期
出生率	高率（ヨーロッパでは婚姻年齢の延長によって調整された）	制限的（不適切な避妊法によって）	1人ないしは2人までにとどめる出産（スュルロ）
健康・老齢・死（アリエス，ヴォベル）	民間医療（ハーブ，水，まじない）と，正式だが稀でしかも無知な医師 老人は尊敬されるが稀である 習慣にしたがった儀式的な死 村の中心にある墓地	科学的で「社会福祉的」な医療 進歩の信奉 支配的な衛生思想 老人はますます多くなり「生産人口」でありつづける 理想化された死（「魂が飛び立つ」）	きわめて高度化した介入的な医療（外科，自殖性など）とともに，自然の「おだやかな」医療 老人世代の増加 超高齢世代問題の発生；死ぬ権利の要求 隠蔽される死（斎場）
職業教育と学校	先輩の世代が，家族の中や近所で，新たな弟子を教育する 学校は限られる；少年の一部への読み書きの教育，さらに数の少ないエリートのための大学教育	義務教育の進展と，学校制度の段階的な延長	学校生活の延長は高等教育にまで及ぶ；しかし交代で生涯教育を受けることも始まる

4　余暇と文化

祝祭・余暇・スポーツ	祝祭，儀式的なゲーム（デュヴィノー）	伝統的な祝祭は消え去り，いくつかのゲームが普及する	祝祭が観光用に復活
	戦争に備えるためのゲーム，その中に狩猟も含む（ヴェブレン）	厳しい規則を持ったエリートのためのゲーム	ゲームとスポーツの国際競技大会
	共同体の強制する休息 無為の価値が下がる（ヴェブレン）	制度的な休暇（最初は削減され，ついで段階的に増加する）	無為のレジャーと社会的区別のためのレジャー（リトレからブルデューまで）
	役に立つ手仕事，家畜飼育，ガーデニング	あまり関心を惹かない	レジャー用
	儀式に結びついたスペクタクル	宗教を離れたスペクタクル	劇場型社会
文化	過去に支配される	（進歩しつつある）現在に支配される	（未来学による）将来，あるいは（郷愁的な）過去に支配される

	前産業期	産業期	ポスト産業期
文化	口承(老人, 語り手), あるいは複写された書物によって(きわめて稀)	グーテンベルクの宇宙 学校制度による文化の継承	メディア化された文化 メディアによるコミュニケーション（マクルーハン）
肉体, セックス, 衣装, 入浴・水浴	社会にとって多様な性的禁忌	全般にわたる性的抑圧と男性側の違反	セックス革命（C. ライヒ） 遊戯的なセクシュアリティ 異性化(ボードリヤール)
	裕福な者のしるし（豪華な衣装, 鬘）と貧者（祝祭の衣装）	男女の服装の根本的な区別 流行	形と見た目 ある種の国際的画一性（ユニセックス）
	清潔のための入浴は稀 治療のための入浴（民衆的と公的）	衛生のための言説 「ブルジョワ」のための衛生設備 「リゾート」での社交的温泉療養	流行の浴室, 個人プール, ある種の温泉リゾートでのレジャー的な入浴・水浴
移動と「観光」	巡礼と十字軍（デュプロン） 貧窮による放浪, 旅する人々, イギリス的な「ツアー」と, 魅力的な場所の遅まきの発見	好奇心と無為による発見と旅行の拡大(リトレ) 拡大と普及	夏と冬, 週末というリズムにしたがった移動 部分的には民主化の成果だが, 引き続き進行する社会的区別のプロセスでもある

デュマズディエの表をもとに, マルク・ボワイエが改良・修正・補完した表

いる。自国では伝統的な習俗に忠実なように見せながらも，こうした大金持ちたちは特にメディアによって，そして「西欧風の」教育によって，エリート的なレジャー慣習や，最もハイクラスな観光地に精通している。確かに数から見ればきわめて少数であるこれらの人々は，最もエレガントなリゾートにおいて非常に莫大な支出が可能である。

「第三世界から発する観光客の意味のある流れは存在しない」というわれわれの否定的な見解はここでは修正される。最も「シックな」伝統的観光地においてはそうした大金持ちのコロニーが見られる。コート・ダジュール，特にカンヌではアラブの首長やロシアの成金の姿が観察される。こうした大金持ちがリゾートにやってくると，さまざまな建物の所有権が移動するとい

うことも確認できる。つまり首長たちによって買収されたパリやコート・ダジュールのパレス風ホテル，ボカサ[6]やモブツのような人物によって購入されたたいへん美しい建物（城館さえ含む）があるのだ。見通しを立てよう。つまりブラジルのような国では人口の 1%の上層階層が，ふんだんにお金を使うことのできるほとんど 200 万人のブラジル人を代表しているのである。クルシュヴェルのような最もエレガントなスキーリゾートは，季節が南半球と反対であることを利用した巧みな広報活動によって，彼らを惹きつけることに成功している。

先進国，観光客の大いなる送り出し国と受け入れ国

　統計は雄弁であるが，これからいくつか挙げる統計は第 2 次世界大戦以来の観光客数の劇的な膨張を語り，「金持ち国」は観光客を送り出すとともに，観光収入も手にしていることを明らかにしている。各国内の国内観光客と外国人観光客を付け加えた 335 ページの表は，1960 年から 1995 年にいたる進展を物語る。全体で観光客数は 8 倍に増加し，ドル建て換算の観光収入は 50 倍に膨張した[*5]。

　確かに以前はヴァカンスに行くことはきわめて少なかった。第 2 次世界大戦前やその直後にも，観光は最も豊かな国々においてさえもきわめてマイナーな慣習だった。観光の進展は，戦後の「栄光の 30 年」という経済成長期に北米やさらにはいっそうヨーロッパにおいて急激に行なわれた。1960 年と 70 年の間に，年間成長率は 9%に上昇した。1970 年と 80 年の間には成長率は 5.6%に減速した。だが観光は第 1 次石油ショックの影響を乗り切ったとはいうものの，第 2 次石油ショックには打撃を受けた。1982 年には他のどんな年よりも落ち込みが見られた。1984 年に成長率は 5.7%と回復し，観光は 80 年代の重苦しさから抜け出したように見えた。

　観光の世界的な浮沈は，恵まれた「白人国」，つまり西欧諸国，北米諸国，

＊5　貨幣価値が下落したので加重計算が必要である。

南半球のいくつかの「白人国」など，国際観光客を送り出す国々の行動だけにかかっていた。1990年以来，観光客の送り出し国および／あるいは受け入れ国となった新たな国々が重要な役割を演じる。日本，東南アジア諸国（新興工業国家群と中国），メキシコ（アメリカ合衆国とカナダとの3国で共同市場を形成している），東欧諸国（「非共産化された」），カリブ海や太平洋の新たな小国家群（観光客受け入れがこれらの国の主要活動である）などである。

しかし20世紀末においても圧倒的な集中現象は続いている。1995年には観光客を送り出す上位5カ国だけで，観光支出の52.6％，観光収入の41.7％を占めた。アメリカ合衆国，フランス，イギリスは観光支出と観光収入がともに上位5カ国の中に入る。国際観光客の送り出し国の上位5カ国は明らかにG7諸国（アメリカ合衆国，フランス，イギリス，ドイツ，イタリア，カナダ，日本）の中に含まれている。

支出額と世界全体に占める割合（1995年）

ドイツ	473億ドル	14.70％
アメリカ合衆国	448億ドル	13.90％
日本	367億ドル	11.40％
イギリス	246億ドル	7.60％
フランス	160億ドル	5　％

これとは反対に，「上位受け入れ国」にはある種の多様化が生じている。フランスは1990年から1995年まで国際観光客の入国数で世界一の座を，そしてアメリカは観光収入の点で同じく世界一の座を保った。しかしライヴァルがフランスに接近してくる。観光客の入国者数ではスペインとアメリカが，観光収入の点では同じくスペインとイタリアが，フランスに迫ったのである。イギリスとオーストリアは5番目と6番目を保った。中国，香港，シンガポールといった新たに台頭してくるところもあった。観光収入に関してはオーストラリアとタイがメキシコを追い越した。

ヨーロッパと北米は，観光支出と観光収入という二つの支配的なシステムの核心に位置している。ヨーロッパだけで世界中の観光客の半分以上を占めている。アメリカ大陸の諸国や太平洋諸国は，合計で国際観光客入国者数の

34.5％，観光収入の44.3％を占めている。ヨーロッパは観光客の最大の送り出し地域であるとともに，主要受け入れ地域でもある（50％ほど）。ヨーロッパがこうした地位を占める理由は，域内で最多の人口を持つ国々（ドイツ，フランス，イギリスなど）はアメリカよりも高いヴァカンス出発率を記録しているという事実に，そして国内観光の流れの大きさに求めることができる。ヨーロッパ以外の国にヴァカンスに発つのは，ヨーロッパ人のごく一部にすぎない。地中海南岸のアフリカ諸国や東南の中近東諸国，アメリカが主な渡航先である。ヨーロッパ観光にやってくるヨーロッパ以外の人々は，来訪する観光客全体からするとわずかな割合を占めるにすぎない。つまり北米人が約500万人，日本人が200万人（この数は急速に増加している）などである。

観光の大きなフローの類型

観光は今日大量の人間を移動させているが，彼らは目的地に関する限り，過ぎ去った過去の時代のわずかなエリート観光客の後継者のように見える。しかし数量はまったく別の問題である。数量的な違いは，G. フリードマン[7]の直感によると[*6]，観光客の質そのものにも影響を及ぼしうる。20世紀末には毎年少なくとも6億人以上の人々[*7]が「観光旅行をするために」自国の国境を越え，この3倍から4倍以上の人々が少なくとも1年に1回はレジャーという同じ動機から自国内で「外泊する」[*8]。前者は「国際観光客」，後者は「国内観光客」と呼ばれる。関係当局は国境を越える外国人の数と彼らのもたらす外貨収入とを推計しようと試みているが，いったん外国に出た自国民の観光行動については概して無関心である。多くの国が世論調査もしていない。その結果として各種統計は比較できないものとなっている[*9]。図

＊6　In Colloque de CNRS, *Villes et campagnes*, 1951.
＊7　同一人物が1年に何回も国境を越えたという可能性がある。出所：世界観光機関。
＊8　フランスを含む数カ国では，1年に2回以上ヴァカンスに出かける割合が高いという傾向がある。宿泊数の合計を比較できるようになればいいのだが，現状ではデータはほとんど信頼できない。

表を紹介し，ランキングを確定し，そのうえ明確な境界を持ったアトラスを出版する経済学者や地理学者は，確かに慎重さを欠いているように見える。

　私の方法はそれとは大いに異なっている。この方法は本質に向かう。「大衆・大量（マス）」が20世紀末の特徴である。マス・プロダクション，「マス・メディア」，「マス・カルチャー」，大量死，マス・ツーリズム，これらはすべて同時代のものである。観光の流れに比べると，他の移動は，たとえそれが「大規模」と形容されようとも（それが蛮族やアラブの侵入であろうと，移住であろうと*10，避難民の波であろうと，自分たちや家畜のために生活の糧を求める遊牧民の絶えざる移動であろうと）軽微なものである。しかし観光がそうであるような，真の必要性なしに移動するというやむにやまれぬ欲求は文化現象であって，近代の発明である。それは「金持ち」先進国の特徴なのだ*11。

　これから簡単に述べるように，観光客の主たる流れと受け入れの中心地域はほとんど同一である。つまり西欧と北米なのだ。詳しく見ると，観光客の二大受け入れ地域が，徐々に南に移動するのが見られる。ヨーロッパの観光客は地中海に，北米の観光客はメキシコ湾（とカリフォルニア）に，それぞれ惹きつけられるのだ。

　これら二つの主要システム間の交流は，比較的わずかである。これは運賃の引き下げで明らかに容易になった飛行機での大西洋横断に関わる。それぞれの方向に1年に約500〜600万人の観光客が移動するのである。その他のシステムは副次的である。つまり南アフリカとオーストラリアは，彼らを受け入れる地域（インド洋ないし太平洋）に観光客を送り出す。日本はますます多くの観光客を送り出しているが，一部分がヨーロッパに向かうだけで多くは太平洋地域に分散する。

　北米人とヨーロッパ人は，いわば内向きの観光を実践している。周遊を好

＊9　私はピエール・ピ（Pierre PY, *Le tourisme*）とジョルジュ・カーズ（Georges CAZES, *Fondement pour une géographie du tourisme et des loisirs*）が抱いている警戒心に同意するものである。

＊10　最も大量のものは20世紀初頭にヨーロッパからアメリカに向かった移住者の大群であるが，大西洋を挟む現在の観光フローはそれさえも軽く超える規模である。

＊11　これについてはすでに述べた。

み，自分たちの半大陸ないし自分たちが優位にある境界内で観光客となることを好むのである。アメリカ合衆国，フランス，スペイン，イタリア，イギリスは，観光客の送り出しの上位5カ国である。これらは国内観光の主要国でもあるということにも注意しよう。ヴァカンスに発つ人々の内でわずか10%から18%だけが外国に向かう（イギリスだけは例外で，外国への出発率は35%に上る）。

　データは観光客の送り出しについては徹底しているが，受け入れに関してはきわめて曖昧である。フランスは観光の経済的重要性をよく認識していて[12]，過去3分の1世紀の統計で得られた傾向を自由に参照できる唯一の国である。さまざまな設備や宿泊施設，その他の各種施設を合計することは言い逃れにすぎない。というのもそういうことをすれば，受け入れ[13]やレジャー，文化[14]などの諸組織全体の観光に関する機能がわからなくなってしまうからである。束の間のものを数え上げ，逃げ去るものを捉えようとするのは，明らかに軽率である。観光の流れを示すためには，アニメーションの方が地図帳よりも似つかわしい。われわれは経験に基づいた概念化を避けねばならない。つまり「観光地決定の論理」とか「フロント」，「インターフェイス」，「発展の要素」，ましてや「観光生産」ないし「場所の観光性」などという言葉で何を語れるというのだろうか[15]。「フロー」という言葉を使うことはすでに批判に曝されている。つまりこの言葉は大量の出発にふさわしい波の砕け散る様子を思い出させるが，同時に近距離の移動や，都市での

---

[12] 1980年からフランスは「観光の補助勘定」作成に努めてきた。観光局が毎年刊行している *Memento du tourisme* の第2部を見よ。

[13] フランスでは諸活動の一覧表（NAF）がこうした混合状態をもたらしているが，これは危険なことである。ホテル業，ましてや飲食業，カフェやバーなどが観光に関わるのは，部分的でしかないのだ。

[14] 観光統計は入り込みデータの中に，ミュゼや格付けモニュメントへの入場者の総数を入れている。ただ7月と8月の総計だけが観光フローを適切に示すのである。

[15] 経済学者や地理学者は観光経済学や観光地理学に関する総合的な考察に没頭している。たとえばK. クラプフやF. オーシェのあとを継いだR. バレジュ（R. BARETGE, *La Production du tourisme*, Paris VIII.），ジョルジュ・カーズ（Geroges CAZES, *Fondements pour une géographie du tourisme et des lieux*, 1992.）などは大きな見取り図を書いている。「観光性国家」はP. オルディオニの博士論文のテーマ（Aix,1992）であり，*Atlas de France, tourisme et loisirs*, 1997, Reclus の基礎となった。

週末と同じく農村空間にも拡散している観光を隠してしまうのである。
　そうした場所は「それ自体で観光的」というわけではなく，そうした空間はそれ自体で諸機能を果たすわけではないということは，決して十分には語られないだろう。そうした「未知の土地（テラ・インコグニタ）」を発見したのは観光客なのであり，それをイメージや「楽園」に変形して名声を与えたのは，人間たちによる「メディア」なのである。こうした図像的システムは，あこがれを生む場所を確定する。観光客の欲求にしたがって建てられた建物，宿泊施設，設備などは，劇場風の背景と遊びの土壌を作り出す。あえて「空間の構造化」と書くからには，計画的な整備が存在したという証拠をとにかく提出しなければならない。十分かどうかはさておき「マーケティング」の言説は，ある場所の設備が観光客の流れに先立って存在し，その流れを作り出した，という証明は行なっていない。では最初に来るものは供給なのだろうか，それとも需要なのだろうか。そして希少性に基づく観光「潜在性」における，かの有名な弾力性をどこに位置づければいいのだろうか。
　リゾートについても流行についても，評判はあらかじめ存在する所与ではない。観光における大きな変数は時間である。すべての面でこの言葉を覚えておこう。歴史的，気象的，季節的な時間。歴史は観光地と観光フローの起源と持続を語るとともに，観光シーズンの創造とその変種を語る。歴史はまた，いつ，なぜ，そして誰のためにそうした観光施設が作られたのかを正確に述べると同時に，それが今日切り札になるのかお荷物になるのかをも理解させる。観光行動は様式別（B. カトゥラ）や内容別（M. ボワイエ）に分類されうる。私はそれを特に「文化」と「自然」の弁証法的な対立を定位する循環図において先に示した[*16]。「観光現象の季節的性格」について1962年にニースで開催された会議以来，観光においては四季すべてを販売する商人はいないのだ，ということが理解されたように見える。送り出し国は比較的温暖な気候に恵まれ，次々に季節が巡る。人々は1年のどの時期でもヴァカンスに発ちたいという同じような欲求は感じることがない。この2世紀の間，観光客であったのはただランティエのみであったということを思い出す必要

---

*16　第Ⅲ部第2章「内容と行動」を参照。

があろうか。職業上の拘束は重要ではなかった。目的地，旅行の期間，旅行の意義などは社交界の微妙なリズムにしたがっていたのだが[*17]，とはいえこの社交界自体も数世紀のあいだに変化してきたのである。長いあいだ地中海はひとつのシーズン，つまり冬しか知らなかった。この冬のシーズンは6カ月続き，1920年代頃まで最大の観光の流れを引きつけていた。当初は恐れられていた山岳は18世紀に魅力に変わった。しかし「アルプスを訪れる」（ないしはピレネーを訪れる）人々の増大する流れは，19世紀末までは夏だけに限定されていたのだ。

　観光の流れには不変のものも，変わらぬ特徴も，決定的な要因も存在しない。それは，開発業者が信じているように観光空間を構造化する目的を持っているのではなくて，住んでいる場所との関係を断ちうる人々，あるいは断ちたいと望む人々の時間にリズムを与えることなのだ，という明白な事実を思い出す必要があるだろうか。彼らは結局ほとんど1年中観光客になりうるのであるが，それはさまざまな場所においてである（たとえば別名バルナブースのヴァレリ・ラルボーのように）。それが嫌なら1000年代の終わりにおいては1年に1回しかヴァカンスに出かけないこと，あるいはヴァカンスの時間，週末の時間，レジャーでの外出の時間を巧妙に組み合わせることしかない。

　観光の流れの類型は二つの大きな全体，つまり北米とヨーロッパとの間で「比較」されねばならない。この類型においては主な「基準」が組み合わされている。空間的にいうと，この流れはどこから発し，どこへ向かうのだろうか。社会的にいうと，誰が観光に発つのだろうか。時間的にいうと，出かけるのは何回で，どのくらいの期間，そしてどの季節なのだろうか。通時的にいうと，それぞれの移動の古さとは何だろうか，そしてその未来はどのようなものになるのだろうか。

　私は研究の手がかりしか示さない。最初の対立は「文化」と「自然」という基本的な動機に関する対立である。古くから観光の伝統を持つ国々（イギ

＊17　これが私の博士論文（*L'Invention du tourisme*, 1997，マイクロフィッシュ）の主要テーマのひとつである。

リス，フランス，地中海諸国，その他）では，観光の第一の内容は文化的な興味である。彼らは「必見（ウィデング）」ないし「サイト・スィーイング」を実践している。北米や北欧など北方の国々は，まず手つかずの自然というよりむしろ「野性味（ワイルダーニス）」を愛好し，屋外でのスポーツ実践を伴ったアウトドア・レクリエーション活動を多様化させた。ドイツ人や日本人はこの両方の傾向を持つ。しかしこの二つの傾向の間には障害となるものは存在しない。観光が世界的になればなるほど，この二大グループの行動は似通ってくる。今日ますます北米人は文化観光に関心を寄せ，大きなミュゼや歴史的建造物を訪れるのに対して，カリフォルニアからやってきた「マウンテンバイク」はヨーロッパ人観光客の心を捉えた。この二つは多くの例のほんの一部にすぎない。

　観光の文化的な流れを喚起することは，歴史的，芸術的な部分について語ることであり，「われわれの文明の起源」を喚起することである。ヨーロッパ人と，ヨーロッパからの移民の子孫が多数派を占める北米人にとって，エルサレム，エジプト，ギリシャ，古代ローマといった文化的な基準はヨーロッパ内に，そして「われらの海（マレ・ノストゥルム）」である地中海の周囲に存在する。こうした場所についてヨーロッパの優位性を指摘することは，価値判断を持ち込むことではない。それは観光地を訪ねるという願望と義務がどのように「認識」されているのか，という部分を確認することである。観光客のためにカタログ化され分類された芸術はミュゼや歴史的建造物の中に保存されているが，観光客はガイドブックや星の数が示す判断に応じて関心を抱くのである。

　とても人出の多い場所や景勝地がその地位を得たのは，「自然に備わっている」優位性からではなくて，それらの場所の歴史からである。それらは発明・聖別・名声・過密な人出（今日そういう場所を「指導的」立場に導く）というプロセスを免れない。その反対に，古典主義時代やロマン主義時代に一世を風靡した場所の中には，文化的な理由からいくらかその名声を失ったところも存在する。観光ではなにものも最初から与えられた状態では存在しない。つまりすべては発明されるのである。その魅力の出現，成功，多くの人出，ときにはその衰退など，すべてはその日付を持っている。

　以下の数例で，どのようにして文化という不可欠な媒介によって，たんなる自然の場所が魅力に変化するのかがわかる。そして他方ではヨーロッパの

第4章　送り出し側と受け入れ側，世界の観光フロー

卓越性も理解されよう。

　──「好奇心」。超自然とはいわないまでも，驚異の自然というテーマは古典主義時代に多く見られたが，やがて衰退した。たとえばモンテギュイユ，ドーフィネ地方の不思議など。

　──「高峰」。高山の魅力は 18 世紀末の発明である。これは主としてアルプスで確立され，現在に受け継がれている（登山という用語）。真っ先に発明されたモンブラン，マッターホルン，シャモニ，ツェルマット，その他いくつかは「必須の流行」であった。

　──「峡谷と隘路」。18 世紀末以来，そして特にロマン主義以降に，峡谷と隘路は「必見」となった。これらの薄暗い場所（ヴィア・マラ）[8]や「狭小な場所」に対する特別な好奇心は衰退したが，それに代わって観光客の流れはむしろ大きな峡谷の方に向かった。たとえばコロラドのグランド・キャニオンが基準となった。タルヌ川[9]やヴェルドン川[10]の峡谷もそうした基準にかなっている。

　──「大洋」。ブライトン（18 世紀）以来，観光客の大きな流れは，さまざまな設備・施設（桟橋や突堤など）から海の光景に感嘆するとともに，観光客＝散歩者の姿も観察できるような海浜リゾート地に向かった。ベルギーのオステンデからスペイン国境に近いフランスのビアリッツまで，この例は多数にのぼる。

　──「地中海岸の湾」。小さな港，岩場，パノラマ風の光景，これらを備えた地中海岸の湾は長いあいだ，たんなる長いウィンター・シーズンの背景か（ニースのアンジュ湾），考古学的興味による訪問の背景（ナポリ湾とポンペイ）であった。サン・トロペ，ジュアン・レ・パン，コリウール，カダケス[11]などが流行となるのには 20 世紀を待たねばならない。地中海岸の最も知られた場所と比べて，これらの流行地が自然に備わった優位性を持っていると証明することは不可能である。

　──「冬山」。冬山は 19 世紀末まで避けられ，あるいは無視されてきた。20 世紀末に見られる雪に向かう流れは，まず娯楽目的である。つまり観光客は滑降スポーツを楽しむため，あるいはそうした雰囲気に浸るためにやって来る。しかしそこでもまた大変まちまちなリゾート間の声価において，よ

りよいスキー・ゲレンデを求めるという内在的な動機はほんの一部を占めるにすぎない。最古のスキーリゾートは，現代でもしばしば最高の名声を博している（ダヴォス，サン・モリッツ，ムジェーヴなど）。これらのリゾートは山荘風(シャレー)（メリベルの場合）やオーストリア・スタイル，チベット・スタイル（アヴォリアズ）などの建築が並び立つ様子が魅力の源となるような劇場風の背景を持っているが，必ずしも施設設備が最高のものだからという理由で評価されているのではない（最高のものということであれば，フランスのいくつかの統合型リゾートに軍配が上がる）。

　──「演出された自然」は多くの観光客を惹きつける。このことはリゾートについても，非常に人出の多い観光地についてもあてはまる。ポール・グリモーないしアヴォリアズは，自然の場所にこの種の人工的な自然を作った最初の例である。アメリカのナイアガラ瀑布は第一の観光名所であるが，そこはあらゆる施設や照明装置，「楽園を思わせる」宣伝文句（新婚旅行）で飾り立てられている。最も水量の多いこの瀑布は，特に照明効果によって人工的なアトラクションとなっている。もうひとつの大観光地はネヴァダ砂漠の中のラス・ヴェガスであり，そこでは町から数マイル離れただけで見られるむき出しのかなり印象的な自然が，けばけばしい娯楽という背景の中に消え去っている。そうした娯楽の中では真と嘘，昼と夜とが意味を持たぬものとなり，まがいもの，幻想，ギャンブルが勝ち誇る。

　北米は歴史が浅いことに影響を受けている。その結果アメリカでは最古の場所（ケベック[12]，ニュー・オーリンズ[13]，ルイスバーグ）を再建してまで大切にしている。アメリカは特に自然景観の呼び起こす懐古的な感情を，西部の村や古い鉱山などの見学によって西部開拓時代やその神話的な英雄たちを思い起こさせる場所に結びつけたり，あるいは再現された戦闘によって南北戦争の戦場に結びつけたりしてきた。観光客はいわば映画で見たものを発見しようとしているのである。つまりは自然がハリウッドの背景となるように，というわけだ。

　自然の優位はますます増加する北米とヨーロッパの観光客の観光行動の特徴となっている。北米人やスカンジナヴィア人，ドイツ人，その他ヨーロッパ人もまた「自宅から近距離で連続して繰り返される観光・レジャー」[*18]を

経験しているが、この第一の目標は野外での身体活動である。そうした習慣は労働日における体操の時間（早朝、正午、午後5時過ぎ）に始まり、週末や日曜に自然を訪ねることを間に挟み、主たるヴァカンスの過ごし方や滞在地などの選択にいたるまで、連続してみられる。先に示した私の循環図[*19]はこの自然の中で過ごされる観光・レジャーの内容を説明している。その図では自己回帰と野外でのスポーツ、遊び、野生の自然や動物への興味、小グループの仲間意識などが隣り合っている。一般的にいって近距離で、個人的な移動手段によって行なわれるこうした移動は、社交界的な交際や顕示的な慣習とは反対の極にある。顕示的な観光はグラフの反対の極で伝統的な観光の特徴となっている。

　こうしたものをアメリカ人は「アウトドア・レクリエーション」と呼んでいる。「レクリエーション学者」となった余暇社会学者は、-ingのつくこうした慣習・活動[*20]を一々細心に記述し、それぞれ特定の集団（年齢、性別、社会階層、教育水準など）毎に「入り込み」や「頻度」、「リピーター度」などの割合を計算し、実践しているのは誰なのか、いつもしているのは誰なのか、どのくらいの回数実践しているのかを語るのである。こうした分析は空間的な分布については語らない。しかしこの流れの特徴はわかる。これは都市が源なのだ。都市住民は何回も観光に出かけることに重きをおいている。彼らはリゾートをめざすのでも、評判の観光地を訪れるのでもなく、あるものは手つかずの自然、またあるものは簡単な整備の行なわれた場所というように、「レクリエーション空間」[*21]が目当てなのである。宿泊はここでは粗末な小屋、あちらでは木製の山荘（シャレー）、東欧ではダーチャというように、自然愛好者の倫理に適したものである。こうした宿泊施設は自然の中に抱かれているという印象を与える。それは森の中か入り口、湖や川のほとりに位置して

---

* 18　G. CAZES, *Fondements pour une géographie du tourisme...*, p. 47.
* 19　第III部第2章「内容と行動」を見よ。
* 20　ウォーキング、スイミング、ハンティング、フィッシングなどは、この大規模調査 *Outdoor Recreation in U.S.A.* の多くの巻のタイトルにもなっている。レクリエーション学部は地域的ではないテーマ別研究を数多く行なっている。
* 21　カナダはARDA計画（国土全域にわたって「レクリエーション的」価値が記載される地図プロジェクト）を決定さえした。

いる。北東アメリカ（ニューイングランド地方）では「レクリエーション農場」が増加しているが，そこでは農業者が馬を貸したり，レジャーの世話役を引き受けたりと，サーヴィス提供者に変身している。これをもっと押し進めると極西（特にテキサス）の観光牧場や狩猟小屋にいたるのである。

これら 2 種類の観光の形態は，互いに相容れないというものではなくて，同じ人物が二つとも実践するということもありうる。これらの観光形態は二つとも，有利な要素を含んでいる。ここでそれらに関する「遺産」とか「環境」について語ることが常道である。遺産と環境というこの二つの言葉は，これもまた定義が難しい語であるが，少なくとも「生活の質」とか「開発の切り札」などの考えを伝えるものとしてそうした用語を使用するという意味においては，そう古くまで遡れる語ではない。これは異型接合体の双子なのだ。つまり同じ危険にさらされているものとして，一方では「自然」があり，他方では「文化」があるということなのである。無秩序な都市化，大規模なインフラ設備，派手な広告，過剰な人出，これらが等しく脅威となる[22]。人の流れの増加は，自然や文化の魅力が変質しなかったことの証しだということにはならない。

2000 年には観光はますます「真実」，「本物」，「保護された自然」，「美」を追い求めるという特徴を明らかにする。私は『観光の発明』[23]という自著で下した結論を否定しようと思わない。問題なのは道徳的な判断なのではなくて，確認，未来を見据える視点なのである。関心を惹かない場所であろうとも，どこでも観光名所を作りあげることができると豪語する開発業者はすぐに限界に突き当たり，ある種の場合には（いくつかのテーマパーク）挫折を味わった。その一方で定着した魅力の脆さを示す例は多い。そういった観光地は何があっても持ちこたえるというわけではない。たとえばシャモニの峡谷の場合や，いわゆる「虐殺された」コート・ダジュールの場合は，深い考

---

[22] このテーマに関しては次のような著作が推薦できる。
— *La Patrimoine, atout de développement* par R. Neyret et *alii* (dont Marc Boyer), PUL, 1992.
— *Turismo e ambiante Sociologia urbane e rurale*, fin 1997. 同書は私が議長を務めた第 3 回観光地中海社会学学会の報告書の 3 カ国語版である。

[23] Marc Boyer, *L'invention du tourisme*, Gallimard-Découvertes, 1996, p. 127.

察が必要である。過剰な人出は危険に満ちている。いずれにせよ,「需要と供給」とか「施設と資源」とかの単純な関係は,観光関連の著作において安易に述べられているが,そうした単純な関係は観光地の価値や観光客の欲求というものをあえて考慮の対象から外している。「ヴァカンスの価値,それは価値がないことだ」とエドガル・モランは言っていた。しかしむしろその反対なのである[14]。

　流れの類型については他の対立もある。1回以上のヴァカンス出発,短期ヴァカンスと長期ヴァカンス,自宅と目的地（1カ所ないし2カ所以上）とのあいだの距離の大小,これらは多少なりとも変化する。この距離という基準は旅程のキロ数で評価されるのではなく,時間と旅行費用によって,最後にはヴァカンス滞在地のエキゾチックな印象,ないしは親しみやすさの程度によって評価される。

　長期にわたったエリート観光（18世紀から20世紀の最初の3分の1まで）から最初の教訓が得られる。この観光は複数のシーズンを持っていた。それぞれの滞在ないし周遊は長かった。大きなシーズンは10月から4月まで続く南仏での冬のシーズンであった。社交的な温泉療養シーズンも夏のあいだ少なくとも3週間,1カ月と続き,しばしば高地での予後ケアという形で延長された。大洋のほとりでの海水浴滞在の習慣的な期間もまた1カ月であった。温泉療養においても海水浴においても,近距離というのは決定的な切り札ではなかった。というのも先導役となったイギリス人は,温泉リゾートを選ぶにあたってイギリス国内よりも大陸の「スパー」を好み,「海水浴リゾート」についてもスフェーヴェニンゲン[15]やオステンデからビアリッツにいたる大陸側のリゾートを好んだからである。増加する観光客の流れはアルプスやピレネーをめざした。19世紀末までアクセスは速くもなく,快適でもなかった。周遊もまた長期にわたった。エリート層の観光客は自分たちの旅行の遅さも費用も,不便さも恐れなかったので,他にいくらでも例を挙げることができるだろう。ロマン主義以降,多くのものがイタリア南部,ギリシャ,スペインなど遠方へ冒険に出かけた。鉄道の出現はこうした状況を緩和したが,状況そのものを変えることはなかった。

　18世紀に以後不変となる定数が出現する。つまり自宅とカントリーハウ

ス(場所によって,またその規模によってヴィラ,フォリー,バスティドなどと呼ばれた)との間の距離・時間という定数である。それは常に1時間ないし1時間半である。その道のりは徒歩やロバの背に揺られて,ついで馬車や川船(ソーヌ川,セーヌ川,ヴェネツィア人の「田園滞在(ヴィレジアトゥラ)」のためにはブレンタ川[(16)])が利用された。20世紀初頭からは自動車がそれらに取って代わった。自動車によってもっと遠くまで行くことが可能になった。かくして大都市の周辺に別荘地帯が環状に形成されるが,都市を取り巻く田園の魅力は非常にちぐはぐだったので,別荘地帯も途切れ途切れに展開していた。選択の基準は交通の利便性,その場所の魅力,眺め(これらの家々はイタリア風の見晴台を持っていた),水が近くにあること(泉水を作ったり,小規模な人造湖を作ったりするため)などであって,決してその土地固有の価値ではなかった。18世紀の広告新聞(ジュルノー・ダノンス)[*24]は,収益をもたらすがより遠方に位置する所有地と,楽しみのためのカントリーハウス(南仏ではバスティドがほとんどの週末に使われていた)とをはっきりと区別している。イタリア,フランス,イギリスではこの種の住居が早くから増加した。今日それらの国々に見られる別荘の数の多さを,部分的ながら説明する伝統が定着したのだ。1990年の国勢調査によると,フランスでは国立統計経済研究所が241万2000戸の別荘(この中には観光用の賃貸住居も含まれている)を計数したが,この数は1戸あたりの利用人数を平均5人とした場合,潜在的に1200万人分をあらわしている[*25]。この細分化され超私的な分野は,疑いなくフランス人の観光フローの最大の受け入れ先である。

　1年のなかで,少なくともヨーロッパにおける観光の流れの分布は複雑極まりない。手短にまとめるために,非常に単純化すると次のようになる。

——全宿泊数に占める最大の流れは,都市居住者を何回かのヴァカンス出発にいざなう流れであるが,そのヴァカンスは短期であり,たいていの場合同じ場所で過ごされる。彼らは自分たちの別荘(レジダンス・スゴンデール)や彼らの両親や友人のヴィラ(それがパリや海岸や田園での主たる住居でない限り)に行く。彼ら

---

*24　たとえば *Affiches de Lyon*。
*25　I.N.S.E.E., *Recensement de la population*, 1990.

は特に自動車で移動する。少数派（パリ居住者）は飛行機やTGVでもっと遠方に行く。以下の3点を特徴とするこうした「短期滞在型ヴァカンス」[*26]はフランスだけではなく，北欧や中欧の特徴でもあり，それらの地域では1984年以来ますます増加しているのが確認されている。

- ヴァカンスに発つ1人あたりの滞在数の増加
- 滞在の平均期間の減少
- 夏の主要ヴァカンスの比重の減少

　2月のヴァカンス（地域ごとに時期がずれる有名な週間）は，飛び石連休中の平日を休日にする措置のおかげによる移動のような種類に属している。この時期に都市の出入り口は混雑する。こうしたヴァカンスに何回も出かける人々は復活祭と6月の間，しばしば田園に出かける。彼らは1年の中で少しだけ新しい観光形態である都市観光をするが，そこでの宿泊もまた親戚関係である[*27]。彼らの動機は自宅からの脱出であるとともに，ルーツへの回帰でもある。この時期に決まって行なわれるこの観光は道路の渋滞と交通障害を増加させるが，観光の季節性を軽減し，観光の空間的分散にいくらかは貢献している。

　——「ヴァカンス客ないし有給休暇」[*28]はフランスの人口の4分の1を占める。彼らの半分弱は夏に1回ヴァカンスに行くだけで，残りの半分強は夏以外にそれほど長くない2回目のヴァカンスを取るが，これは副次的と呼ばれうるもので，大部分は家族揃ってのヴァカンスである。こうした人々は2～3週間という比較的長い夏のヴァカンスを，しばしば海辺で過ごす。イタリアやスペインなど，他の地中海諸国も8月にヴァカンスが集中するという性格を強めている。

　——「短期周遊の観光客」はフランス人の約10分の1を占め，大部分はまだ家庭を持たない若者で，学校休暇以外に主として都市や観光リゾートにちょっと「立ち寄る」ために，少しだけ旅行するのである。しばしばこの種

[*26] Cf. INRET-ONT, *Les Voyages de courte durée des Français*, 1992. さらにFrançoise POTTIERの著作を参照。
[*27] 次書を見よ。G. CAZES et Fr. POTTIER, *Le Tourisme urbain*, Que sais-je? nº 3191, 1996.
[*28] Cf. *Tourisme* (1997) の分析はこのカテゴリーを提起し，示している。

の観光は両親や友人を訪ねる機会ともなる。農村出身の若者も，こうしたちょっとした移動に縁遠いというわけではない。

「世界旅行者(グローブ・トロッター)」は特に年輩である (50歳以上)。彼らの移動は年平均で45回とかなり多いが，このことは彼らがフランスの人口の6分の1を占め，全体の宿泊数の27%を占めている，という事実に由来する。彼らの多くは時間を自由にできる。というのも彼らは退職し，まずまずの収入があるからだ。彼らの姿はオフシーズンの海浜や，ソーシャル・ツーリズムの宿泊施設，温泉リゾートや夏の高山での滞在で見受けられる。彼らは世界中とは言わないまでも，ヨーロッパではパック旅行の形で普通に見ることができる。彼らはそうした旅行で疲れを知らない。最も高齢のこの集団が最も活動的なヴァカンスを過ごす集団だというのは，いささかも逆説ではない。

「ヴァカンスに行かない人々」あるいは「ほとんど行かない人々」はまだ，フランスにおいても多くの先進国においても，人口のかなりの部分を占める。10人の内4人から5人がまったくあるいはほとんどヴァカンスに行かない。前章でこうした観光の非公衆の重要性について論じたが，それと同時に，ヴァカンスに発つ率は2000年に近づいてももはやほとんど伸びないということ，そして政府もほとんど無関心だという確認も行なったところである。こうした取り残された人々は，観光に関する限り，彼らがたまたまヴァカンスに行くようなことになっても，めだたない。彼らは母国に帰省することで，あるいは夏の盛りに海辺のキャンパーの大群をさらに膨張させるためにやってくることで，ヴァカンスを実践しているのだ。そこに市場の関心を惹くものは何もない。

こうしたヨーロッパ内のさまざまな流れの組み合わせを考察すると，強力な「観光優先権」が「夏の短期滞在」に対して与えられているのがわかる。1回しかヴァカンスに行かない人たちのヴァカンスや，主要ヴァカンスないしは何回もヴァカンスに行く人たちの「夏のヴァカンス」などは7月 (特に14日以降) と8月に位置している。これはアメリカでは見られない現象である。それというのも北米人はまず有給休暇が比較的少ないからであり，また彼らは夏に特に重きをおくということがないからである。彼らは独特の年間行事や祝祭 (感謝祭，ハロウィン，独立祭) を中心とする長い週末の方が気に

入っている。アメリカ人の示す大きな違いは，厳しい気候の冬にある。彼らは太陽と熱帯の海を求めて移動する。彼らは1～2週間を過ごすためにチャーター機でフロリダやメキシコ，アンティル諸島などに向かい，ここではケベック人，あそこではトロント人，ないしはボストンの人々などというように，出身地別のコロニーを作る。こうした現象はあまりヨーロッパでは広まっていないが，知られていないわけではない。特にスカンジナヴィア人はカナダ風のヴァカンスを取っている。つまり彼らは手つかずの自然が近くにあり，少し移動するだけで自宅のそばであらゆるスポーツが行なえるので，1年に何回も野外で過ごすヴァカンスに出かけるのである。しかし彼らもまた脱出を試みて南チュニジアやアルガルヴェ[17]，キプロス島，イスラエルやアフリカ内陸部に出かけることがあるが，そこでもまたコロニーを形成するのである。

　ヨーロッパ人が自然の中のスポーツと野外での生活という，アメリカ人と同じようなレクリエーションの内容を持つ短期的な移動を行なうことがますます多くなるにつれて，だんだんとヨーロッパ人はアメリカ風の習慣に近づく。そしてこれは1年を通してみられる傾向である。

　ヨーロッパ人のもうひとつの特性は独創性である。彼らの観光行動は，その地理的な状況によって大いに異なっている。そうした地理的状況は実際，文化的な所属やさまざまな生活水準を覆っている。ひとつではなくて複数の観光の流れがあるのだ。このことはフランスで簡単に観察できるが，多くのヨーロッパ諸国でも見受けられる。国立統計経済研究所の調査では州毎の割合がわかる（送り出し州と受け入れ州）。私はプロヴァンス・アルプ・コート・ダジュール州とローヌ・アルプ州でのすべての回答を詳細に検討することでこの分析を精緻なものにした[*29]。

　そこでは3種類の流れが見られる。

　――大量に送り出される流れ。これはフランスではパリ地域の居住者の場合で，実に90％以上が自分の出身州以外と，パリの隣接諸州以外でヴァカ

[*29]　以下の研究を見よ。Marc BOYER, *Le Tourisme*, éd du Seuil, 特に262ページの表。
　　　― *Inventaire touriatique de la région Rhône-Alpes*, CET, Études et Mémoires nº 8.
　　　― *Atlas D.A.T.A.R. Rhône-Alpes* : carte touristique.

ンスを過ごす。彼らはフランス国内に広く分散し，一部は主として夏の海岸を求めて外国へ行く（スペインの海岸へ流れる）。彼らはフランスのあらゆるスキーリゾートのみならず，オーストリアやスイスのスキーリゾートでも，ウィンタースポーツ・ヴァカンスを過ごす。このように大量に送り出される流れはフランスではパリ居住者に，ヨーロッパ規模で見ると大都市の住民に妥当する。

——「州内に分散する流れ」。これはフランスで顕著に見られる。10 の州が代表的であるが，そこではヴァカンスに行く人々は，他の州に比べて1倍から2倍の間の割合で，居住する州かその隣接州でヴァカンスを過ごす。最も州外に出ないのはコルシカ州，ラングドック・ルシオン州，プロヴァンス・アルプ・コート・ダジュール州の住民である。それに続くのがミディ・ピレネ州，ブルターニュ州，ローヌ・アルプ州，アキテーヌ州，ペイ・ドゥ・ラ・ロワール州，オーヴェルニュ州，サントル州である。われわれの詳細な分析によると，流れは隣接州の一部しか獲得していないということも明らかになった。数例を挙げると，ラングドック・ルシオン州の人々は「彼らの海」（ローヌ川以西の地中海）やピレネ（地中海側），セヴェーヌなどに行く。プロヴァンスの人々は彼らの地中海をグランド・モット[18]あたりまで延長している。彼らは冷涼な中央山岳地帯南部，南アルプス，前アルプス地方北部などで過ごすことも好む。

ローヌ・アルプ州の住民はウィンタースポーツでは州内にとどまる。夏に彼らの流れの一部は南部へ向かう（ドローム県やアルデシュ県の故郷，ヴォークリューズ県，ローヌ川河口の地中海岸）。しかし大部分の流れは山岳から田園まで自分たちの州内に分散するが，一部は西部から北部にかけての隣接州に向かう。イタリアのポー平野[19]の住民[*30]はこれに似た行動をとるように見える。彼らは好みに応じて地中海（ティレニア海[20]かの選択肢がある）に行くか，イタリア・アルプスに行くか，どちらでも選べるのである。イタリアの他の州に行くものはほとんどいない。そして最近まで，外国人はほとんどそういった所に惹かれなかった。カタロニア人はヴァカンスに際してコス

[*30] ポー平野では政治的統一が失敗したとはいえ，経済的文化的には一体化している。

タ・ブラヴァ[21]と仏西両側のピレネー山脈のあいだでためらいを見せる。
　——「混合した流れ」は，州内であるとともに遠方への流れでもある。こうした混合した流れを持つことは，送り出しの要素がきわめて強い地域，だがそれほど魅力があるとはされていない地域の特性である。住民は利便性や同一化の欲求から習慣的に同じ地域内でヴァカンスを過ごすこともできるし，遠方へ行くこともできる。たとえばオランダ人，ベルギー人，ノール・パ・ドゥ・カレー州の住民は「海岸へ」(ア・ラ・コート)（彼らは英仏海峡や北海に面した海岸を常にこのように固有名詞的に言う）行くこともできるし，アルデーヌ地方を訪ねることもできる。しかし彼らが隣接地域に行かないのはそこによりよい条件を見いださないからなのである。あるいは彼らは南部に向かうが，そこは海に近い南部で，むしろピトレスクで人口密度が低い緑の丘陵や乾燥した山岳地帯である。そうした地域はジェール県からドローム県やアルプ・ドゥ・オート・プロヴァンス県にかけて，幅広い農村観光地帯を形成している。アルザス州の住民も同じような種類の決断をしている。南ドイツ人は山岳や湖水を持つこの地域や，隣国のオーストリアでヴァカンスを過ごすことを好んでいる。あるいは彼らは地中海に向かう。スイス人も同じような行動をとる。

「ヴァカンスの新たな植民地」[*31]

　「ヴァカンスの新たな植民地」という表現でジョルジュ・カーズは熱帯に位置する観光の新たな構造を述べたが，この観光形態はヨーロッパ人や北米人（アメリカ合衆国とカナダ）を暖かい海と細かな砂浜に引き寄せている。カーズのこの表現は適切だということを覚えておこう。そして無数のホテルや休暇村が空間の中に組み込まれる方法をもっとよく知ろうとする人々に，彼の著作を知らせよう。開発途上国における観光という問題は，主として四つの傾向を持つ，多少なりとも科学的で豊富な文献のもととなった。

＊31　G. CAZES, *Les Nouvelles Colonies de vacances*, Paris, L'Harmattan, t. I, 1989, 336p. et t. II, 1992, 208p.

——経済学的傾向。「専門家」は外貨獲得や雇用創出，過剰な労働力による低賃金，輸入増加（きわめて高い割合）などを証明している。

——社会学的，文化人類学的傾向。こうした「コロニー」は現地の人々の生活とは隔絶したところに建設されて発展してきた。各種の個別研究は伝統社会の破壊を告発する。「影響」は否定的に述べられる[32]。

——地理学的傾向。ますます集中する海水浴観光はたんなる砂浜の「沿岸化」をもたらすが，これは地中海岸で見られる連続した都市化とは確かに異なってはいるものの，災いをもたらすことに変わりはない。

——「経営学的」傾向。このような観光構造はツアーオペレーターに商品を引き渡すために構想された。ツアーオペレーターはさまざまな活動や規格化されたサーヴィス付きで計画的な滞在を販売しようとし，歯止めのない競争に突入するが，その過程で航空運賃が下落する。20世紀末，この市場は観光客の，もっと多くもっと遠くもっと安く，という要求を助長する。これは管理が困難で，革新を阻むものである。

こうしたテーマを論じる著作が存在する。注であげておいたが[33]，40年以上も観光を研究し，さまざまなコンセプトの誕生や，遠方の観光地や休暇村の増加を見てきた歴史家として[34]，私はいくつか考察を付け加えたい。いくつかの日付が「観光は第三世界の発展のために役立つ」とか「具体的な

---

* 32 以下の研究はよりニュアンスに富んだ意見を表明している。M.-F. LANFANT, *Tourisme international reconsidéré : milieu exclu, tiers exclu?...*, Cahiers C.H.E.T., C165, 1991. および国際観光に関する多くの報告。G. CAZES, *Fondements pour une géographie du tourisme et des loisirs*, Paris, Bréal, 1992, p. 104 *sq*.
* 33 ジョルジュ・カーズのすでに引用した二つの研究を参照。さらに次も参照。
    — *Le Tourime internatoinal* : *mirage ou stratégie d'avenir?* Paris, Hatier, 1989, 200p.
    — ASCHER F., *La Production du tourisme*, Paris VIII, 1968, 631p.
    — SEPANRIT., *Îles et tourisme en milieux tropical et subtropical*, Bordeaux, 1987, 3090p.
    — SPIZZICHINO R., *Les marchands de bonheur...* Paris, Dunod, 1991, 320p.
    — *les Rapports d'études* de l'Organisation Mondial du Tourisme...
* 34 これは1961年に開催されたAEISTの第12回大会で「開発途上国の多様性に関する歴史家の見解」と題して私が報告したことである。*Actes*, pp. 167-179.

ユートピア」*35 の誕生，などという信念の出現の事情を思い起こさせる。徐々に二重の同一視が起こってきた。つまり地中海クラブと休暇村の同一視と，熱帯の海水浴観光と発展途上国での観光との同一視である。確かにこれら二つの同一視は誤りであるとはいえ，「想像力」の方が勝っているということなのである。

いくつかの象徴的な日付を挙げる。

—— 1953 年。ジャック・タチが映画『ぼくの伯父さんの休暇』を撮る。大成功。これは基準とされる映画となる。タチは優しさとユーモアを込めてブルターニュでの海水浴ヴァカンスの原形を描いたが，今ではこの色調は古びている。

—— 1959 年。『エスプリ』誌の「余暇」特集号。J. デュマズディエの序文は余暇学の誕生を告げる。H. ラモンの論文は「レジャー社会」すなわち「地中海クラブ」の出現を歓迎する。暖かく，快楽的で遊びの海とG O（地中海クラブのホスト，あるいはオリュンポスの神々）とが，亜熱帯から熱帯へと移行するヴァカンスのユートピアを構成する要素となる。
（ジャンティ・オルガニザトゥール）

—— 1962 年。国際観光専門家協会（AIEST）は第 12 回総会で「観光に直面した開発途上国」*36 をテーマとする。この会議では，当時は新しかったが今日では陳腐なものとなっているテーマが登場した。つまりロストウ理論によって経済的離陸が期待されている「開発途上」国は，観光客の外貨を利用することができる*37，というのである。この会議はばかげた幻想でいい気になり，第三世界と農村空間（たとえば南アルプス）での観光開発政策を混同するにいたるほどの混乱状態に終始した*38。

この会議での報告で現在も読むに耐えるものはほとんどない。わずかな例

---

* 35 Henri RAYMOND が *Esprit* 誌（1959 年 6 月号）で「人間とパリヌロの神々」（パリヌロとは地中海クラブの休暇村のある地名）と題して発表した先駆的な研究のなかで初めて使った表現。
* 36 AEIST 叢書としてベルンで出版された報告書，8 巻，267 ページ。
* 37 K. クラプフ教授の基本的な主要報告を参照。この中で観光はロストウに着想を得た積極介入主義的な図式の中に入れられている。
* 38 M. バールの報告。さらに R. バロスィエの報告，南イタリアに関するいくつかの報告。

外の中に観光の真の専門家であるP.ドゥフェールの報告があるが，これは「観光とアフリカ地域の低開発状態」を取り扱ったものである。その他に私が「低開発諸国の多様性」について報告したものもある。

── 1978年。パトリス・ルコントが映画『レ・ブロンゼ』を撮るが，この映画はスプランディドゥ・グループのギャグを繰り返した。出演者たちはまだほとんど知られてはいなかった。このカルト・ムービーのおかげでM.ブラン，Th.エルミット，G.ジュニョ，D.ラヴォーダン，C.クラヴィエなどが大スターへの道を歩み始めたのだった。この映画の成功は公開直後というより数年後に訪れたが，もはやこの映画なしに観光を論じることはできない。それからすぐに二番煎じのウィンター・ヴァージョン，『レ・ブロンゼ／スキーに行く』が公開される。20年あまりで（1953-78年），ヴァカンスの受け取り方は大いに変化した。私の『観光の発明』の最後のページにはタチとルコントの映画が二つ並べてある[*39]。

── 1982年。「映画特集」（TV局FR2の記念碑的な放送）は夏の放送をヴァカンス特集に充てる[*40]。アラン・ジェロームはタチの映画は選ばなかったものの，論争のきっかけとして『レ・ブロンゼ』を選んだ。封切りから4年も経つというのに，自由時間相，ジルベール・トリガノ，ピエール・ラシーヌ[(22)]，それに私といった招待者の中で，誰一人この映画を観ていなかった。この上映はショックだった。この映画を巡って論争が行なわれ，司会者はフランス人のヴァカンスを社会学するというテーマにわれわれを導くのに苦労した。ジルベール・トリガノは失望した様子を見せた。どんなGOもこんな中傷だらけの映画の上映に協力したくないだろうというのである。しかしながら舞台となったコート・ディヴォワールの休暇村は地中海クラブのものではなかった。トリガノは言うのだった，「クラブは別物だ。ヴァカンス客はこんなカリカチュアに還元される人々ではない」。

正当な指摘である。それが全般的な反応であった。当時，海という目的地は夏期ヴァカンス客の大部分の慣習として考えられ，また熱帯の休暇村の形

---

* 39　M. Boyer, *L'Invention du tourisme,* Gallimard-Découvertes, 1996, p. 153.
* 40　最初にして1回限りの試み。次には *Les Bronzés font du ski* を皮切りの映画として冬のヴァカンスに関する放映があった。

態は彼らの「想像的な世界」として捉えられていた。カリブ海における1960年代の諸発明は世界規模で拡大した。ヴァカンスの快楽主義の3本柱は「3S」（海（sea），太陽（sun），砂浜（sand））」となったが，三銃士にもう一人の銃士が加わったように，もうひとつのS（セックス（sex））が加わって「4S」ともなった。そしてこの「楽園」はますます熱帯へと移っていった。1982年には，「映画特集」に集まった専門家を含めて世間一般では同一視が容易に行なわれた。つまり地中海クラブはH. レイモンが言ったように「具体的なユートピア」なのだった。しかしほかにも多くの休暇村が存在した。すぐにジルベール・トリガノは被告のように自己弁護を行なった。だが数年後，彼はこうした過度の同一視があらわしている切り札を理解し，コミュニケーション手段を使ってそうした切り札を利用した。したがって，クラブ・メッドは一歩進んだ考えを持っていたことになる[*41]。

　この年代順の事項では「想像的な世界」，つまり太陽中心の新たなエデンの園が洗練されていく様子や，「正しい考え」，つまり観光は世界規模に拡大し，第三世界の発展に役立つという考えが次々に述べられている。しかし2000年の現実はもっと複雑である。以下に挙げるいくつかの問題が同時に生起しているのだ。

　1　1960年代以降の「観光の進歩」は印象的である。かつて人類はこのような移動を経験したことはなかった。だからといって，このような移動が直ちにマス・ツーリズムだというのではない。西欧ではヴァカンスに行かない人々は少数派であるということを見たが，アメリカ合衆国ではそういう人々が半分以上を占めている。第三世界と開発途上国は地球人口の5分の4を占めているが，そうした国々の住民はほんの例外を除いてヴァカンスに発ちたいという欲求さえ抱かない。一時的に移動するのは，観光業における仕事も含めて，雇用を求める人々である。したがって2000年の地球の住民の大多数は，観光消費から締め出されている公衆なのである。こうした状況の下で「観光の世界的普及」とか「再均衡」などを語るのは困難である。大量の観

---

* 41　このテーマを詳しく扱っているのは次書。M. BOYER et Ph. VIALLON, *La Communication touristique*, Que sais-je?

光客の送り出し国は相変わらず主要な受け入れ国でもある。確かにヨーロッパや北米以外で新たな観光目的地が出現した。しかしそうした新たな観光目的地は，それがどこであろうとかまわないという関係国の行動を変えはしなかったし，これらの「ヴァカンスの新たな植民地」は広大な諸大陸の表面のほんのわずかな部分を占めるにすぎない。北米，サハラ以南のアフリカ，アジア（中東とインドシナ半島は除く），前ソヴィエト全体，社会主義国家群などは，いくつかの地点で国際観光客を惹きつけているにすぎない。

　2　この20年来，「国際観光はヨーロッパないしは北米以外で急速に発展している」。こうした第三世界の国々のヴァカンス出発率は非常に低かったし，現在でもヨーロッパやアメリカ，カナダといった主要目的地に追いついていない。こうした優位性は国内観光を考慮すればもっと強固になる。いずれにせよ数字が雄弁に物語る。1960年にはこれらの国々（ヨーロッパと北米以外）は，国際観光客の16人に1人を受け入れていただけであった。これが2000年には3人に1人の割合となる*42。これらすべては高度成長市場で起こっているが，この市場では競争相手であるヨーロッパや北米の市場を奪うことなく，明らかに「市場の分け前」を獲得できるのだ。世界の特権的な部分に住む住民たちは観光という習慣を維持しながら，ときどき，ヴァカンスの新たな植民地に向けて1〜2週間の遠距離旅行を行なう。彼らは南へ向かい，より遠くへ行く傾向にある。ヨーロッパ人はもはや近場の地中海では満足しなくなり，アルガルヴェや，フランコ体制下のスペインで売りだされたさまざまな海岸(コスタ)の方へ向かい，バレアレス諸島からエーゲ海まで地中海の小島に襲来し，アドリア海の海岸に侵入し，ギリシャを選んだり，欲したりする。だがモロッコからチュニジアにいたる「イスラム諸国の」地中海という目的地はあまり人気がない。北米人はすでにフロリダを発見していた。彼らは新たな植民地をメキシコの海岸やカリブ海に建設したのだった。

　3　こうした「ヴァカンスの新たな植民地」は限定的である。つまり休暇村，ホテル複合施設，リゾートさえ，同じ標準的なモデルにしたがって構想され，常に現地の人々の生活とは隔絶した状態にある。両者の間には真の連続性は

＊42　Cf. Rapports de L'O.M.T. et G. CAZES, *Fondements...*, *op. cit.*, p. 40.

存在しない。いくつかの小国や例外を除いては，観光は熱帯の国々の経済の中心ではない。おそらくは第三世界のなかの「観光圏」や「観光中心地」*43について語ることは，フランス側の地中海やスペインの海岸(コスタ)，フロリダなどを語る場合とは違って，適切ではないだろう。オーストリアやギリシャ，キプロス，アイルランドは普及した観光やさまざまな受け入れ機能を持ち，退職者たちを惹きつけている。ヨーロッパ以外で，同じような特徴を持つ中規模の国々を見つけるのは困難である。

4 しかしながら観光的に大きな魅力を持つ「島嶼現象」がある。熱帯であれ地中海であれ，こうした「楽園の島々」は小さい。「スモール・イズ・ビューティフル」というスローガンは次のものを比較するとよくわかる。

　　——小アンティル諸島とキューバないしハイチなどの残りの大アンティル諸島。
　　——セイシェル諸島ないしモーリシャス諸島，それとマダガスカル島。
　　——バリ島と，スマトラ島ないしニューギニア島。

2000年には2ダースほどの島々がほとんど観光という単一産業と貿易外取引に依存しているということは事実である。外国人観光客のもたらす外貨は，税金逃れのペーパーカンパニーの利益や，便宜置籍による利益，「オフショア」の利益，カジノの儲けや，ときとして洗浄資金などとも混じり合う。世界観光機関の統計は世界のさまざまな国の分類を可能にする。ジョルジュ・カーズは三つの基準を提案した*44。

　　——住民1人あたりの観光収入。
　　——輸出に占める観光収入の割合。
　　——国内総生産に占める観光収入の割合。

この三つの基準を適用すると，以下の総合順位が得られる〔次ページ〕。

これらの上位の島々は最近すべて植民地から脱して独立した国である（ただしアメリカ領ヴァージン諸島は除く）。キプロスを除いてこれらの島々は小さい。二つは地中海に，七つは熱帯地方に位置する（五つがアンティル諸島に，

---

* 43　地理学者にあっては普通のこうした言葉遣いは次書からである。P. LOZATO-GIOTARD, *Géographie du tourisme*, p. 30.
* 44　Cf. G. CAZES, *Les Nouvelles Colonies de vacances*, 1992, L'Harmattan.

総合順位と国名	国民総生産に占める観光収入の割合
1 アンティグア島（小アンティル諸島）	91.5%
2 バミューダ諸島（アンティル諸島）	37 %
3 バルバドス島（小アンティル諸島）	30 %
4 セイシェル諸島（インド洋）	31.5%
5 モルディヴ諸島（インド洋）	77 %
6 バハマ諸島（大アンティル諸島）	31 %
7 キプロス島（東地中海）	18 %
8 アメリカ領ヴァージン諸島（アンティル諸島）	36 %
9 マルタ島（中央地中海）	23 %

二つがインド洋に）。

　この上位の国々の表は，観光収入が国内総生産の10%以上を占める他の8カ国のリストによって，そして順位全体から見て上位20カ国に入っている他の4カ国を入れることによって完全なものになる。

　この補足的なリストのなかには，二つ（グアドループとフランス領ポリネシア）を除いて，特に島嶼国家が入っている。しかしながら大陸国家が4カ国入ってもいる。2カ国はアラブ諸国（ヨルダンとチュニジア），他の2カ国はヨーロッパ（オーストリアとスペイン）である。

　5　「島の幸福」というのは3Sが開花する遙か以前に存在したコンセプトである。その起源を訪ねるには18世紀まで遡らねばならない。『ロビンソン・クルーソー』（ダニエル・デフォー），舞台がモーリシャス諸島の『ポールとヴィルジニ』（ベルナルダン・ドゥ・サン・ピエール）などは島の小説である。ルソーは，幸福と美徳は社会と文明の外側に存在するという考えを広めた。『オーベルマン』のセナンクールは島の幸福の賛美者である。18世紀末とロマン派の時代には，この考えはある種の島々（たとえばパオリ[23]のコルシカ島はイギリス人旅行者を引き寄せた）や谷間（ドゥリーユ神父が讃えた「微笑みのジェムノス」のみならずシャルメットの谷間），シャルトルーズ山地（セナンクールが幸福の小島に変えた），障壁の陰に隠れて簡素さを守り，民主的な慣習を維持しているアルプスの谷間（「徳高きヴァレの人々」は好奇心あふれる観光客を惹きつけた）などに大きな観光的価値を与えた。

　多くの島々は，島の幸福という神話によって，3Sの叫びが鳴り響く植民

地解放の際に，妥当な利益を引きだした。もっと正確に考えてみよう。観光とその他の多少なりともまっとうな活動（ギャンブルから税金逃れのペーパーカンパニーの名目本社所在地まで）は，君主や指導者たち，さらには国内での地位の強化や獲得をめざすブルジョワジーなどの動機となってきた。19世紀半ばの国民国家の運動と並行して，中世の名残が近代化という変化を起こした。たとえばシャルル3世はモンテカルロとカジノを作り出し，アンドラやリヒテンシュタインといった小公国はタックス・ヘイヴンや観光客にとっての「免税」地帯となって，沈滞から抜け出した。1947年（インド独立）と前植民地であった諸大国の誕生以降，めだちこそしなかったが，多くの小国家や島々，半島の国家が増加した。そうした国々では確かに国家意識は希薄であったが，指導者たちは国家主権から引き出せる利点を見て取ったのである。これらの小国家の支出はわずかであったが，観光とそれに付随するすべてのものから得られる収入を当てにしていたのであった。私は1974年にウプサラで開催された余暇社会学の国際会議において，国家は観光にほとんど

第1リスト：観光収入が国民総生産の10%以上を占める8カ国

総合順位と国名	国民総生産に占める観光収入の割合
15 ジャマイカ（大アンティル諸島）	20 %
13 グレナダ（小アンティル諸島）	19.7%
17 フィジー（南太平洋）	16 %
18 チュニジア（マグレブ諸国）	13.2%
21 ドミニカ共和国（大アンティル諸島）	13.1%
18 ヨルダン（中東）	10.5%
27 シンガポール（マレー半島）	10 %
22 サモア（南太平洋）	約 10 %

第2リスト：上位20カ国に入っているその他4カ国

総合順位と国名	国民総生産に占める観光収入の割合
11 グアドループ（小アンティル諸島）	8.6%
－ フランス領ポリネシア（南太平洋）	6 %
16 オーストリア（ヨーロッパ）	7.3%
18 スペイン（ヨーロッパ）	5.5%

介入してこなかったが,ひとつだけ例外があるということを強調した。それは貿易外取引(観光も含まれる)*45からの収入によって維持されている新興の小国家群である。この成功は大きなもので,その結果バルバドス(24)やバミューダ(25)など新たな観光のリーダー格の小国家は,信望を得ようとして,自分たちの繁栄はたんに海水浴観光に由来するだけなのだと信じさせようとしているほどである。

6 「第三世界の観光は熱帯の海水浴観光だけに限られない」。あれこれの国々へ行くための多くの理由は1960年以前にも存在していたが,それがいっそう強化された。というのも海水浴以外の動機が出現したからである。新たなエキゾチスムが誕生したのだ。「ツアーオペレーター」や休暇クラブの言説は,ヴァカンス=熱帯の海水浴観光=パック旅行の標準的商品,という等価関係を押しつけようとすることで,こうした明らかな事実を隠してきた。

誰でも多くの例を挙げることができるが,その例の中には19世紀半ばにまで遡るものもある。たとえば大いなる観光目的地であるファラオのエジプト,エルサレムを含む中東の宗教観光地,モロッコの帝国時代の諸都市とともにコンスタンチノープルという歴史と芸術の都市,そればかりではなくラテンアメリカも。ヨーロッパ人はアカプルコで海水浴をするという目的以外の理由でメキシコに行く。ヒンドゥー教やイスラム教のインドは特に文化的芸術的な魅力を持ち,中国の発見は文明と覚醒の発見となることを望む。確かに第三世界の国々の魅力はココヤシの茂る浜辺に限られない。そこでの豊かな自然は,たとえばサファリでの大規模な狩猟(特に中央アフリカ),赤道ジャングルの発見(アマゾン),アンデス山脈の地平線,今日ヨーロッパ人が登山を競っているヒマラヤ詣でなどという形のもとで存在している。

資料はテーマ別に整理されているほうがいい。統計では観光フローが居住地別,目的地別,居住タイプ別,さらには他の多くの基準で分けられている。しかし動機と内容は閑却されている。ヨーロッパと北米以外での観光の躍進は,(部分的には)海水浴,文化,芸術,宗教,民族,自然(山岳から砂漠まで)というような多様な動機が基となっているという証拠を提出したほうが

---

*45 *Loisir et Société* の中に収録されているテクスト。

いいだろう。これらすべての動機は，内容の乏しい3Sの熱帯の商品以上に高価で贅沢な「分散した観光」を構成している。熱帯での商品は確かに潜在的な一部の大衆を満足させるかも知れないが，しかしこうした商品の本質はどの場所でも変わらない。熱帯の気候と植生をこよなく愛するすべてのオランダ人を熱帯に実際に連れて行くことはほとんど不可能だということ，それよりも熱帯をオランダに移植する方が簡単だということに，いつか気づく人が現われよう。そういうわけで大胆な資本家はケンペン地方の放置された工場跡地に，「熱帯風ウォーターパーク」を建設したのだった。ウォーターパークはすぐに成功を収めた。植物から波や砂浜まで，幻想が作り出されたのだった。

　観光客の送り出し・受け入れの世界規模での働きは複雑である。2000年にはそれはたんに北から南への移動や，不平等な交換（もっと安いヴァカンスを求めて，金持ちが貧乏人のところで消費する）などには還元されない。観光客の大部分は好奇心と気晴らしを求める気持ちに突き動かされる。そこに距離が立ちはだかる。距離はたんに進歩が軽減する障害なのではない。ますます移動速度は速くなり，ジャンボジェット機による航空輸送はもっと安価になる。だから距離はキロメートルで測るよりも，ますます時間や金銭で測られるものとなっていく。いや，「真の距離というのは切り札になるのだ」。真の距離というのは文化的な差異であり，驚きを引き起こす力であり，他の価値を見いだす可能性の前に立たされたときに，先進国の人間に突きつけられる異文化への適応の可能性なのである。こういったことは世界の果てで起こりうるが，そういう場所では，カザマンスにおけるように，現地住民の生活と接触する「統合型の観光」を提案する配慮（まだ稀であるが）が見られる。それはまた自宅近くでも，漁師の小島とか農村社会などで実現されうる。各先進国はそれぞれ（辺鄙で貧しい）ロゼール県やバジリカータ州[26]，ウェールズ地方のような地域を持ち，その魅力の中に入り込むことができるのである。

　陳腐化の烙印を押された商品とは違って，その土地の真実，現地住民の生活様式の真実，保護された場所やモニュメントの美しさ，本物の人間社会などは未来の魅力となるのである。

全体の結論

　2000年というのは目先の思いつきなのだろうか。2000年になるまでの年月を数え，ついで2000年以降はそれからの年月を数えるということは，他愛のない遊びにすぎないのだろうか。それとも執拗に喚起されるこの2000年という年には何か深い意味があるのだろうか。2000年を迎える恐れというのは1000年を迎えたときに存在した恐れの反映ではない。しかし大きな変化を経験するという強い感情は同じである。世界規模の戦争がなく，多くの発明にあふれたこの50年間によって，われわれは未来に対して異なった視線を向けるようになった。神話の黄金時代への回帰や，千年王国説信奉者の希望などとは縁を切ったのである。少なくとも先進国の人間は，限りない潜在性を持つ世界への旅をする用意ができている。こうした状況で観光はどのようなものになるのだろうか。

　展望(オリゾン)というコンセプトは1985年には，2000年の展望と言うためにでもなければ，ほとんど使われなかった。最もありふれたシナリオは，一方で健康やレジャー（観光もこれに入る）に関する高い割合の支出増大，他方で他の大部分の項目（食糧費や被服費）の後退を予告することによって，消費曲線の上昇を予想していた。しかしすべてのものは数学者がいうように「同じ割合に留まるとは限らない」。だから未来予測の見方を試みなければならない。ガストン・ベルジェの方法は長いあいだ私の発想の源となってきた[*1]。つまり「将来性のある事実」をマークすることによって「未来予測」を述べるこ

[*1] 私はこのマルセイユ人の哲学者を知るという幸運に恵まれた。彼は私に「観光の未来学」という考えを与えた（*Action populaire*, sept.1961, pp. 980-997.）。同じく次を見よ：*Cahiers de prospective, Futuribles* 誌。

とができ,そして運命を支配する行動に人間を導くことができるという考えである。

J. フラスティエ[*2]は 20 世紀には人間の進歩の原動力はどこにあったのかを明らかにした。労働効率の上昇による生産性向上は生活水準を押し上げたが,それと同時に労働時間を減少させた。このことは依然として真実である。「労働の終焉」を予告するものや,「自由時間の文化革命」[*3]を言い立てるものもいた。さしあたってはいくつかのシナリオが描ける。というのも,なにものも機械的に運ぶということがないからである。労働がますます効率的になっていくと,以下に見るようにひとつないし複数の結果を招きかねないが,いずれも長期的なものである。

　　──剰余価値（マルクス主義の用語），場合によっては資本家的利益の増大。
　　──給与生活者や退職者,さまざまな職業従事者の収入の増加。全体的な貧困状態にはならないが,成長の成果は不平等に分配される。
　　──購買力の上昇。収入の上昇が物価下落と結びつくため。
　　──自由時間の長さが延長される。労働する年月の減少（しかし平均寿命は伸びていく），年間の労働日の減少，1 週間の労働時間の削減（しかし通勤による朝晩の人口移動は「時間を無駄にする」）。

これらの希望は矛盾することもあるし,次々に支配的になることもある。1936 年に描かれたシナリオはほとんど見られない。つまり賃上げや週 40 時間労働,有給休暇などを同時に,というシナリオである。何が決定的なのかをいうのは難しい。歴史家はこういった問題では,労働者の熱望,もっと広く言って社会的圧力と世論の交代は,労働組合の綱領や政党の基本綱領以上に重みのあるものだということがわかっている。1936 年の有給休暇も,

---

* 2　J. FOURASTIÉ, *Les 40000 heures, Productivité*, Que sais-je? はよく知られている（ジャン・フラスティエ『4 万時間』, 長塚隆二訳, 朝日新聞社, 1965 年）。
* 3　Cf. Dominique META, *Le Travail, une valeur en voie de disparition*, Alto Aubier.
　　 ─Jeremy RIFKIN, *La Fin du travail*, Paris, La Découverte, 1996, trad. de l'anglais.
　　 ─ デュマズディエを再読のこと。特に *Révolution culturelle du tempe libre*, Méridien, 1988. 必要ならば Roger SUE を読むこと。特に *Vivre en l'an 2000. Votre vie quotidienne dans quinze ans!* Albin Mochel, 1984.

1963年の有給休暇の4週間への延長も，組合や政党の綱領には記されていなかったのだ。

　決定者であり計画策定者である国家も，そして立法者も，社会に関わる選択における自分たちの好みをはっきりと示してこなかった。就労時期を遅らせるのがいいのか，退職年齢を引き下げるのがいいのか，無給の長期休暇を多くしたほうがいいのか。こうした問題は雇用に関して提起されると妥協にいたる。年次有給休暇を延長しなければならないのか，複数回のヴァカンス出発を援助すべきか，週末の期間を延長すべきか。少なくともフランスでは，この答えは技術的な言葉で与えられている。つまり子どもの学校の生活リズムの保護か，出発や戻りの渋滞や集中の対策を優先させるか，ということである。こうした問題に明快な答えを出す人々もいる。たとえばスカンジナヴィア人は，自然とふれあうために一年中時間を自由にしてきた。ラテン諸国民，とくにフランス人は，古くからの慣習や，改革が困難な状況や，同時に生起し費用のかかる諸現象に対処する不手際などのせいで，身動きがとれなくなっているように見える。支離滅裂な印象さえ受ける。観光の発展は大規模な投資を必要とするだけに，いっそうこのことは遺憾である。1982年に出た『観光論』の243ページで，私はこの問題を示すためにある表を提起した。それは今でも有効であると私には思える。ここに2番目の項目を再録する。

　2　自由時間の増加が，固定された夏のヴァカンスの延長という形で表わされるのであれば？
　　　そうなれば，観光に関係しない企業については状況は簡単になる。同時期に操業停止すればいいのである。その結果，7月14日と8月20日の間には道路の交通渋滞，最大限の入り込みの過密がもたらされる。しかしながら観光施設の方もほとんど収益を上げない。自然保護は人出の過剰な地域においては保証が難しい。価格上昇を抑えるのは困難である。

　こういう文脈では，誰が観光分野の全体的利益について配慮を行なうのかを述べるのは困難である。市町村や県といった地方自治体は，州以上に既得

全体の結論

権を擁護できる。国家は真に存在しているとは言えない。それに国家は活動のための手段を持っていない。このことを理解するためには，観光担当省の予算規模の変化を思い起こすだけで十分である[*4]。観光領域では，すべてはあたかも観光のほとんど自律的な社会文化的進展が起こるかのように進んでいく。観光分野に参入するかも知れない大企業，国家，社会団体，大企業家などはほとんど介入しないか，介入が遅いのである[*5]。

　次ページ以下に挙げるピラミッド図は何が起こったかを図式的に表わしている。側面の矢印は観光を促進し，より多くの消費を誘う刺激である。膨張するピラミッドを想像されたい。市場は大規模な諸変数（より多くの時間を自由にできる人々の増加）によると同時に，増大する購買力をヴァカンスでの消費や観光に役立つ財の獲得（別荘から自動車まで，キャンプ用具からスポーツ用品まで）に変換する，もっと選択的な変数にもしたがって拡大する。

　二つのピラミッドは相補的である。二つはその頂点に同じエンジンを戴いている。すなわち時間を解放し購買力を与える生産性である。時間の解放と購買力の双方を選択するか，あるいは一方を選択するかは，国家に起因するというよりも，社会的圧力に起因する。結果は数量的である。人口動態（たとえば人口分布）はヴァカンスのタイプにきわめて直接的に作用する。社会文化的な変数は質的変化を説明する。この図では現在も将来も，形態を発明して観光を実践する「文化のアウトサイダー(マルジナル・セカン)」の役割が維持されている。「スター」の直接的な影響に加えてメディアの力や，非営利観光団体，特殊な文学など，「観光行動に影響を持つ諸勢力」の果たしている媒介的な役割が存在する。

　この二つの図[*6]が示しているのは，観光の進展にはブレーキがかかったり促進されたりすることがあるということである。理論的にいうと，一方で

[*4] 1998年の全予算の中で，観光予算は最も削減された。5％も削減されたのである。とはいえもともとわずかな予算額なのであるが。

[*5] 私はこの種の考察を次の論文で行なった："Evolution sociologique du tourisme : continuité du touriste au tourisme de masse et rupture contemporaine" in *Loisir et Société*, vol. 3, n° 1, 1980, pp. 49-82.

[*6] これらの図は最初はイタリア語で書かれた共著の中に収録された：*Il turismo in une società che cambia*, Milano, Franco Angeli, 1988, pp. 96-97.

マス・ツーリズムについてのボワイエ・モデル
量的変化

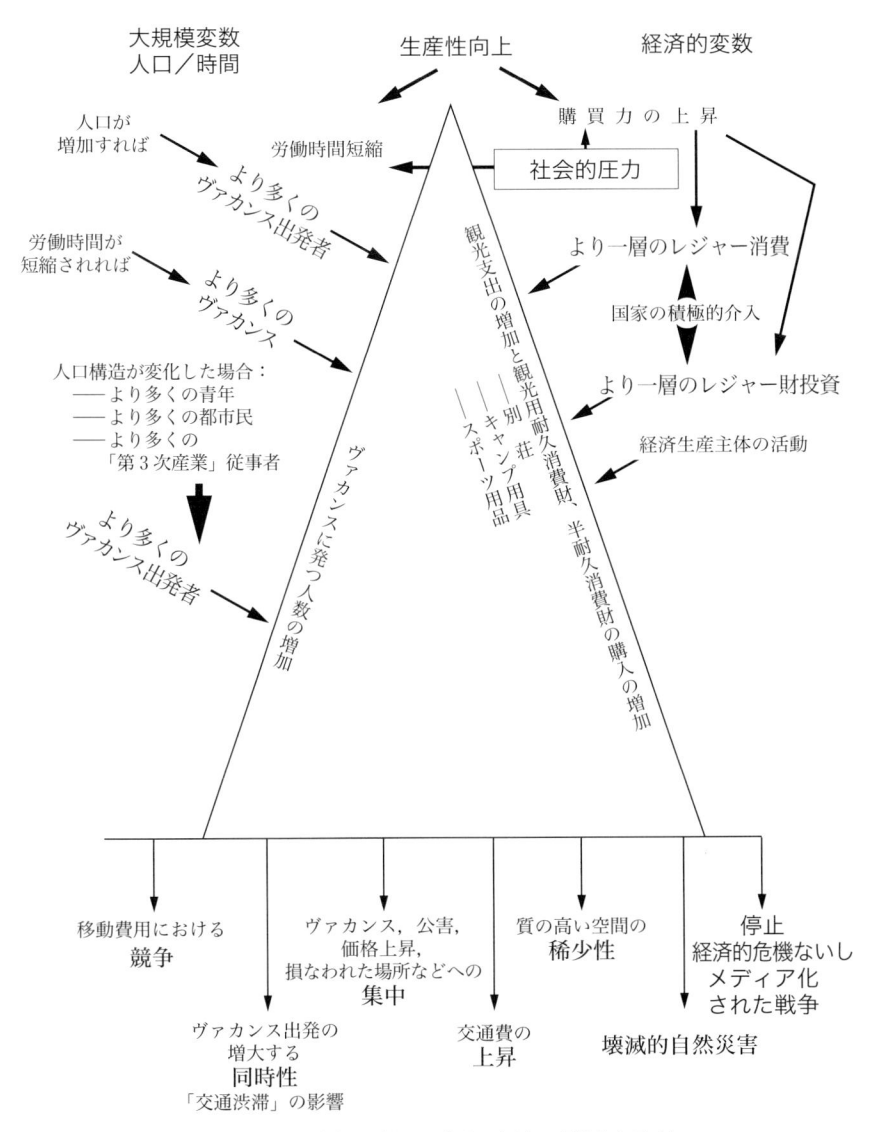

大規模変数
人口／時間

生産性向上

経済的変数

人口が増加すれば → より多くのヴァカンス出発者

労働時間短縮

購買力の上昇

社会的圧力

労働時間が短縮されれば → より多くのヴァカンス

より一層のレジャー消費

国家の積極的介入

人口構造が変化した場合：
— より多くの青年
— より多くの都市民
— より多くの「第3次産業」従事者

→ より多くのヴァカンス出発者

より一層のレジャー財投資

経済生産主体の活動

観光支出の増加と観光用耐久消費財、別荘、キャンプ用具、スポーツ用品

ヴァカンスに発つ人数の増加

耐久消費財、半耐久消費財の購入の増加

↓ 移動費用における **競争**

↓ ヴァカンス出発の増大する **同時性**
「交通渋滞」の影響

↓ ヴァカンス、公害、価格上昇、損なわれた場所などへの **集中**

↓ 交通費の **上昇**

↓ 質の高い空間の **稀少性**

↓ **壊滅的自然災害**

↓ **停止**
経済的危機ないしメディア化された戦争

（ブレーキと障害：下方への矢印は観光の弱体化を示す）

全体の結論　315

マス・ツーリズムについてのボワイエ・モデル
質的変化（量的変化の図を参照）

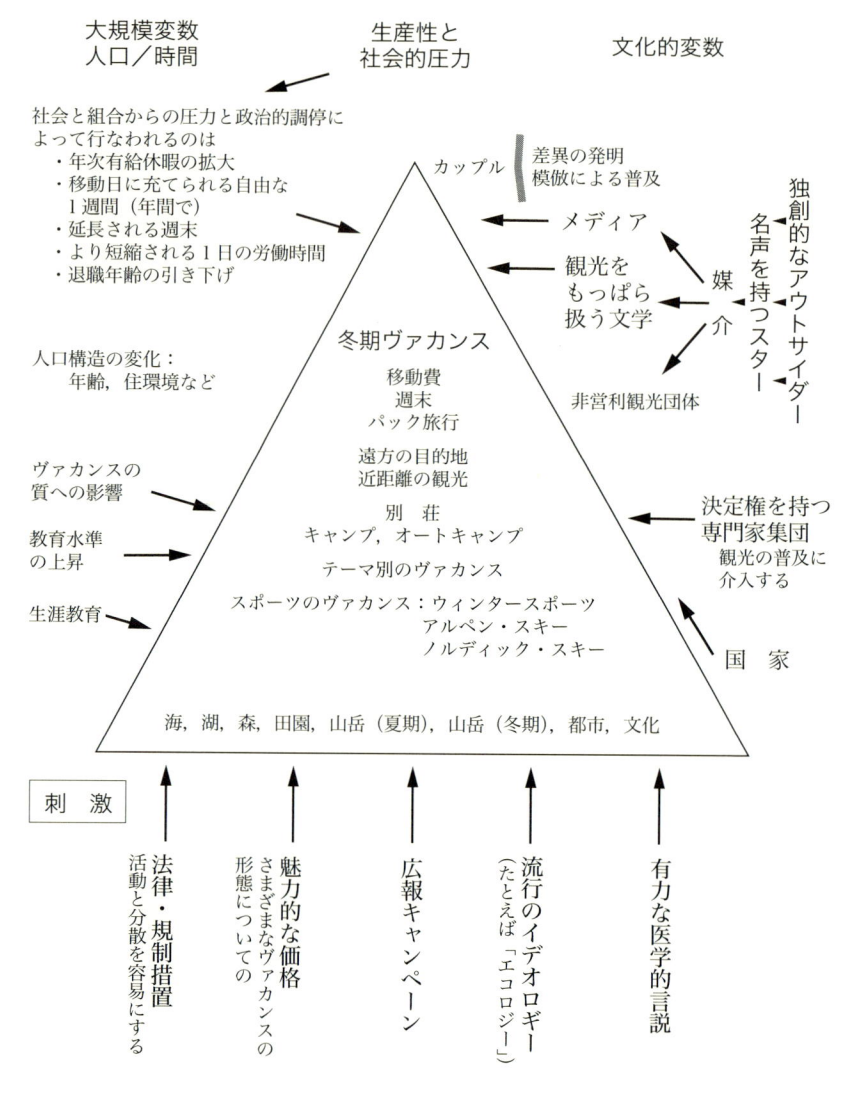

大規模変数
人口／時間

生産性と社会的圧力

文化的変数

社会と組合からの圧力と政治的調停によって行なわれるのは
- 年次有給休暇の拡大
- 移動日に充てられる自由な1週間（年間で）
- 延長される週末
- より短縮される1日の労働時間
- 退職年齢の引き下げ

カップル

差異の発明
模倣による普及

メディア ← 独創的なアウトサイダー
観光をもっぱら扱う文学 ← 媒介 名声を持つスター
非営利観光団体

人口構造の変化：
年齢，住環境など

冬期ヴァカンス
移動費
週末
パック旅行

遠方の目的地
近距離の観光

別荘
キャンプ，オートキャンプ

テーマ別のヴァカンス

スポーツのヴァカンス：ウィンタースポーツ
アルペン・スキー
ノルディック・スキー

海，湖，森，田園，山岳（夏期），山岳（冬期），都市，文化

ヴァカンスの質への影響

教育水準の上昇

生涯教育

決定権を持つ専門家集団
観光の普及に介入する

国　家

| 刺激 |

法律・規制措置　活動と分散を容易にする

魅力的な価格　さまざまなヴァカンスの形態についての

広報キャンペーン

流行のイデオロギー（たとえば「エコロジー」）

有力な医学的言説

（ブレーキと障害：下方への矢印は観光の弱体化を示す）

ブレーキまたは障害が存在し，他方で刺激が加わる。20世紀末は，他のレジャーとの競争や混雑による不愉快な思い，経済危機などの内的なブレーキに抵抗する観光の姿を示している。19世紀と20世紀は，観光はセイスム (seisme)[1] に弱いものだということを示している。このセイスムという語を本義でも転義でも理解しよう。つまり地震は長い影響を残す災害で，地震以降にも観光客を遠ざけてしまう。戦争や洪水も付け加えよう。戦争の影響は目標を選ばない。そのいい例がメディア化された湾岸戦争で，その否定的な影響はまったく並はずれたものであった。

　この法外な影響はまた観光刺激においても見られる。規制措置，魅力的な価格，単発的な広報活動などはほとんど影響を持たない。いいシーズンというのは販売促進キャンペーンや観光商談会への参加などの直接的な結果であると，観光事業者たちが信じてしまうならば，素朴であるといわざるをえない。その反対に中期的に大きなイデオロギー的流行は，きわめて大きな役割を演じる。とはいえ，そういう流行はそれによって利益を得る観光関連の諸々の組織や人間によって引き起こされるわけではないのだが。19世紀と20世紀の大部分において，優勢な医学的言説は転地療養を勧めたり，気候，水，温暖な冬などの治療的価値を称揚することで，南仏における避寒シーズンや，アカデミーによって分析された水質を誇る温泉療養リゾートなどの，長続きする成功を真に支えるものとなった。20世紀後半の田園は，文化に起因する質的変化の格好の例証となっている。地方議員や農業者，大臣たちは田園の荒廃に立ち向かうために，そして農民に副収入を与えるために，農村観光の発展に努力した。しかしその結果は月並みなものであった。この形態の観光は格下のように見えていた。そこに1968年が，そしてエコロジーの流行がやってきた。この観光は緑を冠してグリーン・ツーリズムとなった。そこで価値を高められたのは農村空間全体と自然であった。1982年にスイユ社から私が出した『観光論』の最終章は「観光の終焉とその再生に向けて」と題されていた。2000年には別なやり方で問題を提起できるだろう。観光が絶えず更新されているからといって，観光に一新せよと命じることはできないだろう。起こるかも知れない観光の終末を思って不安になりたいのなら，この話を「歴史やポスト工業社会，ポストモダンの終焉」についての考察の

なかに混ぜてもいいだろう。妥当性が誤解されているなんと多くの概念があることだろうか[*7]。ある時期がつぎに位置するからといって，その時期にはある種の特徴がアプリオリに認められるということではない。観光にそうした曖昧な考えを適用しても，現在と未来についての理解は与えられない[*8]。

　私は観光という現象について歴史的な読解[*9]を提案してきたが，この本の結論部でもそれは変わらない。観光はいつの時代にも常に存在してきたというわけではない。それは発明されたのだ。観光は近代の最も特徴的な要素のひとつであり，現代においても廃れてはいない。16世紀のイタリアとフランスではいくつかの先駆けが見られた。すでに1492年の象徴的な価値については述べた（アメリカ到達とモンテギュイユ登頂）。決定的な発見は18世紀の山岳への関心，浜辺への欲望，社交的温泉リゾート，南仏での避寒，遊びの田園などであった。この観光革命はロマン派の時代にあって，その文学的・芸術的な表現を見いだした。ガイドブックによる分類は，今日われわれをロマン派の後継者としている。19世紀すべてを通して，1929年の世界大恐慌まで続く観光のエリート的性格が確固たるものとなり，強化されたのであった。大規模な普及は長いあいだランティエの世界に限られていた。シーズンとリゾートの交代が特徴の観光形態にあって，当時の観光客は無為で顕示的なカウンター・カルチャーのなかで暮らしていた。この観光形態の歴史は，産業文明の構築と平行関係にあるが，産業文明の結果なのではない。だから21世紀が違う社会を実現するというのが本当だとしても，観光は消滅する運命にはない。

　20世紀は量を，数百万の人の流れをもたらしたが，観光現象の質を変えたり，発明と模倣による普及という弁証法的プロセスの破壊は行なわなかった。ではなぜ2000年が断絶ないし完成なのだろうか。まず第一に，観光の

[*7] 私はわざわざ誰の名も挙げるようなまねはしない。注意深い読者は北米やフランスの文学をご存じで，ポストモダン云々に対するそうした文学の嘲りはご承知だ。
[*8] その一例は1992年に「伝統と近代の間の観光」という美しいテーマで始まった会議の開催されたニースで起こった。しかし議論はしばしばポストモダンに関する曖昧な考察の中にはまり込んでしまったのである。
[*9] Cf. Marc Boyer, *L'Invention du tourisme*, Gallimard-Découvertes, 1996. *L'Invention du tourisme dans le Sud-Est de la France*, Thèse de Doctorat d'Etat 1997, 2360p.

普及が世界規模になるためには，まだ多くのなすべきことがあるからである。マス・ツーリズムが地球規模の現象となるためには多くの時間が必要であろう。仮にそういうことがいつか起こるとすればの話ではあるが。まもなくすべての人間がテレビ視聴者となるだろう。彼らの多くは長いあいだヴァカンスを知らないままで過ごすだろう。彼らの旅行は紋切り型のイメージにしたがって行なわれるだろう。彼らは観光の潜在的な公衆になるだろう。このことは視線を転換することではないし，それほど異なった内容をもたらすというわけでもないだろう。その証拠はヨーロッパと北米という二大送り出し・受け入れ地域からもたらされる。これら二大地域は「連続性の中で」2000年の「変化」を体験するだろう。変化の軸は19世紀に固定されている。20世紀はそれに従う。なぜ21世紀がそこから遠ざかれようか。原則を思い起こそう。

　　——「観光の動機」は他者と他所への好奇心と，自己や文化の源への回帰との間で揺り動いている。
　　——「必見(ウィデンダ)」。同じもの，同じ専門家（ガイドブック，さまざまな評論家）が存在し続けるほか，「サイト・スィーイング」という見なければならない他の場所も加えられる。序列の原則は維持される。
　　——「好奇心と無為によって」，「観光客は常に旅行する」。19世紀の観光客は普通はランティエであった。20世紀末に観光客は自由時間や退職後の時間，長くて繰り返される休暇を獲得した。
　　——観光は常に「卓越した社会的身分」を与える。莫大な支出や普通では困難な慣習（スポーツ）は顕示的な性格を帯びている。
　　——「心身の健康」は，かつても現在も観光を正当化するもののひとつである。変化はただ言説のみで，場所は変化しない。19世紀に医者はこう繰り返していた。「転地しなさい，よその空気のもとで生活しなさい，水を使いなさい（温泉と海水），最上の水を選びなさい」。2000年の言説はもっとエコロジー的である。スポーツと組み合わせた自然は大きな価値を持つ。肥大する都市と増大する汚染によって，歴史家ジュール・ミシュレの考察の中に常に姿を見せるわれわれの同時代人は旅立ちを促される。

全体の結論

未来の若さというのは移動の要求と適応の技術の中に存在する。(『海』1861)

　人類は付け加え，省略しない。人類は容易に人類が真に忘れてはいなかったものを見いだす。おそらく好奇心そのものは薄れているが，その領域は拡大している。階級のような簡単なカテゴリーは，そこに属しているという感覚がもつれると弱体化する。意識そのものが交錯し，観光はそこで奇妙なものではなくなる。エドガル・モランの「複雑な思考と複雑な社会」という概念は，「多彩な形を持ち，多様で，普及し，活動的で，参加的で，分散した」2000年の観光を理解するためには，われわれにとって貴重である。観光を，すべて込みの方式で消費されるのを待つ標準的な商品を造成する産業に還元してしまうことは，現代の多くの専門家の誤りである。何も与えられたり，獲得されたりはしない。したがって観光の未来はあらかじめ決定された道を辿るようなものではない。いくつかのシナリオが可能である[*10]。おそらく政府によって与えられる方向づけが，観光の進展に影響を及ぼしうる。経験によってわれわれは懐疑的になっているが，人口や経済成長率，開発途上の国家以前の状態の地域がいくつかの段階を越える時に示す，多少なりとも大きな能力，先進国が社会的不平等の軽減のために使う多少なりとも大きな能力など，大規模な変数の重要性もまた理解している。こうした要因は，敷居が越えられたそのときに観光客数の増加をもたらす。だが，たとえば最低限の収入額をどこに設定したらいいのだろうか。フランス人の平均は1960年代に最低限の収入額という敷居を越えた。ということはヨーロッパ以外の国民は，フランス人と同じような購買力を得たときにヴァカンスに行きたいという欲求を感じるのだろうか。確かにそうは言えるだろうが，このことはもっと早い時期にさえ生じるかも知れない。
　アジア世界の現在の進展はそれを予想させる。間違いなく，観光への新参

---

* 10　国家がシナリオにしたがって熟慮を重ねたということは稀である。1985年にフランスでは珍しく，5年ごとの経済計画の終わりの時期に，「2000年の展望」というものが付け加えられた。第7期経済計画はいくつかの，ほとんど堅実なシナリオを描いた。観光は常に生活水準と居住様式に左右されるものとされていた。

者の大部分はアジア人（それに旧東欧諸国民）であるし，将来もそうであろう。さしあたってこれら新たな観光客は，観光の新たな形態を発明するようには見えない。それどころか彼らは西欧を模倣し，言葉にいたるまでコピーし（日本人は「ヴァカンス」という語を取り入れた），古くから評判の観光地を好み（コート・ダジュールにおけるアラブの首長やロシアの成金），ギャンブルの巣窟（マカオが象徴的），（バンコクからネパールにいたる）麻薬，セックス観光（フィリピンだけではない）といった観光の欠陥を拡大して見せてくれる。

　送り出し国はますます多くなり，受け入れ国も多くなっていく。動機の多様化とともに観光地の地理的な分散が見られるが，それは標準的な海水浴スタイルを持つ熱帯における観光地の分布だけにとどまらない。南米，中央アジア，北極圏（アイスランド，カナダの極北地方），太平洋とインド洋のあらゆる島々などが観光目的地となったか，現にそうなりつつある。他の指標としてはスポーツ用品・用具が挙げられる。これは現在急成長中の市場であり，大いに多様化が進んでいる。これはスポーツ観光や週末の野外スポーツの増加の結果そのものである。

　観光の世界化は平和が支えとなる。今の平和状態は確かに完全ではない。しかしこの50年間世界規模の戦争は起こっていない。冷戦は終結し，人々はもはやその再来のおそれは持っていない。閉鎖的であった国々の多くは国を開放した。いまだに自国民を国外に出すことに慎重な多くの国も，外国人観光客を迎えて満足している。2000年の人類は新たな地平を発見しにやってくるが，それはたとえばシベリア横断鉄道など，しばしば1939年以前，さらには1914年以前の古い形態の観光を再生させることにつながっている。この目覚ましい再生は急速に起こった。ベルリンの壁崩壊（1989年）以来，東欧を訪ね，プラハ，ブダペスト，ワルシャワ，サンクト・ペテルブルク[2]などの古都をそぞろ歩く楽しみを味わいたいという強い欲求が現われた。ガイドブックの出版元やツアーオペレーターは，こうしたブームを追うのに苦労した。中東で戦火が止むや，巡礼や考古学的関心による旅行がエルサレムやファラオのエジプト，その他歴史が刻印されたすべての土地をめざした。今日の観光客は，インドでかつてのイギリス人の足跡を歩み，タージ・マハル[3]やシムラー[4]，カトマンズ[5]などといったかつての帝国の中心地を見

いだすのである。

　そうした社会的背景においてフランスの地位は現在どのようなもので，また将来どうなるのだろうか。フランスの地位は数多くの挑戦を受けているが，それにほとんど気づいていない。受け入れ観光客数で世界一の国であるフランスは，したがって，もっとも挑戦に曝される国でもある。というのもフランスは競争相手に追いつかれる危険をおかしているからである。フランスは何を望んでいるのだろうか。最近の全国貿易評議会（CNCEE）の報告者がこの問題を提起している。

　「フランスは世界一の観光国であろうとするのか」[*11]というこの報告書は，フランスが本当にそう望んでいるかどうかについて疑いを持っている。私見によるとフランスは大胆な政策のための資金を持っていない。わずかな予算規模，そのステイタスや所属の目まぐるしい変化など，観光担当省のかかえる弱点[*12]は，現場の熱意によっては埋め合わせがきかない。1960年まで観光担当省はパリにしか存在していなかった。当時，州観光局が設置されたが[*13]，県レヴェルにおける国家の観光機関は存在しなかった。市町村レヴェルの地方自治体はしばしばもっと意欲的であるが，その活動はしばしばわかりやすさを欠いている。なんたる権限の錯綜であろうか。当事者を列挙するだけでも，州，県，ある種の場合には国立公園や地方自然公園，州と関係するあるいは無関係の「観光受け入れ地方」（ベイ・ダクイユ・トゥーリスティック）[(6)]，市町村連合，格付けリゾート，都市（その観光活動は市町村の境界を越えている），市町村（観光協会を持つ持たないに関わりなく）などに及ぶのである。

　今日フランスが21世紀の挑戦を受けて立つには，適合した組織や財政手段といったもの以上に，一貫した政策とエネルギーの動員とが欠けている。だが，いつもこうであったというわけではない。戦後の1945年から60年に

---

* 11　これは1997年5月に出された対外貿易顧問全国委員会の報告書の26ページで提起されている質問である。この報告の主な執筆者はG.トノマロフとミシェル・ブキエであった。
* 12　ここでわれわれは，30年以上にわたって同一人物，すなわちアルチュール・オロが観光庁長官を努めたベルギーの幸運を思わずにはいられない。
* 13　これは私が1958年に運輸・公共工事・観光省大臣であるロベール・ビュロンの官房に入ったときに強く勧めた措置のひとつである。

かけて，フランスは急速に戦争の深い傷跡を修復し，宿泊施設の近代化を行なった。同時に非営利団体の運営する施設，家族向きや青年向きの施設など，各種ソーシャル・ツーリズムの多彩な形態への援助も行なわれた。そのベッド数によって，その宿泊形式の独創性によって，フランスは首位を占めている。今日フランス人は VVF や OCCAJ[7]，ルヌヴォー[8]，電力公社やガス公社の休暇施設 (CCAS[9])，UCPA[10]，SOMIVAL(オーヴェルニュ，リムーザン)[11]，ヴァカンスィエル[12] など，ソーシャル・ツーリズム団体を知っている。しかしたぶんフランス人は，フランス・ツーリング・クラブがそのテント村によってパイオニアであったということを忘れている。フランス・ツーリング・クラブは消滅したが，それと同じく企業委員会[13] に依存していた「労働と観光」協会[14] の諸活動も，フランス民衆観光連盟 (FFTP)[15] や多くの家族休暇施設なども消え去った。地中海クラブは最初はソーシャル・ツーリズムの非営利団体として誕生したが，資本主義的な観光事業の「世界的巨人」となった。とはいえもはやそのトップにいるのは創意工夫に富むジルベール・トリガノではない。

1960 年代にフランスは「雪の計画」(統合型スキーリゾートや新観光単位 (UTN) が創造された) のような，そしてアキテーヌやラングドック・ルシオン，コルシカ島などの大規模な地域観光開発のような，大胆な地域観光開発政策を採ったが，国家は沿岸開発においては広大な沿岸地域の資金コントロールを行ない，自然空間を保護した上でリゾートをゼロから作り出した。1980 年代にフランスはフランス会館を創設して，外国におけるフランス観光促進のための貴重な手段を得た。同時期にフランスのいくつかの大学では観光を高等教育に導入した*14。フランスは J. デュマズディエのおかげで，1970 年から余暇研究においてヨーロッパで確固たる優位を築いたが，そのようにして観光という若い科学分野においても相応の貢献をなしたのである。

20 世紀末のフランスの観光決算はそれほどよいものではない。観光事業の多くの責任者はいかなる観光の専門教育も受けていない。技術教育 (BTS)[16]

＊14　リヨン第二大学とパリ第一大学が先駆けであった。キュザン学長は私に「観光学部創設者」という称号を贈ってくれた。

における観光教育と，高等教育（科学技術修士と職業教育短期大学部）における観光教育[17]とは，嘆かわしいほどに接触がない。一方で観光研究者はこの分野で著作を出しているが，研究者であるとともに教育者でもあるという高等教育の原則に反して，一般的に観光実務教育の分野では教えていない。他方，高等技術教育では，観光に関する著作を出したことのない教員たちがこの分野の知識を伝え，観光実務の専門家は自分たちの慣習を語るのである。観光は「知に対する消費者運動的な関係」が他のどこよりも「文化的次元の否定」を引き起こしたと同時に，「企業の欲求に適合しない教育」をも生じさせた分野なのだ*15。

2000年には「何をなすべきか」。このレーニン風の問いかけ[18]はここでは挑発的に見えるかも知れない。少なくともこの問いでは，習慣的なやり方と欠点は除外されるように見える。秋に当局は各県から全国規模まで過ぎ去ったシーズンの決算を行なうが，これはいつもかなり好意的である。かくして当局は受け取った予算と要求する予算の正当化を行なう。こうした手続きには妥当性が欠け，それに効率も悪い。フランス会館は「マーケティング・プラン」を考え出す。州や県の中にも同じことをするところがある。それによるとフランス，ないしはそれほど大きくない地域的な単位は「ターゲット」となった客層（たとえば外国人，ある種の社会階層）に観光商品を提供しなければならないという。その理由は市場があるからなのだという。こうしたアプローチは市場調査に過度の信頼性を与えることとなり，観光のさまざまな当事者の「仕事」に関して，そしてフランスと各州の「長所」と「弱点」について，遺憾にも袋小路を作り出してしまう。「診断を行なって戦略を提起する」ためには，そこから出発しなければならない。他のところで私は自分の方法を披露したことがある*16。具体的なケースでそれを説明し，適用するために私は喜んで評論家や決定責任者，教育センターなどのもとに赴く用

---

* 15　この点に関するあらゆる文献の中で，私は次のようなものを挙げる。*Monde de l'éducation*, n° 253, 1997. Ph. メリュー（リヨン第二大学），J.-Y. ロシェクス（パリ第七大学），C. ムジアン学長などの論文。紙幅の関係で，観光関連産業についてのD. クラリ（リヨン第二大学）の評価報告を引用することはできないが，そこではこの方向についての驚くべき例証（ただし非常に有害な）が見いだされる。

* 16　特に次を見よ：*La communication touristique*, coll. Que sais-je? n° 2885, p. 79 *sq.*

意がある。

　ここでは概略しか示さない。情報は，BCG[*17]のモデルに着想を得た以下のグラフに中に集められる。

ある全体の競争力と効率性

乳牛	スター
障害（犬）	ジレンマ

市場の魅力

　要約しよう。
　1　フランス観光はその「障害」を持っている。それを排除するか変化させねばならない。ここは何が時代遅れで立地が悪く，運営が駄目な観光企業であるかを名指しするところではない。多くの場合，これら障害となる部門はそれ自体，没落する。しかし指摘できるのは，二つの公的分野（観光行政と高等教育における観光教育）は大きな欠陥を抱え，再検討と再構築が必要だということである。
　2　フランスとその多くの州は良質の「乳牛」を持っている。この切り札のことをもっとよく知るべきである。フランス観光の成功は，フランス人と近隣のヨーロッパ諸国民という二つのしっかりした土台にかかっている。ヴァカンスに出かけるフランス人の内で，5分の4以上がフランス国内にとどまる。彼らは馴染みの地方やヴァカンスの慣習にとても忠実なのだ。フランス，各地域，各リゾートは，少しも彼らを失望させないのである。今日，外国人観光客の宿泊数は，フランス人観光客の宿泊数に迫る勢いを見せている。外国人宿泊数の5分の4は，イギリスからイタリアにいたる近隣のヨーロッパ諸国民によって占められている。フランスはここでも，古くからの名声とヨーロッパの中央に位置するという地理的状況の恩恵を受けている。フランスは避けて通れない，というところだろう。他のヨーロッパ諸国民がフランスを一番訪れる国としているこの魅力は，さらにいっそう維持されねばなら

[*17]　ボストン・コンサルティング・グループ。

ない。たとえばフランス会館がヨーロッパ各地の出先の廃止を検討できるなどと考えるのは誤解である。フランス観光の乳牛は数多くまた多彩である。たとえば温泉療養リゾート，ランティエの滞在についてはコート・ダジュール，夏の家族ヴァカンスについては大西洋岸，ローヌ・アルプ州やPACA（プロヴァンス・アルプ・コート・ダジュール州），ミディ・ピレネ州，アルザス州などの住民のためには近場のウィンタースポーツ・リゾートがあるのだ。古くからの名声，常連の客。これらはミスさえ犯さなければ続いていくものなのだ。

　3　「スター」。集団の先頭に位置して，それを保つのは至難の業である。すでにその覚悟を持たねばならない。フランスは第一の受け入れ国で大スターなのだ。当然フランスは誰でも知っている多くのスター観光地を持っている。シャモニはアルプス登山のメッカであり，最も設備の整ったスキー場は北部アルプスに位置するということは広く認められている。エレガントで社交的なリゾートを考えるならば，カンヌやドーヴィルを挙げることができる。卓越したリゾートで流行なのはどこだろう？　サン・トロペだろうか，モンテ・カルロだろうか。エッフェル塔からモン・サン・ミシェルまで，世界で一番人が訪れるモニュメントで，最も多く複製されるもののいくつかはフランスにある。しかし1200万人以上の入場者という，ヨーロッパ最高の人出を記録しているところは新しい。それはディズニーランド・パリである。キリスト教世界で最も知られ，最多の人が訪れる巡礼地はだいぶ前からルルドである。リストはこれでも不完全である。こういう列挙は対象が多すぎて困難という結論に達せざるをえない。

　4　「ジレンマ」。何よりも立ち止まってはならない。転落は無情だ。フランスの広報政策はジレンマの状態にある。フランスは新たな市場の征服と，すでに獲得した市場の維持との間で逡巡している。フランスは自分の活動を，航空会社，贅沢品製造，ワイン，芸術工房など，全体として観光と協働すべき大きなパートナーと上手に連携させることが下手なのだ。たとえば自然や文化の遺産は発展の大きな切り札である。ところでフランスではそれらはちゃんと運営されているのだろうか。格付けされたモニュメントの入場や見学の方法，開館時間などは本当に満足すべきものなのだろうか。そのため外国

とあえて比較をしなければならないのだろうか。

　フランスの多くの州やリゾートがジレンマに陥っているということは明らかである。それらすべては半ば囲い込まれた客，つまり非常に常連度の高い客を持たず，そこにしかない例外的な魅力をアピールすることができない。ウィンタースポーツの舞台ではない中高度の山岳や，快適な気候に恵まれてはいるが北欧という一大送り出し地域からはかなり遠いフランス南部の大半の田園地帯などは，微妙な状況にある。逆に言えばそういったところでの成功は驚くべきものであるということをもう一度確認しよう。ジェール県からドローム県まで，ドルドーニュ県からアルプ・ドゥ・オート・プロヴァンス県まで，これらの諸県はますますフランス人（パリ人はあまり関係していない）やヨーロッパ人（イギリス人，ベルギー人，ドイツ人というよりスイス人など）を惹きつけている。その理由は巧妙な広報政策を展開できたからであり，価格を高騰させなかったからであり，本物というカードを切ることができたからであり，いくつかの有力な要素（あるところではモニュメントやフェスティヴァル，他のところでは洞窟や峡谷，あるいはワインや香りを巡る周遊，美食，乗馬観光など）の価値を高めることに巧みに成功したからである。彼らは自分たちのできることを上手に行なったのだ。彼らは自慢しすぎることはないが，自分たちの小さなスターを持っている。人工的に観光商品を作り出すことをめざさない彼らの取り組みは，彼らの独自性や価値観，知恵，ある種の確信に基づいている。というのも市町村や県，最終的には州の住民は，最良の観光大使なのだから。

付　録

1985 年のヨーロッパ人のヴァカンス
各国の位置は，すでに訪れたことのある国（横方向）と，非常に魅力的だと思う国（縦方向）との相関関係で決定される。
(EC 機関。確率論的サンプリング調査)

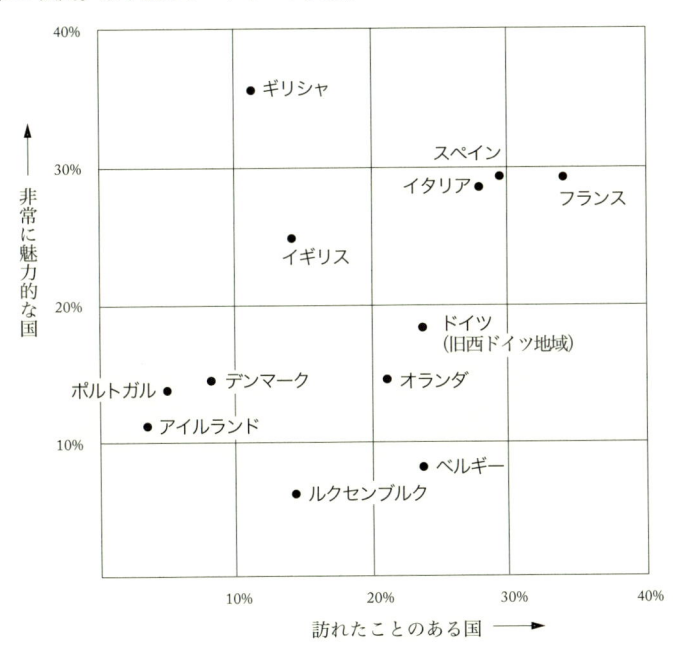

フランス本国の観光用ベッド数推計　　　　　　　（単位：1000）

	1994年	1995年	1996年	1997年	%
格付けホテル* (1)	1,135	1,193	1,223	1,217	7
格付けキャンプ場 (2)	2,765	2,692	2,739	2,788	16.1
休暇村	242	242	242	247	1.4
ユースホステル**	18	18	13	15	0.1
貸家民宿と貸室民宿 (3)	237	248	248	257	1.5
観光用マンション	245	248	252	262	1.5
別荘 (4)	12,071	12,071	12,071	12,071	69.7
観光用家具付きアパート類 (5)	450	450	450	450	2.6
合計	17,163	19,157	17,238	17,307	100

出所：観光局／観光統計課
* ＝ 1996年以来「星なし」の格付けも含む
** ＝ 1996年度だけ FUAJ の資料
(1) ＝部屋数×2
(2) ＝区画数×3
(3) ＝民宿数×4
(4) ＝別荘数（厳密な意味で）×5
(5) ＝不動産代理店の運営する観光用家具付きアパート類におけるベッド数の推計
（資料：FNAIM）

フランスの有料文化施設上位入場者数　　　（無料入場者を含む）

順位	名称	所在州	1991年	1996年
1	エッフェル塔（パリ）	イル・ドゥ・フランス	5,400,000	5,530,279
2	ルーヴル美術館（パリ）	イル・ドゥ・フランス	4,978,000	4,698,061
3	ヴィレット科学産業都市（パリ）	イル・ドゥ・フランス	5,300,000	3,903,000
4	ヴェルサイユ宮殿	イル・ドゥ・フランス	3,941,291	2,921,604
5	オルセー美術案（パリ）	イル・ドゥ・フランス	2,787,000	2,135,000
6	シュノンソー城	サントル	945,000	900,000
7	ヴィレットのジェオド（パリ）	イル・ドゥ・フランス	1,070,000	846,000
8	ポンピドゥーセンター，現代美術館（パリ）	イル・ドゥ・フランス	855,000	825,427
9	凱旋門（パリ）	イル・ドゥ・フランス	570,000	803,632
10	モン・サン・ミシェルの僧院	バス・ノルマンディー	790,000	784,102
11	シャンボール城	サントル	704,760	753,051
12	軍事博物館（パリ）	イル・ドゥ・フランス	923,000	751,000
13	海洋博物館（モナコ公国）	（モナコ公国）	970,000	725,061
14	サント・シャペル（パリ）	イル・ドゥ・フランス	580,000	605,236
15	モンパルナス・タワー（パリ）	イル・ドゥ・フランス	777,000	600,000
16	オー・ケニグスブール城	アルザス	630,000	584,249
17	法王庁宮殿（アヴィニョン）	プロヴァンス・アルプ・コート・ダジュール	570,000	531,778
18	自然史博物館進化ギャラリー（パリ）	イル・ドゥ・フランス	0*	505,000
19	グレヴァン蠟人形館（パリ）	イル・ドゥ・フランス	500,000	503,663
20	ロダン美術館（パリ）	イル・ドゥ・フランス	400,000	484,000

出所：国立観光研究所および州のパートナー
＊＝進化ギャラリーは1994年開館

フランスの有料レジャー施設上位入場者数
(レジャーパーク,レジャー基地,動物公園,水族館)

順位	名称	所在州	1991 年	1996 年
1	ディズニーランド・パリ(マルヌ・ラ・ヴァレ)	イル・ドゥ・フランス	9,800,000*	11,700,000
2	フュチューロスコープ(ポワティエ)	ポワトゥー・シャラントゥ	1,050,000	2,800,000
3	アクアブルヴァール(パリ)	イル・ドゥ・フランス	400,000	2,200,000
4	アステリクス・パーク(プレイ)	ピカルディー	1,400,000	1,700,000
5	マリンランド(アンティーブ)	プロヴァンス・アルプ・コート・ダジュール	850,000	1,200,000
6	ジャルダン・ダクリマタシオン(パリ)	イル・ドゥ・フランス	1,400,000	1,000,000
7	パリ植物公園(パリ)	イル・ドゥ・フランス	1,110,000	1,000,000
8	ヴァンセーヌ動物園(パリ)	イル・ドゥ・フランス	1,000,000	950,000
9	アリゼ・パーク:水族館,ミニシャトー,フー・ドゥ・ラーヌ(アンボワーズ)	サントル	380,000**	800,000
10	パルミール動物公園(レ・マトゥ)	ポワトゥー・シャラントゥ	750,000	750,996
11	ロワズィノール・レジャーパーク(ヌー・デ・ミーヌ)	ノール・パ・ドゥ・カレー	310,000**	600,000
12	モワソン・レジャーパーク(ムソー)	イル・ドゥ・フランス	600,000	600,000
13	ノーズィカ(ブローニュ・スュル・メール)	ノール・パ・ドゥ・カレー	530,000	580,000
14	水族館(ラ・ロシェル)	ポワトゥー・シャラントゥ	544,015	550,000
15	レジャー・パーク(ジャブリヌ)	イル・ドゥ・フランス	1,000,000	50,000
16	植物園の動物パーク(パリ)	イル・ドゥ・フランス	500,000	477,845
17	ニグロランド・レジャーパーク(ドランクール)	シャンパーニュ・アルデヌ	380,000	450,000
18	OK 牧場パーク(キュジュ・レ・パン)	プロヴァンス・アルプ・コート・ダジュール	400,000	450,000
19	メール・ドゥ・サーブル・パーク,ジャン・リシャール・サーカス(エルムノンヴィル)	ピカルディー	410,000	439,000
20	バガテル・パーク(メルリモン)	ノール・パ・ドゥ・カレー	307,407	390,655

出所:国立観光研究所と州のパートナー
 * = 1993 年度の入場者 (1992 年 4 月 12 日開園)
 ** = 1994 年度の入場者 (水族館は 1994 年 4 月 1 日開館,ミニシャトーとフー・ドゥ・ラーヌは 1996 年開館)
 *** = 1995 年度の入場者 (1994 年 7 月開園)

EC 加盟国民の外国への出発率　　　　（単位：%）

EC 加盟国と外国出発率		地域別分類		
		EC 内の外国	その他欧州諸国	欧州以外
ベルギー	56	47	6	3
デンマーク	44	25	20	3
ドイツ	60	34	24	3
ギリシャ	7	4	3	2
スペイン	8	7	1	1
フランス	16	11	2	4
アイルランド	51	38	8	5
イタリア	13	8	5	1
ルクセンブルク	94	69	18	9
オランダ	64	46	17	3
ポルトガル	8	7	1	1
イギリス	35	21	10	5
EC12 カ国	32	20	10	3

世界の中の観光

国際観光客の到着数 (単位:1000)

	1992年*	1993年*	1994年*	1995年*	1996年**	96/95 (%)
ヨーロッパ	305,100	311,900	328,200	336,400	351,600	4.5
アフリカ	17,800	18,300	18,600	19,200	20,600	7.3
東南アジアと太平洋諸国	62,700	69,900	75,200	79,700	87,000	9.2
南アジア	3,600	3,600	3,900	4,300	4,500	4.7
アメリカ	103,400	130,600	106,400	110,400	114,700	3.9
中東	10,500	10,900	12,100	13,700	15,300	11.7
全世界合計	503,100	517,900	544,500	563,600	593,600	5.3

出所:世界観光機関
*=修正, **=推計

国際観光収入 (単位:100万USドル)

	1992年*	1993年*	1994年*	1995年*	1996年**	96/95 (%)
ヨーロッパ	163,700	160,500	178,800	207,300	215,700	4.1
アフリカ	6,000	6,100	6,500	7,000	8,000	14.3
東南アジアと太平洋諸国	47,300	52,400	62,600	73,600	80,800	9.8
南アジア	2,800	2,800	3,200	3,600	4,000	11.1
アメリカ	85,500	91,200	95,100	100,200	106,200	6
中東	5,400	4,800	5,400	7,300	8,000	9.6
全世界合計	310,800	317,800	351,600	399,000	422,700	5.9

出所:世界観光機関
*=修正, **=推計

国際観光の到着者数と収入（1960-1995 年）

年	到着者数		収入	
	数 (単位：100万)	増加率 (%)	額 (単位：100万ドル)	増加率 (%)
1960	69.3	10.61	6,867	12.58
1961	75.3	8.66	7,284	6.07
1962	81.3	8.04	8,029	10.23
1963	90.0	10.64	8,887	10.69
1964	104.6	16.13	10,073	13.35
1965	112.8	7.90	11,604	15.20
1966	119.9	6.31	13,340	14.96
1967	129.7	8.17	14,458	8.38
1968	131.2	1.09	14,990	3.68
1969	143.5	9.38	16,800	12.07
1970	165.7	15.5	17,900	6.55
1971	178.8	7.88	20,850	16.48
1972	189.1	5.75	24,621	18.09
1973	198.9	5.17	31,054	26.13
1974	205.6	3.40	33,822	8.91
1975	222.2	8.08	40,702	20.34
1976	228.8	2.96	44,436	9.17
1977	249.2	8.91	55,637	25.21
1978	267.0	7.15	68,845	23.74
1979	283.0	6.00	83,340	21.05
1980	286.2	1.13	105,198	26.23
1981	288.6	0.84	107,430	2.12
1982	288.6	0	100,874	－6.10
1983	291.8	1.19	120,453	1.56
1984	319.0	9.32	112,471	9.78
1985	329.5	3.29	117,630	4.59
1986	340.5	3.34	142,074	20.78
1987	366.8	7.72	174,232	22.63
1988	401.7	9.51	201,540	15.67
1989	430.9	7.27	218,369	8.35
1990	459.2	6.57	264,708	21.22
1991	466.0	1.48	271,827	2.69
1992	503.6	8.07	308,596	13.53
1993	518.2	2.89	313,963	1.74
1994	546.2	5.40	346,674	10.42
1995	567.4	3.88	372,585	7.47

国際観光客到着数上位国

順位		国名	国際観光客到着数				年平均増加率 (%)
			観光客到着者数 (単位：1000)		到着者数の割合 (%)		
1990*	1996		1990*	1996	1990*	1996	90/96
1	1	フランス	52,497	62,406	11.5	10.5	2.9
2	2	アメリカ合衆国	39,363	44,791	8.6	7.5	2.2
3	3	スペイン	34,085	41,295	7.4	7	3.2
4	4	イタリア	26,679	32,853	5.8	5.5	3.5
12	5	中国	10,484	26,055	2.3	4.4	16.4
7	6	イギリス	18,013	26,025	3.9	4.4	6.3
8	7	メキシコ	17,176	21,732	3.7	3.7	4
5	8	ハンガリー	20,510	20,670	4.5	3.5	0.1
28	9	ポーランド	3,400	19,420	0.7	3.3	33.7
10	10	カナダ	15,209	17,345	3.3	2.9	2.2
6	11	オーストリア	19,011	17,090	4.1	2.9	-1.8
16	12	チェコ	7,278	17,000	1.6	2.9	15.2
9	13	ドイツ	17,045	15,205	3.7	2.6	-1.9
19	14	香港	6,581	11,700	1.4	2	10.1
11	15	スイス	13,200	11,097	2.9	1.9	-2.9
14	16	ポルトガル	8,020	9,900	1.7	1.8	3.6
—	17	ロシア	—	9,678	—	1.6	—
13	18	ギリシャ	8,873	8,987	1.9	1.5	0.2
24	19	トルコ	4,799	7,966	1	1.3	8.8
15	20	マレーシア	7,446	7,742	1.6	1.3	0.7
20位までの合計			329,669	428,957	71.9	72.3	4.5
世界全体			458,331	593,638	100	100	4.4

出所：世界観光機関
1990*は修正された数値

各国の外国人訪問者数（1990年）

国　名	訪問者数	国　名	訪問者数
ドイツ	17,045,000	アイルランド	1,800,000
アルゼンチン	2,728,000	イタリア	2,680,000
オーストリア	19,000,000	日本	3,236,000
ベルギー	3,163,000	ケニア	714,000
ブラジル	1,361,000	マレーシア	4,200,000
ブルガリア	4,500,000	マルタ	823,311
カナダ	15,528,000	モロッコ	2,978,000
セイロン	185,000	ネパール	180,989
中国（注）	11,000,000	ノルウェイ	1,955,000
キプロス	1,377,636	オランダ	5,706,000
コロンビア	1,029,179	フィリピン	1,189,719
韓国	1,300,000	ポルト・リコ	2,554,000
キューバ	240,000	ポルトガル	8,000,000
デンマーク	3,171,000	イギリス	18,000,000
エジプト	2,601,000	セネガル	350,000
スペイン	38,870,000	シンガポール	4,829,950
アメリカ合衆国	39,000,000	スイス	12,955,000
フィンランド	350,000	チェコスロヴァキア	8,000,000
フランス	50,199,000	タイ	5,298,000
ギリシャ	8,800,000	チュニジア	3,470,000
香港	5,933,000	トルコ	5,329,000
インド	1,736,000	ヴェトナム	187,573
インドネシア	2,178,000	ユーゴスラヴィア	8,644,000

（注）海外の華僑（訪問者数は970万人）を含む。
出所：世界観光機関

文　献

はじめに

　数々の著作，雑誌，報告書，統計集などが本書の基本的な参考文献として役立ったが，それらは注に記した。ここでは再録しない。コンピュータ処理された優れた参考資料のコーパスが観光局の資料センターにある（パリ，第15区，リノワ通2番地）。観光研究所（同番地）では公式の各種統計を参照できる。国家観光審議会も定期的に報告書を出している。以下に掲げるいくつかの研究書にはかなり充実した書誌がある。私がそれらを参照したのは当然である。

—— Marc Boyer, *L'Invention du tourisme dans le Sud-Est de la France*. Thèse Doctorat d'Etat 1997. 書誌と出典は最初のファクシミリ版で120頁に及ぶ。

—— 同上, *Le tourisme*, Paris, Seuil, 3ᵉ 1982. 選択的な書誌とコメントが8ページある。

—— Georges Cazes, *Fondements pour une géographie du tourisme et des loisirs*, 1992. 地理学研究書を中心に226冊が挙げられている。

—— Pierre Py, *Le Tourisme, un phénomène économique*, 1996. 最新版を参照。

—— 「クセジュ」シリーズ，PUF。このシリーズは全132ページの中で総合的な視点を与えるばかりではなく，1ページを使って選択的な書誌を付けている。

　　非常に役立つ「クセジュ」のナンバーとタイトル。

　　2885：*La communication touriatique*, 3012：*L'aménagement touristique*, 1725：*Les agence de voyage*, 3191：*Les institutions du tourisme*, 1825：*Le tourisme social*, 1943：*Les vacances*, 2577：*Les parcs*.

最近の著作で特に興味深いもの

—— Marc Boyer, *L'Invention du tourisme*, Gallimard-Découvertes, 1996. 多数の図版あり。

—— Alain Corbin, *L'avènement des loisirs 1850-1960*, Aubier, 1995.（アラン・コルバン『レジャーの誕生』，渡辺響子訳，藤原書店，2000年）。共著だが，各章の質にはばらつきがある。年代の取り方には異論がある。

—— J.-D. Urbain, *Sur la plage. Mœurs et coutumes balnéaire*, Payot, 1994.

—— Marc Boyer, *Histoire du tourisme de masse*, Coll. Que sais-je, 1999.

—— A. Savelli e *alii* (Marc Boyer...) *Turismo e ambiante*, Milano, Franco Angeli, 1993, 328p.「観光と環境」に関わる地中海観光社会学学会の大会報告論文集を含んでいる。

読んでおくべきもの

——16世紀（モンテーニュの『旅日記』とシャルル・エティエンヌの『ガイド』）からスタンダール（『ある旅行者の手記』）とテプファー（『ジグザグ旅行』）を経て19世紀と20世紀の多くの作家。

目を通しておくべきもの

——ガイドブックの各種シリーズ。19世紀の3大ガイドブック（マレー，ベデカー，ジョアンヌ），ついで20世紀の有名ガイドブックシリーズ。

見ておくべきもの

——多くの映画。観光のそれぞれの「制度」は，自分のためにコレクションを作りあげる。そこでは特に次のような映画が見いだされる。
  ・リュミエール兄弟『ラ・スィオタへの列車の到着』，『水をかけられた水まき』
  ・ジャック・タチ『ぼくの伯父さんの休暇』，『祭の日』
  ・アニェス・ヴァルダ『海岸の方へ』，『おおシーズンよ，おおシャトーよ』
  ・パトリス・ルコント『レ・ブロンゼ』，『レ・ブロンゼ／スキーに行く』
    同じく『ザイルのトップ』，『サン・トロペの憲兵』，『ラ・ボール・レ・パン』，『5月のミルー』，『パリ-テキサス』など。

訳　注

序　文

1　ジルベール・トリガノ（1920-2001 年）　ジェラール・ブリツ（1912-90 年）とともに地中海クラブ（クラブ・メッド）の共同設立者。
2　フランス会館　日本では「フランス政府観光局」として知られる半官半民のフランス観光宣伝機関。法的身分は経済利益団体（GIE）。観光担当省の監督後見を受ける。
3　地中海クラブ　当初は非営利観光団体として設立されたが 1953 年に株式会社化し，今ではフランス最大の観光企業。

はしがき

1　「民衆と文化」　第 2 次世界大戦後に，ジョフル・デュマズディエなどが設立した庶民教育団体の連合組織の名称。かつてスイユ社から，本書の前身となる『観光論』も含めて 20 冊あまりの啓蒙書を刊行した。
2　ジャン・フラスティエ（1907-90 年）　フランスの経済学者，社会学者。主著『栄光の 30 年』（1979 年），『4 万時間』（1965 年），『20 世紀の大きな希望』（1949 年）など。
3　スプランディドゥ・グループ　1976 年に旗揚げした小劇団「スプランディドゥ」のメンバー。ミシェル・ブラン，ジョズィアヌ・バラスコ，マリ・アヌ・シャゼル，クリスティアン・クラヴィエ，ジェラール・ジュニョ，ティエリ・レルミトゥ。
4　アリアドネ　ギリシャ神話の登場人物でクレタ島の王女。迷宮ラビリントスに棲むミノタウロスを退治しに来たテーセウスに恋して，迷宮から帰還するときの道しるべにするように糸玉を与える。
5　ランティエ　金利生活者とか年金生活者などと訳されるが，金融資産や土地資産からの収入，国家からの終身年金など，広義の不労所得によって生活する人々で，貴族や上層金融ブルジョワジーを中心とした集団の意である。
6　ソースティン・ヴェブレン（1857-1929 年）　アメリカの社会学者・経済学者。主著『有閑階級の理論』（1899 年）。
7　ピエール・ブルデュー（1930-2002 年）　フランスの社会学者。主著『ディスタンクシオン』（1979 年）。
8　ディスタンクシオン　この語は一般的に「区別」の意味であるが，ブルデューは自己を他者から区別して際立たせる「卓越化」という階級戦略的な意味で使うことが多い。ハビトゥス，シャン，キャピタル，プラティクなどと並び，ブルデューの基本用語のひとつ。

9　エドガル・モラン（1921年 -　）　　フランスの社会学者。
10　コリュシュ，本名ミシェル・コリュシィ（1944-86年）　辛口コメディアンで慈善団体「心のレストラン」創始者。81年の大統領選挙に立候補を表明（後に辞退），86年にオートバイで事故死。フランスで最も有名な人物の一人。

第I部第1章

1　ヘロドトス　　紀元前5世紀の古代ギリシャの歴史家。ペルシア戦争を中心に述べた『歴史』の著者。「歴史の父」と称される。
2　パウサニアス　　2世紀のギリシャの地理学者，歴史家。『ギリシャ案内記』10巻の著者。
3　ギュスターヴ・フロベール（1821-80年）　　フランスの写実主義の文学者。代表作『ボヴァリー夫人』（1856年）。オメーは『ボヴァリー夫人』の登場人物で，典型的なブルジョワ俗物の薬剤師。
4　ルルド　　フランス南西部，オート・ピレネ県にあるカトリックの聖地。1858年，少女ベルナデットの前に聖母マリアが出現した奇跡により，フランス第一の巡礼地となる。標高420m。
5　シャモニ　　フランス東南部，アルプスの麓オート・サヴォワ県の山岳リゾート。モン・ブラン観光の中心地。正式名シャモニ・モン・ブラン。標高1040m。
6　シャルル・ボードレール（1821-67年）　　フランスの詩人。『悪の華』（1857年），『パリの憂愁』（1869年）など。本文中に引用された散文詩集『パリの憂愁』の中の48葉（初出は1867年9月28日の「国民評論」）は <Any Where out of the world — N'importe où hors du monde> と題されているが，この題名の英文はボードレールが1865年頃にブリュッセルで翻訳したイギリスの詩人トマス・フッド（1799-1845年）の <Bridge of Sighs> の中の次の2行から。Anywhere, anywhere/Out of the world!
7　エミール・リトレ（1801-81年）　　フランスの言語学者，哲学者，医学者。オーギュスト・コントの実証主義の信奉者。『フランス語辞典』（1867-78年）の編纂で知られる。アカデミー・フランセーズ会員。
8　ピエール・ラルース（1817-75年）　　フランスの教育者，辞典編纂者。ラルース書店の創業者。『19世紀ラルース辞典』（15巻，1865-76年）の編纂などで知られる。
9　世界観光機関（UNWTO : World Tourism Organiation）　　1925年設立の公的旅行機関国際同盟（UIOOT）が改組されて1975年に誕生した観光に関する唯一の国際機関で，本部はスペインのマドリード。2003年12月からは国連の専門機関。2006年現在，150カ国，7地域，300団体が加入。
10　下宿（パンシィオン）　　ホテルよりも格下で家庭的な宿泊・食事を提供する施設。短期滞在，長期滞在いずれも可能。
11　格付けリゾート　　フランスにおける各リゾートの種類と制定年は次の通り。観光

リゾート（1919 年），気候療養リゾート（1919 年），温泉療養リゾート（1919 年），結核用の葡萄療法リゾート（1935 年），海水浴リゾート（1942 年），ウィンタースポーツ・登山リゾート（1942 年）。この 6 種類の格付けリゾートは滞在税を徴収できるが，そのうち温泉療養リゾート，気候療養リゾート，海水浴リゾートはカジノ開設が可能であり，ウィンタースポーツ・登山リゾートはリフト税を徴収できる。

12　ラルザック　フランス中部の中央山岳地帯南部の広大なカルスト台地。陸軍の演習地がある。

13　ブレーズ・パスカル（1623-62 年）　フランスの科学者，文学者，キリスト教の一派ジャンセニスムの擁護者。科学者としてはパスカルの名を関して呼ばれる定理（数学），原理（物理学）などを発見。最初の計算機を考案。確率論を創始。ジャンセニストとしては未完に終わった擁護論『パンセ』を今に残す。

14　ユマニスト　特にルネサンス期にギリシャ・ローマの古典古代の研究から人間中心主義と批判精神を身につけた人々。

15　この時代　17 世紀，ルイ 14 世が絶対君主として君臨した古典主義時代のこと。

16　ジャン・ジオノ（1895-1970 年）　フランスの作家，プロヴァンスの自然と人間の物語を書き続ける。『世界の歌』（1934 年），『喜びは永遠に残る』（1935 年），『屋根の上の軽騎兵』（1951 年），『木を植えた男』（1954 年）など。

17　モーリス・バレス（1862-1923 年）　フランスの文学者，政治家。伝統主義・地方主義に基づく右翼的な民族主義を信奉。『自我礼拝』（1888-91 年），『根をなくした人々（レ・デラシネ）』（1897 年）など。国葬に付された。

18　シャルル・フェルディナン・ラミュズ（1878-1947 年）　スイスのフランス語圏の文学者では最も知られた一人。『小さな村』（1903 年），『地上の美』（1927 年）など多くの郷土小説を執筆。

19　ポール・モラン（1888-1976 年）　フランスの文学者，外交官，コスモポリタン。

20　アルベール・カミュ（1913-60 年）　フランスの文学者。第 2 次世界大戦後に「不条理の哲学」を展開。1957 年，ノーベル文学賞受賞。『異邦人』（1942 年），『ペスト』（1947 年）など。

21　アンリ・ルフェーヴル（1901-91 年）　フランスの哲学者。マルクス主義者で弁証法的唯物論の理論家。デカルト，ディドロ，パスカルらを対象とした一連の思想史研究は名高い。

22　ミュゼ　美術館や博物館，資料館などを総称する語。

23　アラン・ファンキルクロー（1949 年 - ）　フランスの哲学者，評論家。

24　ジャック・プレヴェール（1900-77 年）　フランスの詩人。『ことばたち』（1946 年），『雨と晴れ』（1955 年）など。「悪魔が夜来る」（1942 年），「天井桟敷の人々」（1944 年）など映画の脚本も担当した。

第 I 部第 2 章

1　シャルル・ドゥ・ブロス（1709-77 年）　フランスの司法官，作家。ディジョンの初代高等法院長。ローマ史，建築，美術，地理学，言語起源論などに興味を抱く。古代ローマへの関心からイタリアを旅行（1739-40 年）。『友人たちへのイタリア便り』（1799 年，死後出版）はスタンダールのお気に入りとなった。

2　ウォルト・ホイットマン・ロストウ（1916-2003 年）　アメリカの経済学者。主著『経済成長の諸段階』（1960 年）。

3　バース　イギリス南西部の都市。古代ローマ時代に温泉町として栄えたが，中世に破壊され，18 世紀に整備が行なわれて復活した。最古の社交的温泉リゾート。1987 年にユネスコの世界遺産に登録。現在は温泉リゾートしては営業していないが，リゾート復活計画が進んでいる。

4　ジョフル・デュマズディエ（1915-2002 年）　フランスの社会学者。『余暇文明に向かって？』（1972 年），『自由時間の文化革命，1967-1988』（1988 年）など。

5　カンヌ　フランス南東部，コート・ダジュールに臨む国際的リゾート。国際映画祭でも名高い。

6　ポー　フランス南西部，ピレネザトランティック県の県都，保養リゾートとして名高い。ピレネー山脈を望むロケーションと温暖な気候から，イギリス人が避寒地とした。ブルボン王朝の始祖アンリ 4 世の生まれた城（13 世紀）がある。標高 207m。

7　リチャード・ナッシュ（1674-1762 年）　イギリスの賭博師だったが，1704 年，バースの祝宴儀典長となったのを契機にバースを社交リゾートに作りかえた改革者。別名「洒落者（ボー）ナッシュ」，「バースの王」。

8　ウッド父子　父子ともに同名。父親のジョン・ウッド（1704-54 年）はバースの円形広場（ザ・サーカス）とクイーン・スクウェアと，それぞれを囲む建物の建築で名高く，息子のジョン・ウッド（1728-81 年）も同じくバースのロイヤル・クレセント（全長 180m のイギリス最初にして最大の半月形連続住宅。1775 年完成）で知られる。

9　スパー　ベルギー南東部，リエージュ州のアルデーヌ高原に位置する温泉リゾート。

10　ブライトン　イギリス南部，イースト・サセックス州の英仏海峡に面するリゾート。18 世紀半ばに始まる海水浴リゾートの嚆矢。

11　エクス　エクス・レ・バンのこと。フランス南東部，サヴォワ県の温泉リゾート。標高 200m。

12　モンテカティーニ　イタリア，トスカナ地方の温泉リゾート。かつてのトスカナ大公国に属す。

13　コートゥレ　フランス南西部，オート・ピレネ県の温泉リゾート。標高 932m。

14　ツェルマット　スイス南西部の山岳リゾート。標高 1620m。

15　アラン・コルバン（1936年 - ）　　フランスの歴史家。『浜辺の誕生』（1988年），『レジャーの誕生』（1995年）など。
16　ウィリアム・ウィンダム（1717-61年）　　イギリスのノーフォークの名家出身の軍人，下院議員。1744年にポウコクとの共著 *An Account of the Glaciers or Ice Alps in Savoy* を出してシャモニと氷河の情報をイギリス上流社会に伝えた。
17　リチャード・ポウコク（1704-65年）　　イギリスの聖職者，旅行家。ナイル川，ギリシャ，近東などの旅行記を出版。アルプス旅行の先駆者。
18　ジョン・ラスキン（1819-1900年）　　イギリスの美学者，批評家，社会改良論者。『ヴェネツィアの石』（1851-53年），『芸術経済論』（1857年），『胡麻と百合』（1866年）など。
19　レスリー・スティーヴン卿（1832-1904年）　　イギリスの批評家。晩年にロンドン図書館長を務める。
20　ニース　　プロヴァンス，アルプ・マリティム県の県都。コート・ダジュールを臨む観光リゾート。
21　イエール　　プロヴァンス，ヴァール県のコート・ダジュールから4km内陸部に位置する気候療養リゾート。タラソテラピーセンターがある。
22　マントン　　プロヴァンス，アルプ・マリティム県のコート・ダジュールを臨むイタリア国境に近いリゾート。
23　コルフ島　　ギリシャ西部，イオニア諸島の第二の島。ギリシャ語ではケルキラ島。
24　マデイラ島　　大西洋中西部，ポルトガル領マデイラ諸島の主島。モロッコの西方700km。
25　ダヴォス　　スイス東部，グラウビュンデン州の山岳リゾート。
26　アーノルド・ラン卿（1888-1974年）　　イギリスの作家，カトリック護教論者，アルペン・スキーの創始者。アルペン・スキーをオリンピック種目として認めさせた。父親のヘンリー・ラン卿（1859-1939年）は旅行代理業の草創期の人物。
27　サン・モリッツ　　スイス南東部の山岳リゾート。標高1820m。
28　コート・ダジュール　　「紺碧海岸」の意。フランス南東部，マルセイユからイタリア国境のマントンまでの地中海岸をさす。18世紀からリゾート地帯として有名。名称はステファン・リエジャールの『コート・ダジュール』（1887年）から。
29　スタンダール，本名アンリ・ベール（1783-1842年）　　フランスの文学者でイタリア・マニア。バルザックと並ぶ近代小説の先駆者。『赤と黒』（1830年），『パルムの僧院』（1839年）など。各種イタリア紀行も執筆。晩年はイタリアのチヴィタヴェッキオのフランス領事。
30　オステンデ　　ベルギー北西部，北海に臨む都市。イギリスのドーヴァーへの渡航地。
31　ディエップ　　フランス北西部，英仏海峡に臨む都市。フランスの海水浴リゾートの嚆矢。

第 I 部第 3 章

1 温泉監督医　　温泉リゾートの医学的管理・指導を行なう役職でフランス革命期に創設された。各温泉リゾートに 1 人ずつ任命されたが，19 世紀末に廃止された。
2 バリ島　　インドネシア南部の火山島で「神々の島」，「ロマンの島」と呼ばれる観光島。
3 イビサ島　　スペイン東部の地中海に位置するバレアレス諸島中第三の島。
4 夫婦の共通財産　　夫婦の共通財産（＝観光現象）が結婚後（＝現地が観光化してから）に獲得したもの（＝観光の影響）に限られること。
5 「労働の後で（ドポ・ラヴォーロ）」　　主としてムッソリーニ政権下で発展した労働者のレクリエーションと共済のための組織。
6 「労働を通しての喜び（クラフト・ドゥルヒ・フロイデ）」　　ナチスによるドイツ国民の余暇・文化活動全般の統率・発展のための組織。なお，この組織の活動の一つであった国民車構想はフェルディナント・ポルシェの協力を得て KDF（この組織の頭文字）車と呼ばれ，戦後のフォルクスワーゲンに結実する。
7 入り込み　　原語は fréquentation。ある場所や施設などを訪れる人出のこと。本書では，訪問者，入場者，見学者などと訳すこともある。
8 ロラン・バルト（1915-80 年）　　フランスの批評家，思想家，記号学者。『零度のエクリチュール』（1953 年）以来，同時代人に大きな影響を及ぼした。80 年交通事故死。
9 ベルナール・カトゥラ　　フランスの社会心理学者。社会学的方法による広告戦略展開をめざす CCA（上級コミュニケーションセンター）の指導者。『社会様式の体系：生活・理論・方法・応用の様式』（1990 年）など。
10 世界教会運動　　世界各地のキリスト教のさまざまな宗派の大同団結をめざす運動で，1948 年設置の世界教会協議会が決定機関。同協議会には世界のおよそ 340 のキリスト教教会が加盟しているが，カトリック教会は協力という形で関係している。
11 ジョルジュ・デュビ（1919-96 年）　　フランスのアナール派の歴史家。『フランス文化史』（1957 年，ロベール・マンドルーとの共著），『西欧中世の農村経済と田園生活』（1962 年），『紀元千年』（1967 年），『ヨーロッパの中世　芸術と社会』（1979 年），『騎士・女性・司祭——封建期フランスにおける結婚』（1981 年）など。アカデミー・フランセーズ会員。
12 シャルル 8 世（1470-98 年）　　ヴァロワ朝のフランス国王（1483-98 年），婚姻によってブルターニュ大公国を併合し，王権を強化した。イタリア遠征を行ない，フィレンツェ，ローマ，ナポリなどの攻略をめざしたが失敗に終わった。
13 モンテギュイユ　　フランス南東部，イゼール県南部のプレアルプス山脈中の峰（2086m），別名モンティナクセシブル（「登頂不可能な山」の意）。1492 年，王命を受けてアントワーヌ・ドゥ・ヴィルが初登頂。独特な山体からドーフィネの七不思

議のひとつとされた。ちなみにドーフィネの七不思議とはモンテギュイユの他，アルダントゥの泉，毒のない塔，ブリアンソンのマナ，サスナージュの桶，サスナージュの貴石，ラ・バルムの洞窟。

第Ⅰ部第4章

1 ラテン語 tornus は「ろくろ」の意。現代フランス語の tour は tornus から派生した男性名詞形（たとえば「フランス一周自転車競技レース（トゥール・ドゥ・フランス）」，「世界一周（トゥール・デュ・モンド）」など）と，ラテン語の turris (＝塔) から派生し，その意味も保持した女性名詞形（たとえば「エッフェル塔（トゥール・デフェル）」，「東京タワー（トゥール・ドゥ・トキヨ）」など）の2種類がある。ここで取り上げるのは tornus から派生した男性名詞形 tour。

2 百科全書　フランス啓蒙思想の集大成として1751年から72年にかけて刊行された金字塔的辞典で，本巻17巻，図版集11巻，項目数は6万余りにのぼる。編集責任者はディドロとダランベール。

3 エティエンヌ・ボノ・ドゥ・コンディヤック（1715-80年）　フランスの哲学者。彼の感覚論はフランスの唯物論に大きな影響を与えた。

4 マチュラン・レニエ（1573-1613年）　フランスの詩人。ルネサンス期のデュ・ベレやロンサールの流れに属し，当時のマレルブ主導の古典主義美学には反抗した。

5 ヴォルテール，本名フランソワ・マリ・アルーエ（1694-1778年）　フランスの文学者，啓蒙思想家。知識と理性の力を信じた18世紀啓蒙思想界の巨人。

6 アーサー・ヤング（1741-1820年）　イギリスの農業経済学者。数回にわたるフランス旅行の記録である『フランス紀行』で知られる。

7 イポリット・テーヌ（1828-93年）　フランスの哲学者，評論家，歴史家。オーギュスト・コントの実証主義の立場から民族・環境・時代の三要素を重要視した。

8 ロドルフ・テプファー（1799-1846年）　スイスの教育者，作家。

9 サント・ブーヴ（1804-69年）　フランスの文学者，批評家。『月曜閑談』（1849-61年）などの批評で当時大きな影響を及ぼした。

10 アカデミーの辞書　フランスの五大アカデミーのうち最古のアカデミー・フランセーズ（正式発足は1635年）の主たる任務である辞書編纂事業によって刊行された辞書。1694年初版，現行は1935年の第8版。

11 ミロード　英語の my lord から転じたフランス語で，しかるべき身分のイギリス人を指す。

12 アレクサンドル・デュマ（1802-70年）　フランスの文学者。最初はロマン派劇を書くが，のちに小説に転向し，歴史を背景とする大衆文学で世界的な作家となる。『三銃士』（1844-48年），『モンテ・クリスト伯』（1844-45年），『王妃マルゴ』（1845年）など。同名の息子（1824-95年）は『椿姫』（1848年）で知られる。

13　ジュール・サンドー（1811-83 年）　　フランスの小説家・劇作家。7 歳年上の恋人デュドゥヴァン男爵夫人（ジョルジュ・サンド）との合作『ローズとブランシュ』（1831 年）で世に出る。1859 年，アカデミー・フランセーズ会員。

14　エドモン・シェクス　　フランス人。『鉄道時刻表』の出版者として知られ，シェクスは時刻表の代名詞となった。フランス・ツーリング・クラブ（TCF）会長を務めた。

15　オラス・ベネディクト・ドゥ・ソシュール（1740-99 年）　　スイスの博物学者，哲学者。アルプスの自然誌の研究を行なう。モンブラン初登頂を後援し，後に自らも登頂する。『アルプス旅行記』（1779-96 年）。言語学者のフェルディナン（1857-1913 年）は曾孫。

16　mountaineering, scramble, climbing　　いずれも登山を意味する。

17　『アルプスのタルタラン』（1885 年）　　アルフォンス・ドーデ（1840-97 年）の小説で，陽気なお調子者タルタランを主人公とする三部作のひとつ。

18　アルバート・フレデリック・ママリー（1855-95 年）　　イギリスの登山家。禁欲的なスポーツとしての登山（ママリズム）を提唱する。ヒマラヤで遭難死。

19　アンリ・ベラルディ（1849-1931 年）　　フランスの作家。『ピレネーの 100 年』（全 7 巻）などによってピレネー山脈の魅力を広く伝えた。

20　ルイ・ラモン・ドゥ・カルボニエール（1755-1827 年）　　フランスの政治家，地質学者，植物学者。政治家としてはアンシャン・レジーム，大革命，帝政，復古王政を生き抜き，地質学者としてはピレネーへの情熱で知られる。『オート・ピレネー旅行記』（1789 年），『モン・ペルデュ旅行記』（1801 年）など。

21　ヘンリー・ラッセル卿（1834-1909 年）　　イギリスの登山家。特にピレネーに魅せられた。フランス側のピレネー山脈で最高峰のヴィニュマル山（3298m）の初登頂（1861 年）は有名。

22　モンテギュイユ初登頂　　1492 年，イタリア遠征の途上，シャルトルーズ山地に立ち寄ったシャルル 8 世は家臣のアントワーヌ・ドゥ・ヴィルに，ドーフィネの七不思議のひとつであるモンテギュイユへの登攀を命じた。アントワーヌ・ドゥ・ヴィルと一行は 6 月 26 日に登頂に成功したが，麓からグルノーブルの役人が登頂を確認するまで，数日間山頂にとどまったという。

23　エクスキュルスィオン　　当時は登山も意味した。本文の以下の説明を参照。

24　ジャン・ジャック・ルソー（1712-78 年）　　スイス生まれの哲学者，文学者。文明批判と自然状態礼賛の社会論・文学，人民主権の共和制を主張する政治論などで後世の社会思想，文学，政治思想，教育論などに深甚な影響を与えた。フランス人はたんにジャン・ジャックと呼ぶことがある。

25　ショワズィー・ル・ロワ　　パリ近郊，ヴァル・ドゥ・マルヌ県のセーヌ川沿いの町。

26　アンリエット・ダンジュヴィル（1809-95 年）　　モン・ブランに登頂した二番目

の女性として知られる（1838 年 9 月 4 日）。最初の女性登頂者はマリ・パラディ（1808 年 7 月 14 日）。

27　クロード・ファブル・ドゥ・ヴォージュラ（1595-1650 年）　フランスの言語学者，文法家。アカデミーの権威を背景に『フランス語注意書』（1647 年）によってフランス語の標準的語法を提唱した。

28　ジャン・ドゥ・ラ・フォンテーヌ（1621-95 年）　フランスの古典主義を代表する文学者の一人。代表作は『寓話』（1768-94 年）。

29　ジャック・ベニーニュ・ボスュエ（1627-1704 年）　フランスの聖職者。ルイ 14 世の皇太子の教育係，モーの司教などを務める。説教は有名。

30　アルフォンス・ドーデ（1840-97 年）　フランスの小説家。『風車小屋便り』（1866 年），『月曜物語』（1873 年），『アルプスのタルタラン』（1885 年）など。政治家・文学者のレオンと文学者リュシアンの父親。

31　グランプール　「よじ登る」特性を持つある種の動物について使われる。鳥類の古い分類ではオウム，キツツキなどは「攀禽類（グランプール）」と呼ばれる。

32　自転車乗り　上り坂に強い自転車競技選手の意。

33　トゥール・ドゥ・フランス　1903 年に初開催のフランス一周の国際自転車ロードレース。毎年 7 月に開催され，ゴールはパリのシャンゼリゼ。走行距離は 3243km，ステージは 21（いずれも 2003 年度）。

34　フォンテーヌブロー　フランス北西部，パリ南東 62km。宮殿と庭園，森林がある。

35　カランク　プロヴァンス，マルセイユからカシスにかけての地中海沿いの幅 4km，全長 20km の山地。

36　リュベロン　プロヴァンス，ヴォークリューズ県のリュベロン山を中心とし，クーロン川とデュランス川の間，約 65km にわたって続くフランス・アルプスの山地。

37　ヴェルコール　フランス東南部，プレアルプス北部のイゼール県とドローム県に広がる山地。

38　ウィロ・ウェルツェンバッハ（1899-1934 年）　ドイツの登山家。

39　ナンガ・パルバット山　カシミールのパンジャブ・ヒマラヤ山脈中の最高峰（8126m）。

40　サレーヴ山　フランス東南部，オート・サヴォワ県のプレアルプス中の山岳（1380m），ジュネーヴから 6km。

41　ヴィア・フェラータ　岩壁に固定されたワイヤーを利用して登攀するスポーツ。イタリア語で原義は「鉄路」。

42　1968 年　いわゆる 5 月革命。

43　フィリップ・グロアガン　ルタール・ガイドの創始者。1973 年にシリーズ最初の一冊が出される。

44　ロベール辞典　現代フランスを代表するフランス語辞典（*Le Grand Robert de la langue française*）。編纂はポール・ロベール（1910-80 年）。

45 オーベルジュ・ドゥ・ジュネス　　直訳すると「青年の宿」。
46 YMCA　　Young Men's Christian Association：キリスト教青年会。1844年ロンドンで結成され，キリスト教を基本に社会問題に取り組む非営利団体。
47 マルク・サンニエ（1873-1950年）　　フランスのジャーナリスト，政治家。カトリック系の『スィヨン』誌によるキリスト教社会主義的な運動が教皇ピオ10世に断罪されてからは，フランスの民主共和制支持の雑誌を創刊する。
48 ビエルヴィル　　パリの南，エソヌ県エタンプ近郊の町。
49 第二帝政　　ナポレオン1世の甥であるナポレオン3世の治世（1852-70年）。フランスが産業革命を完成させ，首都を改造し，本格的に植民地拡大に乗り出して近代国家に変貌する契機をなした時期。第二帝政はプロイセンに普仏戦争を仕掛けて敗れ，アルザスとロレーヌを割譲せざるをえなかった国民的屈辱や，ユゴーなど文学者の攻撃（小ナポレオン），マルクスの断罪（ボナパルティズム）などから，各政体の中で最も評価が低い時代のひとつだったが，近年再評価が行なわれている。
50 カフェ・コンセール　　歌やショーを見ながら飲食するカフェ。
51 カフェ・テアトル　　芝居や軽演劇を見せる小劇場風カフェ。
52 Hôtel　　フランス語の発音ではオテル。
53 フェルディナン・ブリュノ（1860-1938年）　　フランスの言語学者。主著『フランス語史』全14巻（1905-34年）。
54 アルベール・ドーザ（1877-1955年）　　フランスの言語学者。『言語哲学』（1912年）など。
55 モリエール，本名ジャン・バティスト・ポクラン（1622-73年）　　フランスの演劇人。フランス古典喜劇の完成者。『才女気取り』（1659年），『タルチュフ』（1665年），『人間嫌い』（1668年），『スカパンの悪だくみ』（1672年）など，風俗喜劇，性格喜劇，笑劇を発表。舞台上で倒れて没す。
56 アラン・ルネ・ルサージュ（1668-1747年）　　フランスの作家，劇作家。スペイン文学の影響を受け，ピカレスク小説の傑作『ジル・ブラース物語』全4巻（1715-35年）を出す。職業作家の先駆者。
57 セザール・リッツ（1850-1918年）　　スイス出身のホテル経営者，「王のホテルマンにしてホテルマンの王」と呼ばれた。ルツェルン（スイス）でグランド・ナショナル・ホテルを，ロンドンでサヴォイ・ホテルを再建し，1898年，パリのヴァンドーム広場にオテル・リッツを開業。翌1899年，ロンドンでリッツが開業に携わったカールトン・ホテルがオープン。近代的，快適な設備以外にホテルにおける料理の役割を重視し，「王の料理人にして料理人の王」と呼ばれたオーギュスト・エスコフィエとのコンビで名声を築いた。現在オテル・リッツは1905年にアメリカに設立された「ザ・リッツ・カールトン・マネジメント・カンパニー」が親会社（本社はアトランタ）。
58 別荘　　通常，いわゆる「別荘」を総称的に表わす用語としては「メゾン・ドゥ・カンパーニュ」と「レジダンス・スゴンデール」がある。前者は直訳すると「田舎の

家」となるが，主としてエリート的な田園滞在に使用される住居であり，本書では基本的にカントリーハウスと訳出する。後者は直訳すると「二番目の住居」となる行政用語・統計用語に由来し，マス・ツーリズム勃興以来一般的な呼称となっている。
59　ボレリ館　マルセイユの代表的なバスティド。城館と呼ぶべき規模で，付属の庭園も有名。1766年から78年にかけて建設された。現在のマルセイユ第8区にある。
60　フランソワ・ラブレー（1494頃-1553年）　フランス・ルネサンスの代表的な文学者，医者。『パンタグリュエルとガルガンチュア物語』全4巻（1534-52年）。
61　トゥーロン　プロヴァンス，マルセイユの南南東65km，ヴァール県の県都。地中海に臨む港町でヴォーバンが築いた軍港としても有名。
62　騎士ポール（1614-67年）　マルセイユ沖のイフ島守備隊長ポール・ドゥ・フォルティアと洗濯女の間に生まれ，オスマン・トルコとの海戦における殊勲で1637年，マルタ騎士に授爵される。その後数々の海戦に勝利し，1654年には海軍総司令官となる。1667年病死。
63　Casa　イタリア語で「家」。
64　ジャック・カゾット（1719-92年）　フランスの作家，代表作『恋する悪魔』（1772年）。
65　ジェラール・ドゥ・ネルヴァル，本名ジェラール・ラブリュニ（1808-55年）　フランス・ロマン派の文学者，象徴派の先駆者。貧窮と狂気の発作のうちに縊死。『東方旅行記』（1851年），『火の娘たち』（1854年），『オーレリア，夢と人生』（1855年）など。
66　Kursaal　原義は温泉療養施設。
67　マルセル・プルースト（1871-1922年）　フランスの文学者。『失われた時を求めて』全7巻（1913-27年）によって現代文学に深甚な影響を与える。
68　manere　「とどまる」の意。
69　テオフィル・ゴーティエ（1811-72年）　フランス・ロマン派の文学者，批評家。高踏派の先駆者。『モーパン嬢』（1835年），『七宝螺鈿集』（1852年）など。
70　ヴェネツィア　イタリア北部，ベネト州東部の港湾都市，「水の都」。122の小島を結ぶ400の橋と176の運河からなる。イタリアの観光中心地のひとつ。
71　アンドレア・パラディオ（1508-80年）　イタリアの16世紀後半で最大の建築家。パラディオニズムと呼ばれる様式で大きな影響を与える。マニエリスムの先駆者。
72　ヘンリー・ピーター，初代ブルーム・アンド・ヴォクス男爵（1778-1868年）　イギリスの政治家。ホイッグ党に属し，自由貿易，奴隷解放，宗教的寛容，選挙改革，公的扶助，民衆教育などリベラルな主張を貫いた。1834年以降は，政治信条が過激であるとして公職から遠ざけられた。馬車と自動車の型にも名を残す。
73　ジャン・ジロドゥー（1882-1944年）　フランスの文学者，外交官。特に劇作家として有名。『エレクトラ』（1937年），『オンディーヌ』（1939年）など。
74　シャルル・エティエンヌ（1504-64年）　フランスの著名な印刷業者。書店主の

訳　注　351

アンリ・エティエンヌ 1 世の第三子。アンリ・エティエンヌ 2 世の父親。

75 rupta 「（道などを）切り開く」の意。

76 ミシュラン　アンドレ（1853-1931 年）とエドゥアール（1859-1940 年）のミシュラン兄弟の起こしたタイヤ会社が 1900 年から発行する（自動車旅行者のための）ガイドブック。宿泊・飲食などの実用情報中心の赤本と，教養主義的な内容の緑本の 2 シリーズがある。

77 国道 7 号線　パリを起点として南下し，リヨンを経てプロヴァンスに入り，オランジュ，アヴィニョン，エクサン・プロヴァンスを経由して地中海岸に出て，コート・ダジュール沿いに東へ延びフレジュス，カンヌ，アンティーブ，ニース，モナコなどを経てイタリア国境の町マントンにいたる。太陽高速道と並んで，夏のグランド・ヴァカンスの代表的な南下ルート。全長 995km。

78 ヴィム・ヴェンダース（1945- ）　ドイツ生まれの映画監督。『パリ・テキサス』（1984 年）はロードムービーの傑作。

79 高速道路　フランス最初の高速道路は 1936 年着工，1946 年完成の A-13 号線（サン・クルー - オルジュヴァル）で，全長 22km。1955 年には通行料に関する法律が成立し，本格的な高速道路建設の時代に入った。

80 速度制限　フランスでは最高速度は都市間高速道路では 130km，バイパスとしての高速道路では 110km。

81 via 「道路」の意。

82 リシャール，本名ハインリヒ・アウグスト・ライハルト（1751-1828 年）　ドイツのガイドブック編纂者。『フランス旅行ガイド』（1810 年）で知られる。19 世紀初頭にフランスで最も読まれたガイドブックなので，普通はドイツ語読みのライハルトではなくフランス語読みでリシャールと呼ばれる。

83 アドルフ・ジョアンヌ（1813-81 年）　フランスの旅行家，地理学者。教養主義的な内容のジョアンヌ・ガイドで有名。このシリーズは後にアシェット社のブルーガイドとなる。

84 ジョン・マレー（1808-92 年）　イギリスのガイドブック編纂者。ロンドンの出版業者の一族に生まれ，数々の旅行ガイドブックの出版で成功を収める。

85 カール・ベデカー（1801-59 年）　ドイツのガイドブック編纂者。印刷業者の一族に生まれ，ライン川観光ガイドブックで成功し，その後ヨーロッパ各国の観光ガイドブックを各国語で刊行した。

86 diurnalem 「1 日の」の意。

87 スタンダールの没年は 1842 年。

88 ジャン・ポール・サルトル（1905-80 年）　フランスの哲学者，文学者，評論家。実存主義の思想家・文学者として戦後，一世を風靡したが，構造主義からの批判に急速に影響力を失った。最近再評価の動きがある。1964 年ノーベル文学賞受賞拒否。『嘔吐』（1938 年），『存在と無』（1943 年），『聖ジュネ　殉教者と反抗』（1952 年），『弁

証法的理性批判』（1960 年），『家の馬鹿息子』（1971-72 年）など。

89　GM　　地中海クラブの各種滞在施設における滞在客はジャンティ・マンブル（GM）と呼ばれる。ホスト側の地中海クラブの従業員はジャンティ・オルガニザトゥール（GO）と呼ばれる。

90　villegiare　　「ヴィラにいる」が原義。

91　ジョルジュ・サンド，本名アマンディーヌ・オロール・リュスィ・デュパン（1804-76 年）　　一連の田園小説群で有名。ミュッセ，ショパンなど多くの芸術家との恋愛遍歴ののち，晩年は生地ノアンに戻り「ノアンの奥様」として落ち着いた生活を送った。『魔の沼』（1846 年），『愛の妖精』（1848 年）など。ペンネームの「サンド」は若い頃の年下の恋人ジュール・サンドー（1811-83 年）の名から。

92　ジョルジュ・デュアメル（1884-1966 年）　　フランスの文学者，医師。自由主義的ヒューマニストとして活躍。大河小説『パスキエ家の記録』（1933-45 年）など。

93　アンドレ・モーロワ，本名エミール・サロモン・ヴィルヘルム・エルツォーグ（1855-1967 年）　　フランスの文学者，評論家。伝記と歴史の分野でも有名。

94　viaticum　　「旅費，旅の食糧」の意。

95　ある種の軍隊　　la garde mobile ＝国民遊撃隊。1848 年と 1870 年に組織された。

96　ジャン・エマール・ピガニオル・ドゥ・ラ・フォルス（1669-1753 年）　　フランスの文学者。旅行記を数多く出版した。

97　フェルネー　　フランス東部，現在のアン県のジェクス近郊の村。ヴォルテールが 1760 年にフェルネー館を中心に開いたスイス国境の村で，ヴォルテールは 1758 年から 78 年まで暮らした。正式名フェルネー・ヴォルテール。標高 430m。

98　歴史的・文学的な意味　　文学史的に言うとフランスのロマン派（ロマンティック）はヴィクトル・ユゴーのきわめて強い影響下にあった。古典派の作劇法を攻撃した 1827 年の戯曲『クロムウェル』序文はロマン派の宣言書とみなされ，30 年の『エルナニ』上演の成功でロマン派が文壇を制し，43 年の『城主』上演の不評がロマン派の凋落の契機となった。

99　1830 年の世代　　1930 年に優勢となったロマン派はユゴーに率いられた。

100　ビエーヌ湖　　スイスのベルン州にある湖。ルソーが 1765 年に一時滞在したサン・ピエール島が湖上に浮かぶ。

101　ジュネーヴ湖　　レマン湖のこと。

102　ピエール・ル・トゥルヌール（1736-88 年）　　シェイクスピアの全戯曲の仏訳者として知られる。

103　ローレンス・スターン（1713-68 年）　　イギリスの作家，聖職者。『トリストラム・シャンディの生活と意見』と『センチメンタル・ジャーニー』（1768 年）で知られる。

104　ウジェーヌ・スクリーブ（1791-1861 年）　　フランスの劇作家。ゴルドーニとディドロから影響を受けた作風がブルジョワジーに支持され，生涯に 350 本以上の戯曲を書いた。

105 プロスペル・メリメ（1803-70 年） フランスの文学者，考古学者。写実主義の先駆者。『カルメン』（1845 年）で知られる。

106 エドゥアール・ドゥリュモン（1844-1917 年） フランスの広告業者，ジャーナリスト，政治家。カトリックのジャーナリストとして特に金融資本とユダヤ人を攻撃。反ユダヤ主義・国粋主義的な新聞『リブル・パロール』を創刊。『ユダヤ人のフランス』（1886 年），『金，泥，血』（1896 年）など。

107 エミール・ドゥ・ジラルダン（1806-81 年） フランスのジャーナリスト，政治家。自分の発行する『ラ・プレス』紙の購読料を大幅に引き下げて新聞大衆化の先駆者となった。7月王政，第二共和制，第三共和制で国会議員を務める。

108 ヴィクトリア朝 イギリス女王ヴィクトリア（1819-1901 年）の治世（1837-1901 年）。大英帝国の繁栄の絶頂期。

109 フィネアス・テイラー・バーナム（1810-91 年） アメリカの興行師。ニューヨークで見せ物小屋を経営。後，サーカス一座を引き連れて全米を巡業した。

110 フランソワ・ブラン（1806-77 年） フランスのギャンブラー。1842 年には今日のルーレット・ゲームを発明したと言われる。バート・ホンブルクでカジノの経営に携わったが，ドイツで出されたギャンブル禁止令によってモンテカルロに移り，国王からカジノの経営を請け負った。息子のエドモン（1856-1920 年）は競馬界の発展に尽くし，同名のレースに名を残す。

111 マルセル・ブルースタン・ブランシェ（1906-96 年） フランスの広告業者。世界第 4 位の広告会社「ピュブリシス」の創業者。

112 ジャック・セゲラ（1934 年 - ） フランスの広告業者。1970 年に仲間と広告会社 PSCG を立ち上げる。現在は「アヴァス・アドヴァタイジング」社の副社長。『僕が広告屋だなんて……』（1979 年）は自伝。ミッテランの大統領選挙キャンペーンの責任者。

113 ヴァンス・パカード（1914-96 年） アメリカのジャーナリスト，批評家。『隠された説得者』（1957 年）は広告産業論。

114 スタッフ男爵夫人，本名ブランシュ・ソワイエ（1843-1911 年） 女性の伝統的な役割を強調し，礼儀作法を述べた。彼女の著作（『書簡集』を含め 7 冊）は全国的なベストセラーとなり，多くの文学者と交流し，新聞や雑誌に寄稿して影響を及ぼした。

115 ウィリアム・サッカレー（1811-63 年） イギリスの作家。正確な観察眼と風刺精神でディケンズと並び称される。代表作『虚栄の市』（1847-48 年）。

116 ジュール・ルメートル（1853-1914 年） フランスの批評家。印象批評の代表的論者。保守主義者で反ドレフュス派。アカデミー・フランセーズ会員。

117 balneum 「浴室，浴槽」の意。

118 balneare 「浸す，ぬらす」の意。

119 ジョルジュ・ヴィガレロ（1941 年 - ） フランスの批評家，大学人。身体論と

スポーツ史が専門。

120　オーギュスト・ブリズー（1803-59年）　フランスの詩人，旅行家。『マリ』（1831年），『黄金の花』（1841年），『ブルトン人』（1843年）など。

121　フレデリック・オーギュスト・モジンスキー　ポーランド人貴族。1784年から翌年かけてプロヴァンスとイタリアに旅行した。

122　crénothérapie, hydrologie　ともに「鉱泉療法」の意。

123　復古王政時代　ナポレオン1世没落後の1815年から1830年の7月革命までの時代。いずれもルイ16世の弟であるルイ18世，次いでシャルル10世というブルボン王朝嫡流の君主が君臨した。

124　ブローニュの森（ボワ・ドゥ・ブローニュ）　パリ西部の広大な公園。王室狩猟地であったがルイ16世が一般に公開した。公園内のロンシャン競馬場はフランス革命で破壊されたロンシャン修道院の跡地。「ボワ」が本格的に整備されたのは19世紀後半のナポレオン3世時代。

125　アンリ・デュアメル（1853-1917年）　フランスの登山家。フランス・アルペン・クラブの創設者の一人。スキーを使った最初のフランス人。『ドーフィネ地方ガイドブック』（1887年）の著者の一人。89年にはペルヴー山塊のカラー地図を作製したが，この地図は以後40年間使われ続けた。

126　ブリアンソン　フランス南東部，オートザルプ県の山岳リゾート。標高1321m。

127　ノートル・ダム・ドゥ・ラ・ギャルド寺院　標高162mの丘上のノートル・ダム・ドゥ・ラ・ギャルド寺院への水圧式エレヴェーターが建設されたのは1892年。1967年に採算悪化によって廃止，取り壊し。その間2000万人を運んだという。

128　モンマルトルの丘　ケーブルカーの運行が開始されたのは1900年7月13日。

129　エッフェル塔　エッフェル塔は1889年のパリ万博用に建設されたが，当初は2階までのエレヴェーターが東と西に支柱に沿って設置されていた。

130　フルヴィエールの丘　フルヴィエールの丘（ノートル・ダム・ドゥ・フルヴィエール教会堂がそびえたち，リヨン市街地を一望できる）と麓を連絡する高低差約100mのケーブルカーが建設されたのは1900年。

131　スイスの都市　ケーブルカーが設置された都市と年代は，ローザンヌが1877年，ベルンが1885年，フリブールが1899年など。

132　モン・ロワイヤル　モントリオール（フランス語ではモンレアル）の旧名。1535年，ブルターニュ地方の港町サン・マロ出身のジャック・カルティエは現在のモントリオール付近に達し，標高234mの台地に登り，「モン・ロワイヤル」と命名。麓の植民地はヴィル・マリと呼ばれたが，1763年にモンレアルと改名。1870年，モン・ロワイヤルの頂上部は公園となり，1885年には公園までのケーブルカーが設置された。

133　サン・ジェルヴェ　フランス東南部，オート・サヴォワ県の温泉・山岳リゾート。正式名サン・ジェルヴェ・レ・バン。標高820m。

134　ムジェーヴ　フランス南東部，オート・サヴォワ県の山岳リゾート。標高1113m。

訳　注　355

スキー場の最高高度は 2350m。
135　エギュイユ・デュ・ミディ　フランス東南部，オート・サヴォワ県シャモニの南南東 4.5km，標高 3842m の峰。麓のシャモニより山頂までロープウェイが通じている。
136　フィルネージュ　ケーブルに固定された取っ手に摑まって牽引されて斜面を移動するリフトの一種。
137　ジャン・ポマガルスキー　ポーランド系フランス人技師。1935 年に最初の T バーリフトをアルプ・デュエ（イゼール県のスキーリゾート）に建設した。1936 年，世界的に有名になるスキーリフト製造企業「ポマ」を設立。

第 II 部第 1 章

1　ジャック・アタリ（1943 年 - ）　フランスの経済学者，評論家。欧州復興開発銀行の初代総裁，大統領フランソワ・ミッテランの補佐官（1981-91 年）。エール・フランス社長だったブマール・アタリは双子の兄弟。
2　ドーヴィル　フランス北西部のカルヴァドス県，英仏海峡に臨む海水浴リゾート。1859 年から開発され，ナポレオン 3 世の異父弟モルニー公爵などが売り出しの顔となった。トゥーク川を挟んで対岸に位置するトゥルーヴィル以上のシックな海浜リゾートをめざし，「パリ 21 区」とも呼ばれた。
3　アンドレ・シーグフリード（1875-1959 年）　フランスの経済学者。アカデミー・フランセーズ会員。
4　シャルトルーズ山地　フランス南東部，プレアルプス山脈北部の山地。グランドをつけることがある。
5　シャルル・ドゥデヤン（1910-2003 年）　フランスの文学研究者。
6　プラター兄弟　スイス人のトマス・プラター（1499-1582 年）とフェリクス・プラター（1536-1614 年）。前者はユマニストでツウィングリの弟子，バーゼルでヘブライ語とギリシャ語を教える傍ら，印刷業と書店を営む。後者は博物学者，モンプリエで医学を修業してバーゼルで開業した。
7　トマス・ニュージェント　グランド・ツアーの最初のまとまったガイドブックである『ザ・グランド・ツアー，オランダ・ドイツ・イタリア・フランス旅行記』（1749 年）の著者。
8　ルイ・デュタンス（1730-1812 年）　フランスのトゥール生まれでイギリスに亡命したユグノー。文学者，外交官。
9　リュシアン・フェーヴル（1878-1956 年）　フランスの歴史家で狭義の専門はルネサンス期。アナール派の創始者。『16 世紀における無信仰の問題　フランソワ・ラブレーの宗教』（1942 年）など。
10　バーバリ人　北アフリカ，地中海南岸のマグレブ諸国の先住民のベルベル族にちなむ名称で，ポルトガルやオスマン・トルコの支配に抵抗した海賊行為が恐れられた。

11　ヴィレル・コトゥレの勅令　　フランス中北部，パリ盆地北東部の町ヴィレル・コトゥレ（現エーヌ県）でフランソワ1世が1539年に発した王令で，裁判の判決や記録，および行政文書で使用する言語をラテン語からフランス語に変更することを命じた。これによりフランス語はそれまでの（ラテン語に対しての）「俗語」という従属的な立場から脱し，フランス王国の公式言語として地位を高めていく。

12　ポール・アザール（1878-1944年）　　フランスの文学史家，比較文学者。『ヨーロッパ精神の危機』（1935年），『18世紀の思想』（1945年）など。

13　シャペルとバショーモン　　フランソワ・ル・コワニュー（1624-1702年），通称バショーモンはフランスの作家。クロード・エマニュエル・リュイエ（1626-86年），通称シャペルはフランスの詩人，ガッサンディの弟子で，ボワロー，ラ・フォンテーヌ，その他リベルタンと交わる。二人の共作『プロヴァンスとラングドックの旅』（1663年）は韻文と散文で書かれた滑稽旅行記で大成功を収めた。

14　ジャン・ジャック・ルフラン・ドゥ・ポンピニャン（1709-84年）　　フランスの詩人。

15　エルミタージュ　　南仏，現在のドローム県のワイン産地コート・デュ・ローヌのタン・レルミタージュ村。エルミタージュ・ワインの産地。

16　グリニャン　　フランス南東部，現在のドローム県にある町で，1669年にグリニャン伯爵がセヴィニェ侯爵夫人の娘と結婚した。侯爵夫人の墓所がある。

17　マリ・ドゥ・ラビュタン・シャンタル，セヴィニェ侯爵夫人（1626-96年）　　フランス古典主義時代の女流文学者。グリニャン伯爵に嫁いだ娘などに宛てた1500通ほどの書簡集は古典主義文学の傑作。

18　ロジェ・ドゥ・ラビュタン，ビュシィ伯爵（1618-93年）　　セヴィニェ侯爵夫人のいとこのブルゴーニュ貴族。数々の軍功を挙げた軍人，文人。アカデミー・フランセーズ会員（1665年）。『ガリア人の愛の物語』（1665年）を著し，宮廷人のポルトレを辛辣に描いたためにルイ14世の怒りに触れバスティーユ城塞に収監。翌年，ブルゴーニュの所領へ追放される。

19　ニコラ・プサン（1594-1665年）　　17世紀フランス最大の画家の一人。神話・古代史・聖書等の画題を中心に，主としてローマで活躍。『アルカディアの牧人』（1638-39年）など。

20　クロード・ロラン，本名クロード・ジュレ（1600-82年）　　フランスの画家だが主としてローマで活躍した。海浜や川，港などの風景画を得意とし，光の効果を計算した厳密な画法で知られる。

21　マロ・プブリウス・ウェルギリウス（前70-前19年）　　古代ローマ最大の詩人。初代ローマ皇帝アウグストゥスの宮廷詩人。ローマ建国の一大叙事詩『アエネイス』の作者。

22　ルネ・デカルト（1596-1650年）　　フランスの哲学者，自然科学者。傭兵として欧州各地を転戦した後，科学と哲学の研究に没頭。近代哲学の始祖。『方法序説』（1637

年）など。主としてオランダに住んだが，クリスティナ女王に招かれてストックホルム滞在中に客死。

23　クリスティナ女王（1626-89年，在位1632-54年）　スウェーデンの女王。代表的な啓蒙専制君主の一人。晩年は王位を従兄に譲り，カトリックに改宗してローマに住んだ。

24　ピョートル1世（1672-1725年，在位1682-1725年）　大帝と呼ばれるロシア・ロマノフ王朝の皇帝。軍事・工業・商業などに西欧式システムを導入，改革を断行するとともに，西欧に大量の留学生を送った。また自ら使節団の下役に扮してオランダ，イギリスで造船・土木を学んだ。新都ペテルブルクを築き，首都をモスクワから移転。

25　ポール・ジョゼフ・マントゥー（1877-1956年）　フランスの歴史家。1920-27年，国際連盟事務局政治部長，27年ジュネーヴで国際学術研究所を設立。『18世紀産業革命史』（1906年）など。

26　フランソワ・クルーゼ　現代フランスの経済史家，歴史家。『ヨーロッパ経済史1000年－2000年』（2000年），『イギリス経済と大陸封鎖』（1988年）など著書多数。

27　ヨハン・ヨアヒム・ヴィンケルマン（1717-68年）　ドイツの美学者，美術史家。古代美術史を再構成。古典主義の先駆者。『古代美術史』（1764年）など。

28　バーデン　ドイツ南部，バーデン・ビュリウテンベルク州西半分の地域。かつてのバーデン大公国に属し，国際的な温泉リゾート，バーデン・バーデンが位置する。

29　ホンブルク　ドイツ西部，ザールラント州東部の都市。かつてのザールブリュッケン伯領。18世紀のカールスベルク宮殿が残る。

30　エクサン・サヴォワ　フランス南東部，サヴォワ県の温泉リゾート，エクス・レ・バンの旧名。かつてのサヴォワ公国の中心都市のひとつ。

31　フランソワ・ルネ・ドゥ・シャトーブリアン（1768-1848年）　フランスの政治家，文学者。フランス革命でイギリスに亡命。帰国後はスタール夫人と並びロマン派の先駆者となる。ナポレオン没落後，政界で活躍するが政治的には無能。1830年以降は文筆活動に専念。『アタラ』（1801年），『ルネ』（1802年）などで，アメリカ旅行で見聞した大自然のロマン主義的描写を行なう。

32　『ジュリー』　ルソーの小説『ジュリーあるいは新エロイーズ』（1759年）。

33　ジャック・ドゥリュー（1738-1813年）　フランスの聖職者，詩人。1774年からアカデミー・フランセーズ会員。革命時に一時期スイスに亡命。

34　ユベール・ロベール（1733-1808年）　フランスの新古典派から前ロマン派にかけての風景画家。ローマで流行していた廃墟画と古代趣味に影響を受ける。画家フラゴナールは友人。

35　グラース　プロヴァンス，アルプ・マリティム県の観光リゾート。香水製造でも名高い。標高330m。

36　サン・レモ　イタリア北部，リグリア州のリヴィエラ海岸を臨むリゾート，港湾都市。

37 エミール・ゾラ（1840-1902 年）　フランスの作家。自然主義作家として出発し，『テレーズ・ラカン』（1868 年）などを書くが，クロード・ベルナールの『実験医学序説』を文学に適用し，バルザックの『人間喜劇』に対抗した第二帝政版を「ルーゴン・マッカール双書」の総題（副題は「第二帝政時代における一家族の自然的社会的歴史」）のもとに構想・執筆する（1871-93 年）。多くの主人公が下層階級に属す。ドレフュス事件に際しては最大のドレフュス擁護者となり，一時イギリスに亡命する。近年再評価が行われている。

38 マリ・バシュキルツェフ（1858-84 年）　ロシアのウクライナ貴族出身の画家。結核のために療養生活を送り，26 歳で夭折。その『日記』はよく知られている。

39 ルイ・ベルトラン，通称アロイジュス・ベルトラン（1807-41 年）　フランス・ロマン派の詩人。散文詩『夜のガスパール』（1842 年，死後出版）はボードレールが激賞，作曲家ラベルがモチーフを得た。

40 ジャン・ロラン（1855-1906 年）　フランスのジャーナリスト，詩人，小説家，社交界の常連，世紀末精神の体現者，ペデラストのダンディ。特に奇矯な言動で知られた。

41 ビアリッツ　フランス南西部，ピレネザトランティック県，スペイン国境に近い大西洋岸のビスケー湾に臨む海浜リゾート。第二帝政時代から帝室の来訪（特にウージェニー皇后）で発展した。

42 モンパルナスのアメリカ人　第 1 次世界大戦後のいわゆる「失われた世代」はパリではモンパルナス界隈を根城とした。

43 ジュアン・レ・パン　プロヴァンス，アルプ・マリティム県のアンティーブの南に位置し，コート・ダジュールに臨む海水浴リゾート。

44 ヘルシニア山系　ヨーロッパ中部のアルモリカ山系，バリスカ山系の総称。

45 サン・セバスティアン　スペイン北部，ギプスコア州の州都，大西洋のビスケー湾の支湾に臨む港湾都市。フランス国境に近い。

46 ピエモンテ地方　イタリア北部でアルプス山脈，アッペンニーノ山脈に囲まれ，東側にはポー平野が広がる地方。11 世紀以来サヴォワ家の支配を受け，フランス革命期には一時フランス領となった。

47 モントルー　スイス西部，レマン湖東岸に位置する湖畔リゾート。

48 ヴヴェ　スイス西部，レマン湖北東に位置する湖畔リゾート。標高 386m。

49 インターラーケン　スイス東部，ベルン州南東部のトゥーン湖とブリエンツ湖の間に位置する山岳リゾート。

50 ブレゲンツ　オーストリア西部，ボーゲン湖東岸に位置する湖畔リゾート。

51 アヌシー　フランス南東部，オート・サヴォワ県の県都。アヌシー湖北西岸に位置する湖畔リゾート。標高 450m。

第 II 部第 2 章

1　アルフォンス・デュプロン（1905-90 年）　　フランスの歴史家。
2　アンリ・ベルグソン（1859-1941 年）　　フランスの哲学者。フランス唯心論の伝統に立って，生の創造的進化を唱える。アカデミー・フランセーズ会員。ノーベル文学賞（1927 年）。『物質と記憶』（1896 年），『創造的進化』（1907 年）など。
3　聖ヨアンネス（676-754 年）　　初期キリスト教神学体系を整理したシリアのギリシャ正教神学者。
4　シャルトル街道　　シャルトルはフランス中北部，ボース平野の中心地で，ゴティック様式の大聖堂（1979 年に世界遺産登録）がある。パリの南西 96km。
5　シャルル・ペギー（1873-1914 年）　　フランスの詩人，思想家。神秘主義的・愛国主義的傾向を強め，第 1 次世界大戦に志願して戦死。『ジャンヌ・ダルクの愛の神秘』（1910 年）など。
6　サンティアゴ・デ・コンポステーラ　　スペイン北西部に位置するカトリック有数の巡礼地。中世より聖ヤコブ巡礼の目的地。1985 年にユネスコの世界遺産登録。
7　サント・ボーム　　プロヴァンス，マルセイユ東部の山岳。標高 1147m。
8　サレット　　フランス東南部，イゼール県の県都グルノーブル近郊の村。1846 年に聖母が 2 人の羊飼いの前に出現した奇跡によってカトリックの巡礼地となった。正式名サレット・ファラヴォー。
9　エクス・ラ・シャペル　　ドイツ西部の都市アーヘンのフランス語の呼称。古代ローマ時代からの温泉がある。
10　ノートルダム・デュ・ピュイ　　フランス中南部，ル・ピュイ盆地の中心の都市ル・ピュイ・アン・ヴレにある大聖堂。オリエントの影響をうけたロマネスク様式の傑作で，11 世紀以来の巡礼地として繁栄した。
11　太陽高速道　　パリからリヨンまでの A-6 号線（1971 年全線開通）とリヨンからマルセイユまでの A-7 号線（1974 年全線開通）を合わせた総称。国道 7 号線とともに夏のヴァカンスにおける代表的な南下ルート。なお，4CV と 2CV はともに 1948 年に発売開始された名車で，前者はルノー社製，後者はシトロエン社製。
12　『ルルドの群衆』（1906 年）　　この小説は世紀末のデカダン作家にして晩年はカトリックに帰依したジョリス・カルル・ユイスマンス（1848-1907 年）の作。ゾラには都市三部作のひとつ『ルルド』（1894 年）がある。
13　ギ・ドゥ・モーパッサン（1850-93 年）　　フランスの文学者。自然主義文学の代表的作家。『女の一生』（1883 年），『ベラミ』（1885 年）など。『モントリオル』は 1887 年刊行，モデルとなった温泉リゾートはラ・ブルブールではなくてシャテルギュイヨン。
14　カントリーハウス　　以下，特に断らない限り，「カントリーハウス」はメゾン・ドゥ・カンパーニュと呼ばれる 20 世紀前半までの住居の訳語で，レジダンス・スゴ

ンデールと呼ばれるマス・ツーリズム以降の住居の訳語ではない。
15 ヴァロワ　フランス北部，パリ盆地北部を占める高原地帯。小麦，テンサイが栽培される大農業地帯。
16 ボース　フランス中北部，パリ盆地南部の平野，中心都市はシャルトル。小麦，テンサイ，トウモロコシ，ジャガイモなどの栽培地帯。
17 ブリ　パリ盆地東部，セーヌ川とマルヌ川の間の高原地帯。機械化された大規模農業で小麦，テンサイが栽培され，牧畜も行なわれる。
18 ドンブ　フランス東部，アン県のソーヌ川とローヌ川，アン川の間の農業地帯。灌漑地帯では耕作と牧畜が行なわれる。
19 ブレス　フランス東部，ソーヌ盆地の平野で中心地はブーラン・ブレス。トウモロコシ栽培，牧畜が行なわれる。ブレス鶏は有名。
20 バ・ドーフィネ　南仏，ローヌ川とイゼール川の間の地帯。ドーフィネ地方の西半分にあたる。
21 トマス・ゲンズボロー（1727-88年）　イギリスの画家。肖像画家，風景画家として有名。ロイヤル・アカデミー会員。
22 カルロ・ゴルドーニ（1707-93年）　イタリアの劇作家。イタリア演劇の改革者。イタリア演劇の伝統を擁護する作家カルロ・ゴッツィによる排斥のために晩年はパリに移住。大革命の中，貧窮のうちに没す。
23 レオン・バティスタ・アルベルティ（1404-72年）　イタリア・ルネサンス期の人文主義者，建築家。
24 ウィリアム・ハースト（1863-1951年）　アメリカの新聞経営者。新聞のイエローペーパー化によって販売合戦を勝ち抜き，他紙を次々に買収した。
25 ノーメンクラトゥーラ　ロシア語で「名簿」を意味する。旧ソ連の特権階級（赤い貴族とも呼ばれる）で，ソ連共産党中央委員会の持つ役職リストに掲載されているエリート，つまり最高レベルのリストに掲載されている人々のことを指す集合名詞。
26 ダーチャ　ロシア語で（庭付きの）別荘を意味する。現在，ロシア国民の6割ほどがダーチャを所有しているといわれる。家庭菜園を兼ねたダーチャで週末やヴァカンスを過ごすのが標準的なスタイルである。
27 アンティーブ岬　プロヴァンス，カンヌの北東に位置する岬で，コート・ダジュールに臨む。アンティーブは同岬東側の港町，保養リゾート。
28 ポルトフィーノ　イタリア，リグリア州，東リヴィエラ海岸の半島に位置するリゾート。
29 レ島　フランス大西洋岸，ラ・ロシェル近郊の島。葡萄栽培，カキ養殖，漁業が中心産業。
30 キブロン　フランス北西部，ブルターニュ地方のロリアンに近い半島（モルビアン県）。漁業，イワシ缶詰産業の他，海水浴リゾート，タラソテラピーセンターがある。
31 マルベラ　スペイン，アンダルシア地方の地中海に臨む港湾都市，海浜リゾート。

32 サン・トロペ　プロヴァンス，コート・ダジュールのサン・トロペ湾に臨む海浜リゾート（ヴァール県）。
33 ポール・グリモー　プロヴァンス，ヴァール県のコート・ダジュールに位置する，プロヴァンス様式の建築で統一されたリゾートとヨットハーバー。1966 年に造成された。
34 クシュタート　スイスのベルン州の国際的リゾート。
35 ヴィズィユのペリエ家　ヴィズィユは南仏，ドーフィネ地方イゼール県の町。ペリエ家は県都グルノーブルの有力なブルジョワで，参事会員ジャック・ペリエ（1702-82 年），その息子で銀行家のクロード・ペリエ（1742-1801 年），その娘でグルノーブルの新興ブルジョワ，テセール家の包括遺産相続人のカミーユと結婚したマリーヌ・ペリエなどが，次第に地所や城館を買い増した。後に 7 月王政下でルイ・フィリップ王の首相を務めるカジミール・ペリエもこの一族。
36 ボレリ　ボレリ家は 18 世紀のマルセイユで商業で富裕化した有力な一族。ボレリ館はマルセイユ郊外の地所ボヌヴェーヌに，ルイ・ボレリ（1692-1768 年）の発意と息子のルイ・ジョゼフ・ボレリ（1731-84 年）の監督によって建設された「バスティド」。
37 ジャック・ジェルマン・スフロ（1713-80 年）　フランスの建築家。古典主義をフランスに導入した。代表作はパリのパンテオン。
38 リヴェトゥ荘　リヨン郊外のカリュイール・エ・キュイールに建てられた「バスティド」。
39 ヌイイー　パリ西方，ブローニュの森の北部，オー・ドゥ・セーヌ県の町。パリの一部とみなされている。18 世紀のフォリー，サン・ジャム館がある。
40 オートゥイユ　パリ西方，ブローニュの森とセーヌ川の間に位置した村で，1890 年にパリ市に編入（16 区）。17 世紀に大流行し，ボワロー，モリエール，ラ・フォンテーヌらが滞在し，18 世紀にはエルヴェシウス夫人やブフレ伯爵夫人などがサロンを開いた。19 世紀にはゴンクール兄弟が居を構えた。
41 パスィ　パリ西方，オートゥイユ村の北部に位置した村で，1890 年にパリ市に編入（16 区）。18 世紀に温泉が掘削されて大流行し，銀行家が競って豪華な邸宅を建てた。19 世紀には芸術家や文学者が住みついた。
42 カリュイール　リヨン郊外の町。
43 サン・ランベール　現在はリヨン市の第 9 区に含まれる町。
44 ヌーヴィル　リヨン近郊の町。正式名ヌーヴィル・スュル・ソーヌ。
45 イズロン　リヨンの西方 20km ほどの町。
46 モン・デュ・リヨネ　リヨン西部に接するコトー・デュ・リヨネ地方の西に広がる地方。イズロンが入り口にあたる。
47 ボージョレ　フランス中東部，ブルゴーニュ地方南部。ワイン産地。
48 モルヴァン　フランス中東部，ブルゴーニュ地方東部の森林地帯。

49 ソローニュ　フランス中部，パリ盆地南部のロワール川とシェール川の間の地方。穀物・野菜栽培，牧畜地帯。
50 ノルマンディー　フランス北西部，英仏海峡に臨む地方。
51 トゥーケ　フランス北部，英仏海峡に臨むパ・ドゥ・カレー県の海水浴リゾート。正式名ル・トゥーケ・パリ・プラージュ。
52 ヴィヴァレ山地　フランス中南部，中央山岳地帯の東縁の山地。主としてアルデシュ県。
53 アルバン・マゾン（1828-1908 年）　ヴィヴァレ地方の歴史家。
54 シャルル・ジャン・メルシオール・ドゥ，ヴォギュエ伯爵（1829-1916 年）　フランスの外交官，考古学者，フランス赤十字会の設立者。アカデミー・フランセーズ会員。『ヴィヴァレのある家族：子供たちに語る昔の物語』がある。ヴォギュエ伯爵家はアルデシュの名家。
55 ロバート・ルイス・スティーヴンソン（1850-94 年）　イギリスの作家，随筆家。結核療養のためヨーロッパ各地に滞在。『宝島』（1883 年），『ジキル博士とハイド氏』（1886 年），『旅は驢馬をつれて』（1879 年）など。
56 フレデリック・ミストラル（1830-1914 年）　フランス，プロヴァンス生まれの詩人。プロヴァンスの文芸復興運動（フェリブリージュ）を起こし，プロヴァンス語で詩作。代表作『ミレイユ』（1859 年）。ノーベル文学賞（1904 年）。
57 カマルグ　プロヴァンス，ブシュ・デュ・ローヌ県西部，ローヌ川下流の塩性湿地と潟湖の広がるデルタ地帯。野生馬とフラミンゴが有名。1970 年，国立自然公園指定（850 平方 km）。
58 アルピーユ　プロヴァンス，ブシュ・デュ・ローヌ県のクロー平原北部，デュランス川とローヌ川の間の山地。レ・ボー・ドゥ・プロヴァンスが位置する。
59 ポリティカル・コレクトネス　人種，文化，性別などを理由とした差別や偏見による表現や用語を避け，中立的なものを使用しようとする運動。略称 PC。1980 年代からアメリカで広がった。
60 サルヴァドール・ダリ（1904-89 年）　スペイン生まれの画家。1928 年からのパリ時代はシュールレアリスム的な作風，1940 年以降アメリカに定住してからはイタリア・ルネサンス絵画を重視する。舞台装置，商業デザインなども手がける。
61 ジュール・ミシュレ（1798-1874 年）　フランスの歴史学者，文学者。歴史における民衆の役割を重視する。『フランス史』全 17 巻（1833-37 年），『フランス革命史』全 7 巻（1847-53 年），『魔女』（1862 年）など。
62 スコット・フィッツジェラルド（1896-1940 年）　アメリカの作家。第 1 次世界大戦に従軍，「失われた世代」の代表的作家。『偉大なるギャツビー』（1925 年）発表後の 7 年間は妻ゼルダとフランスで生活。『夜はやさし』（1933 年）など。
63 ジャン・カスー（1897-1986 年）　フランスの文学者，批評家。
64 『ポールとヴィルジニー』（1788 年）　自然と純愛を描いたベルナルダン・ドゥ・

サン・ピエール（1737-1814 年）の小説。

65　シャルメット　　フランス東南部，サヴォワ地方の中心地シャンベリ近郊の村。ルソーはシャルメットにあるヴァラン夫人（「ママン」と呼ばれた）の家で1736 年から40 年まで同棲生活を送った。

66　エティエンヌ・プリヴェール・ドゥ・セナンクール（1770-1846 年）　　フランスの作家。ルソーの強い影響を受け，ロマン派の先駆的小説『オーベルマン』(1804 年)を著す。

67　ジェムノス　　マルセイユの東方 20km，サント・ボーム山の麓に位置する町。18 世紀の人口は 1000 人に満たなかった。

68　ポルクロール島　　プロヴァンス，コート・ダジュールのジアン半島沖に位置するイエール諸島のひとつ（ヴァール県）。本土からフェリーで 20 分。観光地。

69　サン・バルテルミ島　　フランス領アンティル諸島中の小島。グアドループ島の北方。1648 年フランス領。1784 年から 1876 年までスウェーデン領。

70　モーリシャス諸島　　アフリカ南東部，インド洋西端に位置する諸島。

71　セイシェル諸島　　インド洋西部，マダガスカル島北東に位置する諸島。サンゴ礁上の約 100 の島々や岩礁からなる。

72　アルコレの鼓手　　アルコレはナポレオンのイタリア戦役で 1796 年 11 月 15 日に「アルコレ橋の戦い」（アントワーヌ・グロの描いた「アルコレ橋上のボナパルト将軍」が今に残る）が行なわれたイタリア北部，ヴェネト州の町。アルポネ川対岸のオーストリア軍を攻めあぐねていたフランス軍は，川を泳いで渡り対岸から突撃太鼓を打ち鳴らして敵軍を混乱に陥れた「アルコレの鼓手」アンドレ・エティエンヌのおかげで勝利を得た。エティエンヌの故郷は南仏ヴォークリューズ県のカドゥネで広場にはエティエンヌの立像もあるが，同県のペルテュイはそこから 12km 東に位置し，エティエンヌとは直接の関係はない。故事の地でさえ感動は難しいのに，そこから離れた所ではなおさらだということ。

73　クローヴィス 1 世（466 頃-511 年）　　今日のフランス地域を統一して君臨したメロヴィング朝フランク王国の国王（在位 481-511 年）。496 年に 3000 人の部下とともにキリスト教（カトリック）に改宗。

第 II 部第 3 章

1　シャルル・ルイ・ボードリ・ドゥ・ソーニエ（1865-1938 年）　　フランス・ツーリングクラブの機関誌編集長。自転車旅行と自動車旅行について啓蒙的な著作を残す（39 ページの原注 5 を参照）。

2　アルベール・ドゥ・ディオン（1856-1946 年）　　1895 年のフランス・オートモービル・クラブ設立者の一人で，1882 年には技師のジョルジュ・ブトンとともに自動車メーカー「ドゥ・ディオン・ブトン社」を興す。自動車のサスペンション方式の一

つ(ドゥ・ディオン式)に名を残す。

3 ピエール・ドゥ・クーベルタン (1863-1937年)　フランス人。オリンピア競技の復活を提唱し, 近代オリンピック競技大会を創設する (1896年)。

4 ココ・シャネル, 本名ガブリエル・シャネル (1883-1971年)　フランスの女性服飾デザイナー。第1次大戦後にパリにオート・クチュールの店を開く。シャネル・スーツを売り出し, 婦人服に革命をもたらした。

5 トバイアス・スモレット (1721-71年)　イギリスの作家, 外科医。療養のために大陸各地に滞在。翻訳『ドン・キホーテ』(1755年), 『英国史』(1757-58年), 『仏・伊紀行』(1766年) など。イタリアで客死。

6 ドゥリュック兄弟　兄のジャン・アンドレ・ドゥリュック (1727-1817年) はスイスの地質学者。気圧計, 温度計, 湿度計の完成に努める。1768年に在パリのジュネーヴ代表, 1770年ジュネーヴの大評議会評議員, イギリスに渡り1773年ジョージ3世妃シャーロットの朗読係, ウィンザーで没す。弟のギョーム・アントワーヌ・ドゥリュック (1729-1812年) は兄と同じく地質学者。

7 ルイ・ルネ・エドゥアール・ドゥ・ロアン (1734-1803年)　フランスの高位聖職者。ストラスブールの司教から枢機卿となる (1778年)。王妃マリ・アントワネットの「首飾り事件」で有名。

8 知事　ラモンは1806年にピュイ・ドゥ・ドーム県の知事に任命された。

9 アルフォンス・カール (1809-90年)　フランスのジャーナリスト, 作家。教員からジャーナリズムに転じ, 1839年『フィガロ』の主筆。同年, 辛辣な風刺月刊誌『レ・ゲプ』(スズメバチの意) を発刊 (49年まで)。政治, 文学, 美術を槍玉に挙げた。1851年のナポレオン3世のクーデタの後はコート・ダジュールに引退し, 花卉栽培と小説執筆に専念する。

10 エトゥルタ　フランス北西部, ノルマンディー地方のル・アーヴル近くの海浜リゾート, 景勝地。浸食された断崖で名高い。

11 トゥールヴィル　フランス北西部, ノルマンディー地方の英仏海峡に臨む海浜リゾートで, ディエップに次いでフランスの海浜リゾートの最古参。トゥーク川河口の右岸に位置し, 左岸に位置する後発の海浜リゾート, ドーヴィルと最もシックな海浜リゾートの座を争った。

12 サン・ラファエル　プロヴァンス, ヴァール県のコート・ダジュールに臨むリゾート。

13 ウジェーヌ・イザベ (1804-86年)　フランスの画家。特に海の風景画を得意とし, ノルマンディーで制作した。印象派の先駆者とされる。

14 チャネル諸島　英仏海峡に位置するイギリス領 (1154年から) の諸島。ジャージー島, ガーンジ島, オールダーニ島, サーク島からなる。日常語はフランス語。ガーンジ島へはヴィクトル・ユゴーがナポレオン3世のクーデタに反対して1851年から亡命した。

15 サヴォワ公国　サヴォワ公国がフランスに併合されるのは第二帝政下の 1860 年。
16 ウジェーヌ・シュー，本名マリ・ジョゼフ・シュー（1804-57 年）　フランスの小説家。船医として世界中を航海する。フェニモア・クーパーの影響を受ける。新聞小説として初めて大ヒットとなった『パリの秘密』（1442-43 年）を執筆，人道主義的な考えを展開し，ユゴーの『レ・ミゼラブル』の先駆となる。『さまよえるユダヤ人』（1844-45 年），『七大罪』（1847-49 年）も大成功を収めた。
17 シャルル 3 世（1818-89 年），モナコ大公（在位 1856-89 年）　1861 年にロシュブリュヌとマントンをフランスに割譲してフランスの保護国から公国を独立させた。
18 グリマルディ家の公国　1297 年にグリマルディ家のモナコ支配が始まった。その後，支配者はゴワイヨン・マティニョン家（1731 年），ポリニャック家（1949 年）と交代したが，グリマルディ家の名で統治している。
19 シャルル・ガルニエ（1825-98 年）　フランスの建築家。ヴィオレ・ル・デュックの弟子。バロック様式を基調とするナポレオン 3 世様式のパリ・オペラ座（1862-75 年）が代表作。電気照明を多用し，豪華絢爛の雰囲気を醸し出した。
20 ロシア・バレエ団　ロシア貴族ディアギレフ（1872-1929 年）が主宰して 1909 年から 29 年まで主としてパリで活動した革新的なバレエ団（ダンサーたちは帝室マリンスキー劇場出身）で，当時のフランス社会や文学・美術・音楽など当時の芸術にセンセーショナルな影響を与えた。「ダッタン人の踊り」，「火の鳥」，「牧神の午後」，「春の祭典」など既成観念を覆す演目と，ダンサーのニジンスキー，ルビンシテイン，振付のフォーキン，台本作家のコクトー，音楽のストラヴィンスキー，ドビュッシー，ラヴェル，プロコフィエフ，美術のピカソ，マティス，ローランサン，バクストなど当代一流の芸術家を動員して大成功を収めた。ディアギレフの死によって解散。
21 ダラト　ヴェトナム南部，モイ高原に位置する高原都市，標高 1480m。
22 カステル・ガンドルフォ　イタリア中部，ローマの南東 25km にあるアルバーノ湖東岸の景勝地で，法王の別荘がある。
23 スィスィ　オーストリア・ハンガリー帝国のフランツ・ヨーゼフ 1 世（1830-1916 年，在位 1848-1916 年）の妃エリザベート（1837-98 年）。1898 年ジュネーヴで暗殺される。
24 ツァールスコエ・セロ　ロシアの現プーシキン市。サンクト・ペテルブルクの南南東 25km。18 世紀初期に皇帝の居住地となった。
25 后妃ウジェニー，エウヘニエ・デ・モンティホ（1826-1920 年）　スペイン貴族出身でナポレオン 3 世の皇后。第二帝政の崩壊後は夫の元皇帝とともにイギリスで亡命生活を送り，ナポレオン 3 世の死後はマルタン岬のヴィラに隠棲した。故国スペインを訪問中の 1920 年にマドリードのアルバ公爵邸（姉の婚家）で没する。ボワイエが没年を 26 年としているのは間違い。
26 ジョゼフ・デジレ・モブツ（1930-97 年）　コンゴ（ザイール）の軍人，政治家。1965 年のクーデタで大統領となり独裁政治を行なう。97 年，反政府ゲリラの蜂起で

モロッコへ亡命。

27　ファルーク1世（1920-65年，在位1937-52年）　エジプト最後の国王。1952年の7月革命で国外追放される。

28　ナポレオン3世，シャルル・ルイ・ナポレオン・ボナパルト（1803-73年，在位1852-70年）　フランス皇帝。ナポレオン1世の甥。1848年，7月王政を倒した2月革命後に亡命先から帰国して第二共和制の大統領に当選，51年にクーデタで全権を掌握，翌年皇帝となり，第二帝政が開始される。70年普仏戦争に敗れ退位，イギリスに亡命。近年，ナポレオン3世と第二帝政時代の再評価が進んでいる。

29　ヴィルヘルム1世（1797-1888年），プロイセン国王（在位1861-88年），初代ドイツ皇帝（在位1871-88年）　首相のビスマルクの補佐によってドイツ諸邦の統一を進め，普仏戦争勝利後にフランスのヴェルサイユ宮殿でドイツ皇帝に即位。

30　フランツ・ヨーゼフ1世（1830-1916年，在位1848-1916年）　オーストリア・ハンガリー帝国皇帝。

31　ニオン　南仏ドローム県第二の都市。

32　イギリス皇太子　後のエドワード8世（1894-1972年，在位1936年），ウィンザー公爵。アメリカ人の離婚経験者シンプソン夫人（ウォリス・ウェアフィールド，1896-1986年）との結婚のために在位1年に満たずして譲位，イギリスを退去，フランスに住んだ。

33　ベルギー国王　アルベール1世（1875-1934年，在位1909-34年）。第1次世界大戦では連合国に加わり，軍事と外交で活躍した。「騎士王」の異名をとる。

34　南北戦争　アメリカの南北戦争は1861年から1865年まで。当時フランスは第二帝政期。

35　ウィリアム・オーガスタス・ブレヴォールト・クーリッジ（1850-1926年）　アメリカの登山家。歴史家，牧師。イギリス国教会の聖職者としてスイスに赴任，アルプス登山を行なう。『アルパイン・ジャーナル』誌の編集者。

36　オネズィム・ルクリュ（1837-1916年）　フランスの地理学者。1880年頃にfrancophone（フランス語を話す）という新語を作ったことでも知られる。

37　アントワーヌ・セラ　イタリア系のホテル経営者。

38　ウィンストン・チャーチル卿（1874-1965年）　イギリスの政治家。1940年首相となり，第2次世界大戦を勝利に導く。53年ノーベル文学賞受賞。

39　ジュール・ヴェルヌ（1828-1905年）　フランスの作家。冒険科学小説（SF）というジャンルを創始した。『月世界旅行』（1870年），『海底2万里』（70年），『80日間世界一周』（1873年）など。

40　サロモン・レナック（1858-1932年）　フランスの文献学者，考古学者。サン・ジェルマン・アン・レの国立古代博物館の開館に尽力した。

41　ボーリュー　プロヴァンス，アルプ・マリティム県，ニース近郊のコート・ダジュールに臨む海浜リゾート，ヨットハーバー。正式名ボーリュー・スュル・メール。

42　ヴェンティミリア　イタリア北部，フランス国境に近い海浜リゾート。花卉栽培で有名。

43　ハンドバリー兄弟　イギリス人。トマス・ハンドバリーの作ったハンドバリー庭園がラ・モルトラに残る。

44　フォンタナ・ローザ　スペインの小説家ヴィセンテ・ブラスコ・イバニェスがマントンに造ったスペイン風庭園。歴史的建造物。

45　フェルディナン・バック (1859-1952年)　フランスの画家，小説家，造園家等々。コロンビエール庭園の造園者。

46　ジェイムズ・ゴードン・ベネット (1841-1918年)　同名の父親の創刊した『ニューヨーク・ヘラルド』紙（ボワイエは『ニューヨーク・タイムズ』としている）を受け継ぎ，パリとロンドンに支社を開設。アフリカで行方不明になった探検家リヴィングストンの捜索にスタンリーを派遣して救出 (1869-71年)。北極探検のスポンサー。ジョン・カッケイととともに大西洋横断海底ケーブルを敷設してグールド家の独占を破る。1877年からパリ居住。ヨット，自動車，飛行機の国際レース，ゴードン・ベネット国際杯を創設する。

47　シャルル・ドゥ・ノアイユ子爵（ボワイエは公爵としている）(1891-1981年)　イエール (1925年) とグラース (1947年) に建設したヴィラと庭園は有名。グラースで死去。

48　ベナ岬　プロヴァンス，ヴァール県のコート・ダジュールに臨む岬。トゥーロンの東方，サン・トロペの南西。

49　ヴァレリ・ラルボー (1881-1957年)　フランスの作家。批評家。コスモポリタン。ヴィシーのミネラル・ウォーター「サンティヨール」の開発者を父親に生まれる。ヨーロッパ各地を旅行し，その体験をもとに処女作『A.O. バルナブース全集』(1908年) を出版する。英・米・西・伊などの文学を翻訳紹介する。

50　サレルノ半島　イタリア南部，ナポリの南，ティレニア海に面する半島。

51　フェリクス・デュパンルー (1802-78年)　リベラル派の高位聖職者。教育者として著名。ルナン，テーヌ，リトレらと対立した。タレーランの臨終にも立ち会った。

52　ポール・ブールジェ (1852-1935年)　フランスの作家，批評家。心理小説で知られる。『弟子』(1889年)，『真昼の悪魔』(1914年) など。

53　ヴァレスキュール　プロヴァンス，ヴァール県のサン・ラファエル北部の町。

54　フェリクス・ジェルマン　クレディ・リヨネの創業者としては一般にアンリ・ジェルマン (1824-1905年) が挙げられる。

55　ヴァン・デルウィス　ロシアの鉄道王。彼が建てたヴァルローズ館には現在ニース大学の本部がおかれている。

56　ル・クロ・ドゥ・カーニュ……　これらはいずれもコート・ダジュールの後背地の町々。

57　リヴィエラ・ディ・レヴァンテ　リヴィエラ海岸をジェノヴァを境に東西に分け

た場合の東リヴィエラの意。

58 オパチャ　クロアチア西部の都市で，アドリア海のレエカ湾に面する。同国最大の海水浴リゾート，避寒リゾート。

59 ラ・ヴァレット　マルタ島の北東に位置するマルタ共和国首都。英名ヴァレッタ。

60 エムス　ドイツ，コブレンツ東部に位置する温泉町。普仏戦争の契機となった「エムス偽電報事件」の舞台としても知られる。

61 カールスバート　チェコ西部の温泉リゾート。ボヘミア・グラス製造の本拠地。チェコ語ではカルロヴィ・ヴァリ。

62 ダクス　フランス南西部，ランド県南部の温泉リゾート。標高 12m。

63 レジダンス・スゴンデール　この呼称と内容については第Ⅰ部第4章参照。

64 サン・ジェルマン・アン・レ　パリの西 21km，イヴリヌ県北東部の観光地，ベッドタウン。

65 ジャン・リシュパン（1849-1926 年）　アルジェリア生まれのフランスの文学者。アカデミー・フランセーズ会員。

66 エドゥアール・デュ・ペロディル　自転車旅行の小説を書く傍ら，自らパリ・ボルドー間の自転車レース（572km）に 2 回にわたって挑戦した（1892 年は 56 時間 22 分で 21 位，1893 年は 38 時間 14 分で 17 位）。『プティ・ジュルナル』紙，『ル・フィガロ』紙などの編集者。

67 ポール・ドゥ・ヴィヴィ，別名ヴェロスィオ（1863-1930 年）　フランスの作家，自転車旅行家。「自転車旅行」（cyclotourisme）という新語を 1888 年に考案。

68 ジョルジュ・エベール（1875-1957 年）　フランスの教育者。エベールの体育法として知られる自然的・実用的な体育法の推進者。

69 ルヴァン島　プロヴァンス，ヴァール県沖の地中海に位置するイエール諸島の中のひとつ。面積 996ha。

70 テーレマルク　ノルウェイの地名。テレマークスキー発祥の地。

71 ヴァサロペット　16 世紀にスウェーデンがデンマークから独立した故事にちなんで 1922 年から開催されているクロスカントリースキーの大会。毎年 3 月の第 3 日曜日に開催され，距離は 90km。「ヴァサ」は初代国王グスタフ・ヴァサから。

72 メタ・ブレヴォールト　アメリカの女性登山家。

73 メアリ・イザベラ・ストラトン（1838-1918 年）　イギリスの女性登山家。1876 年，フランス人ガイドのジャン・シャルレと結婚。

74 ミシェル・ペイヨ（1859-1908 年）　フランス人。シャモニにおけるスキーの先駆者（19 世紀末）。

75 フリチョフ・ナンセン（1861-1930 年）　ノルウェイの探検家・動物学者・政治家。

76 ジェラルド・フォックス　イギリス人。グリンデルヴァルトへのスキー紹介は 1881 年という説もある。

77 グリンデルヴァルト　スイス中南部，ベルン州東部の山岳リゾート。標高 1034m。

78 アーサ・コナン・ドイル卿（1859-1930年）　イギリスの作家。シャーロック・ホームズもので著名。
79 モンタナ　スイス，ヴァレ州の山岳リゾート。正式名モンタナ・ヴェルマラ。
80 ザンクト・アントン　オーストリア西部，ティロル州の山岳リゾート。標高1304m。
81 インスブルック　オーストリア西部，ティロル州の州都，山岳リゾート。標高570m。
82 第1世代スキーリゾート　シャモニ，サン・ジェルヴェ，モンジュネーヴル，コンブルーなどが代表的。
83 第2世代スキーリゾート　ムジェーヴ，モルズィーヌ，ラ・クリューザ，ヴィラール・ドゥ・ランスなど。
84 クルシュヴェル　フランス東南部，アルプスの麓サヴォワ県のトロワ・ヴァレ地方のスキーリゾート。クルシュヴェル1550，クルシュヴェル1650-モリオン，クルシュヴェル1850の三つのスキー場からなる。
85 第3世代スキーリゾート　ラ・プラーニュ，アヴォリアズ，レザルク，ティーニュ，フレーニュ，イゾラ2000，スュペルデヴォリュイなど。
86 第4世代スキーリゾート　オルシエール・メルレット，ヴァール，カレリス，モン・シャヴァン，リズール，オザン・ワザン，ヴォージャニ，アルモンなど。
87 「雪の計画」　1962年の第4期経済計画で取り上げられた，ウィンタースポーツ・リゾートの造成計画のことで，観光総合庁（観光担当省の前身）が中心となり，15万ベッド分の宿泊収容力を目標とした。
88 セストリエーレ　イタリア北部，ピエモンテ地方，モンジュネーヴル山麓のウィンタースポーツ・リゾート。標高2035mから2580m。
89 ピーター・リンゼイ卿　スコットランド出身のイギリス人大佐。1938年にメリベルに「ヴァル・デザリュ不動産会社」を設立し，最初のスキーリフトを建設する。戦後，建築家のクリスチャン・デュリュプト，スキーヤーのエミール・アレなどの協力のもとでメリベル・レザリュを本格的に開発する。
90 メリベル・レザリュ　フランス南東部，サヴォワ県，トロワ・ヴァレ地方に位置するウィンタースポーツ・リゾート。標高1600m。
91 エミール・アレ（1912年-　）　フランスのスキーヤー。ムジェーヴ生まれ。1936-38年，世界チャンピオン。
92 フレジュス　プロヴァンス，ヴァール県のアルジャン川の河口のフレジュス湾に臨んで開けた古代からの町。サン・ラファエルの西。古代ローマ時代の劇場，円形闘技場，水道橋などの遺跡が残る。フレジュス湾には海水浴リゾートのフレジュス・プラージュがある。
93 カネ　プロヴァンス，アルプ・マリティム県のグラース近郊の観光リゾート。
94 イエール・プラージュ　イエールの東南2kmにある海水浴場。

95　ジョゼフ・アレティ　　フランスのホテル経営者。
96　ゼルダ・フィッツジェラルド　　スコットの妻。1930 年発狂，48 年入院先の精神病院の火事で焼死。
97　アストリドゥ（1905-35 年）　　スウェーデン王女でベルギー国王レオポルド 3 世（1901-83 年，在位 1934-51 年）の妃，ボードゥアン 1 世（1930-93 年，在位 1951-93 年）の母親。国民から非常に親しまれたが，自動車事故で没す。
98　ヘンリー・モリソン・フラグラー（1830-1913 年）　　アメリカの実業家。最初は石油業者としてジョン・ロックフェラーと組んでスタンダード・オイルの経営に携わり（1865 年），次いでフロリダ東海岸鉄道を立ち上げ（1886 年），路線をマイアミ，さらにはキー・ウェストにまで延長した（1913 年）。マイアミの浜辺にリゾート・ホテル群を建設（1892-96 年）（ボワイエはフラグラーをフラガーとしている）。
99　キー・ウェスト　　アメリカ南部，フロリダ州南西端に位置する観光リゾート。
100　コリウール　　フランス南西部，ピレネゾリヤンタル県のペルピニャン南方 10km ほどの港町，海水浴リゾート。
101　シドニー・ガブリエル・コレット（1873-1954 年）　　フランスの作家。夫の名前で出した「クローディーヌもの」が好評を博し，その後舞台に立ちながら女流作家として自立。『青い麦』（1923 年），『牢獄と楽園』（1932 年），『猫』（1936 年）など。
102　レオン・ポール・ファルグ（1876-1947 年）　　フランスの詩人。マラルメの影響下で文学を志す。1908 年，『NRF』の創刊に参加。
103　アンドレ・デュノワイエ・ドゥ・スゴンザック（1884-1974 年）　　フランスの画家，版画家。

第Ⅲ部第 1 章

1　アラン・ローラン　　現代フランスの社会学者，哲学者。
2　フュチューロスコープ　　フランス中西部，ヴィエヌ県の県都ポワティエ近郊に位置する 60ha の科学レジャー・パーク。1987 年開業。入場者は 1991 年 100 万人，95 年 280 万人，97 年 290 万人，2000 年 230 万人，2003 年 120 万人。
3　ミラポリス　　パリ市北部のヴァル・ドワーズ県に 1978 年 5 月 20 日開業。1993 年 1 月 1 日閉園。
4　そのほかに閉鎖されたレジャー・パークとしては，トワゾン・ドール（所在地ディジョン，1990-93 年），ズィゴフォリ（所在地ニース，1987-91 年）などがある。
5　ヴュー・キャンプール　　パリ，リヨンなど全国 7 都市に展開するスポーツ用品，レジャー用品の総合メーカー，および旅行代理店。
6　マルセル・ビック男爵（Baron Marcel Bich, 1914-1994 年）　　ボールペンで知られるフランス企業，ビック（Bic）の創業者。ビックがスポーツ分野に進出したのは 1979 年。

7　ロシニョール　1907年，フランス人の指物師アベル・ロシニョール（1882-1954年）が創業したスキー製造メーカー。エミール・アレに支持されて成長した。

8　ラフュマ　1930年にヴィクトル，アルフレッド，ガブリエルのラフュマ3兄弟が創業したフランスのアウトドアスポーツ用品メーカー。

9　アディダス　1948年創業のドイツのシューズメーカー，スポーツ用品メーカー。創業者はアドルフ（通称アディ，1900-78年）とルドルフのダスラー兄弟。ルドルフはピューマも創業。

10　ナイキ　1962年創業のアメリカのスポーツシューズメーカー，スポーツ用品メーカー。創業者はビル・バウワーマンとフィル・ナイト。企業名はギリシャ神話のニケ（勝利の女神）に由来する。

11　ユーロトンネル　英仏海峡の下を掘削した鉄道専用海底トンネルで，ヨーロッパ大陸側のフランス北部のカレーと，イギリス側の大ブリテン島のフォークストンとをむすぶ。全長50.2km（世界第2位），海底部分は37.9km（世界1位）。1994年開通。

12　アンドレ・ル・ノートル（1613-1700年）　ルイ14世時代の代表的造園家。ヴェルサイユ宮殿庭園，フーケのヴォー城庭園，フォンテーヌブロー宮殿庭園などを手がける。

13　クリストファー・レン卿（1632-1723年）　イギリス・ルネサンス建築の完成者。イギリス最大の建築家の一人。グリニッジ天文台を建設。

14　ドゥブロヴニク　クロアチア南部，アドリア海に面する都市。旧市街は中世の城壁で囲まれ，ゴシック・ルネサンスの建築を多く擁した。「アドリア海の真珠」と讃えられたが，1991年のユーゴ内戦で市街地が破壊された。イタリア語ではラグーザ。

15　無防備都市宣言　1907年のハーグ陸戦条約で，無防備都市への攻撃が禁止された。第2次世界大戦中，フランスではパリ，イタリアではローマ，フィレンツェ，ヴェネツィアなどが「無防備都市」を宣言し，敵方からの攻撃を免れた。一方，ユネスコの設立は戦後の1946年。

16　世界遺産　ユネスコの世界遺産には2005年8月現在，世界134カ国にわたり，文化遺産が628，自然遺産が160，複合遺産が24の，総計812カ所が登録されている。

17　ジャック・ラング（1939年- ）　フランスの政治家。社会党。文化相，国民教育相など。

18　オリヴィエ・スティルヌ（1936年- ）　フランスの政治家。民衆運動連合所属。観光担当相など。

19　ヴァランス　南仏，ドローム県の県都。南北の大動脈である太陽高速道（A-7号線）と国道7号線が通る。

20　サルス城　フランス南西部，ピレネゾリヤンタル県の県都ペルピニャン近郊の，15世紀に建設された城塞。

21　シェーズ・デュー修道院　フランス中南部，オート・ロワール県の県都ル・ピュイの北西約35kmに位置するベネディクト派の修道院。1044年に創建。

22　ルイスバーグ　カナダ，ノヴァ・スコシア州のフランス植民地時代の城塞。歴史的建造物。

23　アカディア　カナダ南東部のノヴァ・スコシア州の旧名。州都はハリファクス。

24　セバスティアン・ル・プレストル・ドゥ・ヴォーバン（1633-1707 年）　フランスの代表的築城家。北部国境に 33 の城塞を築き，300 以上の城塞を改修，トゥーロンに軍港を築き，サントメール運河を掘削した。ブザンソンに王命で城塞を築いたのは 1674 年。

25　ミュロル城　フランス中南部の中央山岳地帯，オーヴェルニュ地方，クレルモン・フェランの南西約 20km に位置する，13 世紀に築城された城塞の廃墟。

26　コルマタン城　フランス中東部，ブルゴーニュ地方南部のソーヌ・ロワール県に位置する，17 世紀の城館。

27　ニーム　プロヴァンス，ガール県の県都。円形闘技場，メゾン・カレなど古代ローマ時代の遺跡が多く残る。

28　ヴェゾン・ラ・ロメーヌ　プロヴァンス，ヴォークリューズ県の町。ウヴェーズ川を挟んで新旧の市街に分かれる。たんにヴェゾンとも呼ばれる。

29　オートリーヴ　南仏，ドローム県の県都ヴァランス近郊のロマン・スュリゼール北方 25km の町。そこにある郵便配達夫シュヴァルの理想宮を指すと思われる。

30　ロマン　南仏，ドローム県の県都ヴァランス近郊，イゼール川の支流とサヴァス川の合流点に開けた町。製靴産業の一大中心地。正式名ロマン・スュリゼール。

31　レジス・ドゥブレ（1941 年 -　）　フランスの作家，哲学者。チェ・ゲバラの同志として中米でゲリラ闘争に参加，ボリヴィアで逮捕され禁固 30 年の刑を受けるが，70 年に釈放。革命論，社会論，メディア論などの著書多数。

32　ラスコー　フランス中西部，ドルドーニュ県のモンティニャク村に位置する，1 万 8000 年から 1 万 5000 年前に遡る洞窟遺跡。1940 年に発見。動物の壁画で有名。現在は閉鎖され，200m 離れた地点で遺跡のレプリカを公開（ラスコー II）。

33　ボーブール　パリの中央市場があったレ・アール地区の再開発区域。現代美術館，図書館，フィルムライブラリー，劇場，レストラン，展示会場などを含むジョルジュ・ポンピドゥー・センターが建設され（1977 年），パリの人気スポットのひとつとなった。

34　マルケーズ　フランス南西部，ランド県の県都モン・ドゥ・マルサンから北西に約 25km のサーブル近郊に位置するエコミュゼ。正式名エコミュゼ・ドゥ・ラ・グランド・ランド。

35　土地利用計画　市町村の土地利用法に関する一般規範と地役を定めた文書の総体。市町村は行政区域内の土地を都市区域（「U」区域と呼ばれる）と自然区域（「N 区域」）に分けることにより空間の整備と利用条件を決定することができる。

36　「フランスの最も美しい村」　1982 年に設立された地方の観光と遺産活性化のための非営利団体で，審査基準に適合した人口 2000 人までの自治体のみが加入できる。

現在，149自治体が加入。

37 シュノンソー城　　フランス西部，アンドレ・ロワール県の県都トゥール近郊に位置する16世紀に建設された城館。ディアーヌ・ドゥ・ポワティエ，カトリーヌ・ドゥ・メディシスなど女城主が多いのも特徴。ロワール川の支流シェール川に架かる城館の優美な姿は名高い。

38 オー・ケニグスブール城　　フランス東部，ドイツ国境沿いのバ・ラン県（県都ストラスブール）南部の町セレストの西方約5kmに位置する標高700mの山城。本格的な築城は11世紀から。20世紀初頭（ドイツ領時代）に大々的な修復が行なわれた。

39 モン・サン・ミシェル　　フランス西部，ブルターニュ半島とコタンタン半島の間のサン・ミシェル湾奥に位置する小島（現在は本土と陸続き）。中世の僧院が城塞化したフランス有数の観光名所。

40 ポンピドゥー・センター　　パリのボーブール再開発地区に1977年に建設され，石油プラントを思わせる外観が景観上の論争を引き起こした総合施設。現代美術館，図書館，フィルムライブラリー，レストランなどを含む。

41 ヴィレット科学産業都市　　パリ北東19区の家畜市場跡を再開発した都市型公園。科学博物館，コンサートホール，音楽センター，図書館，巨大球形劇場，多目的展示ホールなどがある。

42 ポン・デュ・ガール　　プロヴァンス，ガール県を流れるガール川に架かる古代ローマの水道橋（紀元前1世紀）。全長273m，高さ49m，3層のアーケードからなる。1985年ユネスコの世界遺産登録。

43 メゾン・カレ　　プロヴァンス，ガール県の県都ニームにあるローマ帝国時代の神殿。初代皇帝アウグストゥス時代に建立され，エトルリア様式とギリシャ様式の折衷例として知られる。19世紀に修復され，現在は古代博物館。

44 テュルビ　　プロヴァンス，アルプ・マルティム県の県都ニース近郊の村。風光明媚な観光地。

45 ラン　　フランス中北部，パリ盆地北東部，エーヌ県の県都。ノートル・ダム大聖堂は代表的な初期ゴティック様式（12世紀から14世紀）の傑作として有名。

46 ノワイヨン　　パリ北部オワーズ県の町。ノートル・ダム大聖堂は代表的な初期ゴティック様式（12世紀から14世紀）。

47 オーシュ　　フランス南西部，ジェール県の県都。サント・マリ大聖堂はフランボワイヤン様式。

48 アルビ　　フランス南西部，タルヌ県の県都。サント・セシル大聖堂は中期ゴティック様式で，アルビジョワ派の蜂起に備えて城塞化している。

49 シャン・スュル・マルヌ　　パリの東，セーヌ・マルヌ県の町。シャンの城館（13世紀）は荘重な装飾で知られる。庭園も名高い。

50 ヴォー　　パリの東，セーヌ・マルヌ県のムーラン近郊の城館。正式名ヴォー・ル・ヴィコント。設計はルイ・ル・ヴォー，装飾はル・ブラン，造園はル・ノートルと

いう当代一流のスタッフによって 1657 年から 61 年にかけて建設された。建築者はルイ 14 世の財政総監ニコラ・フーケ（1615-80 年）で，城館の完成後に失脚。

51　ブルーの教会　リヨン北部のアン県の県都ブーラン・ブレスのブルー地区にあるゴティック・フランボワイヤン様式の優美な教会。マルグリット・ドトリシュの命令で 1513 年から 32 年にかけて建設された。

52　郵便配達夫シュヴァルの理想宮　南仏，ドローム県の県都ヴァランス近郊のロマン・スュリゼール北方 25km の町オートリーヴにある「宮殿」。フェルディナン・シュヴァル（1836-1924 年），通称「郵便配達夫シュヴァル」が独力で 1879 年から 1912 年までかけて築いた建物で，バロック趣味，エキゾティスム，素朴，幻想的な雰囲気はシュールレアリストたちに影響を与えた。

53　クリュニー修道院　フランス中東部，現在のソーネ・ロワール県南部に 910 年に建立されたベネディクト派修道院。大部分はフランス革命期に破壊された。

54　ボーヌの施療院　フランス中東部，かつてのブルゴーニュ公国の首都ディジョンから南に 30km のボーヌに，1443 年に宰相ニコラ・ロランが建設した貧民救済のための病院。屋根の特徴的な模様でも知られる。

55　ハンス・マグヌス・エンツェンスベルガー（1929 年 -　）　ドイツの文学者，批評家。反体制派，新左翼としても知られる。『アナーキーの短い夏』（1972 年），『タイタニック号の沈没』（1978 年）など。

56　帝国都市のモロッコ　フェズ，マラケシュ，メクネスなどの諸都市。

57　芸術と人生　1955 年設立の非営利観光団体。文化観光を中心として国内外の長期，短期の滞在と周遊を組織する。

58　クリオ　1976 年に「歴史友の会」という名称で設立され，1979 年に「クリオ」と名称変更したツアーオペレーター。歴史をテーマとする文化観光の周遊旅行を得意とする。なおクリオ（クレイオ）はギリシャ神話の 9 人のムーサイ（ミューズ）の一人で，歴史の女神。

59　ギルバート・バーネット（1643-1715 年）　イギリスの聖職者，歴史家。反カトリックの立場から国王チャールズ 2 世を批判してオランダに亡命。1688 年，名誉革命に際して帰国，翌年ソールズベリ主教，プロテスタンティズムの指導者となる。ウィリアム 3 世，メアリ 2 世の政治顧問。

60　シャルル・ドゥ・スゴンダ，ブレード・モンテスキュー男爵（1689-1755 年）　フランスの啓蒙時代の代表的な政治思想家，歴史家。1716 年ボルドー高等法院長。アカデミー・フランセーズ会員（1727 年）。1728 年，欧州諸国，特にイギリスに旅行する。代表作『ペルシャ人の手紙』（1721 年），『ローマ人盛衰原因論』（1734 年），『法の精神』（1748 年）。

61　ロミオとジュリエット　同名の戯曲（1595 年）の舞台は北イタリアのヴェローナ。
62　ヴェネツィアの夜　同名の戯曲はアルフレッド・ドゥ・ミュッセ作（1830 年）。
63　フィレンツェ　イタリア中部，トスカナ州北東部の都市。旧フィレンツェ共和国

の首都。ルネサンスの最盛期にはメディチ家が支配した。

64 パルマ　イタリア北部，旧パルマ公国の中心都市。ヴィスコンティ家，ファルネーゼ家などが支配した。

65 ドナティアン・アルフォンス・フランソワ・ドゥ・サド（1740-1814 年）　アンシャン・レジーム末期から第一帝政にかけてのフランス貴族（侯爵）。軍人・作家。のちに「サディズム」という概念を生む数々の作品を発表。1775 年から翌年にかけてイタリア旅行。『イタリア紀行，あるいはフィレンツェ，ローマ，ナポリの諸都市に関する批評的・歴史的・哲学的論考　1775-1776』と題されたイタリア旅行記は死後出版（1968 年）。実生活のスキャンダラスな性的倒錯により精神病院に終身監禁。

66 ルイ・アントワーヌ・カラッチョーリ（1719-1803 年）　パリ生まれの啓蒙時代の文学者。ナポリの名門貴族の一員。イタリア，ドイツ，ポーランドなどを広く旅したほか哲学，宗教，歴史，伝記などさまざまなジャンルの著作を出した。

67 ヨハン・ヴォルフガング・フォン・ゲーテ（1749-1832 年）　ドイツの文学者，政治家。ドイツ古典主義時代を代表する文学者。1786 年から翌々年にかけてイタリア旅行。『若きヴェルテルの悩み』（1774 年），『ファウスト』（1808-31 年），『詩と真実』（1811-22 年）など。

68 ジョージ・ゴードン，第 6 代バイロン男爵（1788-1824 年）　イギリスの代表的ロマン派詩人。『チャイルド・ハロルドの遍歴』（1812-18 年）で知られるが，スキャンダルによって 1816 年からイタリアに移住してロマン主義的傾向を強める。23 年にギリシャ独立戦争に参加し，翌年転戦中に病没。

69 パーシー・シェリー（1792-1822 年）　イギリスの詩人。1818 年イタリア旅行。代表作『解放されたプロメテウス』（1821 年）。シェリー夫人は『フランケンシュタイン』（1818 年）で知られる。

70 スタール夫人，本名アーヌ・ルイーズ・ジェルメーヌ（1766-1817 年）　フランスの文学者。父親はネッケル。フランス革命後の第一帝政時代に亡命。シャトーブリアンと同じくフランス・ロマン派の先駆者。『デルフィーヌ』（1802 年）など。

71 アルフォンス・ドゥ・ラマルティーヌ（1790-1869 年）　フランスの詩人，政治家。ロマン派四大詩人の一人。1848 年の 2 月革命後に臨時政府の外務大臣となる。晩年も負債返済のために執筆を続けた。『瞑想詩集』（1820 年），叙事詩『ジョスラン』（1836 年），歴史書『ジロンド党史』（1847 年）など。

72 アルフレッド・ドゥ・ミュッセ（1810-57 年）　フランスの文学者。ロマン派四大詩人の一人。小説『世紀児の告白』（1836 年），『ミミ・パンソン』（1844 年），戯曲『ロレンザッチョ』（1834 年），『戯れに恋はすまじ』（1834 年）。

73 ニコライ・ワシリヴィッチ・ゴーゴリ（1809-52 年）　ロシアのリアリズムの文学者。代表作『死せる魂』全 2 巻（1842-52 年）。

74 チヴィタヴェッキア　イタリア中部，ラツィオ州中部に位置する，ローマの外港的役割を持つ港湾都市。ティレニア海に臨む。

75 ベニト・ムッソリーニ（1883-1945年）　イタリアの政治家，ファシスト。1922年首相，25年から43年までファシスト党独裁の政治体制を敷く。43年，国王命令で逮捕され収監中に脱獄。45年，逃亡中にパルチザンに発見され，処刑。

76 イタリア王国（1861-1946年）　1861年にサルデーニャ王国（首都トリノ）のヴィットーリオ・エマヌエーレ2世（1820-78年）がイタリアを統一した。首都は始めトリノ（1864年まで）。孫の3世（1869-1947年，在位1900-46年）は第2次世界大戦中のファシストとの協力関係を追求されて退位，イタリアは共和国となった。

第Ⅲ部第2章

1 ジャン・ドゥ・ラ・ブリュイエール（1645-96年）　フランスのモラリスト。絶対主義時代の宮廷人や貴族を観察した人物描写（ポルトレ）を集めた『レ・カラクテール（人さまざま）』（1688年）で知られる。新旧論争では古代派。アカデミー・フランセーズ会員。

2 ユグノー　フランスにおける新教徒の呼称。ナントの勅令の取り消しによって国内のユグノーはカトリックに改宗するか，亡命するかを迫られた。

3 ジョアシャン・デュ・ベレ（1522-60年）　フランスの詩人。ロンサールなどと〈プレイヤード派〉を結成。『フランス語の擁護と顕揚』（1549年）でフランス語を詩作などに用いることを主張した。従兄のジャン・デュ・ベレ枢機卿の秘書としてローマ滞在中に，フランスへの郷愁を表現した『哀惜詩集』（1558年）など。

4 ダニエル・ジョゼフ・ブーアスティン（1914-2004年）　アメリカの新保守派の歴史家。1975年よりアメリカ議会図書館長。『アメリカ政治の特質』（1953年），『アメリカ人』（1958-73年，1974年ピュリッツァー賞受賞），など。

5 クロード・ロワ（1915-97年）　フランスの詩人，作家。

6 シモーヌ・ドゥ・ボーヴォワール（1908-86年）　フランスの作家，批評家。戦後，サルトルの唱えた実存主義の支持者として有名。『第二の性』（1949年），『レ・マンダラン』（1954年，ゴンクール賞），自伝四部作（1958-1972年）など。

7 ジュール・ロマン，本名ルイ・ファルグール（1885-1972年）　フランスの詩人，作家，劇作家。青年時代にユナニミスムを提唱。代表作は大河小説『善意の人々』全27巻（1932-46年）。

8 アンドレ・ジッド（1869-1951年）　フランスの20世紀前半の代表的な作家，批評家。『狭き門』（1909年），『贋金づくり』（1926年），『ソヴィエト紀行』（1936年），『ソヴィエト紀行修正』（1936年）など。1947年ノーベル文学賞。

9 アンリ・カルティエ・ブレソン（1908年- ）　フランスの写真家，映画制作者。

10 ジョルジュ・バランディエ（1920年- ）　フランスの文化人類学者。

11 ドゥニ・ディドロ（1713-84年）　フランスの思想家。啓蒙主義の集大成である『百科全書』（1751-71年）の編集責任者。『ラモーの甥』（1773年？），『運命論者ジャ

ックとその主人』(1773 年) などの社会風刺小説もある。

12　グラン・パラディーソ山群　　イタリア北部、ピエモンテ州とバレ・ダオスタ自治州の境界の山地。

13　ラ・ヴァノワーズ国立公園　　フランス南東部、サヴォワ県の国立公園。ヴァノワーズ山塊のうち標高 2000m 以上の地域。面積 528 平方 km。

14　エクラン国立公園　フランス南東部、イゼール県とオートザルプ県にまたがる国立公園。1973 年指定。面積 918 平方 km。

15　メルカントゥール国立公園　プロヴァンス、アルプ・ドゥ・オート・プロヴァンス県とアルプ・マリティム県に広がる。1979 年指定。

16　セヴェーヌ国立公園　　南仏、ロゼール県とガール県に広がる国立公園。1970 年指定。

17　ピレネー国立公園　　フランス南西部、ピレネザトランティク県とオート・ピレネー県に広がる国立公園。1967 年指定。面積 477 平方 km。正式名ピレネー・オクシダンタル国立公園。

18　ポール・クロ国立公園　　プロヴァンスのヴァール県、地中海沿岸に位置する国立公園。1963 年指定。海洋部分と陸地部分を合わせた面積 19.3 平方 km。

19　バロック街道　　かつてのサヴォワ公国で 16 世紀から 17 世紀にかけてバロック様式で建設された教会やその装飾 (材料は大理石ではなく、サヴォワ地方特産の木材だったので細部の表現に優れる) を見学するルート。モリエーヌ地方、タランテーズ地方、ボーフォール地方、ヴァル・ダルリ地方などにわたり、延べ 500km に及ぶ。

20　サンタマン・レゾー公園　　北フランス、ノール県の自然公園。正式名スカルプ・エスコー地方自然公園。

21　クレーラー・ミュラー美術館　　オランダのオッテルローにあるゴッホの作品を中心とする美術館。ホーヘ・フェルウェ国立公園の中央にあり、彫刻庭園が付属する。自然公園のなかで芸術を味わうことができる。

22　グランド・シャルトルーズ公園　　フランス南東部、イゼール県とサヴォワ県にまたがる地方自然公園。1995 年指定。面積 69 平方 km。

23　マレ・ポワトヴァン　　フランス西部、大西洋岸に面したシャラント・マリティム県とヴァンデ県、ドゥー・セーヴル県の 3 県にかかる湿地帯。別名「緑のヴェネツィア」。11 世紀以来干拓が進む。75 市町村、3 県、2 州 (ポワトゥー・シャラント州、ペイ・ドゥ・ラ・ロワール州) にわたるマレ・ポワトヴァン地域間公園が広がる。

24　マルク・オージェ　　フランスの民俗学者。

25　ソフィア・ロストプチナ、セギュール伯爵夫人 (1799-1874 年)　　ロシア生まれのフランスの作家。父親はロシアのロストプチン伯爵。フランスでセギュール伯爵と結婚。孫たちに語った善悪二元論的な図式の創作昔話で有名となる。三部作『ソフィーの不幸』(1864 年),『模範的な孫娘』(1858 年),『ヴァカンス』(1859 年) など。

26　センターパーク　　オランダを発祥とするファミリー・リゾート・ヴィレッジ。短

期滞在用に，森の中のコテジ，ガラスドームの中の熱帯風ウォーターパーク，レジャーやスポーツの施設設備などを特徴とする。2004年現在，オランダ（8カ所）のほかフランス（2カ所），ベルギー（2カ所），ドイツ（4カ所）でも展開する。

27　ペタンク　　南仏起源のスポーツ。金属製のボールを的となるボールにどれだけ近づけるかで得点を競う。南仏ではたんに「ブール」とも呼ばれる。

28　休暇村と家族休暇施設　　両者とも家族単位で滞在する宿泊・レジャー施設であるが，基本的な相違はその規模にある。休暇村はベッド数が200以上の施設，家族休暇施設は200未満の施設を指す。

29　格付け　　星とフォークはミシュラン・ガイド（赤本）でレストランの料理と雰囲気の格付け，麦の穂は全国民宿連盟（ジットゥ・ドゥ・フランス）の格付けに使用される。ちなみにミシュランのライヴァルのホテル・レストラン・ガイド『ゴー・ミヨー』ではトック帽の数と数字の組み合わせ。

30　アルベール・フラマン（1877-1956年）　　フランスの作家。

31　アニェス・ヴァルダ（1928年 -　）　　ベルギー生まれの映画監督。『5時から7時までのクレオ』(1961年)，『冬の旅』(1985年)，『アニエス・Vによるジェーン・b』(1987年) など。

32　フレーヌ　　フランス南東部，サヴォワ県のスキーリゾート。

33　ラ・プラーニュ　　フランス南東部，サヴォワ県に1961年に造成されたスキーリゾート。

34　ジャン・コクトー（1889-1963年）　　フランスの詩人，作家，劇作家。早熟の才人で芸術の多方面で活躍。詩『ポエズィ』(1916-23年)，小説『恐るべき子供たち』(1929年)，戯曲『恐るべき親たち』(1938年)，映画『美女と野獣』(1946年) など。なお『美女と野獣』の撮影はパリ近郊で行なわれ，モルズィーヌには療養のために滞在した。

35　モルズィーヌ　　フランス南東部，オート・サヴォワ県の山岳リゾート。近くに有名なスキーリゾートのアヴォリアズがある。標高961m。

36　エンヴェル・ホッジャ（1908-85年）　　アルバニアの独裁的政治指導者。労働党（共産党）第一書記。

37　3Sないし4S　　本文244ページを参照のこと。

38　カザマンス峡谷　　アフリカ東部，セネガル南部のカザマンス川上流。

39　ラダク　　インド北部，ジャンム・カシミール州東部。

40　レユニオン島　　フランスの海外県。マダガスカル島の東650kmのインド洋に位置する。

41　熱帯風ウォーターパーク　　センターパークのこと。

42　アクア・ブルヴァール　　パリ15区，常設の展示会場地区の横に1989年開業の熱帯風ウォーターパーク。7ha。入場者250万人（2000年）。

43　VVF　　1958年にアンドレ・ギニャンが設立し，正式名を「ヴィラージュ（村）・

訳注　379

ヴァカンス・ファミーユ（家族）」というフランス最大の非営利観光団体。ただし現在は株式会社（VVF ヴァカンス，4 万 5000 ベッドを所有）と非営利団体（VVF ヴィラージュ，2 万ベッドを所有）に分かれている。ともに国内外で休暇村，レジャーホテル，観光マンション，貸家民宿などを運営している。

44　ヌーヴェル・フロンティエール社　非営利団体としての正式の発足は 1967 年。設立者，ジャック・マイヨ（1941 年 - ）。団体名はアメリカのケネディ大統領の演説（「ニュー・フロンティア」）から。フランス第二の規模の旅行代理店。従業員数 6500 人。顧客数 272 万人（1998 年）。売上高 12 億 5000 万フラン（2001 年）。

45　フィアット　フィアット社はジョヴァンニ・アネッリ（1866-1945 年）が創業したイタリアの軍需産業・自動車産業の代表的な企業。現在のフィアット社はアネッリ一族の所有。なおフィアットは次のイタリア語の略称。Fabbrica Italiana Automobili Torino（トリーノ・イタリア自動車製造会社）。

46　アコール　フランスのホテルグループ。世界第 4 位の規模。ホテル数 3894，部屋数 45 万 3403（2004 年）。

第Ⅲ部第 3 章

1　人民戦線　フランスでは 1935 年に反ファシストの立場から社会党と共産党を中心とする広範な勢力の統一戦線が結成され，36 年春の総選挙で総議席 614 のうち 378 を占めた。6 月 5 日にはレオン・ブルムを首班とする人民戦線内閣が誕生し，週の労働時間の 40 時間制，団体協約権の確立，賃上げ，最低賃金制の導入などを行なった。年次有給休暇法はこの内閣で初めて成立した法律である。人民戦線内閣は左右両勢力の内部対立と資本家側からの攻撃によって 1 年あまりで崩壊した。

2　フランソワ・ミッテラン（1916-96 年）　フランスの政治家。71 年社会党第一書記。第五共和制の大統領を 2 期務める（1981-95 年）。

3　アルデシュ　南仏の県。県都プリヴァ。中央山岳地帯の南東の縁にあたる。

4　児童合宿　学校休暇中に行なわれる林間学校，臨海学校，キャンプなど。「コロ」とも呼ばれる。

5　レオ・ラグランジュ（1900-40 年）　フランスの政治家。北仏ノール県選出の社会党議員。1936 年の人民戦線内閣でスポーツ・レジャー省の大臣。スポーツと民衆観光の発展に尽くした。第 2 次世界大戦には志願して従軍，国境地帯の戦闘で戦死した。

6　デヴィド・リースマン（1909-2002 年）　アメリカの社会学者。社会心理学や社会人類学を含めた幅広い視点から現代文明の批判を行なう。『孤独な群衆』（1950 年），『何のための豊かさか』（1964 年）など。

7　第 7 期経済計画　1976-80 年。

8　赤ちゃんとおばあちゃん　毎年夏の終わりにはヴァカンス先に置き去りにされた

ペットの話題がマスコミに取り上げられる。ペットでさえそうなのだから、ペット以上に世話を焼いてもらえない子供や老人はなおさらだというブラックユーモア。

9　後に掲げるグラフ　　実際にはこのグラフは本書に入れられていないが、ボワイエの他の著作（*Le Tourisme en France*, Édition EMS, 2003, p.131）で示されている同内容のグラフによると、1985 年においてヴァカンス出発率（グラフの縦軸）と国民 1 人あたりの国内総生産（グラフの横軸）の交差点が収束線上あるいはその前後にあるのはフランス、スペイン、西ドイツ、ルクセンブルク、デンマーク、収束線より上方（GDP のわりには出発率が高い）なのはギリシャ、イタリア、イギリス、オランダ、収束線より下方（GDP のわりには出発出発率が低い）なのはポルトガル、アイルランド、ベルギーである。

10　未加盟 3 カ国　　オーストリア、フィンランド、スウェーデン。いずれも 1995 年加盟。

11　ジクムント・フロイト（1856-1938 年）　　オーストリアの精神病理学者。いわゆる精神分析の創始者。『精神分析入門』（1916-17 年）など。

12　7 月 14 日と 8 月 15 日　　7 月 14 日はいわゆる革命記念日、8 月 15 日は聖母被昇天の祝日。

13　タランテーズ地方　　南仏、アルプスの麓、サヴォワ県のイゼール渓谷深部。この地方のトロワ・ヴァレ（三つの谷）と呼ばれる 250 平方 km の地域にはクルシュヴェル、メリベル、ル・モタレ、レ・メニュイール、ヴァル・トランスといった統合型スキーリゾートが位置する。

14　国際観光客数　　世界観光機関の集計では 2000 年にフランスへ入国した国際観光客数は 7550 万人である。

15　フランスの人口　　2005 年 1 月 1 日におけるフランス本国の人口は 6056 万 1000 人。

16　ルノー　　ルイ（1877-1944 年）とマルセル（1882-1903 年）、フェルナン（1865-1901 年）のルノー三兄弟の起こした自動車メーカー（1899 年創業）。最初はレースカー製造、次第にフランス第一の自動車メーカーに成長した。第 2 次世界大戦中の対独協力を問われて国有化され、ルノー公団となる。ここでの労働争議は有給休暇の延長に大きな影響を持った。

17　シトロエン　　フランス人技師アンドレ・シトロエン（1878-1935 年）が第 1 次世界大戦後に砲弾工場を自動車工場に業態転換して創業した自動車メーカー。1919 年に第一号を発売。ベルトコンベアシステムを導入。タクシーやバスなどの製造を得意とした。1934 年には前輪駆動車（トラクスィオン・アヴァン）（シトロエン 11CV、愛称トラクスィオン）を発売した。

18　敷石の下には砂浜がある！　　いわゆる 5 月革命での学生のスローガンのひとつ。

19　スュペルデヴォリュイ　　フランス南東部、オートザルプ県のスキーリゾート。標高 1500m から 2500m。

第Ⅲ部第4章

1　テゼ　　フランス中東部，ソーネ・ロワール県のクリュニー近郊のプロテスタント信者の村。
2　世界青年の日　　1984年にローマ教皇ヨハネ・パウロ2世が青年に呼びかけて始まったカトリックの行事。毎年，教皇庁信徒評議会が主催し，「受難の主日（枝の主日）」に「世界青年の日」が祝われる。2年に1回，世界各地で大会が開かれる。
3　アラン・ペイルフィット（1925-2000年）　　フランスの政治家，評論家。『中国が目覚めるとき，世界は震える』（1973年），『フランス病』（1976年）など。
4　オーギュスト・コント（1798-1857年）　　フランスの哲学者，社会学の創始者。サン・シモンの弟子。「社会学の父」。人間の知識は「神学的段階」から「形而上学的段階」を経て「実証的段階」に達するという「3段階の法則」を主張した。『実証哲学講義』（1830-42年）など。
5　ブルネイ　　東南アジアの王国。カリマンタン島北部。旧称イギリス領ボルネオ。石油・天然ガスが輸出の9割以上を占める。世界で最も富裕な国のひとつ。
6　ジャン・ベデル・ボカサ（1921-96年）　　中央アフリカ共和国の軍人，政治家。1963年，共和国軍の最高司令官，66年クーデタで大統領就任。77年，皇帝を自称。79年，失脚，亡命。88年帰国，死刑判決，減刑。
7　ジョルジュ・フィリップ・フリードマン（1902-77年）　　フランスの社会学者。『人間的な労働はどこへ向かうのか』（1950年），『細分化された労働』（1956年）など。
8　ヴィア・マラ　　スイス東部のグラウビュンデン州の州都クールの南25kmにある峡谷。原義はラテン語で「悪路」の意。ローマ時代からの交通路。
9　タルヌ川　　南仏の河川。ガロンヌ川の支流。中央山岳地帯のロゼール山から発し，西南に流れてタルヌ峡谷を形成し，アルビを貫流し，ガロンヌ川に注ぐ。全長375km。
10　ヴェルドン川　　南仏を流れるデュランス川の支流。アルプス南部の源から西流し，ヴェルドン峡谷を刻み，デュランス川に注ぐ。全長175km。
11　カダケス　　スペイン東部，ヴァレンシア地方の地中海岸コスタ・ブラヴァの港町，リゾート。フランス国境に近く「コスタ・ブラヴァのサン・トロペ」とも呼ばれる。
12　ケベック　　1535年にジャック・カルティエが現在のケベック付近に達したが，フランスがケベックを本格的に植民地化するのは17世紀初めから。
13　ニュー・オーリンズ　　アメリカ南部の都市。フランス植民地としてヌヴェロルレアン（「新オルレアン」の意）が建設されたのは1718年。1803年にナポレオン1世がアメリカ合衆国に売却した。都市名は初代総督オルレアン公にちなむ。現在の読み方はフランス語形容詞の英語相当語句への置き換えとフランス人名の英語読みによる。
14　その反対　　社会的区別という価値を作り出すことがヴァカンスの価値だということ。
15　スフェーヴェニンゲン　　オランダ南西部，ハーグの北西部のオランダ最大の海浜

リゾート。
16 ブレンタ川　　イタリア北部の河川。カルドナッツォ湖とレヴィコ湖に発し，パドヴァの東を流れてアドリア海に注ぐ。全長160km。
17 アルガルヴェ　　ポルトガル南部の大西洋に臨む地方。中心都市はファーロ。
18 グランド・モット　　南仏，エロー県の地中海岸に造成された海浜リゾート，マリーナ。ピラミッド型のマンションなど，建築面でも有名。ラングドック・ルシオン開発計画の中心地のひとつ。
19 ポー平野　　イタリア北部の三角形をなす大平野。北はアルプス山脈，南はアッペンニーノ山脈で区切られ，東はアドリア海に開かれる。主要都市はミラノ，トリノ，ヴェネツィア。正式名パダノ・ヴェネタ平野。
20 ティレニア海　　イタリア半島西側の地中海。
21 コスタ・ブラヴァ　　スペイン東部，バルセロナ北東の地中海岸の総称。
22 ピエール・ラシーヌ　　フランスの政治家，国土整備専門家。ミシェル・ドゥブレ首相の官房長。1963年に設置されたラングドック・ルシオン沿岸観光開発省庁間委員会の委員長。この開発計画はラシーヌ・プランと呼ばれた。
23 パスカリ・ディ・パオリ（1725-1807年）　　コルシカ独立運動の指導者。イギリス亡命中に客死。
24 バルバドス　　中央アメリカ東部，西インド諸島南東，小アンティル諸島のウィンドワード諸島東方のバルバドス島からなる国家。首都ブリッジタウン。
25 バミューダ　　アメリカのノース・カロライナ州から南東方1100kmの北大西洋上に位置するイギリス領の諸島。約300の島からなるが，主島はバミューダ島。
26 バジリカータ州　　タラント湾に面するイタリア南部の州。

結　論

1 seisme　　本義は地震，転義は大混乱，激動，動乱。
2 サンクト・ペテルブルク　　ロシア西部，レニングラード州の州都，港湾都市。1703年，ピョートル1世が建設。1712年から1918年までロシア帝国の首都。旧称ペトログラード（1914-24年），レニングラード（1924-91年）。
3 タージ・マハル　　インド北部，デリーの南東180kmの都市アーグラ（16世紀から17世紀半ばまでムガル帝国の首都として栄えた）にある，国王シャー・ジャハーンの妃の墓所。1983年，ユネスコの世界遺産に登録。
4 シムラー　　インド北部，デリーの北270kmに位置する高原都市。標高2130m。1864年から1947年までインド政庁は夏季にシムラーに移動した。
5 カトマンズ　　ネパールの首都。標高1280m。
6 観光受け入れ地方　　空間的，経済的，文化的など同一のアイデンティティを共有する市町村がそれをもとに地域観光開発を行なう連合組織。

7　OCCAJ（青年活動中央機構，あるいはカトリック・キャンプ・ユースホステル機構）　フランス・キリスト教労働者同盟（CFTC）系の非営利観光団体。フランス民衆観光連盟（FFTP）と合併してOCCAJ-TPとなった。1987年解散。1989年，地中海クラブ系の観光企業マエバ社が再建。

8　ルヌヴォー　1954年にレネ夫妻（ピエールとジャニーヌ）が中心となって設立された非営利観光団体で，現在21カ所の休暇村を運営。

9　CCAS（社会活動中央金庫）　フランス電力公社（EDF）・フランスガス公社（GDF）の従業員のための福利厚生組織。企業委員会の運営する代表的な非営利観光団体。

10　UCPA（野外スポーツセンター全国連合）　1965年設立のスポーツ滞在専門の非営利観光団体。

11　SOMIVAL　1962年設立の企業で，中央山岳地帯の観光・レジャー，地域開発，水と環境の保全などの調査研究，コンサルティングと実際の整備などを行なう。

12　ヴァカンスィエル　1976年設立の非営利観光団体。30の滞在施設，8000のベッド，1600のキャンプ用区画を擁する。

13　企業委員会　1945年から従業員50人以上の企業に設置が義務づけられている労使の経営協議機関で，従業員の経営参加が目的。福利厚生にも影響力を持ち，大企業の企業委員会所有の保養施設も存在する。略称CE。

14　労働と観光　1944年に設立された非営利観光団体（設立当時はドイツ占領下で非合法団体）。労働総同盟（CGT）の全面的な支援を受けた。1986年解散。略称TT。

15　フランス民衆観光連盟　1949年設立のキリスト教系非営利観光団体。その後OCCAJに合流する。

16　技術教育（BTS）　BTS（Brevet de technicien supérieur）は上級技術者免状と訳され，BAC+2（バカロレア合格後2年間の学業・実習で取得できる免許・資格）のなかで，職業教育系統では最も一般的な国家資格で，現在111種類存在する。一般にリセに併設されているコースか私立の専門学校のコースを履修する。観光分野では従来，「ホテル・レストラン」（BTS Hôtellerie-restauration）（A専攻が「ホテルのマーケティングと経営」，B専攻が「調理と接客」）と「観光とレジャー」（BTS Tourisme-loisirs）という2種類のBTSだけだったが，2003年度からは「観光とレジャー」が細分化され，「観光商品の造成・販売」（BTS VPT）と「地域観光の指導と管理」（BTS AGTL）という2種類のBTSになった。つまり現在，観光分野のBTSは3種類となっている。ちなみに2003年度の資格取得者は，BTS VPTでは志願者3434人に対して合格者2192人で合格率63.8％。BTS AGTLでは志願者2227人に対して合格者1543人で合格率69.28％という結果であった。

17　高等教育における観光教育　大学を中心とする高等教育の資格ではBAC+2のDEUG（大学一般課程修了証書），DEUP（大学職業教育修了証書），DEUST（大学専門技術教育修了証書）などから始まり，BAC+8の国家博士までがある。本文中の

科学技術修士（MST）と職業教育短期大学部（年限 3 年）は BAC+4。ちなみにバカロレア取得後の観光関連を含む資格（職業教育と高等教育の両方）は BAC+1（1），BAC+2（8），BAC+3（4），BAC+4（3），BAC+5（5），BAC+6（1），そして BAC+8（1）まで 23 ほど存在する。

18 『何をなすべきか』　「ロシア革命の父」ウラジミール・イリイッチ・ウリヤノフ（1870-1924 年）が 1902 年に初めてレーニンという筆名で書いた著書。

訳者あとがき

　本書は Marc Boyer, *Le tourisme de l'an 2000*, Presses universitaires de Lyon, 1999 の全訳である。著者のマルク・ボワイエはリヨン第二大学（リヨン・リュミエール大学）で副学長を務め、同大の観光学部創設やエクス大学観光研究センター設立に携わり、現在はリヨン第二大学名誉教授。フランスを中心とする近代観光の歴史を精力的に研究している。観光専門家協会設立者の一人。地中海観光社会学学会の会長、全国観光審議会委員などを務める。本書以外の著作としては、本書のいわばオリジナル版にあたる *Le tourisme*, Seuil, 1972（再版 1982-85）以外に、次のようなものがある。

> *Eléments pour une politique touristique en France.* Etudes et documents du Centre de Recherche Economique et Sociales.
> *Invention touristique de la région Rhône-Alpes.* Cahier du Centre Etudes de Tourisme d'Aix, 1970,
> *La communication touristique*, PUF, 1994.（Philippe Viallon との共著）
> *L'invention du tourisme*, Gallimard, 1996.
> *Il turismo del Grand Tour ai viaggi organizzati, Electre*, 1997.
> *Turismo e ambiante*, Milano, Franco Angeli, 1997, collectif.
> *L'invention du tourisme dans le Sud-Est de la France du XVIe à la fin du Second Empire*, Thèse Doctorat d'Etat, 1997, Septentrion, 2360 p.
> *L'histoire du tourisme de masse*, PUF, 1999.
> *Histoire de l'nvention du tourisme XVIe – XIXe siècles. Origine et développement du tourisme dans le Sud-Est de la France*, Editions de l'Aube, 2000.
> *L'invention de la Côte d'Azur. L'hiver dans le Midi,* Editions de l'Aube, 2002.

Le tourisme en France, Editions EMS, 2003.
Histoire générale du tourisme, L'Harmatan, 2005.
Le thermalisme dans le grand Sud-Est de la France, PUG, 2005.

　ボワイエがこれら一連の著作で論証しているのは，新奇な観光形態の発明と，模倣によるその普及というプロセスは，近代の始まりから今日まで一貫してみられるものであり，その背後には最初はランティエ，次いで社会的成功者による顕示的な社会的差異の表現欲求があるということである。
　本書でもいわばブルデュー流の「ディスタンクシオン」の欲望とヴェブレン流の「顕示的消費」が西欧の産業文明の勃興とともに，旅行と滞在という特定の分野に表出したものが今日「ツーリズム」と呼ばれている文化形態に他ならないという基本的な認識のもと，観光史，観光用語の検討，観光の認識論，観光活動の現状など多岐にわたって観光という社会現象の総合的な解明がめざされている。さながら観光の総合的な文化誌といったおもむきがある。
　ボワイエはガブリエル・タルドの〈模倣の法則〉，ゲオルグ・ジンメルの〈流行の両価性〉，エベレット・M.ロジャーズの〈普及学〉，ルネ・ジラールの〈欲望の三角形〉などと並び，発明と普及あるいは率先と模倣のプロセスという考えを観光分野において実証しているのだと考えることができるだろう。顕示的欲望，宗教，医学的言説，政治的イデオロギー，国家政策，コマーシャリズムなどが渦巻く広範なこの分野を思弁に偏ることなく，また雑学的知識の集大成としてでもなく，簡潔にまとめ上げたところにボワイエの力量が示されている。
　訳者はフランス観光を研究する中でボワイエの一連の著作に出会い，観光という現象の特殊性とその通時的および共時的なひろがりを教えられ，まさに蒙を啓かれる思いがした。わが国では近年高等教育において観光の名を冠した学部や学科が急増しているが，観光現象を本書のように総合的・実証的に論じた著作は訳者の知る限り紹介されていないのではないかと思う。その点で本書が一般の読書人以外にも観光を学ぶ学生の基本的な参考文献となれば幸いである。

訳注については常識的なものも含めて範囲を広くとったが，内容は簡潔にした。また，固有名詞の日本語表記に関してはなるべく原語の発音に忠実ということを心がけたが，わが国で慣習的に行なわれている表記に頼った部分も少なからず存在する。こういうダブルスタンダードの存在はひとえに訳者の責任である。読者のご寛恕を願いたい。

　最後に，本書の企画を快諾された法政大学出版局の平川俊彦氏，編集の実務でいろいろご迷惑をおかけした秋田公士氏に心より感謝を申し上げる。

　　　　　　　　　　　　2006年盛夏　　信州の寓居にて
　　　　　　　　　　　　　　　　　　　　　成沢広幸

索引

A-Z

2CV 270
4CV 270
4S 167, 237, 244, 304
AIEST 11
affiches 76
alpestre 42
alpin 42
alpinisme 42
alpiniste 42
annoces 76
ascension 43, 45
ascensionniste 45
ascent 45
attraits 71
auberge 52
auberge de jeunesse 52
aubergiste 52
autoroutes 64
avis 76
BCG 327
baignade 80
baigner 80
baigneur 80
baigneuse 80
bain 80
bar 53
bastide 59
bastidon 59
beau 73
CCAS 325
cabanon 59
café 53
camp 54
camping 54
caravane 54
caravaning 54
caravansérail 54

casin 60
casino 60
cassine 59
chemin 63
château 61
climbing 43
delicate 65
descriptio 65
descriptions 65
escala 46
escalade 43, 46, 50
escalader 46
escaladeur 46
estacion 47, 82
EU 9, 144, 245, 265
excursionner 47
excursionniste 47
excursions 43
folie 60
free climbing 50
fremdenverkehr 41
fremdenverkehrseinrichtungen 41
gasthaus 52
gazettes 67
grand tour 36
grandes routes 64
grimper 43, 46, 49
grimpeur 49
guide 65
handbook 65
handbûch 65
himalayen 44
hivernant 82
hiverner 82
héberger 52
HORECA 52
hôtel 55
hôtelier 55
hôtellerie 55

INSEE 13
inn 52
itinerarium 65
itinéraires 65
journal 66
jugendherberge 52
kursaal 60
letters 65
lettres 65
locanda 52
manoir 61
manuels 65
mobiles 71
mode 78
molto bello 73
motel 61
mountaineering 43
NAP 119, 150
OCCAJ 325
palace 58
patin 84
patinage 84
patiner 84
pauschalreise 42
pavillon 62
pittoresque 73, 74
pouf 75
publicité 76
puf 75
puff 75
pyréneisme 44
randonnée 48, 51
randonner 51
randonneur 51
reise 41
restaurant 58
romantic 74
romantique 73
route 63
réclame 76
SBM 130
SOMIVAL 325
saison 83
savoir-vivre 78
scalata 46

scramble 43
season 83
sentimental 73
sight-seeing 72
sleeping-car 58
snob 78
stagione 83
station 82
stazione 82
studentereisen 42
TGV 181, 296
thalassothérapie 84
thermal 83
thermalisme 83
toerisme 41
tour 3, 35-36
touring 38
tourism 41
tourisme 3, 6, 38, 41
tourist 3, 19, 36
touriste 3, 6, 19, 36
travel 19
trekking 51
trip 19
turism 41
turismo 41
UCPA 325
vacance 67
vacances 67
vacant 67
varappe 50
very nice 73
villa 62
villegiatura 69
villégiature 69
villégiaturer 69
voie 65
voyage 43, 70
voyager 70
voyageur 70
VVF 6, 242, 270, 323
YMCA 52
youth hostel 52

ア 行

アイスランド　183, 323
アイルランド　183, 185, 258, 261-265, 306, 329, 333, 337
アヴィニョン　142, 181, 331
アヴォリアズ　235, 291
アウグストゥス戦勝記念碑　206
アウトドア・レクリエーション　10, 41, 154, 175, 178-179, 289, 292
アウトバーン　64
アウトストラーダ　64
アカディア　202
アカデミー　37, 40, 74, 79, 112-113, 132, 142, 317
アカプルコ　308
アキテーヌ　298, 345
アクア・ブルヴァール　238, 332
アコール　244
アザール，ポール　96
アジア　43, 192, 305, 320
アシェット社　51, 138
足そり　156
アストリドゥ　166
アタリ，ジャック　93
アディダス　180
アトラス山脈　51
アドリア海　148, 305
アナウンスメント効果　76
アナール派　103
アヌシー　106, 129
アネッリ　244
アパルトマン　61, 119, 150
アマゾン　309
アメリカ　27, 61, 64, 100, 102, 117, 132, 135, 139-141, 143, 155-156, 166-167, 169, 176, 178, 183, 196, 222-223, 226-227, 242, 245, 264, 266, 283-284, 286, 291-292, 297, 300, 304-305, 318, 334, 336-337
アメリカ・インディアン　154
アメリカ人　10, 41, 105, 127, 154, 165-166, 175, 179, 223, 236, 246, 292, 298
アラブ　277, 281, 285, 307, 321
アリアドネ　vii, 93, 121
アルカション　101, 104, 118, 146

アルガルヴェ　298, 305
アルコレ　124
アルゴンキン族　87
アルザス　210, 254, 300, 326, 331
アルジェ　101
アルゼンチン　198, 266, 337
アール・デコ様式　167
アルデシュ　251, 299
アルデーヌ　300
アルバニア　183, 237
アルパン　42-44
アルビ　207
アルビオン　57
アルピニスト　43, 156-157, 159
アルピニスム　43
アルピーユ　120
アルプス　22-25, 37-38, 42-44, 46, 48-50, 66, 71, 74-75, 85-86, 96, 105, 110, 135-137, 139-140, 145, 156-157, 160, 162, 213, 236, 273, 288, 290, 294, 299, 302, 307, 326
アルプ・ドゥ・オート・プロヴァンス　300, 329
アルベール１世（ベルギー国王）　161, 166
アルベルティ，レオ・B.　116
アルペンクラブ　39, 42-43, 45, 48, 50, 66, 138-139, 151, 157
アルペンスキー　24, 42, 44, 86, 105, 157-159, 162, 241, 273
『ある旅行者の手記』（スタンダール）　138, 340
アルル　96
アルルベルク　159, 161
アルルベルク・カンダハル　159
アレ，エミール　142, 162
アレティ　165
アロブロゲス人　43
アングロサクソン　20, 50, 53, 67, 150
アンコール・ワット　183
アンシャン・レジーム　57, 103
アンジュ湾　290
アンティーブ　117, 146, 164, 334
アンティル諸島　124, 167, 169, 246, 198, 306-308
アンデス山脈　44, 51, 157, 309
アンドラ　183, 308
安南皇帝　130

索引　391

イヴェルナン　82
イヴェルネ　82
医学アカデミー　→アカデミー
イエール　23, 25, 101, 104, 130-131, 146-147, 163-164
イエール・ジュルナル　163
イエール・プラージュ　164
イエローストーン　139, 155
イギリス　9, 20-22, 24-25, 33, 39, 41, 56, 75, 77, 97-100, 112-113, 116, 118, 128-129, 132, 138, 140, 145, 149, 158, 167, 175, 185, 258-259, 265, 283-284, 286, 295, 325, 329, 333, 336-337
イギリス貴族　19, 21, 36, 115, 122, 149
イギリス皇太子　130, 145
イギリス人　6, 15-16, 19-25, 34, 36-38, 41, 43-44, 48, 52, 54, 57, 71, 74, 82-83, 85-87, 95, 97-101, 103-105, 121-122, 127, 135-137, 145-146, 158, 161, 181, 211, 216, 219, 225, 236, 242, 261-263, 265, 294, 307, 322, 327
イザベ，ウジェーヌ　129
イスタンブール　222
イスラエル　266, 298
イズロン　119
イタリア　6, 9, 31, 37, 62, 69, 70-72, 94-97, 99-101, 106, 115-116, 121, 135-137, 141, 147, 161, 183, 207, 210-213, 221, 228, 243, 246, 262, 264-265, 268, 270, 283, 286, 294-296, 299, 318, 325, 329, 333, 336-337
イタリア人　85, 262-263
『五つのアカデミーの演説』（ジュール・ルメートル）　79
イビサ島　30, 237
移民　8, 276, 279, 289
イル・ドゥ・フランス　207, 331-332
イル・ドゥ・フランス荘　146
イングランド　36
インスブルック　159
印象派　129, 148
インターラケン　106
インディアン　87, 154
インド　94, 148, 192, 308
インドア・レクリエーション　179
インド女王　147
インドネシア　124, 167, 193, 337
インド副王　130

インド洋　167, 285, 307, 321
ヴァカンス　iii, v, vi, vii, viii, 6, 8, 16-17, 24, 31, 37, 48-49, 63, 67-70, 120, 128, 133-134, 142, 150, 152, 165, 171, 173, 176-178, 180, 201, 208, 210, 216, 220-223, 228-234, 237-240, 242, 245-263, 265-277, 282, 284, 286-287, 292, 294-300, 302-305, 309-310, 313-316, 319-321, 325-326, 329
ヴァサロペット　156
ヴァージン諸島　306-307
ヴァチカン　184, 212
ヴァラップ　50
ヴァランス　202-203
ヴァール県　161
ヴァルダ，アニエス　235, 340
ヴァル・ディゼール　161
ヴァルラス　164
ヴァルローズ館　147
ヴァレ人　43, 307
ヴァレスキュール　147
ヴァロワ　116
ヴァロリス　148
ヴァンス　15, 148, 167
ヴァンドーム広場　167
ヴィア・フェラータ　50
ヴィア・マラ　290
ヴィヴァレ山地　120
ヴィヴィ，ポール・ドゥ　153
ヴィガレロ，ジョルジュ　90
ヴィクトリア女王　130-132, 147
ヴィクトリア・パレス　57
ヴィシー　222
ヴィズィユ　117, 207
ヴィュー・キャンプール　180, 270
ヴィラ　58, 62-63, 70, 100, 115, 117-118, 129, 131, 146-147, 150, 164, 167, 233-234, 294-295
ヴィル，アントワーヌ・ドゥ　46
ヴィール　200
ヴィレット科学産業都市　205-206, 331
ヴィレル・コトゥレの勅令　96
ウィーン　140, 155, 239
ヴィンケルマン，ヨハン・ヨアヒム　99
ウィンザー公　165
ウィンタースポーツ　10, 24, 88, 105, 142, 154, 156-157, 159-160, 162-163, 167, 179, 261,

392

270, 272, 274, 299, 327
ウィンタースポーツ・リゾート　150, 160-162, 326
ウィンダム，ウィリアム　23, 101, 122, 128, 136
ヴヴェ　106
ウェスト・パーム・ビーチ　166
ウェストミンスター寺院　225
ヴェゾン・ラ・ロメーヌ　201-202, 206, 220
ヴェネツィア　62, 181, 212, 295
ヴェブレン，ソースティン　viii, 27, 102-103, 140, 144, 221, 223, 232-233, 280
ウェルギリウス　97, 100-101
ヴェルコール　50
ヴェルサイユ　15, 97, 203-207, 331
ウェールズ地方　310
ウェルツェンバッハ，ウィロ　50
ヴェルドン川　290
ヴェルヌ，ジュール　58, 139, 146
ヴェンダース，ヴィム　64
ヴェンティミリア　146
ヴォー　207
ヴォギュエ，メルシオール・ドゥ　120, 124
ヴォークリューズ　100, 299
ヴォージュラ　49
ヴォーバン　202
ヴォルテール　35, 74
受け入れ観光　13, 322
ウージェニー皇后（ナポレオン3世妃）　131
失われた世代（ロスト・ジェネレーション）　164
ウッド父子　22, 98, 112, 135
ウフィツィ美術館　207
ウプサラ　308
栄光の30年（フラスティエ）　110, 132, 134, 176, 253, 265, 272, 282
英国式田園　100
英仏海峡　22
駅馬車ホテル　57
エギュイユ・デュ・ミディ　89
エクサン・サヴォワ　25, 100, 136
エクス　22
エクスカーション　4, 10, 37, 47-49, 105, 138, 209
エクス・ラ・シャペル　109

エクス・レ・バン　81, 130-131
エクセルシオール・パレス　147
エクラン　228
エーゲ海　305
エコミュゼ　203
エコロジー　31, 120, 228, 319, 319
エジプト　24, 101, 190, 210, 289, 309, 321, 337
エスキモー　156
エストリル　101, 117, 148
エスニック観光　30
『エスプリ』誌　302
『エセー』（モンテーニュ）　66, 70, 219
エッフェル塔　50, 88, 205-207, 223, 327, 331
エティエンヌ，シャルル　63, 65, 72, 95, 108, 135, 342
エデン　101, 236, 304
エベール，ジョルジュ　154
エムス　149
エラスムス　69
エルサレム　109, 193, 289, 309, 321
エルベ川　182
エルミタージ　97
エルミット　303
エレオノール　63
円形闘技場　111
エンツェンスベルガー，M.　208
オーヴェルニュ　299, 323
欧州経済協力機関　8
オージェ，マルク　207
オーシュ　207
オステンデ　225, 137, 144, 290, 294
オーストラリア　196, 219, 266, 283, 285
オーストリア　9, 13, 132, 139-140, 159, 162, 165, 173, 184, 243, 283, 291, 299-300, 306-308, 336-337
オーストリア人　13, 159
オスロ　156
オテル　55, 148
オテル・ドゥ・パリ　130
オテルリ　55-56
オートウイユ　118
オトゥリエ　56
オートキャンプ　54, 232, 238, 256
オート・サヴォワ　161
オート・プロヴァンス　15

索引　393

オートモービル・クラブ　　39, 128, 151
オートリーヴ　　202
オートルート　　64
オパチャ　　148
オペラ　　97, 137, 248
オペラ座ホテル　　57
オーベルジュ　　52, 55-57
『オーベルマン』(セナンクール)　　124, 137, 307
オメー　　4
オランダ　　5, 9, 84, 97, 139, 184, 229, 258-259, 261-262, 265, 310, 329, 333, 337
オランダ語　　41
オランダ人　　239, 258, 261-263, 300, 310
オリエント　　54
オリュンポス　　302
オリンピック　　128, 141-144
オルセー美術館　　205, 207
オレンジ　　24, 101, 124
オロ、アルチュール　　143, 251
温泉　　22, 82-83, 99-100, 104, 111-114, 132, 148, 319
温泉監督医　　29, 113, 137, 140
温泉施設　　77, 111, 113
温泉水　　28, 94, 111-114
温泉町　　79, 112, 132
温泉療養　　10, 22, 25, 28, 34, 83, 105, 107, 111-112, 114, 148, 274, 281, 294
温泉(療養)リゾート　　9, 22, 25, 60, 81, 83, 99, 100, 102, 105, 111-114, 119, 131, 136, 141-142, 145, 148-149, 194, 197, 213, 274, 281, 317-318, 326
温室　　146-147

カ 行

『海岸の方へ』(A. ヴェルダ)　　235, 340
海水浴　　81-82, 84, 104-105, 137, 150, 164, 294, 309, 321
海水浴指導員　　81
海水浴場　　132
海水浴リゾート　　9, 22, 102, 105, 119, 132, 142, 145, 148-149, 164, 169, 181, 229, 294
ガイド(案内人)　　44, 48, 51, 66, 202, 203
ガイドブック　　viii, 6, 28, 31, 63-66, 72-73, 76, 78, 95, 97, 108, 111, 120, 122-124, 135-138, 140, 152-154, 164, 182, 201, 209, 211-212, 217-220, 237, 289, 318-319, 321, 340
開発途上国　　98, 275, 300, 302, 304
下院　　20
ガヴァルニ　　4
カエサル　　38
家具付き貸家　　9
家具付きアパート　　9, 119, 332
格付けリゾート　　10, 324
カザマンス峡谷　　237, 310
カザン　　60
貸家民宿(ジットゥ)　　232, 234
カスー、ジャン　　122
カスィヌ　　59, 60
カステル・ガンドルフォ　　130
カジノ　　31, 60, 77, 112, 138-139, 146, 149, 164, 233-234, 306, 308
カーズ、ジョルジュ　　6, 300, 306
カダケス　　290
カタロニア　　164
カタロニア人　　299
学校休暇　　68, 261, 272, 296
カップ・ホテル　　146
カトゥラ、ベルナール　　33, 217, 242, 258, 287
カトマンズ　　322
カナダ　　84-85, 87, 157, 169, 196, 266, 283, 298, 300, 305, 321, 336-337
カーニュ　　148, 167
カヌー　　154
カヌー・クラブ　　151
カネ　　164
カバノン　　59
カフェ　　7, 53
カフェ・コンセール　　53
カフェ・テアトル　　53
カフカス　　44, 157
カポ・レ　　4
カマルグ　　120
カミュ、アルベール　　16
カラッチョーリ侯爵　　212
カランク　　50
ガリア　　96
カリフォルニア　　viii, 33, 117, 147, 154, 166, 169, 237, 285, 289
カリフォルニ　　147

394

カリブ海　167, 283, 304-305
カリュイール　118
カール，アルフォンス　129
カールスバート　149
カールトン　57
ガルニエ，シャルル　129
カルボニエール，ラモン・ドゥ　44, 129, 137, 139
カレーシュ　203
観光化　30
観光学　ix
観光革命　20, 98, 102, 318
観光協会　28, 73, 141, 322
観光経済学者　29
観光行動　32, 93, 238, 248, 282, 287, 291, 298, 314
観光産業　40
観光史　9, 77, 91, 127-128, 144, 151, 248
観光史家　14
観光性　30, 286
観光担当省　314, 322
観光地　16, 24, 29, 32, 48, 57, 63, 81, 93, 104, 119, 122, 129-130, 151, 180, 183, 199, 201-202, 208, 210, 213, 215, 223, 232, 242, 281, 286-287, 289, 291-294, 300-301, 309, 321, 326
観光地理学者　29
「観光と労働」協会　142, 248
観光の発明　80, 91, 101, 144, 171, 293, 303
観光牧場　150, 293
観光補助勘定　13
観光リゾート　7, 60, 63, 141, 144, 166, 274, 296
韓国　266, 337
かんじき　85, 156-157
感謝祭　297
カンジュエル　12
カンダハル　86, 141, 158-159
カントリーハウス　59, 62, 105, 107, 115-119, 149-151, 294-295
カンヌ　22, 24-25, 63, 93, 101, 104, 119, 129, 131, 145-148, 164, 168, 235, 281, 326
キー・ウェスト　166
気候療養リゾート
騎士ポール　59
ギシャール　38
季節性　25, 105, 179, 215, 296

汽船　105
貴族　19-23, 25, 60, 62, 71, 99-100, 102, 104, 111, 115, 117, 128, 131, 149, 151, 161, 165, 216, 219, 269
北ホテル　57
狐狩り　146
キプロス　185, 298, 306-307, 337
キブロン　117
キャラヴァンサライ　54-55
キャラヴァニング　54
キャンピング　54
キャンピングカー　54, 268
キャンピング・クラブ　139-140, 151
キャンプ　54, 110, 142, 154-155, 169, 178, 180, 228, 232, 250, 256, 270, 314
キャンプ場　9, 234, 257, 330
休暇　178, 231, 266, 280, 302, 313, 319, 323, 340
休暇小切手　143, 250
宮廷　15, 96-97, 129-130, 212
キューバ　197, 306, 337
キュービスム　148
驚異　108, 124-125, 290
ギリシャ　4, 9, 146, 165, 185, 210, 237, 262, 264-265, 289, 294, 305-306, 329, 333, 336
ギリシャ語　27, 84
ギリシャ人　261-263
キリスト　45
キリスト教　94, 144, 326
金獅子ホテル　57
近距離観光　11
金羊ホテル　57
銀行革命　20, 98
グアドループ　308
具体的なユートピア　→地中海クラブ
クシュタート　117
クトラン　162
クーベルタン　128, 154
クラヴィエ　303
グラウビュンデン州　158
クラシック音楽　248
グラース　101, 130-131, 147, 168
クラブ　22, 39, 41-42, 48, 78, 151, 155, 179, 237, 303
クラブ・メッド　→地中海クラブ
クラフト・ドゥルヒ・フロイデ　→喜びを通

索引　395

しての労働
クラプフ，クルト　11
『グランゴワール』誌　163
グランド・キャニオン　290
グランド・シャルトルーズ　124, 229
グランド・ツアー　36, 74, 95, 97-98, 102, 104, 128, 135-136, 206, 211, 217, 219
グランド・ホテル　57
グラン・パラディーソ山群　228
クーリッジ　145
クリスチャニア　87
クリスティナ女王　98
クリスマス　272
クルシュヴェル　160, 282
クルーゼ　98
クルージング　8, 105, 222, 226
グールド家　165-166
クリオ　210
グリニャン　97, 135, 202
グリマルディ家　129
クリュニー　207
グリーン・ツーリズム　228, 317
グリンデルヴァルト　158-159
グルノーブル　140, 143, 272-273
クレディ・リヨネ　147
グレナダ　308
グレノ　165
クレベール・コロンブ社　154
クレラー・ミュラー財団　229
グロアガン，フィリップ　51, 237
クローヴィス　125
クロケット　151
クロスカントリー　86-87
クロワゼット大通り　148
経済危機　103, 250, 282, 317
経済計画　248, 254
芸術と人生　210
競馬場　22
下宿　9
ゲーテ　137, 212
ゲートキーパー　vii, ix, 93, 98, 128, 145, 149, 158, 176, 236
ゲ・パラ，ギ　216
ケーブルカー　88, 141, 161
ケベック　202, 204

ケベック人　203-204, 220, 298
ゲラン辞典　86
ケリロス荘　146
ゲルマン諸国　155-156, 242
限界費用　239
健康づくり　14
顕示　231, 234, 248, 273
顕示的消費　21, 103, 130, 217, 232, 234, 238
顕示的表象　117
ゲンズボロー，トマス　116
県都ホテル　57
ケンペン地方　239, 310
航海革命　98
豪華4輪馬車　131, 152
好奇心　6, 15, 20, 23, 25, 37, 39, 71, 94-95, 103, 108-109, 124, 135, 152, 178, 211, 217, 226, 281, 286, 290, 308, 310, 319-320
後期ラテン語　59, 66, 69
広告　64, 75-78, 222, 242, 244, 295
公衆衛生　114
鉱泉療法　141
高速道路　64, 169, 255
行動主義　32, 216, 220, 242
5月革命　272
国立統計経済研究所　13
国際連合（国連）　8-9, 143
国際連盟　8, 49
コクトー，ジャン　235
『告白』（ルソー）　47
国立公園　139-140, 142, 155, 204, 228, 322
ゴーゴリ　212
コスタ・ブラヴァ　299
コストベル　147
古代ローマ　181, 206, 287
古代ローマ人　97, 211
ゴッホ　29
古典主義　24, 56, 59, 62, 74, 80, 96, 104, 109, 121, 208, 289-290
ゴーティエ，テオフィル　38, 61
コートゥレ　22, 138
コート・ダジュール　24, 31, 58, 63, 102, 105, 131, 140, 145-146, 160, 163, 166, 234, 281-282, 293, 321, 326
湖畔リゾート　106
コーヒー　53

コリウール　　167, 290
コリュシュ　　ix
コルフ島　　24, 101
ゴルフ　　22, 233
コルマタン　　202
コルシカ　　101, 299, 307, 323
ゴルドーニ，カルロ　　116
コルバン，アラン　　23, 99, 339
コルフ島　　24, 101
コレット　　167
コロセウム　　19
コロラド　　29
コロン　　162
コロンビエール庭園　　147
コロンブス　　94, 135, 218
『こんがり海岸』(スゴンザック，ファルグ)
　　141, 167
コンカルノー　　202
コンスタンチノープル　　309
コンティナンタル社　　154
コンディヤック　　35-36, 63
コント，オーギュスト　　277

サ 行

サイクリスト・ツーリング・クラブ　　39
サイクリング　　151, 154, 179
最低賃金　　180
サイト・スィーイング　　22, 71-72, 208, 289, 321
サヴォワ　　48, 87, 135, 137, 228
サヴォワ公国　　129, 136
サヴォワ人　　43
サヴォワール・ヴィヴル　　78
サーカス　　111, 332
サクレ・クール寺院　　207
ザ・ツアー　　viii, 15, 19-21, 25, 36, 72, 98-99,
　　122, 175, 219, 248
サッカレー，ウィリアム　　78
サド侯爵　　212
サハラ砂漠　　54, 305
サファリ　　309
サブ・カルチャー　　33
サモア　　308
サルス城　　202
ザルツブルク　　233

サルティ，レオン　　153
サルデーニャ　　7
サルトル，ジャン・ポール　　68
サレーヴ山　　50
サレット　　109
サレルノ半島　　147
山岳公園　　228
山岳鉄道　　88, 160
山岳リゾート　　102, 105, 117, 274
サン・ジェルヴェ - シャモニ線　　88
産業革命　　20-21, 98, 102-103, 277
ザンクト・アントン　　159
サンクト・ペテルブルク　　323
サン・クレマン　　153
サン・ジェルマン・アン・レ　　118, 150
サン・セバスティアン　　105, 130, 137
サンタ・マリア・リグーレ　　148
サンタマン・レゾー公園　　229
3段階ターン　　162
サンティアゴ街道　　111
サンティアゴ・デ・コンポステーラ　　12, 108
　　-109
サンティマンタル　　34, 75
サンテティエンヌ　　153
ザンデル，レオン　　107
サンド，ジョルジュ　　38, 69, 212
サンドー，ジュール　　38
サント・ブーヴ　　37
サント・ボーム　　109
サントル州　　299, 333-334
サン・トロペ　　117, 167, 290, 326, 340
サンニエ，マルク　　52
サン・ポール・ドゥ・ヴァンス　　148
サン・マルコ寺院　　181
サン・モリッツ　　24, 86, 117, 144, 159-160, 291
サン・ラファエル　　129, 147
サン・ランベール　　118
サン・レモ　　101, 148, 168
シェクス，エドモン　　40, 138
シェーズ・デュー修道院　　202
ジェムノス　　124, 307
シェリー　　212
ジェール県　　300, 327
ジェルマン，フェリクス　　147
ジェローム，アラン　　303

索　引　　397

ジェントリー	23, 151
ジェントルマン	19, 99, 102, 122
ジオノ，ジャン	15
シカゴ	222
『ジグザグ旅行』（テプファー）	37, 48, 109, 138, 219, 340
シーグフリード，アンドレ	94
自己処方	112-114
シーサイド・リゾート	83
シーズン	iv, vi, viii, 15, 22-23, 28, 77, 82-83, 99, 101, 104-105, 111, 127, 129, 132, 135, 138, 145, 147-149, 161, 163-164, 168, 175, 233, 236, 250, 257, 272, 287-288, 290, 297, 317-318, 324, 340
システィナ礼拝堂	207
自然公園	143, 154, 204, 228-229, 322
自然友の会	140, 155
自然遊歩道（GR）	51
シチリア	263
実業家ホテル	57
ジッド，アンドレ	226
自転車	39, 48-49, 138-139, 151-154, 180
児童合宿	139, 141, 251
自動車	39, 62, 64, 110, 118, 128, 138-139, 143, 149, 152-154, 181, 242-243, 252, 268, 295, 314
シトー派修道院	208
シトロエン	270
シベリア横断鉄道	323
シミエ	130, 147
『市民ケーン』（オーソン・ウェルズ）	166
シムラー	324
シモン	36
社会学	3, 17, 173, 176, 301, 303, 308, 339
社会学者	13, 15-16, 30, 102, 177, 223, 260, 292
社会的区別	33, 93, 102, 104, 107, 113, 122, 132, 144-145, 147, 149, 236, 240, 242, 248, 274, 280-281
社会的上昇	117, 150
社会的毛管現象	133, 134, 215, 270
社会保障	114
社交界	33, 78, 84, 93, 99, 103-104, 112-113, 127, 130, 148, 153, 166, 236, 288, 292
社交性	100, 116, 177
『写真，平凡な芸術』（ブルデュー）	209
シャトー	61, 96, 340
シャトーブリアン	100, 212

ジャーニー	41
シャネル	128
シャペル	96, 35
ジャマイカ	308
シャモニ	4, 23, 89, 105, 122, 141, 157, 159-160, 210, 290, 293, 326
シャルトル	111, 207
シャルトル街道	108
シャルトルーズ山地	94-95, 100, 124, 307
シャルメット	124, 307
シャルル3世（モナコ）	124, 308
シャルル8世（フランス）	34, 94, 135
シャレー	119
シャン・スュル・マルヌ	207
シャンゼリゼ	167
『ジャン・ダグレーヴ』（ヴォゲ）	124
ジャンプ	86, 156, 158
シュー，ウジェーヌ	129
自由時間	10, 109, 175, 178, 312-313, 319
自由時間省	143, 250, 303
ジュアン・レ・パン	105, 122, 164-166, 190, 236
シュヴァル（郵便配達夫）	207
十字軍	108, 175, 281
州立公園	155
ジュニョ	303
ジュネーヴ	45, 50, 75, 143
ジュネーヴ人	101, 128-129, 136, 143
シュマン	64
ジュラ山脈	162
『ジュリー』（ルソー）	100
シュールレアリスト	121
狩猟	23, 100, 116, 131, 228, 233, 280, 293, 309
ジュルナル	66-67, 163
巡礼	4, 12, 34, 60, 70, 95-96, 107, 110-111, 135, 139, 175, 207, 276
巡礼地	94, 326
商業ホテル	57
商人ホテル	57
『逍遙』（スタンダール）	67
『書簡全集』（メリメ）	76
植民地	300, 305-306, 308
ジョアンヌ，アドルフ	66, 138, 139
ジョアンヌ（ガイドブック）	72, 122, 140, 340
ジョッキー・クラブ	39, 151

398

ショワズィー・ル・ロワ　47
ジラルダン，エミール・ドゥ　77
『ジル・ブラース』（ルサージュ）　56
ジロドゥー，ジャン　63
シンガポール　283, 308, 337
人口革命　20, 98
新古典主義　98
新農村居住者　120
人文主義者（ユマニスト）　15
人民戦線　248
『神話作用』（バルト）　32
スイス　6, 9, 11, 24-25, 37-38, 49, 74, 86-88, 100, 106, 110, 121, 129, 135-139, 141, 150, 158-161, 186, 243, 263, 265, 273, 299-300, 327, 336-337
スイス人　88, 100, 121, 300, 327
スイユ社　v, 173, 215, 317
スィスィ　131, 145
水浴　80-81, 148, 281
スウェーデン　22, 186, 363
スウェーデン語　41
スカンジナヴィア　84-85, 158, 241-242
スカンジナヴィア人　85, 156, 291, 298, 313
スキー　24, 42, 44, 84-89, 139, 142, 156-158, 160-162, 179, 235, 270, 273-274, 303, 340
スキーイング　87, 141
スキーヤー　86, 88-89, 257, 259-262, 273-274
スキーリゾート　119, 181, 233, 235, 273-274, 282, 291, 299, 323
スキーリフト　88-89, 162, 274
スクリーブ，ウジェーヌ　76
スケート　84, 156, 158
スケートリンク　85, 87
スコットランド　36, 38, 57, 130
スゴンザック，デュノワイエ・デュ　141, 167
スタスィオン　→リゾート
スタッフ男爵夫人　78, 153
スタフォード　32
スタール夫人　36, 212
スターン，ロレンス　75, 128, 136, 182
スタンダール　25, 36-37, 67, 76, 138, 212, 224-225, 340
スティーヴン，レスリー　23
スティーヴンソン，ロバート・ルイス　120
スティルヌ，オリヴィエ　200

ステーション・ホテル　57
ストラスブール　207
ストラトン，メアリ・イザベラ　157
スノッブ　78-79
『スノッブの本』（サッカレー）　78
スノビズム　79, 152, 221, 233
スパー　22
スフェーヴェニンゲン　137, 294
スプランディドゥ・グループ　vii, 303
スフロ，ジャック・ジェルマン　117, 182
スペイン　9, 130, 181, 186, 221, 226, 258, 262, 264, 283, 286, 290, 294, 296, 299, 305-308, 329, 333, 336-337
スペイン語　41, 82
スペイン人　85, 104, 262-263
スペリューグ　129
スマトラ島　306
スモレット，トバイアス　128, 136, 236
スュペル・デヴォルュイ　273
スラローム　86, 142
スリーピング・カール　58
スロヴェニア　187, 265
西欧　19, 36, 85, 99, 103, 117, 135, 156, 158, 176, 226-227, 232, 241, 281-282
清教徒　103-104
生産性　10, 251, 278, 312, 314
セイシェル　124, 191, 306-307
聖職者　99, 102, 111
西部開拓時代　291
聖ヨアンネス（ダマスカスの）　108
セヴィニェ侯爵夫人　97, 135, 202
セヴェーヌ　204, 228, 299
世界遺産　viii, 183, 199
世界観光機関（UNWTO）　8, 143, 245, 275-276, 306, 334, 336-337
世界教会運動　33, 276
世界青年の日　276
世界大恐慌　7, 10, 40, 132, 145, 149, 163, 232, 272, 318
石油危機　272
セギュール伯爵夫人　229
セゲラ，ジャック　78
セストリエーレ　161
セナンクール　124, 137, 307
セーヌ川　81, 118, 164, 167, 295

索引　**399**

セラ，アントワーヌ　146, 164
1919年法　10, 114
1968年　51, 228, 272, 317（→5月革命）
センターパーク　230
『センチメンタル・ジャーニー』（スターン）　75, 128, 136
セントラル・ホテル　57
『ソヴィエト紀行』（ジッド）　226
ソーシャル・ツーリズム　142, 249-251, 259, 270, 297, 323
ソシュール，オラス・ベネディクト・ドゥ　42, 46, 129, 137
ソーズ　162
ソフト・ツーリズム　31
ソーニエ，ボードリ・ドゥ　40, 128, 152-153
ソーヌ川　118, 164, 295
ゾラ　103, 110
そり　85, 87, 136, 156-157
ソ連　31, 141, 226-227, 263, 305
ソローニュ　119

タ　行

第1次世界大戦　24, 50, 146, 163, 166, 272
第1世代（スキーリゾート）　160
大英帝国　20, 131
戴冠牛ホテル　57
帯剣貴族　21
第5共和制　270, 272
第3世界　226, 275, 277, 281, 301-302, 304-306, 309
第3世代（スキーリゾート）　160
滞在税　9, 10, 114
大西洋　70, 104-105, 117, 132, 137, 146, 149, 156, 163, 166, 168, 285, 326
第2世代（スキーリゾート）　160
第2帝政　53, 59-60, 77, 111, 113, 129, 149, 163
太平洋　166, 283, 285, 308, 321, 334
第4世代（スキーリゾート）　160
大陸横断鉄道　105, 154
台湾　266
ダヴォス　24, 86, 105, 117, 122, 158-161, 291
ダヴォス・ブリティッシュ・スキー・クラブ　140, 158
ダウンヒル・オンリー　24, 86, 158

タージ・マハル　324
タチ，ジャック　vii, 302-303, 340
ダーチャ　117, 149, 292
ダクス　149
ダニオス　142, 233
旅日記　95, 218, 220, 224
ダマスカス　108
タラソテラピー　84, 274
ダラト　130
タランテーズ地方　268
ダリ，サルヴァドール　121
タルタラン　43, 47, 139
タルヌ川（渓谷）　236, 290
タロット　21
ターミナル・ホテル　57
ダンジュヴィル，アンリエット　48
ダンテ　101
地域公園　155
チヴィタヴェキア　212
チェアリフト　89, 162
チェコ　187, 265, 336-337
地中海　101, 105, 117, 122, 127, 132, 154, 162-164, 166-168, 181, 213, 226, 233, 235-236, 241-242, 254, 258-259, 262-263, 284-285, 288-290, 296, 299-301, 305-307
地中海クラブ　iii, vii, 68, 142, 177, 242-244, 251, 270, 274, 302-304, 323
チベット　291
チャーチル，ウィンストン　146
中欧　103, 114, 241, 296
中央アジア　321
中国　144, 266, 277, 283, 309, 338-339
中世　34, 61, 63, 80, 108, 111, 121-123, 181, 206, 208, 212, 308
中東　276, 305, 307, 309, 321, 334
チュニジア　298, 305, 307-308, 337
チューリヒ人　101
地理学　5, 121, 217, 247, 301, 339
地理学者　4, 13, 30, 136, 145, 160, 285
ツアー　36, 281
ツアーオペレーター　210, 239, 256, 301, 309, 321
ツァールスコエ・セロ　131
ツェルマット　23, 88, 105, 159-160, 290
ツェルマット鉄道　88

『図解新ラルース辞典』　76, 86
燕　23, 38, 82, 110, 122, 145, 216
ツーリズム　39
ツーリング　38, 41, 152
ツーリング・キャラヴァン　54
ツーリング・クラブ　39, 128, 140, 151, 157, 269, 323
ディエップ　25, 81, 137
『庭園鑑賞法』（ルイ14世）　97
『庭園論』（ドゥリーユ神父）　116
ドゥ・ディオン　128
『ディスタンクシオン』（ブルデュー）　326, 332
ディズニーランド　177, 206, 230
ディドロ、ドゥニ　227
Tバーリフト　89, 162
ティレニア海　299
ティロル地方　159
テキサス　293
テクノクラート　120, 160, 176, 278
テゼ　276
鉄道　7, 64, 82, 86, 88, 105, 109-110, 114, 118-119, 138-139, 142, 152, 154, 160, 166, 270, 294, 321
テニス　146, 151, 180
テーヌ、イポリット　37, 138
デフォー、ダニエル　307
テプファー、ロドルフ　37, 46, 48, 109, 138, 219, 340
テーマパーク　202, 239, 295
テムズ川　118
デュアメル、ジョルジュ　70
デュアメル、H.　96, 139, 157
デュシェ、ルネ　4
デュタンス、ルイ　95, 136, 219
デュパンルー、フェリクス　147
デュビ、ジョルジュ　34
デュプロン、A.　107, 108, 110-111, 281
デュ・ベレ、ジョアシャン　221
デュマ、アレクサンドル　38
デュマ、ピエール　250
デュマズディエ、　21, 31, 143, 175, 177-178, 232, 280-281, 302, 305
デュリュック兄弟　129
テュルビ　206

デルウィス、ヴァン　147
テレビ　30, 67, 179, 221, 232, 252, 272, 319
テレベーヌ　89
テーレマルク　156
田園　23, 25, 59-61, 69-70, 75, 97, 100, 115, 119, 149, 152-153, 155, 228-229, 254, 295-296, 299, 317-318, 327
田園ヴァカンス　120
田園滞在　59, 100, 115, 144, 229
『田園滞在』（ゴルドーニ）　116
伝道　8
デンマーク　9, 187, 258, 259, 261-262, 265, 329, 333
デンマーク人　262-263
ドイツ　9, 22, 31, 56, 105, 138, 155, 187, 258-259, 261, 263-265, 270, 283-284, 289, 329, 333, 336-337
ドイツ語　41, 52, 60, 64, 80, 82, 89, 135, 157, 206
ドイツ人　52, 74, 96, 161, 262-263, 291, 300, 327
ドイル、コナン　158
ドーヴィル　93, 119, 144, 149, 222, 229, 326
東欧　84, 114, 149, 226, 237, 283, 292, 320-321
東京　226
冬期ヴァカンス　272
統合型リゾート　160, 273, 291
トゥーケ　119
湯治　22, 98, 99, 111
ドゥデヤン、シャルル　95
東南アジア　226, 283, 334
ドゥフェール、ピエール　143, 303
ドゥブレ、レジス　203
ドゥ・ブロス、シャルル　19, 60, 136, 181, 211, 216
ドゥブロブニク　183
ドゥボール、ペロモール　40, 141
ドゥリーユ神父　101, 116, 307
ドゥリュモン、エドゥアール　76
トゥーロン　59
独立祭　297
ドーザ、アルベール　55, 65, 69
登山リゾート　119, 142
ドストエフスキー　108
土地貴族　132
ドーデ、アルフォンス　49, 120, 139

索　引　**401**

ドーデ，ルイ　65
ドーフィネ　48, 94, 124, 139, 157, 182, 290
トボガン　84, 87
ドミニカ　308
ドメーヌ　63
ドポ・ラヴォーロ　→労働の後で
トラヴェル　41
トランジット　8, 12
トリアノン　118, 206
トリガノ，ジルベール　iii, 68, 180, 251, 270, 303-304, 323
トリップ　41
トルコ　194, 263, 336-337
トルコ語　53
トレッキング　52
トレノー　85
ドロミテ・アルプス　50
ドローム県　202, 299-300, 327
ドンブ　116, 118, -119

ナ　行

ナイアガラ　291
ナイキ　180
ナジェル　237
『ナショナル』紙　47
ナッシュ，リチャード　22, 98, 128, 135
『なにがなんでもヴァカンス』（ダニオス）　142, 233
ナポリ　147
ナポリ湾　290
ナンガ・パルバット　50
南北戦争　145, 291
南仏　21, 23, 25, 59, 61, 82, 101-102, 104-105, 110, 119, 122, 137, 145, 149, 158, 160, 162-163, 168, 216, 236, 272, 294-295, 317-318
『南仏旅行記』（スタンダール）　67
肉体　23, 43, 128, 154, 167-168, 225, 281
ニオン　132
ニース　23
日本　177-178, 195, 266, 283, 285, 337
日本人　177, 266, 284, 289, 321
ニーム　202, 206
ニューイングランド　292
ニューオーリンズ　291

ニューギニア島　194, 306
乳牛　114, 325-326
ニュージェント，トマス　95, 136, 219
ニュージーランド　196, 266
ニューヨーク　53, 145, 166, 223
『ニューヨーク・タイムズ』紙　147
ヌイィー　118
ヌーヴィル　118
ヌーヴェル・フロンティエール　143
ヌーディスト　155
ヌーディズム　154-155
ネヴァダ　291
ネパール　51, 194, 237, 321, 337
ネルヴァル。ジェラール・ドゥ　38, 60
ノアイユ公爵　147
農業革命　20, 98, 103
ノートルダム寺院　205, 207
ノートルダム・ドゥ・ラ・ギャルド寺院　88, 109
ノートルダム・デュ・ピュイ　109
ノーメンクラトゥーラ　117, 149
ノルウェイ　24, 48, 85-86, 158, 187, 263, 265, 337
ノルウェイ語　87
ノルウェイ人　161
ノール県　181
ノルディック　44, 141, 158, 159, 162, 236, 273, 241
ノール・パ・ドゥ・カレー　300, 332
ノルマンディー　119, 150, 181
ノワイヨン　207

ハ　行

バー　53
バイエルン　50
ハイカー　51, 155
ハイキング　47-48, 51, 228, 236-237
ハイチ　197, 306
バイロン　38, 212
パウサニアス　4
パオリ，パスクワレ・ディ　307
パカード，ヴァンス　78
パーク　23, 100, 206
白馬ホテル　57

バシュキルツェフ，マリ　104, 163
バショーモン　96, 135
バジリカータ州　310
バース　21-22, 25, 98-100, 104, 111-112, 128, 135, 145
パスィ　118
パスカル，ブレーズ　14
バスティド　59, 61, 63, 115, 294-295
バスティドン　59
ハースト，ウィリアム　117, 166
パタン　84-85
バック，フェルディナン　147
バックパッカー　14, 51, 122
発明
　ウィンタースポーツ（冬山）の──　24, 84, 86-87, 157-158, 162, 290
　温泉療養の──　22, 99, 149
　海水浴（浜辺）の──　22-23, 84, 99, 149, 290, 304
　観光の──　15, 22, 25, 33, 80, 91, 93, 99, 102, 104, 127-128, 133-134, 154, 158-159, 171, 176, 236, 289, 318
　グランド・ツアーの──　15, 99, 175
　山岳の──　23, 44, 50, 66, 101, 290
　社会的区別の──　93, 113, 132-134, 144, 151-152, 274
　田園滞在の──　23, 25, 100, 120, 149
　夏の地中海の──　122, 165, 215, 290
　避寒滞在の──　21, 101, 129, 145-146
バーデン　100, 138, 229
バ・ドーフィネ　116
バトリ　226-227
バーナム，フィネアス・テイラー　77
バーネット　135, 211
バーバリ人　96
ハプスブルク家　131
パブリック・スクール　21
浜辺　17, 23, 99, 101, 110, 119, 121-122, 136, 163-164, 166, 169, 178, 309, 318
バミューダ　307, 309
パラダイム　17, 27-32, 34, 204
パラディオ，アンドレア　62, 182, 211
パラヴァス・レ・フロ　164
バランディエ，ジョルジュ　227
パリ　56, 61-62, 64, 79, 88, 96, 110, 116, 118-119, 140, 150, 161, 165, 167, 183, 201, 204-207, 210, 222, 225-226, 252, 260, 270, 282, 295, 298, 322, 331-332, 339
ハリウッド　165-166, 291
パリ人　47, 164, 199, 210, 252, 295, 297, 327
『パリ・テキサス』（ヴェンダース）　64, 340
バリ島　30, 124, 306
パリ万博　86
バール　53
バルト，ロラン　32, 73, 121, 123, 277
バルト海　5, 137
バルナブース　141, 288
バルバドス　307, 309
パルマ　212
バレアレス諸島　237, 305
バレス，モーリス　15, 141, 153
パレス　57
パレス風ホテル　58, 131, 148-149, 164, 222, 234, 282
パレス・ホテル　57
ハロウィン　297
バロック　228
バロンセリ，A. ドゥ　139, 151, 153
ハワイ　246
バン　80, 81
半海洋公園　228
ハンガリー　131, 187, 265, 336
バンガロー　61
バンコク　323
万聖節　272
バンドル　164
ビアリッツ　104, 117, 132, 137, 146, 290, 294
非営利観光団体　142, 248-249, 270, 314
ピエモンテ　59, 105
ビエーヌ湖　75
ピエルヴィル　52, 141
ピオシュ　89
避寒　21, 24, 58, 82, 104, 122, 216, 230
避寒客　23-24, 28, 145-147, 163
避寒シーズン　101, 319
避寒都市　22, 82, 104, 129, 131, 146-148, 158, 160, 163, 168-169, 229
避寒リゾート　24, 82, 149
ビジネス旅行　8, 12, 175, 222
『美女と野獣』（コクトー）　235

索引　**403**

ビック男爵　180
必見　72, 95, 108, 206, 319
ヒッチハイカー　223
ビート族　223
ピトレスク　74-75, 182, 300
ヒマラヤ　44, 130, 157, 237, 309
『百科全書』　35, 65, 70-71
ピュブリスィテ　77
氷河　23, 25, 43, 46, 48, 50, 101, 121-122, 128, 136-137, 156
ピョートル大帝　98
ヒルトン・ホテル　222-223
ピレネー　38, 44, 100, 109, 129, 139, 146, 162, 182, 228, 288, 294, 299
『ピレネー旅行』　37, 137-138
ブーアスティン，ダニエル　222
ファーヘイ博士　219
ファルーク王　131
ファルグ，レオン・ポール　167-168
ファンキルクロー，アラン　17
フィアット　244, 270
フィジー　308
フィッツジェラルド，スコット　122
フィッツジェラルド，ゼルダ　165
フィルネージュ　89
フェーヴル，リュシアン　95, 103
フェラ岬　131, 146-147
フェルネー　74
フォックス，ジェラルド　158
フォーブス，エドワード　48
フォリー　60-61, 294
フォルクスワーゲン　270
フォンタナ・ローザ　147
フォンテーヌブロー　50, 204-205
フーケ，ニコラ　207
プサン，ニコラ　77, 101
ブザンソン　202
ブダペスト　149, 223
復活祭　272, 296
復古王政時代　84
プティ医師　153
葡萄療養リゾート　10
プフ　76-77, 112
フュチューロスコープ　177, 208, 332
冬山　84, 122, 127, 154, 156-157, 290

冬山登山　86, 157
ブライトン　21-22, 25, 84, 99, 136, 149, 229, 290
フラグラー，ヘンリー・モリソン　166
ブラジル　198, 282, 337
フラスティエ，ジャン　vi, 110, 132, 143, 278-279, 312
プラター兄弟　95, 135
ブラック・アフリカ　137, 226
プラハ　222, 323
フラマン，アルベール　234
ブラン，フランソワ　77, 129
ブラン，M.　303
フランコ，フランシスコ　305
ブランシェ，ブルースタン　78
フランス　v, 5-6, 9-10, 36-39, 44, 49, 51-53, 56, 59-60, 64, 75, 84, 96, 99, 103, 108, 112, 114-116, 118, 136-140, 142, 149-150, 152-153, 155, 160-161, 177, 181, 188, 199-203, 205-206, 210-211, 221, 223, 228-229, 231, 235, 239, 245-246, 250, 257-258, 260-262, 264-265, 267-270, 272-273, 283-284, 286, 289-291, 295-299, 306-307, 313, 318, 322-327, 329-333, 336-337
フランス語　3, 19, 35-36, 38-39, 41, 45, 49, 52-54, 58-60, 62, 64-65, 73-76, 80, 82, 87, 96, 177
フランス人　v, vi, 39, 43, 48, 48, 53, 85, 87, 105, 173, 179-180, 204, 208, 242, 246-247, 249, 253-255, 257, 261-263, 265, 267-273, 295-296, 303, 313, 320, 323, 325, 327
フランス，アナトール　168
フランス・アルペンクラブ　39, 139
フランス・オートモービルクラブ　140, 151
フランス会館　iii, 143, 277, 323, 326
フランス革命　24, 98, 272
フランス国鉄　269
フランス砂漠　201, 228
フランス世論研究所　239, 253, 254
フランス・ツーリングクラブ　39, 140, 151, 157, 269, 323
フランス島　124
フランス民衆観光連盟　142, 248, 323
ブリ　116, 118
ブリアンソン　51, 86
フルヴィエールの丘　88
ブリズー，オーギュスト　80
フリー・クライミング　50

404

ブリュノ, フェルディナン　55
ブリュッセル　222
ブルーガイド　122, 140
フルシチョフ, ニキータ　226
ブールジェ, ポール　147
プルースト, マルセル　61
ブルターニュ　299, 302
ブルデュー, ピエール　viii, 16, 209, 280
ブルネイ　277
ブルーの教会　207
ブルーム卿　63, 119, 129
プレヴェール, ジャック　17
ブレヴォールト　157
ブレゲンツ　106
フレジュス　163
ブレス　116
ブレッソン, カルティエ　227
フレーヌ　235
ブレンタ川　295
プロイセン国王　132
フロイト, ジグムント　264
プロヴァンサル・ホテル　164
プロヴァンス　47, 59, 96, 120, 150, 163, 181, 299
プロヴァンス・アルプ・コートダジュール州　298-299, 326, 331-332
プロヴァンス語　46, 52, 59, 65
『プロヴァンスとラングドックの旅』（シャペルとバショーモン）　96
ブローニュの森　229
プロムナード・デザングレ　148
フロリダ　117, 166-167, 169, 298, 305-306
フロベール, ギュスターヴ　4, 61, 212
ブロワ　200
『レ・ブロンゼ』（ルコント）　vii, 303, 340
『レ・ブロンゼ／スキーに行く』（ルコント）　303, 340
文化観光　178, 203-204, 206-207, 210-211, 289
文化人類学　227, 301
文化人類学者　30
フンツィカー, ヴァルター　11
ベアルヌ　48
ペイ・ドゥ・ラ・ロワール州　299
ペイヨ医師　157
ペイルフィット, アラン　277
ペタンク　232

別荘（メゾン・ドゥ・カンパーニュ）　→カントリーハウス
別荘（レジダンス・スゴンデール）　11, 59, 115, 119, 150, 178, 181, 237-238, 295, 314, 330
別荘地　117, 295
ベデカー　66, 72, 95, 122, 138, 340
ペギー, シャルル　108, 111, 154
ペシュ, モーリス　161
ベナ岬　147
ベニエ　80
ベニャードゥ　80-81
ベネット, ジェイムズ・ゴードン　147
ベネルクス 3 国　239, 264
ベラルディ　44
ペリエ家　117
ペリゴール地方　181
ベル・エポック　144, 153, 154
ベルギー　9, 22, 99, 138, 143, 189, 239, 258, 262, 264-265, 290, 329, 333, 337
ベルギー人　262-263, 265, 300, 327
ベルギー王　131, 145, 161, 166
ベルグソン, アンリ　108
ベルジェ, ガストン　311
ヘルシニア山系　105, 149
ペルシャ語　54
ヘルス・リゾート　83
ベルテュイ　124
ベルトラン, ルイ　104
ペルピニャン　121
ペロディル, エドワール　153
ヘロドトス　4
ポー　22, 24-25, 101, 104, 146, 205
ボーア人　51
ボーヴォワール, シモーヌ・ドゥ　226
ホイッグ党　129
法王庁宮殿　181, 331
法服貴族　21
ポウコク, リチャード　23, 101, 128, 136
ボカサ, ジャン・ベデル　282
北米　10, 27, 33, 61, 65, 177, 216, 241-242, 263, 282-283, 285, 288-289, 291, 305, 309, 319
北米人　122, 145, 149, 154, 166, 284-285, 289, 291, 297, 300, 305
『僕の伯父さんの休暇』（タチ）　vii, 302, 340
ボージョレ　119

索　引　**405**

ボース　　　116, 118
ボストン　　　298
ボスュエ　　　49
北海　　　22, 95, 105, 137, 300
ホッジャ, エンヴェル　　　237
ホテル　　　7, 9, 14, 28, 52, 54-58, 61, 77-78, 83, 105, 112, 131, 137, 141, 143, 146, 148-149, 160 -161, 164, 166-167, 179, 222-223, 232, 234, 237, 257, 282, 300, 305, 330
ボードレール, シャルル　　　5, 221
ボードワン, エルネスト　　　165
ボーヌ　　　207
ボブスレー　　　84, 87, 158
ボーブール　　　203, 207
ポー平野　　　299
ボヘミヤ　　　131
ポマガルスキー, ジャン　　　89, 162
ボーモン夫人　　　63
ポーランド　　　85, 189, 265, 336
ポーランド人　　　96
ポリネシア　　　307-308
ボーリュー　　　146-147
ポール, ジョン　　　48
ポール・グリモー　　　117, 235, 291
ポール・クロ　　　228
ポルクロール島　　　124
ボルドー　　　118
ポルトガル　　　9, 189, 263, 265, 331, 335, 338-339
ポルトガル人　　　246, 261-263, 265
『ポールとヴィルジニー』(サン・ピエール)　　　124, 307
ポルトフィーノ　　　117, 147
ボレリ　　　59, 115, 117
ボワイエ, マルク　　　iii, 144, 240-241, 281, 287, 315-316
ポワティエ　　　208, 332
ポワトゥー・シャラントゥ　　　332
香港　　　144, 266, 283, 336-337
ポン・デュ・ガール　　　206
ポンピドゥー・センター　　　205, 206, 331
ポンピニャン, ルフラン・ドゥ　　　96
ホンブルク　　　100, 129
ポンペイ　　　99, 290

マ　行

マイアミ・ビーチ　　　160
マカロニ・クラブ　　　19
マグレブ諸国　　　246, 263, 308
マーケティング　　　5, 32, 177, 203, 216, 237, 239, 248, 277, 287, 324
マーシャル, R.　　　99
マス・カルチャー　　　176, 252, 285
マス・ツーリズム　　　vii, 68, 110, 177, 215-216, 234, 236, 150, 185, 304, 315-316, 319
マス・レジャー　　　176, 252
マゾン, アルバン　　　120
マッカネル, ディーン　　　5, 27, 30
マッターホルン　　　101, 290
マティヨ, G.　　　10
マデイラ　　　24, 101, 148
マノワール　　　61
マファトゥ　　　237
ママリー, アルバート　　　44, 49-50, 157
マラビニ, ジャン　　　226
マリオッティ, G.　　　4
マルクス, カール　　　139
マルクス主義　　　231, 314
マルケーズ　　　204
マルセイユ　　　47, 59, 82, 88, 96, 109-110, 115, 117-118, 163-164, 224
マルタ島　　　148, 189, 210, 307, 337
マルタン, M.　　　153
マルタン岬　　　131, 146
マルヌ川　　　164
マルベラ　　　117
マレー　　　66, 72, 122, 138, 340
マレーシア　　　194, 336-337
マレー半島　　　308
マレ・ポワトヴァン　　　229
マロン　　　85-86
マントゥー, ジョゼフ　　　98
マントン　　　24, 101, 129, 146-148, 168
ミケランジェロ　　　182, 211
ミシュラン　　　64, 124, 140, 154
ミシュレ, ジュール　　　121, 321
ミストラル, フレデリック　　　120
ミッテラン, フランソワ　　　250
ミディ・ピレネ　　　299, 326

南アジア　336
南アフリカ　192, 266, 285
南太平洋　308
南ホテル　57
ミネラル・ウォーター　22, 99, 112-113
ミュゼ　16, 73, 103, 146, 178, 199, 200-207, 212 -213, 224-225, 239, 248, 289
ミュッセ，アルフレッド・ドゥ　212
ミューレン　159
ミュロル　202
ミラポリス　177
魅力　71-72, 95, 100, 120, 122, 152, 163, 167, 182, 206, 222, 254, 288-291, 293, 295, 300, 306, 309-310, 326-327
民衆映画　248
民衆演劇　248
民衆休暇切符　248
民衆スポーツ免状　248
民衆飛行局　248
無為　6, 20-21, 25, 33, 37, 68, 103-105, 130, 175, 178, 280-281, 318-319
ムジェーヴ　89, 117, 141, 145, 161, 165-166, 291
ムッソリーニ，ベニート　31, 141, 212
メキシコ　167, 197, 266, 283, 285, 298, 305, 309, 336
メゾン・カレ　206
メソジスト教会　158
メトル・ドテル　56
ムフリエ　161
メリベル・レザリュ　161
メリメ，プロスペル　76
メルカントゥール　228
モジンスキー伯爵　82, 137, 216
モーテル　61-62, 64
モード　78-78
モニュメント　73, 95, 103, 120-123, 181-183, 199-202, 204, 206-207, 210, 213, 225, 310, 326 -327
モーパッサン，ギ・ドゥ　112, 140
モブツ元帥　131, 282
模倣　21, 23, 33, 62, 64, 77, 79, 93, 99-100, 103, 117, 122, 132-135, 166, 182, 215, 219, 229, 233, 235, 270, 318, 321
モラン，エドガル　viii, 16, 32, 294, 320

モラン，ポール　15, 141
モリエール　55
モーリシャス　124, 192, 306-307
モルヴァン　119
モルズィーヌ　235
モロッコ　192, 210, 305, 309, 337
モン・サン・ミシェル　47, 205-207, 230, 326, 331
モン・スニ峠　85, 101, 136
モンタナ　159
モン・ダルボワ　161
モンテカティーニ　22, 100, 136, 149
モンテカルロ　40, 77, 129, 139, 308
モンテギュイユ　34, 46, 95, 135, 290, 318
モンテーニュ　66, 70, 95, 109, 135, 211, 219, 224, 227, 340
モン・デュ・リヨネ　119
モントリオール　27, 88, 143, 220
モントリオール・ケベック大学　12
『モントリオール』（モーパッサン）　112
モントルー　106, 235
モン・バロン　147
モンブラン　46, 48, 50, 57, 66, 101, 121, 129, 137, 156-157, 210, 290
モンプリエ　95, 135
モンマルトルの丘　88, 205
モン・ロワイヤル（モントリオール）　88, 220

ヤ　行

野外レジャー　10
野生　100, 154-155, 227, 242, 270, 292
宿屋　7, 38, 52, 226
ヤング，アーサー　36, 137
有閑階級　68, 79, 102, 223, 229, 232
『有閑階級の理論』（ヴェブレン）　27, 140, 144
有給休暇　68, 110, 140-143, 163, 177-178, 231, 248, 268, 270, 296-297, 312-313
ユエ　162
雪の計画　273, 323
ユグノー　219
ユゴー，ヴィクトル　109, 138
ユーゴスラヴィア　144, 263, 276, 337
ユースホステル　52-53, 111, 141, 330
ユットゥ　270

索　引　407

ユートピア　　17, 177, 251-252, 302, 304
ユネスコ　　183, 199
ユルバン，ジャン・ディディエ　　14, 175, 216
ユングフラウ　　157
余暇　　12, 21, 27, 31, 40, 59, 103, 144, 175-176, 178-180, 233, 238, 248, 252, 258, 280, 302, 323
余暇文明　　v
『余暇文明へ向かって？』（デュマズディエ）　　143, 177
余暇社会学　　308
余暇社会学者　　292
余暇省　　251
浴場　　81, 82, 111
ヨット　　151, 141
ヨルダン　　194, 210, 307-308
『夜はやさし』（フィッツジェラルド）　　122
「喜びを通しての労働」（クラフト・ドゥルヒ・フロイデ）　　31
ヨーロッパ　　5, 9, 15, 19, 36, 53, 56, 61-62, 64-65, 71, 79, 82, 96-100, 112-113, 115, 117, 132, 144, 156, 159, 166, 173, 177, 182-183, 200, 216, 237, 239, 242, 257-259, 261-269, 275, 277, 280, 282-285, 288-289, 291, 295, 297-299, 305-309, 319-320, 323, 325-326, 334
ヨーロッパ人　　10, 23, 87, 100, 128, 166, 168-169, 181, 226, 246, 257, 260-264, 284-285, 289, 291, 298, 300, 305, 309, 327, 329

ラ　行

ライハルト（リシャール）　　66, 72, 137
ライン川　　149
ラ・ヴァノワーズ　　228
ラ・ヴァレット　　148
ラヴォーダン，G.　　303
ラカマー　　13
ラクサル　　36, 136
ラグランジュ，レオ　　251
ラゴネ，ジェラルド　　235
ラシーヌ，ジャン　　135
ラシーヌ，ピエール　　303
ラ・スィオタ　　164, 342
ラズヴェガス　　291
ラスキン，ジョン　　23
ラスコー　　203

ラダク　　237
ラッセル卿　　44
ラップランド人　　156
ラテン・アメリカ　　226, 309
ラテン語　　35, 45, 59, 61, 63, 65-67, 69-70, 72, 78, 80, 82, 135
ラパロ　　148
ラビュタン，ロジェ・デュ　　97
ラビリンス　　ix, 93
ラ・フォルス，ピガニオル・ドゥ　　72, 135
ラ・フォンテーヌ　　49, 135
ラ・ブラーニュ　　235, 273
ラプラント，マルク　　20
ラ・ブルブール　　112
ラ・ブリュイエール　　216
ラブレー　　59, 95
ラマス　　85-86
ラマルティーヌ，アルフォンス・ドゥ　　212
ラミュズ　　15
ラ・モルトラ　　146
ラルザック　　12
ラルース　　6, 25, 37-39, 42-47, 49, 52-56, 58, 60, 62-63, 66, 68-69, 71, 76, 79, 81-83, 86
ラルボー，ヴァレリ　　141, 147, 213, 288
ラン，アーノルド　　24, 86, 105, 122, 141, 158
ラン，ヘンリー　　158
ラング，ジャック　　200
ラングドック地方　　202, 299
ラングドック・ルシオン　　164, 299, 323
ランティエ　　viii, 20, 24, 33, 93, 101-105, 110, 122, 127, 132-134, 145, 156, 232, 272, 287, 318-319, 326
ランド地方自然公園　　204
ランドネ　　48
リヴィエラ　　101, 145
リヴィエラ・ディ・レヴァントテ　　148
リヴィエラ・リゾート　　82
リヴェトゥ荘　　117
リエジャール，ステファン　　140, 145
リシュパン，ジャン　　152
リスボン　　5
リースマン，デヴィド　　252, 279
リゾート　　iv, vi, viii, 7, 9-10, 20, 22, 24-25, 28, 54, 60, 73, 76-79, 82-83, 88-89, 93, 99-102, 104-106, 111-112, 114, 127, 130, 132, 135, 137,

　　　　　145, 148-149, 158-162, 164-166, 215, 234-235, 240, 270, 273-274, 281, 287, 290-292, 294, 305, 318, 323, 325-327
リッツ，セザール　58
リトレ　6, 20, 25, 35-39, 42-47, 49, 52-55, 58-62, 65-69, 71, 76, 79, 81-83, 86, 103, 130, 178, 280, 281
リヒテンシュタイン　308
リムーザン地方　135, 254, 323
リュージュ　84, 87, 158
リュベロン　50, 117
リヨン　88, 96, 117-118, 210
リヨン人　116, 164
旅行学（テロロジー）　27
旅行者ホテル　57
リンゼイ卿　161
ルイ14世　96-97
ルイ15世　78
ルイスバーグ　202, 291
ルイ2世　230
ルヴァン島　155
ルーヴル美術館　199, 200-207, 225, 333
ルクセンブルク　190, 252, 258, 259, 265, 329, 333
ルクセンブルク人　261-263
ルクリュ，オネズィム　146
ル・クロ・ドゥ・カーニュ　148
ル・グロー・デュ・ロワ　164
ルコント，パトリス　vii, 303, 340
ルサージュ，アラン・ルネ　56
ルシェール法　63
『ル・スィヨン』誌　52
ルソー，ジャン・ジャック　47, 56, 75, 100-101, 109, 120, 124, 136, 182, 224, 227-228, 307
ルート　41, 63-64, 108, 110, 124, 139
ル・トゥルヌール　75
ルネサンス　33, 52, 94, 121, 152, 211
ル・ピュイの大聖堂　109, 207
ルノー　143, 225, 270
ル・ノートル，アンドレ　182
ル・ビオ　148
ルフェーヴル，アンリ　16
『ル・プフ』（スクリーブ）　76
ルメートル，ジュール　79
ル・メム，アンリ・ジャック　161

ルーラル・スポーツ　21, 115, 151
ルルド　4, 109, 207, 276, 328
『ルルドの群衆』（ユイスマンス）　110
レイモン，H.　304
礼儀作法　78
レオン，ポール　40
レガッタ　146
歴史的建造物　141, 178, 209, 189
レクラム　77
レクリエーション　10, 27-28, 41, 155, 176, 292, 298
レクリエーション学者　27, 292
レクリエーション農場　292
レジダンス　63
レジダンス・スゴンデール　→別荘
レジャー　10, 12, 32, 41, 52, 151, 173, 175, 179-181, 209, 220, 232, 242, 252, 277, 280-281, 284, 286, 288, 291, 293, 313, 317, 332
レジャー時代　128
レジャー社会　302
レジャーパーク　177, 334
レストラン　7, 28, 57-58, 64, 77, 137, 143, 149, 179-190, 201, 209, 234
レ島　117
レナック，サロモン　146
レニエ，マチュラン　35
レーニン　326
レマン湖　100, 106, 131
レユニオン島　237
ロアン枢機卿　129
『牢獄と楽園』（コレット）　169
「労働の後で」（ドポ・ラヴォーロ）　31
68年世代　120
ロクブリュヌ　129
ローザ，サルヴァトール　75, 101
ローザンヌ　88
ロシア　85, 104, 131-132, 190, 281, 321, 336
ロシア貴族　145
ロシア語　58
ロシア皇室　130
ロシア皇帝　131
ロシア人　103
ロシア・バレエ団　130
ロシニョール　180
ロシュブリュヌ　89, 141

索引　409

ロスチャイルド　89, 131, 166
ロスチャイルド，エフリュシィ・ドゥ　146
ロスチャイルド，ベアトリス・ドゥ　147
ロスチャイルド，マリ・ドゥ　161
ロストウ，ウォルト・ホイットマン　20, 98, 302
ロゼール県　236, 310
ロッキー山脈　154
ロック・クライミング　50
ローヌ・アルプ州　209-210, 298-299, 326
ローヌ川　100, 299
『ロビンソン・クルーソー』(ダニエル・デフォー)　124, 307
ロープウェイ　89
ロベール　52-53, 55, 62, 65, 67-68, 82
ロベール，ユベール　101
ローマ　16, 62-63, 67, 96-97, 99, 183, 207, 211, 216, 222, 289
ローマ時代　34, 62, 93, 95, 111, 181, 206
ローマ人　97, 121
ローマ歴史会議　98
ロマン　202-203
ロマン，ジュール　226
ロマン主義　36, 44, 65, 77, 103, 110, 122-123, 148, 182, 211, 218, 229, 289-290, 294

ロマンティック　74-75, 101
ロマンティック・ガーデン　23, 100
ロマン派　16, 37-38, 47, 72-73, 100, 112, 122, 152, 307, 318
『ロミオとジュリエット』(シェイクスピア)　212
ローラン，A.　177
ロラン，クロード　97, 100-101
ロラン，ジャン　104
ロワ，クロード　225
ロワール河　206, 210
ロワール地方　96
ロワールの城館　207
ロンドン　57, 118, 166, 225, 252, 260
ロンドン塔　225
ロンドン盆地　149

わ　行

ワイト島　131
ワット，ジェイムズ　99
ワルシャワ　321
ワンルーム・マンション　119

著 者

マルク・ボワイエ（Marc Boyer）
フランスにおける観光史研究の第一人者．プロヴァンスのエクス大学観光研究センター設立に携わったのち，リヨン第2大学の観光学部を設立．同大学で副学長を務め，現在は同大学名誉教授．フランスを中心とする近代観光の歴史を精力的に研究している．観光専門家協会設立者の一人．地中海観光社会学学会の会長，全国観光審議会委員などを務める．

訳 者

成沢広幸（なるさわ　ひろゆき）
1957年長野県生まれ，信州大学人文学部卒業，広島大学大学院文学研究科単位修得退学．現在は長崎国際大学，宮城大学の非常勤講師．専門はフランス観光論，観光文化論，観光史，観光地理論など．著書『現代社会とツーリズム』2001年，『グリーン・ツーリズムの潮流』2000年（いずれも共著，東海大学出版会）など．主要論文「戦後フランスの観光政策について」，「観光文化と模倣についての一考察」（いずれも『日本観光学会誌』）など．

観光のラビリンス

2006年9月25日　初版第1刷発行

著　者　マルク・ボワイエ
訳　者　成沢広幸
発行所　財団法人　法政大学出版局
　　　　〒102-0073 東京都千代田区九段北3-2-7
　　　　電話 03 (5214) 5540　振替 00160-6-95814
組版：緑営舎　印刷：平文社　製本：根本製本
© 2006 Hosei University Press
Printed in Japan

ISBN4-588-67512-5

観光のまなざし
J. アーリ／加太宏邦訳 ……3300円

社会を越える社会学　移動・環境・シチズンシップ
J. アーリ／吉原直樹監訳 ……5000円

場所を消費する
J. アーリ／吉原直樹・大澤善信監訳 ……2200円

風景の経験　景観の美について
J. アプルトン／菅野弘久訳 ……5200円

政治的風景　自然の美術史
M. ヴァルンケ／福本義憲訳 ……2200円

英国の庭園　その歴史と様式を訪ねて
岩切正介 ……5200円

世界の体験　中世後期における旅と文化的出会い
F. ライヒェルト／井本晌二・鈴木麻衣子訳 ……5000円

巡礼の文化史
N. オーラー／井本晌二・藤代幸一訳 ……3600円

中世の旅
N. オーラー／藤代幸一訳 ……3800円

旅の思想史　ギルガメシュ叙事詩から世界観光旅行へ
E. リード／伊藤誓訳 ……3800円

十字軍の精神
J. リシャール／宮松浩憲訳 ……3200円

ヨーロッパ世界と旅
宮崎揚弘編 ……3800円

続・ヨーロッパ世界と旅
宮崎揚弘編 ……4700円

鉄道旅行の歴史　19世紀における空間と時間の工業化
W. シヴェルブシュ／福本義憲訳 ……2800円

＊表示価格は税別です＊